TEMAS DE
DIREITO PROCESSUAL
(Primeira Série)

Autor
JOSÉ CARLOS BARBOSA MOREIRA
Professor na Faculdade de Direito da Universidade do Estado do Rio de Janeiro
Desembargador (aposentado) do Tribunal de Justiça do Estado do Rio de Janeiro

Coordenadores
Aluisio Gonçalves de Castro Mendes
Carlos Roberto Barbosa Moreira
Luiz Paulo da Silva Araújo Filho

TEMAS DE DIREITO PROCESSUAL
(Primeira Série)

3ª Edição

Atualizadores
Antonio do Passo Cabral
Carlos Roberto Barbosa Moreira

GZ EDITORA
Rio de Janeiro
2023

3ª edição – 2023

Coordenadores: *Aluisio Gonçalves de Castro Mendes / Carlos Roberto Barbosa Moreira / Luiz Paulo da Silva Araújo Filho*

Atualização: *Antonio do Passo Cabral / Carlos Roberto Barbosa Moreira*

Diagramação: *Olga Martins*

CIP-BRASIL. CATALOGAÇÃO NA PUBLICAÇÃO
SINDICATO NACIONAL DOS EDITORES DE LIVROS, RJ

M837t
3. ed.

Moreira, José Carlos Barbosa, 1931-2017
Temas de direito processual : (primeira série) / José Carlos Barbosa Moreira ; coordenação Aluisio Gonçalves de Castro Mendes, Carlos Roberto Barbosa Moreira [atualizador], Luiz Paulo da Silva Araújo Filho ; atualizador Antonio do Passo Cabral. - 3a. ed. - Rio de Janeiro : GZ, 2023.
441 p. ; 24 cm. (Temas de direito processual ; 1)

Inclui bibliografia e índice
ISBN 978-65-5813-062-8

1. Direito processual civil - Brasil. I. Mendes, Aluisio Gonçalves de Castro. II. Moreira, Carlos Roberto Barbosa. III. Araújo Filho, Luiz Paulo da Silva. IV. Cabral, Antonio do Passo. V. Título. VI. Série.

23-82811 CDU: 347.91/.95(81)

Meri Gleice Rodrigues de Souza - Bibliotecária - CRB-7/6439

28/02/2023 02/03/2023

e-mail: contato@editoragz.com.br
www.editoragz.com.br
Estrada do Capuava, nº 1325 - Box Q - CEP 06715-410
Bairro Barro Branco - Município de Cotia - SP
Tel.: (0XX21) 99585-0737 / 99755-0737

Impresso no Brasil
Printed in Brazil

Aos meus caros afilhados da Turma EBERT VIANNA CHAMOUN (Faculdade de Direito da Universidade do Estado da Guanabara, 1974), com estima e reconhecimento.

APRESENTAÇÃO

Por iniciativa do Instituto Brasileiro de Direito Processual- IBDP, muito bem acolhida pela família do autor e pela Editora GZ, as nove "séries" dos *Temas de Direito Processual*, que José Carlos Barbosa Moreira escreveu ao longo de três décadas, são agora reeditadas, em versão atualizada por estudiosos do direito processual – em sua maioria, ex-alunos e amigos do saudoso mestre. A atualização manteve intacto o texto original do ciclo: ao final de cada estudo, encontram-se as observações dos atualizadores, que fornecem ao leitor dados sobre a evolução do direito brasileiro, na matéria ali versada, até os dias atuais.

Qual a utilidade que o leitor de hoje pode extrair da obra, escrita na vigência do Código de Processo Civil de 1973 e dedicada, em muitos pontos, ao exame de normas e institutos que não foram reproduzidos no diploma que o substituiu?

Em primeiro lugar, vários dos trabalhos de Barbosa Moreira abordaram temas até então *inéditos* (ou, ao menos, pouco explorados) na doutrina brasileira. Para nos limitarmos, aqui e agora, à indicação de um único, mas significativo exemplo, permitimo-nos chamar a atenção do leitor para os estudos sobre *interesses difusos*, um dos quais publicado já no volume inaugural da coleção ("A ação popular do direito brasileiro como instrumento de tutela jurisdicional dos chamados 'interesses difusos'"). A reedição desses e de outros textos, igualmente marcados pelo ineditismo das questões de que o autor se ocupou, permitirá ao processualista da terceira década do século XXI o contato direto com a fonte inspiradora de extensa e fecunda elaboração doutrinária que se seguiu, desenvolvida igualmente por outros autores, e de relevantes inovações na legislação do país.

Em segundo lugar, como bem observou um dos mais destacados processualistas de atual geração, a obra de Barbosa Moreira "versa sobre praticamente todos os grandes temas de Direito Processual".[1] Isso é certo em relação ao conjunto de seus escritos (que inclui, entre outros, suas teses para concursos e seus substanciosos *Comentários* ao Código de 1973, além de seu maior êxito comercial, *O Novo Processo Civil Brasileiro*, o qual teve nada menos de vinte e nove edições, *todas* cuidadosa e verdadeiramente "revistas e atualizadas"), mas também o é no tocante à coleção que ora se reedita, em cujos nove volumes o autor não se furtou a examinar e reexaminar temas "clássicos": coisa julgada, prova, competência, poderes do juiz, pressupostos processuais, causa de pedir, contraditório, classificação das sentenças ... Em qualquer campo da ciência ju-

1 DIDIER JUNIOR, Fredie Souza. *Sobre Academia, Memória e Imaginação*: uma vida em processo. Universidade Federal da Bahia, 2021, p. 84. No juízo desse autor, a coleção de *Temas* "está para o Direito Processual Civil brasileiro como o *Tratado de Direito Privado* [de Pontes de Miranda] está para o Direito Privado" (ob. cit., loc. cit.).

rídica, sempre há espaço para um retorno ao que já foi amplamente estudado; e o estudioso de agora e do futuro poderá enxergar mais longe se se dispuser (a imagem pode soar batida, mas é expressiva) a subir nas costas de gigantes do passado.

Em terceiro lugar, o jurista de hoje poderá apreciar as qualidades *didáticas* de Barbosa Moreira. No concurso, realizado em 1979, com o qual o autor conquistou a titularidade na UERJ, um de seus eminentes examinadores reprovou-lhe o emprego, na tese submetida à banca, do adjetivo "didático", por lhe parecer depreciativo do livro (de outro insigne processualista) a que Barbosa Moreira supostamente se referira. Em verdade, o adjetivo, no excerto criticado, qualificava apenas um *exemplo* extraído do livro que Barbosa Moreira citara; porém, como bem observou, em sua resposta, o então candidato, ainda que se tratasse de qualificativo atribuído à obra, que maior elogio se lhe poderia fazer, senão chamá-la didática? Afinal, "didático" qualifica o que é "destinado a instruir", "que facilita a aprendizagem", "que proporciona instrução e informação, assim como prazer e divertimento" (Houaiss). Em qualquer desses sentidos, é possível afirmar que os *Temas* constituem um conjunto extremamente didático – e o processualista da terceira década do século XXI, ao ler qualquer de seus diferentes textos, certamente poderá se beneficiar da clareza expositiva de Barbosa Moreira e, por óbvio, do fato de ter sido ele "senhor absoluto dos meandros e mistérios da nossa tão maltratada última flor do Lácio".[2]

São razões mais que suficientes para justificar a reedição dos *Temas de Direito Processual* – sem prejuízo de muitas outras, que o leitor atento provavelmente encontrará.

Aluisio Gonçalves de Castro Mendes
Carlos Roberto Barbosa Moreira
Luiz Paulo da Silva Araújo Filho

2 FABRICIO, Adroaldo Furtado. Apresentação. *In* FABRICIO, Adroaldo Furtado (coord.) *Meio de Impugnação ao Julgado Civil:* estudos em homenagem a José Carlos Barbosa Moreira.1ª ed. Rio de Janeiro: Forense, 2007, p. VIII (destacado no original).

NOTA DOS ATUALIZADORES

Ressurreição não é o melhor dos nove romances de Machado de Assis, assim como a *Primeira Sinfonia* não é a mais revolucionária das nove que Beethoven compôs. Mas nem a publicação dos posteriores romances do maior escritor brasileiro, nem a composição das demais sinfonias do mestre de Bonn impedem que o leitor, no primeiro caso, e o ouvinte, no segundo, apreciem as inegáveis qualidades daquelas obras iniciais - ainda que convencidos da superioridade do que, mais tarde, se escreveu ou se compôs, em ambos os gêneros.

Ao leitor de agora - muito especialmente, ao leitor processualista - talvez pareça de menor importância o volume inaugural dos *Temas de Direito Processual*, coleção que José Carlos Barbosa Moreira publicou entre 1977 e 2007. Semelhante juízo pode eventualmente fundar-se no fato de a *Primeira Série* (como, aliás, também a *Segunda*, surgida em 1980) compor-se não apenas de estudos doutrinários, mas igualmente de pareceres emitidos pelo autor, no exercício da advocacia privada, antes de seu ingresso no Tribunal de Justiça do Rio de Janeiro - trabalhos supostamente "menores", porque destinados à demonstração de teses do interesse de quem os solicitara.[1] Além disso, nem todos os pareceres aqui publicados dizem respeito, unicamente, a questões de direito processual (ponto em que, bem vistas as coisas, reside uma demonstração da versatilidade do autor e, pois, da riqueza do volume). Ao ver dos atualizadores desta *Primeira Série*, errará o leitor que pretenda avaliá-la unicamente a partir de uma comparação entre o seu conteúdo e o das subsequentes, escritas por um autor que naturalmente evoluiu com o passar dos anos, e cujos horizontes inevitavelmente se ampliaram - assim como errará quem despreze o delicioso *finale* da *Primeira Sinfonia* de Beethoven apenas por lhe soar inferior à *Ode à alegria*.

Qualquer que seja, porém, a avaliação do leitor, decorrente de um confronto que faça entre este volume e os demais, ele não poderá negar a relevância e, em muitos aspectos, a originalidade e a atualidade do pensamento de Barbosa Moreira, reveladas em trabalhos, aqui reunidos, sobre coisa julgada, sobre "as presunções e a prova" e, é claro, sobre a ação popular na defesa de interesses difusos.

Antonio do Passo Cabral

Carlos Roberto Barbosa Moreira

---

1 A qualidade dos pareceres de Barbosa Moreira põe em xeque a ideia de que se trataria de um gênero "menor": a quem duvidar recomenda-se a leitura dos trabalhos, inseridos neste volume, sobre "adjudicação compulsória de ações de sociedade anônima" e sobre "legitimação para agir". Talvez se possa, neste ponto, recordar a advertência de um célebre comprimário, aplicável, *mutatis mutandis*, a escritores de quaisquer gêneros: "Não há papéis pequenos. Há atores pequenos".

SOBRE OS ATUALIZADORES

Antonio do Passo Cabral

Professor Associado de Direito Processual Civil da Universidade do Estado do Rio de Janeiro (UERJ), onde leciona na Graduação, Mestrado e Doutorado. Livre-Docente pela Universidade de São Paulo (USP). Doutor em Direito Processual pela UERJ, em cooperação com a Universidade de Munique, Alemanha (Ludwig-Maximilians-Universität). Mestre em Direito Público pela UERJ. Pós-doutorado na Universidade de Paris I (Panthéon-Sorbonne). Professor Visitante na Universidade de Passau, Alemanha (2015), na Universidade de Kiel, Alemanha (Christian-Albrechts Universität, 2016 e 2017) e na Universidade Ritsumeikan, em Quioto, Japão (2018). Senior Lecturer na Peking University, Pequim, China (2019 e 2021). Vice-Presidente da International Association of Procedural Law, Diretor de Relações Internacionais do Instituto Brasileiro de Direito Processual, Membro do Instituto Iber oamericano de Direito Processual, da Associação de Juristas Brasil-Alemanha (Deutsch-Brasilianische Juristenvereinigung) e da Wissenschaftliche Vereinigung für Internationales Verfahrensrecht. Procurador da República no Rio de Janeiro. Ex-Juiz Federal.

Carlos Roberto Barbosa Moreira

Advogado. Membro da Academia Brasileira de Direito Civil.

ÍNDICE GERAL

SEGUNDA PARTE – PARECERES

PRIMEIRA PARTE

ENSAIOS

AS BASES DO DIREITO PROCESSUAL CIVIL[1]

I. PARTE GERAL

1. O processo civil no direito brasileiro

A expressão *processo civil* tem no direito brasileiro extensão conceptual *maior* do que noutros ordenamentos jurídicos. Não se refere apenas à atividade realizada pelos órgãos judiciais para decidir litígios sobre relações jurídicas de ordem *privada*. Abrange, além disso, a atividade judicial relativa às causas da chamada "jurisdição voluntária" e também a concernente a litígios sobre relações jurídicas *de direito público* (constitucional, administrativo, tributário), os quais se incluem na área de competência da Justiça ordinária, uma vez que não existe, no Brasil, aparelho equiparável ao "contencioso administrativo" de tipo francês. Todas essas matérias estão compreendidas no âmbito da "jurisdição civil" a que alude o art. 1º do Código de Processo Civil ("A jurisdição civil, contenciosa e voluntária, é exercida pelos juízes, em todo o território nacional, conforme as disposições que este Código estabelece"), sem embargo das objeções cabíveis no plano doutrinário, onde o entendimento predominante nega natureza propriamente *jurisdicional* à atividade desenvolvida no campo da chamada "jurisdição voluntária". Todas elas são reguladas pelas normas do Código de Processo Civil, com ressalva da incidência de leis extravagantes, que disciplinam em separado o procedimento aplicável a determinadas causas (p.ex.: o mandado de segurança, a ação de desapropriação, a ação popular, ação de alimentos etc.), mas que igualmente se consideram como leis *processuais civis*, comportando a aplicação subsidiária das disposições contidas naquele Código.

Fora do campo do processo *civil* ficam o processo *penal*, o processo *trabalhista* e o processo *eleitoral*, regidos por leis próprias. O conceito de processo civil é, por assim dizer, residual, e não exclui certa heterogeneidade das matérias a cujo respeito, no seu âmbito, se exerce a atividade judicial. Convém assinalar que mesmo os ramos do direito processual estranhos ao civil, como os acima citados, admitem como fontes subsi-

1 Texto original do relatório brasileiro, elaborado em 1976, sobre o tema n. 1 do Congresso Internacional de Direito Processual Civil de Gand (ago.-set./1977). Relator geral do tema: Prof. WALTHER J. HABSCHEID.

diárias as normas processuais civis, desde que compatíveis com a índole especial de cada um daqueles tipos de processos. Pode-se afirmar, portanto, que o direito processual civil assume no sistema brasileiro o papel de direito processual comum.

2. Fontes do direito processual civil brasileiro

São fontes formais do direito processual civil brasileiro, em primeiro lugar, as normas de direito escrito, das quais algumas estão contidas na própria Constituição da República. Aí, em primeiro lugar, se disciplina a competência para legislar sobre direito processual, questão relevante em país de estrutura federativa, como o Brasil: tal competência fica reservada em caráter privativo à União Federal (art. 8º, XVII, *b*), excluída, mesmo a título supletivo, a dos Estados-membros. No Cap. VIII ("Do Poder Judiciário") do Tít. I ("Da Organização Nacional") encontram-se numerosas regras sobre a competência de órgãos judiciais federais: do Supremo Tribunal Federal (art. 119), dos Tribunais Federais de Recursos (art. 122), dos juízos federais de primeiro grau (art. 125), além de outros estranhos ao campo do processo civil. Em outro plano situam-se as normas constitucionais que, estabelecendo os princípios gerais do sistema jurídico brasileiro, repercutem de maneira direta ou indireta naquele campo, vinculando o próprio legislador ordinário: assim, por exemplo, a regra do art. 153, § 4º ("A lei não poderá excluir da apreciação do Poder Judiciário qualquer lesão de direito individual"); a do art. 153, § 1º, primeira parte, que consagra o princípio da igualdade perante a lei; a do art. 153, § 3º, *fine*, que toma a coisa julgada imune à eficácia retroativa da lei. Prevê ainda a Constituição uma série de remédios processuais específicos, postos ao abrigo das eventuais reformas da legislação ordinária: o mandado de segurança (art. 153, § 21), a ação popular (art. 153, § 31), a ação direta de declaração de inconstitucionalidade de leis ou outros atos normativos federais ou estaduais (art. 119, I, l), o recurso extraordinário (art. 119, III). Contém, por fim, algumas disposições esparsas diretamente relativas à matéria processual civil, como a do art. 95, § 2º, que permite a representação judicial da União pelo Ministério Público estadual, nas circunscrições judiciárias do interior do país, e a do art. 117, que disciplina o pagamento, nas execuções pecuniárias, das importâncias devidas por pessoa jurídica de direito público, em virtude de sentença.

No plano da legislação ordinária, a principal fonte do direito processual civil é o Código de Processo Civil (Lei n. 5.869, de 11-1-1973, vigente desde 1º-1-1974, com modificações feitas pela Lei n. 5.925, de 1º-10-1973 e, posteriormente à entrada em vigor, pela Lei n. 6.314, de 16-12-1975). Alguns procedimentos especiais, por força do disposto no art. 1.218, continuam regidos pelas disposições constantes do Código de Processo Civil anterior (Dec.-Lei n. 1.608, de 18-9-1939), e outros – como assinalado no item n. 1 – por leis extravagantes, cuja sistemática, notadamente em matéria de recursos, foi em parte alterada, para harmonizar-se com a do Código atual.

Cabe neste ponto uma referência às normas de organização judiciária e aos regimentos internos dos tribunais. A organização judiciária, a rigor, não se situa no âmbito do direito processual, embora seja impossível negar a íntima vinculação entre uma e outro, bem como a dificuldade que às vezes existe em traçar com precisão a linha divisória. As normas referentes à organização judiciária brasileira distribuem-se por vários textos: trata da matéria, em primeiro lugar, a própria Constituição da República, no Capítulo consagrado ao Poder Judiciário; também a versam leis ordinárias federais, e, principalmente, a Lei n. 5.010, de 30-5-1966, que organizou a Justiça Federal de primeira instância. Cada um dos Estados-membros tem o seu Poder Judiciário e é competente para estruturá-lo, com observância de determinados princípios estabelecidos na Constituição da República (art. 144). Não incumbe, porém, aos órgãos legislativos estaduais editar normas a esse respeito: a competência para dispor sobre a organização judiciária do Estado pertence ao órgão superior do respectivo Poder Judiciário, o Tribunal de Justiça, mediante resolução (Const. da República, art. 144, § 5º), que assume o caráter de lei no sentido material.

Quanto aos regimentos internos, assinale-se que o do Supremo Tribunal Federal é sem dúvida fonte do direito processual (não apenas civil), por força do disposto no art. 120, parágrafo único, *c*, da Constituição da República, que lhe atribui a disciplina do processo e julgamento das causas da competência originária ou recurso da mais alta Corte de Justiça do país. Mas costuma-se entender que os regimentos internos dos outros tribunais (federais e estaduais), que a eles próprios compete elaborar (Constituição da República, art. 115, II), atuam também como fontes formais, complementando ou especificando os preceitos constantes de lei, no que concerne ao procedimento a ser adotado no âmbito de cada tribunal. A lei mesma, às vezes, faz remissão expressa às normas regimentais, deixando a estas a tarefa de regular em pormenor determinadas questões.

As regras processuais civis escritas comportam, naturalmente, integração mediante recurso à analogia. A esta faz referência expressa o art. 126, 2ª parte, do Código de Processo Civil, acrescentando os costumes e os princípios gerais do direito como fontes formais subsidiárias, às quais o juiz há de recorrer para complanar as lacunas da lei.

O ordenamento jurídico brasileiro é tradicionalmente infenso ao sistema dos "precedentes vinculativos"; contudo, não falta quem reconheça à jurisprudência um lugar entre as fontes do direito processual civil, sendo inegável a influência exercida – senão *de iure*, ao menos *de facto* – pelas *auctoritas rerum similiter iudicatarum*. A recente evolução parece orientar-se no sentido de valorizar mais o papel da jurisprudência nesse contexto. O Supremo Tribunal Federal compendia as teses jurídicas firmemente assentes em suas decisões na Súmula da Jurisprudência Predominante, e a inclusão nesta de determinada proposição, conquanto não vincule os outros órgãos judiciais, na prática os tem conduzido, as mais das vezes, a observá-la, além de surtir efeitos relevantes, de acordo com o Regimento Interno, no âmbito do próprio Supremo Tribunal Federal: assim é que o Ministro Relator pode arquivar ou negar seguimento a pedido ou recurso que contrariar a jurisprudência compendiada na Súmula (art. 22, § 1º). O Código de Processo Civil inspirou-se nesse modelo quando, ao disciplinar o incidente da "uniformização da jurisprudência", destinado a evitar, na medida do possível, a consagração definitiva de teses jurídicas divergentes, estendeu aos outros tribunais a previsão expressa da organização de Súmulas, nas quais se incluirão as teses consagradas, na solução do incidente, pela maioria absoluta dos juízes que os compõem (art. 479). Permanece verdadeira, entretanto, a afirmação de que, no Brasil, a jurisprudência, a despeito de sua importância prática, não tem força vinculativa equiparável à da lei.

3. Autonomia e posição sistemática do direito processual civil

A feição do ordenamento jurídico brasileiro permite compreender com facilidade que, no Brasil, perdem a razão de ser algumas questões que ainda se veem suscitadas noutros países com referência à autonomia do direito processual civil e ao correto enquadramento de suas normas em face da distinção, geralmente consagrada, entre direito público e direito privado. A doutrina brasileira é unânime em reconhecer ao direito processual civil posição autônoma no quadro das ciências jurídicas. Com isso não se pretende negar que, através do processo, recebam aplicação concreta as regras do direito material, de acordo com as quais devem ser julgadas as causas da competência dos órgãos da jurisdição civil: é frequente, na literatura, a referência ao caráter instrumental do processo, que nesse sentido se deve entender. Mas logo se vê que seria absurdo considerar o processo civil mera subdivisão ou apêndice de qualquer dos ramos do direito material, e em particular do direito privado: conforme se explicou (n. 1), não são só as normas integrantes deste que o juiz civil tem de aplicar, no exame e solução dos casos a ele submetidos.

Regulando essencialmente a atividade cumprida por órgãos oficiais (ou perante eles), no exercício de função tipicamente estatal, o direito processual civil - como o direito processual penal, o trabalhista, o eleitoral - integra o direito público: a irrelevante, para o seu enquadramento, a natureza da relação jurídica submetida à apreciação do juiz, a qual pode ser indiferentemente privada ou pública, deduzida por um particular ou pelo próprio Estado, que como os particulares se sujeita à jurisdição civil - por exemplo, na cobrança dos seus créditos tributários. A doutrina brasileira, a este respeito, prefere o critério de classificação ligado à natureza da atividade realizada em juízo, a qual constitui o objeto por excelência da disciplina normativa constante das leis processuais.

4. Fins do processo civil

A vista da diversidade das matérias que compõem, no sistema jurídico brasileiro, o objeto do direito processual civil, não parece possível atribuir ao processo civil um fim constante e unívoco. Há que distinguir, pelo menos, o fim alvejado pela atividade propriamente jurisdicional dos órgãos judiciais e aquele a que visa a chamada "jurisdição voluntária".

Quanto ao primeiro, a opinião largamente predominante no Brasil identifica-o na tutela do direito objetivo; isto é, entende que a missão do processo civil consiste aí em assegurar eficácia prática às normas do *ius positum*. Não se exclui que, ao exercer a atividade jurisdicional, os órgãos judiciais dispensem também proteção aos direitos subjetivos, entendidos na acepção mais ampla, em ordem a abranger todas as situações jurídicas subjetivas de vantagem, que a lei confere às pessoas sob determinadas circunstâncias; nem se nega que, em regra, o propósito de defender tais situações é que induz os interessados a invocar a garantia jurisdicional. Considera-se, porém, que o critério decisivo deve adotar a perspectiva do Estado; não como eventual litigante - condição em que ele se equipara substancialmente a qualquer outro –, mas como entidade instituidora e mantenedora do aparelho judiciário, destinado antes de mais nada a substituir a atuação dos próprios titulares de interesses em conflito, evitando que façam justiça por suas próprias mãos. O fim público do processo, destarte, sobrepaira ao seu fim privado.

No que concerne à "jurisdição voluntária", a questão assume fisionomia diversa. A doutrina brasileira encara-a como atividade de natureza mais próxima à administrativa, confiada por motivos de conveniência ou de tradição aos órgãos judiciais. Aqui, a finalidade é sem dúvida a proteção de interesses privados, cuja especial relevância do ponto de vista social justifica a intervenção do Estado por essa forma particular. Relaciona-se com tal peculiaridade o fato de que, enquanto nos processos "contenciosos" – ou seja, propriamente jurisdicionais – a atividade judicante é preponderantemente vinculada, nos da "jurisdição voluntária" cresce a dimensão da discricionariedade: o órgão judicial "não é (...) obrigado a observar critério de legalidade estrita, podendo adotar em cada caso a solução que reputar mais conveniente ou oportuna" (Cód. Proc. Civil, art. 1.109, *fine*).

5. A existência de uma teoria geral do direito processual civil

A afirmação da autonomia científica do direito processual civil suscita de imediato a problemática atinente à existência de uma teoria geral dessa disciplina, distinta da teoria geral de cada uma das disciplinas cujas normas recebem atuação prática através do processo civil. Aqui, como alhures, cumpre não perder de vista a circunstância, já acentuada (n. 1), de que no ordenamento brasileiro o conceito de "processo civil" é mais extenso que em outros: a questão não se poderia pôr apenas em termos de confronto com o direito privado, mas também com os ramos do direito público cujas regras são aplicadas pelos juízes civis. Não há indagar se existe uma teoria geral do direito processual civil inconfundível com a do direito privado, mas se existe uma teoria geral do direito processual civil, igualmente inconfundível com a do direito constitucional, com a do direito administrativo, e assim por diante.

A resposta terá de ser fundamentalmente afirmativa: é inegável que a disciplina positiva do processo civil permite ao jurista formular princípios gerais que não coincidem *in totum* com os que governam todos esses outros departamentos da ciência jurídica. Isso não exclui, naturalmente, o fato de que o direito processual civil recebe dos demais ramos dos direito uma série de noções e de institutos, nem a existência de princípios comuns a todos, sem a qual seria impossível construir, como se constrói, uma teoria geral do direito *tout court*. O direito processual civil, porém, não raro imprime aos conceitos e às figuras jurídicas "importadas" feição de manifesto particularismo, assim como elabora e assenta princípios que lhe são peculiares. Na parte especial desta exposição, as presentes afirmações serão ilustradas com alguns exemplos significativos, sobretudo no que tange ao confronto com o direito privado, do qual – sem prejuízo do que ficou dito acima – provém o maior contingente das questões que os juízes civis são chamados a resolver.

Por outro lado, é oportuno assinalar a tendência, que se vem tornando mais forte nos últimos tempos, à consideração unitária, em linha de princípio, dos ramos em que se subdivide o direito processual. Já se registrou (n. 1) a posição assumida pelo direito processual civil como "reservatório" de normas supletivamente aplicáveis pelos juízes trabalhistas, eleitorais e mesmo penais. A mais recente elaboração legislativa reforça essa diretriz: o Projeto do novo Código de Processo Penal, remetido em 1975 ao Congresso Nacional, inspirou-se – conforme expressamente ressalta a Exposição de Motivos do Ministro da Justiça ao Presidente da República – na "preocupação de manter, dentro de limites possíveis e aconselháveis, a uniformidade entre as normas do processo civil e as do processo penal"; nesse sentido, não apenas "a estrutura, a sistemática, a terminologia e vários de seus conceitos muito se aproximam do que se contém no Código de Processo Civil vigente", mas chega-se até a dispor *expressis verbis* no art. 2º que, "sempre que se tratar de instituto comum ao processo civil e ao processo penal, podem ser invocadas as normas daquele para suprir as lacunas deste, ou para esclarecer o sentido e o alcance de seus preceitos".

Seria o caso, pois, de aludir-se a uma teoria geral do direito processual, que, sem desconhecer nem desprezar as peculiaridades e divergências específicas, reúne num corpo de princípios comuns o substrato fundamental dos seus vários setores. Essa teoria geral do direito processual naturalmente se situará em nível de generalidade superior ao da teoria geral do direito processual civil.

II. PARTE ESPECIAL

6. O papel do juiz no processo civil

De acordo com a concepção dominante no pensamento jurídico brasileiro, a atividade jurisdicional, através das duas manifestações básicas em que se expressa, visa a formular (processo de conhecimento) e a tornar praticamente efetiva (processo de execução) a regra jurídica concreta que deve disciplinar determinada situação. No exercício da primeira dessas funções, acha-se o juiz, em princípio, adstrito à observância das normas escritas ou ministradas por outras fontes formais (n. 2), que lhe cumpre aplicar à espécie sob exame. É o que reza o já citado art. 126, 2ª parte, do Código de Processo Civil: "O juiz não se exime de sentenciar ou despachar alegando lacuna ou obscuridade da lei. No julgamento da lide caber-lhe-á aplicar as normas legais; não as havendo, recorrerá à analogia, aos costumes e aos princípios gerais do direito". Não consagra o direito brasileiro, pois, o sistema do *judge-made law.*

Nem por isso se desconhece, ê claro, o aspecto criativo de que se reveste a função judicante. A noção da decisão judicial como aplicação automática da norma abstrata ao fato concreto, segundo esquema rigidamente formalístico, inscrito no plano da pura lógica dedutiva, corresponde a uma representação extremamente simplificada do processo de formação das decisões e põe "entre parênteses" não poucas de suas complexas e variadas componentes, entre as quais se inserem opções de caráter valorativo e (no sentido lato do termo) político. Vincular o juiz, na solução dos litígios, a regras jurídicas preexistentes não significa reduzir-lhe a função à de um computador, que dê respostas padronizadas e rigorosamente predeterminadas a todas as questões propostas.

Importante "abertura", que aliás nada tem de nova, é o recurso à equidade. No ordenamento brasileiro, em matéria contenciosa, a sua utilização tem caráter excepcional. Dispõe o art. 127 do Código de Processo Civil que "O juiz só decidirá por equidade nos casos previstos em lei"; e tais casos são pouco numerosos, podendo mencionar-se, a título exemplificativo, a regra do art. 16 do Decreto n. 24.150, de 20-4-1934, em matéria de renovação judicial de contrato de locação de imóvel destinado "fim comercial ou industrial, e a do art. 12, parágrafo único, da Lei n. 4.494, de 25-11-1964, referente à hipótese de mais de um dentre os sublocatários legítimos, na omissão do locatário, contra quem foi proposta ação de despejo por falta de pagamento, pretender evitar a rescisão da locação, mediante a purgação da mora, e sub-rogar-se ao locatário. Já nas causas da "jurisdição voluntária", conforme antes se observou (n. 4), a equidade assume, como regra, função preeminente, cabendo ao juiz atender antes às considerações de conveniência e oportunidade que ao "critério de legalidade estrita" (Cód. Proc. Civil, art. 1.109).

Outra manifestação do papel "criador" do órgão judicial é a que se relaciona com a tendência – progressivamente acentuada, nos últimos tempos, em vários setores da legislação – a empregar traços mais flexíveis na configuração dos esquemas de fato a que se atribuem determinados efeitos jurídicos. Para não enrijecer de modo exagerado a disciplina das relações sociais, dificultando a sua indispensável adaptação às mutáveis condições econômicas, políticas, culturais – cujo incessante dinamismo caracteriza as sociedades contemporâneas –, abstém-se o legislador de descer" a minúcias na configuração das hipóteses de incidência, limitando-se a inserir na norma legal alguns dados genéricos ou elementos de referência, que compõem um "quadro" a ser preenchido pelo aplicador da lei, mediante a utilização de padrões variáveis de acordo com as concepções dominantes no ambiente histórico e social. Cresce de frequência o uso das "cláusulas gerais", dos *standards* jurídicos, dos conceitos indeterminados; e em igual medida aumenta de vulto a tarefa do órgão judicial, chamado a assentar, caso por caso, por exemplo, se são "contrários à moral e aos bons costumes" os atos em razão dos quais se quer privar o pai do pátrio poder (Cód. Civil, art. 395, III); ou se o locatário cumpriu a obrigação de tratar a coisa alugada "com o mesmo cuidado como se sua fosse" (Cód. Civil, art. 1.192, I, *fine*); ou se o ato praticado pelo mandatário exorbitou da "administração ordinária" e por isso dependia da concessão de poderes expressos e especiais no instrumento do mandato (Cód. Civil, art. 1.295, § 1º); ou se o litigante não podia "razoavelmente desconhecer" a falta de fundamento da pretensão ou da defesa deduzida, para que se haja de afirmar a sua responsabilidade por dano processual (Cód. Proc. Civil, art. 17, 1) etc.

No trabalho de "colorir" esses espaços brancos deixados pelo legislador, encontra apoio o juiz nas chamadas "regras de experiência", que, embora não esgotem nisso a sua complexa e multiforme função, muitas vezes se revelam capazes de ministrar ao órgão judicial as noções de fato genéricas, correspondentes a *id quod plerumque accidit*, das quais ele necessita para "complementar" a norma jurídica e pô-la em contato com a espécie submetida à sua apreciação. O vigente Código de Processo Civil brasileiro, pela primeira vez, faz expressa alusão a essas regras, em dispositivo cuja redação talvez imperfeita não o desmerece como inovação digna de registro: "Em falta de normas jurídicas particulares, o juiz aplicará as regras de experiência comum, subministradas pela observação do que ordinariamente acontece, e ainda as regras de experiência técnica, ressalvado, "quanto a esta, o exame pericial" (art. 335).

7. A ampliação das funções do juiz e sua significação político-jurídica

O fenômeno acima referido espelha somente uma das várias manifestações de tendência global: a de atribuir-se maior largueza ao âmbito de atuação do juiz no processo civil. Essa orientação imprime fisionomia nova a amplos setores da atividade judicial, relacionadas com a direção do processo, não apenas no sentido formal, mas também no material. Se avulta o trabalho do juiz no instante específico do julgamento, por força das circunstâncias a que se fez menção no item anterior (n. 6), lógico, e até indispensável, é que se lhe concedam paralelamente, com amplitude, os meios de formar convencimento que corresponda, com a possível exatidão, à realidade objetiva. Daí a propensão, hoje universal, a eliminar grande parte das restrições tradicionais à iniciativa oficial na investigação e fixação dos fatos relevantes para a solução do litígio.

No sistema do Código brasileiro, a regra fundamental é a que consta do art. 130: "Caberá ao juiz, de ofício ou a requerimento da parte, determinar as provas necessárias à instrução do processo, indeferindo as diligências inúteis ou meramente protelatórias". Cuidou o legislador de aparelhar melhor o órgão judicial no campo instrutório, conferindo-lhe, por exemplo, o poder de ordenar *ex officio* o comparecimento pessoal das partes, em qualquer estado do processo, "a fim de interrogá-las sobre os fatos da causa" (art. 342), e disciplinando expressamente a "inspeção judicial" de pessoas ou coisas, modalidade probatória a cujo respeito era omisso o Código anterior, embora já a admitissem a doutrina e a jurisprudência. Entretanto, normas especiais cerceiam ainda, em alguns pontos, a iniciativa judicial em matéria de instrução; e o novo Código ressente-se ademais, a nosso ver, de certo exagero no estabelecimento de regras legais sobre prova e de presunções, que rendem tributo à ideia da chamada "verdade formal" como meta suficiente no processo civil. Na presente exposição, necessariamente genérica, seria impossível proceder ao exame e à valoração crítica desses limites postos à apuração dos fatos pelo órgão judicial. Assinale-se, porém, que eles não prevalecem no domínio da "jurisdição voluntária", no qual é sempre lícito ao juiz "investigar livremente os fatos e ordenar de ofício a realização de quaisquer provas" (art. 1.107).

A tendência a dar maior realce ao papel do juiz corresponde, como bem se compreende, a uma acentuação mais forte do caráter publicístico do processo civil. O interesse do Estado na atuação correta do ordenamento, através do aparelho judiciário, sobrepõe-se ao interesse privado do litigante, que aspira acima de tudo a ver atendidas e satisfeitas as suas próprias pretensões. É a antiga visão do "duelo" entre as partes, ao qual assistia o juiz como espectador distante e impassível, que cede o passo a uma concepção do processo como atividade ordenada, ao menos tendencialmente, à realização da justiça.

Tal evolução não pode deixar de refletir-se no jogo dos "princípios fundamentais" de longa data identificados pela doutrina. Assim é que se assiste à parcial atenuação do domínio – até certo tempo, incontrastado – do princípio dispositivo, ou pelo menos de algumas das diretrizes que tradicionalmente se costumam pôr em correlação com ele. Cresce, em contrapartida, a importância do princípio da igualdade de tratamento das partes, afirmado em termos expressos pelo vigente Código brasileiro, no art. 125, I.

8. O "direito jurisprudencial"

Por outro lado, o reforço da intervenção do juiz, nas suas múltiplas formas, tem como consectário o aumento da relevância assumida pelo "direito jurisprudencial". É compreensível, assim, que a política legislativa se preocupe, entre outros aspectos, com a conveniência de assegurar certa homogeneidade de critérios na atividade dos diferentes órgãos do aparelho judicial, na medida em que as eventuais discrepâncias possam comprometer a segurança jurídica, quando não a própria eficácia prática do princípio constitucional da igualdade perante a lei, que reclama paridade de tratamento para situações idênticas. O direito brasileiro conhece mais de um expediente destinado a assegurar, tanto quanto possível, a uniformidade da jurisprudência: sobreleva entre eles o emprego do "recurso extraordinário" interponível para o Supremo Tribunal Federal, contra as decisões proferidas, em única ou última instância, por qualquer das restantes Cortes judiciárias, federais ou estaduais, que derem à regra jurídica editada pela União interpretação divergente da que lhe tenha dado outro tribunal ou o próprio Supremo Tribunal Federal (Constituição da República, art. 119, III, *d*).

O propósito de uniformizar não deve, contudo, tolher a natural e desejável evolução da jurisprudência, em face das constantes mutações da realidade social. Nessa perspectiva, cabe encarar com certa reserva a ideia de atribuir-se ao Supremo Tribunal Federal competência para fixar, com eficácia normativa – isto é, com vinculação dos outros tribunais e juízes –, a interpretação de regras jurídicas editadas pela União, tal como se pretende fazer na reforma constitucional em preparação, consoante o texto divulgado (por enquanto, sem caráter oficial) do projeto que, segundo se anuncia, o Presidente da República remeterá em breve ao Congresso Nacional. De qualquer modo, é fora de dúvida que, se adotada, a inovação romperá a linha da tradição jurídica brasileira, até agora infensa, como se expôs, ao sistema dos precedentes vinculativos.

9. Relações entre o maior relevo da atividade dos órgãos judiciais e a autonomia do direito processual

Importa assinalar a articulação entre o incremento das funções confiadas aos órgãos judiciais, nos termos da exposição feita nos itens anteriores, e o problema teórico da autonomia do direito processual, a que se aludiu na parte geral do presente relatório. A atividade do Poder Judiciário concorre para a realização dos fins do Estado; o processo é o seu instrumento característico. Na medida em que avulta a importância do instrumento, cresce a necessidade de modelá-lo de acordo com os critérios que se reputem mais idôneos a facilitar-lhe o desempenho eficaz das tarefas a ele confiadas. Ora, as ideias básicas que informam semelhantes critérios não coincidem necessariamente com os princípios em que se inspiram a técnica e a dogmática do direito material. Considerações de ordem metodológica, impostas pelos dados mesmos da experiência, evidenciam, por exemplo, que não é razoável transplantar para o terreno processual, sem alteração, a disciplina civilista dos atos jurídicos.

A afirmação do direito processual como ramo autônomo da ciência jurídica, dotado de uma teoria geral própria (*supra*, n. 5), desdobra-se, portanto, em dois aspectos. De um lado, há que considerar a existência de temas e institutos peculiares à nossa disciplina: tais são, entre outros, o do objeto do processo e o da coisa julgada. De outro, como já se assinalou, ressalta a feição particular de que se reveste, no campo processual, a regulamentação de matérias fundamentalmente comuns a ele e ao direito substantivo. E inegável – para utilizarmos um exemplo a que já se fez referência – que existam um conceito e uma teoria do ato jurídico *in genere*; mas as regras pertinentes ao ato jurídico civil não podem ser aplicadas *sic et simpliciter* ao ato jurídico processual. Basta atentar, v.g., no regime da validade, bastante diverso para este e para aquele.

Especial relevo assume, nesse contexto, a questão das consequências dos vícios da vontade. Enquanto o Código Civil brasileiro declara anuláveis os atos jurídicos em que haja defeito desse tipo (art. 147, II), nenhuma relevância, em princípio, se atribui a tais vícios em se tratando de atos praticados no processo pelo órgão judicial. A sentença proferida sob coação, por exemplo, será impugnável através dos meios normais, com base nos possíveis *errores in iudicando* ou *in procedendo* que porventura contenha; o vício da vontade, por si só, não constituirá fundamento bastante para a contestação da validade do julgamento.

Reflexões até certo ponto análogas seriam cabíveis no tocante à forma. Durante muito tempo, o processo foi considerado como o reduto mais sólido do formalismo. Nas leis modernas, nota-se constante evolução no sentido oposto. Sem dúvida, um mínimo de exigências formais parece inarredável, como penhor de segurança. Há, porém, óbvia preocupação de evitar que o apego às formalidades impeça ou prejudique o atingimento do fim visado; a perspectiva predominante é a teleológica. Nela visivelmente se inspira a disposição do art. 154 do Código brasileiro de 1973: "Os atos e termos processuais não dependem de forma determinada senão quando a lei expressamente a exigir, reputando-se válidos os que, realizados de outro modo, lhe preencham a finalidade essencial".

10. Considerações de ordem conclusiva

Acentuação do caráter publicístico do processo, maior adequação de suas regras e institutos aos fins visados, ampliação do papel do juiz e reforço de seus poderes, crescente importância do "direito jurisprudencial": eis os traços essenciais do panorama sumariamente descrito nos itens precedentes. São diretrizes que bem se harmonizam, na sua fundamental inspiração, com a preocupação de "humanizar" a justiça.

Cumpre não esquecer, todavia, a distância que se interpõe entre os princípios e sua realização prática. Um dos dramas de nossos dias é o sensível contraste entre, de um lado, o que deve ser – tema a cujo propósito existe certo consenso básico, ao menos no âmbito da cultura ocidental –, e, de outro lado, o que efetivamente é o processo, e em termos mais gerais a administração da justiça. O importante será criar condições para que as novas ideias se realizem satisfatoriamente *in concreto*.

A implantação de um processo mais "humano" reclama a agilização da máquina judiciária. A excessiva demora dos pleitos, contra a qual se clama em toda parte, assume no Brasil proporções alarmantes. Algum progresso terá trazido, nesse campo, o novo Código de Processo Civil, em vigor desde 1974, com a consagração do "procedimento sumaríssimo" para causas de pequeno valor ou relativas a determinadas matérias, e ainda com a abreviação, sob certas circunstâncias, do próprio "procedimento ordinário". Não obstante, o quadro apresenta ainda muitos pontos de estrangulamento. A reforma do Poder Judiciário, que se anuncia para breve, é anseio generalizado; mas o projeto governamental, nos termos em que se vem divulgando, parece tímido, quando não contraproducente, no modo de enfrentar as questões essenciais.

É evidente que o emperramento do aparelho judicial impede a efetiva realização do princípio da igualdade das partes, que deve ser entendido em acepção substancial, e não apenas formal. Os litigantes economicamente mais débeis são menos aptos a suportar o prolongamento exagerado dos processos. A significação negativa desse fator é agravada pelo desmedido crescimento das despesas processuais, e a tudo isso se acrescentam as deficiências do sistema brasileiro de assistência judiciária, notoriamente incapaz de atender às necessidades sociais.

Por outro lado, o problema da Justiça não se reduz ao aspecto da rapidez, mas investe de modo necessário a qualidade da prestação jurisdicional. Ao incremento dos poderes do juiz deve por força corresponder a melhoria dos padrões qualitativos do serviço judiciário. Cresce, com efeito, a responsabilidade dos juízes na mesma medida em que se alargam as dimensões de sua atuação. Tal consideração suscita nova ordem de problemas, relacionados com a necessidade de seleção rigorosa para o ingresso nos quadros da magistratura, estabelecimento de níveis adequados de remuneração, fornecimento de meios materiais e implantação de sólida infraestrutura administrativa, equipada com recursos de tecnologia moderna, preservação escrupulosa da independência dos membros do Poder Judiciário, sem prejuízo do controle que há de sofrer, por parte de órgãos isentos e apolíticos, a sua correção e eficiência no cumprimento dos deveres funcionais.

Acerca de cada um desses itens, numerosas considerações críticas poderiam fazer-se com referência à situação brasileira. A correção de alguns males parece em parte condicionada à evolução geral do quadro político; quanto a outros, um ataque eficaz demandaria o emprego de maciços recursos financeiros, que as presentes dificuldades econômicas provavelmente induzirão o Governo a reservar, ao menos por algum tempo, para fins diversos. Em todo caso, a consciência da nação desperta pouco a pouco para a premência da problemática acima enunciada. É de esperar que não tardem demasiado as providências indispensáveis à transformação do processo no instrumento de uma "Justiça de feição humana".

Rio de Janeiro, 29 de outubro de 1976.

COMENTÁRIOS DO ATUALIZADOR

AS BASES DO DIREITO PROCESSUAL CIVIL

Antonio do Passo Cabral

O texto "As bases do direito processual civil", do ano de 1976, foi fruto do relatório nacional que o Professor José Carlos Barbosa Moreira apresentou, pelo Brasil, ao Congresso Internacional de Direito Processual Civil realizado na cidade de Gante, Bélgica. Trata-se de um estudo sobre algumas das características fundamentais do direito processual civil no Brasil, sua normativa, natureza, campo de aplicação, relacionando essas premissas com algumas tendências do processo civil identificadas pelo autor àquele tempo.

O artigo começa mostrando que a expressão "processo civil" tem acepção bastante ampla no sistema jurídico brasileiro, abrangendo a jurisdição contenciosa e a jurisdição voluntária. No âmbito da jurisdição contenciosa, ao contrário de sistemas europeus onde há jurisdição administrativa, aplicam-se as regras do processo civil tanto para a solução de controvérsias privadas quanto para disciplinar o processo judicial envolvendo causas de interesse público, processos coletivos e a litigância contra entes da Administração pública direta e indireta. Essas reflexões continuam atuais, e representam bem o campo de aplicação da normativa do Código de Processo Civil de 2015, em especial a partir da interpretação que tem sido dada ao seu art.13.

À época, como destaca o texto, embora já se pregasse a existência de uma teoria geral do processo, com a possibilidade de reunir conceitos e institutos comuns a diversas espécies de processo em torno de uma sistematização unitária, costumavam-se excluir da incidência do CPC/73 os processos do trabalho e eleitoral, assim como o processo penal, regidos por leis próprias. Não obstante, a normativa do processo civil era vista como o procedimento "comum", aplicável o CPC a esses outros campos de maneira *subsidiária*, vale dizer, na ausência de norma específica na regulação setorial.

Neste ponto, muito mudou desde então. De um lado, o CPC/15 dá sinais de favorecer a aplicação do procedimento padrão a outros tipos de processo não apenas de forma subsidiária (como forma de integração de lacunas, e portanto na ausência de norma específica) mas também de maneira *supletiva,* isto é, mesmo existindo regra especial, o CPC pode ser aplicado. É o que se pode extrair do art. 15 do CPC, com inédita redação, ainda ignorada pela imensa maioria da doutrina que vem comentando o Código.

De outro lado, a partir dos artigos 327 §2° e 1.049, parágrafo único, ambos do CPC/15, entende-se que a relação entre o procedimento comum e os procedimentos especiais se modificou intensamente. Há hoje um *livre trânsito de técnicas processuais* entre procedimento comum e procedimentos especiais.

O Código, portanto, passou a ser um ponto de atração de todos os tipos de processo (mesmo de outras áreas específicas, como os processos trabalhista e eleitoral), e entre todos os procedimentos, comum e especiais, tanto aqueles disciplinados em leis esparsas, quando aqueles do próprio CPC. As antinomias normativas se resolvem não mais pela exclusão da norma geral pela norma especial (critério da especialidade). Ao invés dessa lógica de exclusão mútua, há incidência simultânea das normas do CPC e de outras leis específicas, devendo ser combinadas para um regramento mais eficiente da disputa com base em critérios de adequação, complementariedade e compatibilidade da *técnica processual* à solução do conflito (Didier Jr., Cabral e Cunha).

Na sequência, o artigo ora em comento segue para uma análise das fontes do direito processual civil, enfocando a lei em sentido formal como sua principal fonte normativa, o que até hoje corresponde à realidade. De fato, a regra legislada ainda tem proeminência como a principal fonte da norma processual.

Barbosa Moreira destacava ainda a abertura que já existia no sistema jurídico brasileiro para a aplicação de jurisdição de equidade, também presente no CPC/15 (art.140, parágrafo único).

Ademais, desde aquela época, o autor percebia uma tendência cada vez mais estudada no direito contemporâneo, que é a possibilidade de regulação do procedimento pelos regimentos internos dos tribunais, normas de origem administrativa que, na tarefa de organização judiciária, inovam no ordenamento jurídico, e por isso, com razão, devem ser consideradas como fonte da norma processual (Oliveira).

O texto também aborda, desde a década de 1970, a evolução do ordenamento jurídico brasileiro no sentido de valorizar a jurisprudência. Essa era uma tendência observada pelo Professor José Carlos Barbosa Moreira neste e em outros textos, que viria a se consolidar cada vez mais nas reformas do CPC/73 e culminaria numa mudança radical implementada pelo CPC/15. Trata-se da implantação de um sistema de precedentes judiciais vinculativos, aplicáveis obrigatoriamente pelos tribunais e juízos de instâncias inferiores, como previsto nos arts.926 e 927 do CPC/15 (por todos, Zaneti Jr., Mitidiero, Marinoni, Câmara, Peixoto, Arruda Alvim, Cramer, Macêdo).

A implantação de um sistema de precedentes alterou sobremaneira as fontes do direito processual civil. Sem embargo, os precedentes judiciais passaram também a ser considerados fonte de norma processual (Didier Jr.).

Outra evolução na temática das fontes do direito processual civil diz respeito à positivação de cláusulas gerais de negociação processual, que autoriza a celebração de convenções processuais atípicas. O tema contou com análise doutrinária pioneira do Professor José Carlos Barbosa Moreira, em texto do ano de 1982, publicado nos *Temas de Direito Processual* dois anos depois, mas só viria a maturar e encontrar ampla regulação legislativa no CPC/15 (art.190 e 200).

Essa tendência de uma crescente negociação sobre o processo levou à conclusão de que a norma processual também pode ter fonte negocial (Cabral). O negócio jurídico processual, celebrado pelas partes, derroga a regra da lei e regulará o procedimento, podendo disciplinar situações jurídicas processuais até mesmo antes do conflito eclodir. Lei e convenção, portanto, passam a ser combinadas no desenho procedimental do litígio perante os tribunais estatais (e não apenas na arbitragem privada).

Por tudo isso, hoje em dia não podemos mais resumir as fontes da norma processual à lei em sentido formal. Barbosa Moreira percebeu isso em outro ponto, ao destacar a possibilidade do juiz valer-se da *equidade* para decidir (nos espaços admitidos no sistema) e da existência de norma processual nos regimentos internos. A tais reflexões, acrescentem-se as evoluções da legislação para admitir normas oriundas de precedentes e negócios jurídicos processuais.

Pois bem, Barbosa Moreira segue então para a exposição a respeito do publicismo processual, e a prevalência dessa ideologia no Brasil. A relação jurídica processual teria natureza pública, independentemente da relação jurídica de direito material discutida no processo, esta podendo ser privada (de natureza civil, comercial etc).

O texto disserta ainda sobre os fins do processo civil. O autor afirma que o processo serve tanto à tutela de direitos subjetivos, como à aplicação da lei, do direito objetivo. Seguindo a tendência publicista, que dominava o direito processual no último quartel do séc.XX, Barbosa Moreira diz que, no âmbito da jurisdição contenciosa, o fim público sobrepaira aos escopos voltados à proteção de interesses particulares. A mesma conclusão não poderia, segundo ele, ser sustentada na jurisdição voluntária, cuja natureza, menos jurisdicional que administrativa, seria orientada para a consecução de situações jurídicas eminentemente privadas, nas quais a vontade dos litigantes não pudesse, sem a chancela judicial, obter o efeito jurídico pretendido.

Como consequência dessas premissas, Barbosa Moreira destaca o crescimento do papel do juiz no processo civil contemporâneo. Esse aumento dos poderes do juiz se dá por vários fatores, identificados pelo autor, com perspicácia, já à época da confecção do texto. O primeiro é reconhecer que a atividade judicante não é apenas silogística, baseada numa lógica-dedutiva, reveladora de sentidos pré-existentes na norma; ao contrário, há alguma atividade *criativa* do juiz (atualmente, a literatura da teoria do direito já toma essa conclusão como premissa assentada, admitindo que a tarefa de interpretação não é apenas declarativa, mas *adstritiva* de sentido, e que a norma é o *resultado*, não o objeto da interpretação; ver por todos Ávila). Uma maior margem de conformação hermenêutica para o juiz é também derivada da presença cada vez mais constante, na legislação, de cláusulas gerais e conceitos jurídicos indeterminados, cuja abertura semântica concedem ao juiz mais alternativas de aplicação. Barbosa Moreira destaca, nesse ponto, o papel das regras de experiência, reguladas pela primeira vez no CPC/73, mantidas no CPC/15 (art.375). Neste ponto, o CPC preocupou-se em controlar melhor as escolhas semânticas e interpretativas do juiz, incrementando os deveres de fundamentação das decisões quando aplicarem normas vagas (art.489 §1°, II).

Os poderes do juiz cresciam, à época do texto, em especial na seara probatória, o que foi muito bem salientado pelo autor. Em decorrência da natureza pública do processo, entendia-se que cabe ao magistrado papel ativo no processo (não meramente passivo, um "convidado de pedra", na figura usada por Barbosa Moreira em outros textos para referir-se a tal modelo de juiz), atribuindo-lhe a lei iniciativas probatórias para descobrir a verdade dos fatos e aplicar corretamente o ordenamento jurídico.

Hoje, o CPC/15 buscou parece ter buscado uma inflexão nesse movimento, com mais equilíbrio entre partes e juiz. Embora o art.370 e parágrafo único, do CPC/15, seja uma cópia do art.130 do CPC/73, permitindo produção de prova de ofício pelo juiz, alguns outros pontos do novo sistema processual apontam para uma contenção maior das prerrogativas oficiosas do magistrado. A nota mais relevante, nesse tema, é certamente dos negócios jurídicos processuais em matéria probatória.

A questão ainda é polêmica, mas penso que, a partir da ampla admissibilidade das convenções processuais, disciplinada nas cláusulas gerais dos arts.190 e 200 do CPC/15, podem ser interpretados outros negócios processuais, até mesmo típicos (como a inversão convencional do ônus da prova, art.373 §3°), para concluir que os poderes do juiz devem ser compreendidos como *subsidiários* – e não independentes – em relação à atuação das partes. Se não houver sido celebrado negócio jurídico a respeito da prova, a deficiência do acervo probatório poderá ser suprida pelo juiz. Mas tendo os litigantes convencionado, p. ex., não requererem a produção de prova testemunhal e/ou pericial, ou para limitar o número de testemunhas, não poderá o juiz, diante de tal manifestação, produzir a prova que leve a um resultado indesejado pelas partes. Caso não se convença de algum fato relevante para o julgamento, deve o juiz aplicar as regras de distribuição do ônus da prova. Essa é a equação que entendo possível para conciliar a previsão legal de poderes probatórios do magistrado, com a vinculação do juiz aos negócios jurídicos processuais celebrados pelos litigantes (Cabral, Maffessoni).

O texto de Barbosa Moreira termina com reclamos por uma justiça mais humana, possibilitando acesso igualitário e que consiga entregar uma prestação efetiva e em tempo razoável. Essa constelação de ideias mantém total atualidade no sistema atual, e mostra como as reflexões do Professor ainda guardam utilidade para a compreensão do direito processual contemporâneo.

Referências bibliográficas (obras citadas pelo atualizador)

ARRUDA ALVIM, Teresa (coord.). *Direito jurisprudencial*. São Paulo: RT, 2012.

ÁVILA, Humberto. *Teoria dos princípios: da definição à aplicação dos princípios jurídicos*. São Paulo: Malheiros, 7ª ed., 2007.

BARBOSA MOREIRA, José Carlos. Convenções das partes sobre matéria processual. *in Temas de Direito Processual - 3a Série*. São Paulo: Saraiva, 1984.

CABRAL, Antonio do Passo. *Convenções processuais: teoria geral dos negócios jurídicos processuais*. Salvador: JusPodivm, 3ª ed., 2020.

CÂMARA, Alexandre Freitas. *Levando os padrões decisórios a sério: formação e aplicação de precedentes e enunciados de súmula*. São Paulo: Atlas, 2017.

CRAMER, Ronaldo. *Precedentes judiciais: teoria e dinâmica*. Rio de Janeiro: Forense, 2016.

DIDIER JR; Fredie; CABRAL, Antonio do Passo; CUNHA, Leonardo Carneiro da. *Por uma teoria dos procedimentos especiais: dos procedimentos às técnicas*. Salvador: JusPodivm, 2ª ed., 2020.

DIDIER JR., Fredie. *Curso de Direito Processual Civil*. Salvador: Jus Podivm, 23ª ed., 2021.

MACÊDO, Lucas Buril. *Precedentes judiciais e o direito processual civil*. Salvador: Jus Podivm, 2015.

MAFFESSONI, Behlua. *Convenções processuais probatórias e poderes instrutórios do juiz*. Salvador: Jus Podivm, 2021.

MARINONI, Luiz Guilherme. *Precedentes Obrigatórios*. São Paulo: RT, 2010.

_________. *A ética dos precedentes*. São Paulo: RT, 2014.

MITIDIERO, Daniel. *Precedentes: da persuasão à vinculação*. São Paulo: RT, 3ª ed., 2018.

_________. Fundamentação e precedente – dois discursos a partir da decisão judicial. Revista de Processo, n. 206, 2012.

OLIVEIRA, Paulo Mendes de. *Regimentos internos como fonte de normas processuais: o poder normativo dos tribunais*. Salvador: Jus Podivm, 2020.

PEIXOTO, Ravi. *Superação do precedente e segurança jurídica*. Salvador: Jus Podivm, 3ª ed., 2018.

ZANETI JR., Hermes. *O valor vinculante dos precedentes*. Salvador: Jus Podivm, 4ª Ed., 2019.

A RESPONSABILIDADE DAS PARTES POR DANO PROCESSUAL NO DIREITO BRASILEIRO[1]

1. Generalidades

É antiga, nos legisladores, a preocupação de combater a incorreção das partes no seu comportamento em juízo. Bem se compreende a necessidade de tentar impedir que a falta consciente à verdade, o uso de armas desleais, as manobras ardilosas tendentes a perturbar a formação de um reto convencimento do órgão judicial, ou a procrastinar o andamento do feito, embaracem a administração da justiça e desviem do rumo justo a atividade jurisdicional. Visto ao ângulo dos litigantes e de seus interesses, o processo é sem dúvida um prélio, e como tal não pode excluir o recurso à habilidade na escolha e na realização das táticas julgadas mais eficazes para a obtenção de resultado vantajoso; a isso, contudo, sobrepairam as exigências éticas e sociais inerentes à significação do processo como instrumento de função essencial do Estado.

Uma falsa concepção "liberal", de marca individualística, em certa fase – talvez não de todo superada – da evolução histórica do direito processual, ofereceu resistência à consagração normativa de imposições que contenham os litigantes nas raias da lealdade e da probidade, bem como à adoção de expedientes idôneos a assegurar, tanto quanto possível, a efetividade do cumprimento desses deveres. Tal resistência vai declinando, e tende a desaparecer, na medida em que se firma e se acentua o caráter publicístico do processo (inclusive do processo civil), e correlatamente se reforçam e ampliam os poderes do órgão judicial na respectiva condução. Já não se pretende do juiz que assista, como espectador frio e distante, ao "duelo" das partes; ao contrário, dele se espera atividade eficiente no sentido de que a justiça seja feita. Para tanto, procura a lei ministrar-lhe, entre outros, meios enérgicos de combate à má-fé, à improbidade, à chicana, em suas multiformes manifestações.

1 Publicado na Revista Uruguaya de Derecho Procesal, v. 2/76.

2. O comportamento incorreto das partes e suas consequências: visão esquemática

Antes de nos determos no exame do tema que constitui o objeto específico deste trabalho, convém delinear, em traços intencionalmente esquemáticos, o panorama global em que ele se enquadra. Há que focalizar, de um lado, O problema atinente à caracterização do "comportamento incorreto" da parte – expressão que se usa aqui, de caso pensado, justamente em razão de seu feitio genérico, para não antecipar especificações que subverteriam a ordem lógica da exposição; de outro lado, as consequências que a lei atribui a tal comportamento.

A propósito da conduta das partes, pode-se falar de "incorreção" com referência: a) ao conteúdo das alegações por elas feitas em juízo; b) à forma por que atuam no processo, pessoalmente ou através de seus procuradores. O primeiro aspecto relaciona-se de modo fundamental com o reconhecimento de um "dever de veracidade" (a parte deve declarar somente a verdade, ou quando menos deixar de declarar o que saiba não ser verdade), ao qual acede o "dever de completitude" (a parte deve declarar toda a verdade, isto é, abster-se de omitir fatos relevantes que conheça, por suscetíveis de favorecer o adversário). O segundo concerne à obrigação de respeitar as chamadas "regras do jogo", e comporta numerosos desdobramentos, que se traduzem em outros tantos preceitos, dificilmente redutíveis a uma enumeração exaustiva, mas cujo denominador comum talvez se possa identificar no respeito aos direitos processuais da parte contrária e na abstenção de embaraçar, perturbar ou frustrar a atividade do órgão judicial, ordenada à apuração da verdade e à realização concreta da justiça.

É questão de direito positivo, que só admite solução no âmbito de cada ordenamento, a de saber se tem deveras relevância jurídica (e não apenas ética) – bem como, no caso positivo, em que medida a tem – a "incorreção" na primeira e na segunda das acepções acima indicadas. O exame do direito comparado revela, como é natural, extensa gama de posições. Em termos bastante genéricos, pode afirmar-se que as leis mais se têm preocupado com a correção formal da conduta das partes do que com a correspondência entre as suas alegações e a realidade objetiva. Um "dever de veracidade" (e de "completitude") consagrado *expressis verbis* depara-se em reduzido número de legislações[2]. Em contrapartida,

2 ZPO austríaca, § 178: "Jede Partei hal in ihren Vorträigen alle im einzelnen Falle zur Begrundung ihrer Anträge erforderlichen tatsächlichen Umstände der Wahrheit

há sempre um grupo de regras, poucas que sejam, destinadas a conter em limites eticamente razoáveis o procedimento das partes (e dos procuradores) ao longo do itinerário processual, podendo encontrar-se ou não, a par dessas normas específicas, um dispositivo de corte genérico, onde se enuncie, em fórmula sintética (e necessariamente elástica), esse outro aspecto da obrigação de atuar de maneira correta[3].

No que tange às consequências, cabe identificar duas classes distintas. A primeira compõe-se de expedientes através dos quais se abre a oportunidade de eliminar os efeitos do comportamento incorreto, na medida em que se tenham mostrado capazes de influir no desfecho do processo: a técnica legal consiste aí em considerar viciado o pronunciamento judicial que haja resultado da incorreção e admitir contra ele

gemäss vollständig und bestimmt anzugeben. die zur Feststellung ihrer Angaben nötigen Beweise anzubieten, sich uber die von ihrem Gegner vorgebrachten tatsächlichen Angaben und angebotenen Beweise mit Bestimmtheit zu erklären, die Ergebnisse der gefuhrten Beweise darzulegen und sich auch uber die bezuglichen Ausfuhrungen ihres Gegners mit Bestimmtheit auszusprechen (Cada parte deve, em suas exposições, indicar segundo a verdade, de maneira completa e precisa, todas as circunstâncias de fato indispensáveis no caso concreto à fundamentação de seus pedidos, produzir as provas necessárias à verificação de suas alegações, manifestar-se com precisão sobre as alegações de fato formuladas e as provas produzidas pela parte contrária, expor os resultados das provas oferecidas e pronunciar-se de modo preciso sobre a correspondente exposição do adversário)".

ZPO da Alemanha Federal, § 138, I (na redação dada pela Novela de 1933): "Die Parteien haben ihre Erklärungen uber tatsächliche Umstände vollständig und der Wahrheit gemäss abzugeben (As partes devem formular de modo completo e conforme à verdade as suas alegações sobre circunstâncias de fato)".

Codice di Procedura Civile do Estado do Vaticano, art. 20, § 1º: "Le parti banno il dovere di dire la verità e di non proporre pretese, difese o eccezioni consapevolmente prive di fondamento".

3 Codice di Procedura Civile italiano, art. 88: "Le parti e i loro difensori hanno il dovere di comportarsi in giudizio con lealtà e probità". Parte da doutrina considera implícito nesse dever o de veracidade: CAPPELLETII, La Testimonianza della Parte nel Sistema dell'Oralità, Milão, 1962, parte I, p. 378, nota 1 (iniciada na p. 377); MICHELI, L'Onere della Prova, Pádua, 1966 (reimpressão), p. 170/1; MARCHETTI, "Dolo revocatorio e falsa allegazione", in Riv. di Dir. Proc., v. XV (1960), p. 426 e ss., espec. 427. Em sentido contrário, ver, porém, na mais recente literatura MANDRIOLI, in Commentario dei Codice di Procedura Civile dirigido por ALLORIO, Turim, s/d (1973), v. I, p. 959/60, cujo entendimento, segundo o autor, é "ormai praticamente pacifico".

um meio de impugnação específico, ora concebido como recurso[4], ora como ação impugnativa autônoma[5]. Na segunda classe, agrupam-se sanções de vária natureza, previstas na lei para a violação dos deveres acima aludidos, ou de algum (ou alguns) dentre eles; já agora, não se trata de corrigir o erro causado pelo transgressor, mas de prevenir a transgressão pela ameaça de uma consequência desfavorável a quem a pratique, ou eventualmente de reprimi-la mediante a aplicação da sanção cominada. Essas medidas podem esquematicamente distribuir-se em quatro espécies fundamentais, que serão ilustradas com exemplos do direito brasileiro:

1ª) restrição ou mesmo perda de direitos ou faculdades processuais da parte que se conduziu incorretamente. Assim, v.g., o devedor que "'frauda a execução", que "se opõe maliciosamente" a esta, "empregando ardis e meios artificiosos", que "resiste injustificadamente às ordens judiciais", ou que "não indica ao juiz onde se encontram os bens sujeitos à execução", e apesar de advertido persevera em semelhantes práticas, vê-se privado, por decisão judicial, de "requerer, reclamar, recorrer, ou praticar no processo quaisquer atos" (Cód. Proc. Civil, arts. 600 e 601, *caput*); a parte que comete atentado – isto é, que, no curso do feito, "viola penhora, arresto, sequestro ou imissão na posse", "prossegue em obra embargada" ou "pratica outra qualquer inovação legal no estado de fato" – fica igualmente sujeita à proibição de "falar nos autos até a purgação do atentado" (arts. 879 e 881, *caput, fine*);

2ª) multas processuais, sem caráter penal. Por exemplo, a parte que, em grau superior de jurisdição, oferece embargos de declaração "manifestamente protelatórios" – ou seja, desprovidos de qualquer fundamento e interpostos com o único objetivo de protelar o andamento do processo, mercê da suspensão do prazo de outros eventuais recursos (art. 538, *caput*) – será condenada pelo tribunal a pagar ao adversário

4 Exemplos; a revocazione por "dolo di una delle parti in danno dell'altra", no direito italiano (Codice di Procedura Civile, art 395, n. 1; cf. o art. 414, 2º, principio, do Código do Estado do Vaticano); o recours en revision cabível "s'il se révele, apres le jugement, que la décision a été surprise par la fraude de la partie au profit de laquelle elle a été rendue" (Code de Procédure Civile francês de 1975, art. 595, n. 1).

5 Exemplos: a Restitutionsklage alemã e a Wiederaufnahmsklage austríaca, contra sentença obtida por meio de ato penalmente punível de uma das partes ou de seu representante (Alemanha Federal; ZPO, § 580, n. 4; Áustria; ZPO, § 530, n. 3); a ação rescisória do direito brasileiro, contra sentença que "resultar de dolo da parte vencedora em detrimento da parte vencida" (Cód. Proc. Civil, art. 485, III, princípio).

multa não excedente de 1% (um por cento) do valor da causa (art. 538, parágrafo único);

3ª) penas propriamente ditas, como as previstas no art. 347 do Código Penal de 1940 para o crime de "fraude processual", assim definido: "Inovar artificiosamente, na pendência de processo civil ou administrativo, o estado de lugar, de coisa ou de pessoa, com o fim de induzir a erro o juiz ou o perito";

4ª) imposição, ao transgressor, da obrigação de reparar, com prestação pecuniária, os prejuízos causados pelo comportamento incorreto à outra parte. Defrontamo-nos aqui, precisamente, com a "responsabilidade por dano processual", que é o tema específico da presente exposição, e de que passamos a ocupar-nos, com exclusividade, nos itens subsequentes.

Antes, porém, é oportuno esclarecer que os diversos tipos de sanções acima caracterizados não se excluem reciprocamente de maneira necessária: bem se concebe que o transgressor incorra cumulativamente em sanções de mais de uma espécie, ou até de todas elas. Assim, v.g., em relação ao litigante que cometa atentado, à proibição de "falar nos autos" pode acrescentar-se a condenação ao ressarcimento das perdas e danos sofridos pela parte lesada (Cód. Proc. Civil, art. 881, parágrafo único), e possivelmente a pena cominada para o delito de "fraude processual", desde que concorram os respectivos extremos.

3. Dados de direito comparado

Se é relativamente frequente, nas leis processuais modernas, o emprego da técnica consistente na cominação de multas por incorreção processual[6], não o é tanto a responsabilização expressa da parte pelos danos causados ao adversário em razão de comportamento incorreto. Afastamos de nossas cogitações, aqui, a questão do reembolso das custas processuais – a que se podem acrescentar, ou em que se podem incluir, os honorários de advogado –; a disciplina dessa matéria reveste feição de particularismo, dispensando muitas vezes qualquer apreciação valorativa de conduta, para assentar pura e simplesmente no resul-

6 Vide, por exemplo, o art. 212, 2ª alínea, da Ley de Enjuiciamiento Civil espanhola; o art. 252, 2ª parte, do Código de Procedimiento Civil venezuelano; o Cap. 9º do Código Judiciário sueco; o art. 45 do Código Procesal Civil y Comercial argentino; o art. 20, § 2º, do Código do Estado do Vaticano. Quanto ao vigente diploma brasileiro, vide os arts. 233 e 538, parágrafo único.

tado do pleito (princípio da "mera sucumbência", em virtude do qual se impõe à parte vencida, pelo só fato da derrota, o dever de reembolsar a vencedora)[7]. Por outro lado, convém assinalar que, mesmo em países onde inexiste regra de direito processual a consagrá-la, não fica necessariamente excluído o reconhecimento da responsabilidade por dano resultante de comportamento incorreto, com fundamento noutras normas (eventualmente, de direito civil) ou em algum princípio geral, independente de texto expresso: assim, v.g., na Alemanha Federal, a doutrina tem admitido, dentro de certos limites, uma pretensão ao ressarcimento de prejuízos causados por alegação mentirosa ou por ação proposta conscientemente em desacordo com a verdade[8].

Dentre os Códigos que contemplam em termos expressos a responsabilidade por dano processual, merece realce, até por sua condição pioneira, a ZPO austríaca. Segundo o § 408, n. 1, se o tribunal verificar que o litigante vencido se conduziu no processo de modo manifestamente malicioso ("*offenbar mutwillig*"), pode, a requerimento do vencedor, condenar o primeiro à correspondente indenização. Em princípio, a sanção é imponível na própria sentença que julgar a lide; na opinião de alguns, todavia, será lícito à parte vitoriosa pleitear a indenização mediante ação autônoma[9].

Não se afasta muito desse modelo o direito italiano. O art. 96, 1ª alínea, do Codice di Procedura Civile prevê a condenação do litigante vencido, também a requerimento da outra parte, ao ressarcimento dos danos (além das despesas processuais), caso tenha "*agito o resistito in giudizio con mala fede o colpa grave*". A indenização deve ser liquidada, inclusive de ofício, pelo juiz do processo em que se deu o comportamento incorreto. Decide-se tudo na mesma sentença.

Assim é igualmente no sistema do Código vaticano, com a diferença de que o texto não reclama *expressis verbis* a iniciativa do outro litigante, nem limita a responsabilidade à parte sucumbente. De acordo com o §

7 Assim, hoje, no direito brasileiro (Cód. Proc. Civil, art. 20, caput).

8 ROSENBERG-SCHWAB, Ziyilprozessrecht, 11ª ed., Munique, 1974, p. 340; BAUR, Zivilprozessrecht, Frankfurt-am-Main, 1976, p. 48.

9 POLLAK, System des osterreichischen Zivilprozessrechtes, 2ª ed., Viena, 1932, p. 386; HOLZHAMMER, Zivilprozessrecht-Erkenntnisverfahren, Viena-Nova Iorque, 1970, p. 126. Contra, FASCHING, Kommentar zu den Zivilprozessgesetzen, Viena, 1966, v. II, p. 670 (com ressalva das hipóteses em que a pretensão ao ressarcimento só tenha nascido quando já não era possível fazê-la valer no primeiro processo).

2º do art. 20, pelas transgressões – declaradas na motivação da sentença – dos deveres a que alude o § 1º (isto é, de dizer a verdade e de não formular pretensões, defesas ou exceções sabidamente infundadas), poderá o juiz, além de impor multa a qualquer das partes, condená-la, "se for o caso", ao ressarcimento dos danos.

Abstraindo-se de cominações específicas, que se deparam no estatuto processual italiano, para hipóteses particulares de incorreção de comportamento, nas quais também surge a obrigação de indenizar[10], os dois primeiros ordenamentos acima referidos têm em comum a técnica adotada para indicar o pressuposto da responsabilidade por dano processual: empregam fórmulas genéricas, abstendo-se de proceder a uma enumeração casuística das várias modalidades de incorreção: a lei austríaca fala de "processo conduzido com manifesta malícia", a italiana, de ter a parte "agido ou resistido em juízo com má-fé ou culpa grave". A do Estado do Vaticano, em termos algo mais específicos, e sem dúvida menos amplos, alude a transgressões do "dever de dizer a verdade e de não formular pretensões, defesas e exceções sabidamente infundadas".

Outras legislações preferem técnica diversa: não se limitam a enunciar genericamente o conceito básico da incorreção geradora do dever de indenizar, mas vão além, procurando explicitar-lhe a compreensão, através da tipificação das hipóteses que nele se subsumem. Assim, o Código português, após estatuir que "tendo litigado de má-fé, a parte será condenada em multa e numa indenização à parte contrária, se esta a pedir" (art. 456, n. 1), acrescenta: "Diz-se litigante de má-fé não só o que tiver deduzido pretensão ou oposição cuja falta de fundamento não ignorava, como também o que tiver conscientemente alterado a verdade dos fatos ou omitido fatos essenciais e o que tiver feito do processo ou dos meios processuais um uso manifestamente reprovável, com o fim de conseguir um objetivo ilegal ou de entorpecer a ação da justiça ou de impedir a descoberta da verdade" (art. 456, n. 2). Na mesma linha, o Código de Procedimiento Civil colombiano estabelece, no art. 72, 1ª parte, o princípio geral da responsabilidade pelos prejuízos que as partes causem *"con sus actuaciones procesales temerarias o de mala fe"*, e no art. 74 arrola os casos em que se considera existente temeridade ou má-fé: carência manifesta de fundamento legal para a demanda, exceção, recurso ou oposição (n. 1); alegação de fatos sabidamente contrários à realidade

10 Assim as dos arts. 89 e 96, 2ª alínea, do Codice di Procedura Civile.

(n. 2); utilização do processo, incidente ou recurso para fins claramente ilegais ou com propósitos dolosos ou fraudulentos (n. 3); obstrução da realização de provas (n. 4); emprego de qualquer outro meio para entorpecer reiteradamente o desenvolvimento normal do processo (n. 5). Esses ordenamentos revestem-se, para nós, de maior interesse no plano comparatístico, já que – conforme oportunamente se verá – casuística é também a técnica do Código brasileiro em vigor. Naturalmente, a descrição dos "tipos" nunca pode ser feita com absoluto rigor, que não se compadeceria com a índole da matéria: as hipóteses legais têm contornos mais ou menos flexíveis, recorrendo-se com frequência, na sua configuração, a conceitos jurídicos indeterminados ("fatos essenciais", "uso manifestamente reprovável", "fins claramente ilegais", "desenvolvimento normal do processo" etc.

E oportuno registrar que, de outros pontos de vista, divergem o sistema português e o colombiano. Exige o primeiro, de modo expresso, o requerimento da parte lesada, para a condenação do transgressor (Cód. Proc. Civil, art. 456, n. 1, *fine*: "se esta a pedir"), ao passo que o segundo a dispensa, conforme ressalta do teor do art. 72 ("Cuando en el proceso o incidente aparezca la prueba de tal conducta, el juiz, independentemente de las costas a que haya lugar, impondrá la correspondiente condena... ")[11]. Ademais, na Colômbia nenhuma distinção textual se faz entre parte vencida e parte vencedora, enquanto em Portugal o art. 456, n. 3, restringe *expressis verbis* a possibilidade de condenar-se a segunda como litigante de má-fé à hipótese exclusiva de ter "procedido com dolo instrumental". Quanto à forma de efetivar-se a responsabilidade, contudo, voltam a aproximar-se os dois ordenamentos, afeiçoando-se à orientação que, a esta altura da pesquisa, já é lícito apontar como geral: a obrigação de ressarcir o dano impõe-se no próprio processo em que se verificou a incorreção, independentemente de ação autônoma[12].

---

11 O entendimento indicado abona-se na interpretação que dá ao dispositivo o mais autorizado expositor do direito processual colombiano: "El texto impone al juez el deber de hacer la condena en la misma sentencia que resuelva el proceso o en el auto que decida el incidente, siempre que aparezca en aquél o en este la prueba de tal conducta" (DEVIS ECHANDIA, Compendio de Derecho Procesal, t. I, 4ª ed., Bogotá, 1974, p. 347).

12 O Código luso é menos explícito, ao propósito, que o colombiano, mas no sentido exposto vem-se entendendo e aplicando o texto; a jurisprudência chega a negar à parte prejudicada, que não pediu a indenização no mesmo processo, a possibilidade de obtê-la mediante ação posteriormente intentada (RODRIGUES BASTOS, Notas ao Código de Processo Civil, v. II, 2ª ed., Lisboa, 1971, p. 358).

4. Direito brasileiro

No sistema anterior, estatuía o art. 3º do Código de Processo Civil de 1939: "Responderá por perdas e danos a parte que intentar demanda por espírito de emulação, mero capricho ou erro grosseiro". Segundo o parágrafo único desse dispositivo, "o abuso de direito" verificar-se-ia, "por igual, no exercício dos meios de defesa", quando o réu opusesse, "maliciosamente, resistência injustificada ao andamento do processo". O conceito genérico a que se reportava a lei era, portanto, o do abuso de direito, desdobrado em duas modalidades específicas: o abuso do direito de demandar (direito de ação em sentido estrito), por parte do autor, e o abuso do direito de defesa, por parte do réu. De acordo com o entendimento prevalecente, não era no mesmo processo que se promovia a responsabilidade da parte cujo comportamento fosse abusivo: ao prejudicado corria o ônus de propor, com esse objetivo, ação autônoma ")[13].

Havia, porém, sobre a matéria, outros dispositivos, merecendo realce, entre eles, o art. 63. Neste, o *caput* impunha a condenação da parte vencida ao reembolso das custas processuais e dos honorários do advogado da vencedora, "sem prejuízo do disposto no art. 3º", quando aquela houvesse "alterado intencionalmente a verdade", ou se tivesse "conduzido de modo temerário no curso da lide, provocando incidentes manifestamente infundados". Consoante acrescentava o § 1º, quando, apesar de vencedora, a parte se houvesse "conduzido de modo temerário em qualquer incidente ou ato do processo", o juiz deveria condená-la a pagar ao adversário as despesas a que tivesse dado causa. Forma agravada de responsabilidade era a prevista no § 2º: "Quando a parte, vencedora ou vencida, tiver procedido com dolo, fraude, violência ou simulação, será condenada a pagar o décuplo das custas". As sanções de que cuidava o art. 63 eram imponíveis, como se vê, pelo próprio órgão perante o qual se desse a incorreção de conduta.

A sistemática não era das mais primorosas, e a falta de melhor articulação entre as várias regras tomou-se sobremodo gritante por força

13 Ver, na jurisprudência, os Acórdãos do Tribunal de Justiça de São Paulo, de 7-2-1941, in Rev. dos Tribs., 166/775; do Tribunal de Justiça do Rio Grande do Sul, de 10-6-1954, in Rev. Jurídica, 14/119; do Supremo Tribunal Federal, de 16-4-1951, in Rev. Forense, 138/137.

de alteração superveniente. Na primitiva redação do Código, estabelecia o art. 64 que, resultando a ação de dolo ou culpa contratual ou extracontratual, a sentença que a julgasse procedente condenaria o réu ao pagamento dos honorários do advogado do autor. Esse dispositivo não concernia a comportamento processual incorreto, e não interferia, por isso, no mecanismo do art. 63, inserindo-se em plano paralelo ao do respectivo *caput*: a condenação na verba honorária decorria ou da prática de algum dos ilícitos processuais mencionados no art. 63, *caput*, ou da prática de ilícito material nos termos do art. 64. Entretanto, a Lei n. 4.632, de 18-5-1965, deu a este nova redação, para fazer sempre obrigatória a condenação do vencido ao pagamento dos honorários do advogado do vencedor, postas de lado quaisquer indagações de ordem subjetiva; isto é: adotou o princípio da "mera sucumbência" como pressuposto bastante da condenação em honorários. Não se tendo alterado o texto do art. 63, *caput*, fez-se praticamente inócua, como tal, a sanção prevista na sua última parte: houvesse ou não praticado algum dos atos a que aludia o dispositivo, o litigante derrotado, pelo simples fato da derrota, tinha de ser condenado ao pagamento daquela verba.

O Código de 1973 versa a matéria com melhor técnica. Para começar, reúne os dispositivos fundamentais, articulados de modo coerente, numa única Seção. No primeiro deles, o art. 16 assenta o princípio geral: "Responde por perdas e danos aquele que pleitear de má-fé como autor, réu ou interveniente". O art. 17 arrola as hipóteses em que se configura a má-fé; adotou-se aqui o alvitre da enumeração casuística, à semelhança dos ordenamentos português e colombiano (v., *supra*, item n. 3). No art. 18, enfim, cuida-se de fixar o conteúdo da indenização devida pelo litigante de má-fé, regulando-se de maneira particular, no § 1º, o caso de pluralidade de responsáveis, e disciplinando-se no § 2º a maneira por que se liquida a indenização.

Passaremos a analisar em seus diversos aspectos, nos itens subsequentes, a sistemática da responsabilidade por dano processual, segundo o estatuto em vigor. Antes, porém, é oportuno advertir que não se incluem neste âmbito outros dispositivos do Código, nos quais também se estabelece obrigação de indenizar: assim, por exemplo, o art. 588, I, concernente à reparação dos danos causados ao devedor pela execução provisória da sentença, e o art. 811, onde se catalogam hipóteses de responsabilidade do requerente de medida cautelar, perante o requerido, pelo prejuízo que este sofrer em virtude da execução da providência.

Tais casos relacionam-se com princípios diferentes[14] e não se inspiram no propósito de reprimir a má-fé no comportamento dos litigantes. Não é impossível, todavia, que algum dos pressupostos da responsabilidade, contemplados nesses dispositivos, concorra com outro ou com outros, dentre os referidos na parte do Código que trata da má-fé processual. Aliás, o *caput* do art. 811 é expresso em declarar que a responsabilidade nele prevista se configura "sem prejuízo do disposto no art. 16".

5. Pressupostos da responsabilidade: A) a condição de parte

De acordo com o disposto no art. 16, a responsabilidade por dano processual é imputável àquele "que pleitear de má-fé como autor, réu ou interveniente". Sobre os conceitos de "autor" e de "réu" nada é necessário dizer aqui. Quem quer que suceda ao primitivo autor ou ao primitivo réu assume-lhe, naturalmente, a posição. Em havendo litisconsórcio – isto é, pluralidade de autores ou de réus –, qualquer dos litisconsortes é responsabilizável, sozinho ou em conjunto com outro ou com outros, conforme o caso. No processo cautelar, é autor o "requerente" e réu o "requerido" de que falam os arts. 801, 802, 803, 804, 811 e outros; como tais, respondem nos termos do art. 16. O mesmo vale para o "credor" e o "devedor" no processo de execução.

Por "interveniente" entende-se todo aquele que, não participando do processo desde o início, e fora da hipótese de sucessão, nele ingresse voluntariamente, para postular direito seu ou da parte originária, ou se veja citado para integrá-lo. No primeiro caso, isto é, no de intervenção voluntária, estão o opoente (art. 56), e assistente (simples, do art. 50, ou "litisconsorcial", do art. 54, este a rigor verdadeiro litisconsorte) e o terceiro prejudicado que recorra (art. 499), pouco importando que nem a assistência, nem o recurso de terceiro prejudicado estejam disciplinados

14 Cf., quanto à responsabilidade pela execução provisória de sentença, PONTES DE MIRANDA, Comentários ao Código de Processo Civil (de 1973), Rio de Janeiro, t. I, 1973, p. 392/3; t. IX, 1976, p. 418, 433; AMÍLCAR DE CASTRO, Comentários ao Código de Processo Civil, v. XIII, São Paulo. 1974, p. 65; MENDONÇA LIMA, Comentários ao Código de Processo Civil, v. VI, t. 11, Rio de Janeiro, 1974, p. 437/8; no tocante à responsabilidade decorrente de medida cautelar, JOSÉ FREDERICO MARQUES, Manual de Direito Processual Civil, v. IV, 1976, São Paulo, p. 396; HUMBERTO TEODORO JÚNIOR, Processo Cautelar, São Paulo, 1976, p. 171/2.

no Capítulo "Da intervenção de terceiros"[15]. O opoente, aliás, na oposição é autor, de sorte que se teria de considerar abrangido pela norma ainda que o art. 16 não aludisse ao "interveniente". Não é interveniente o embargante, nos embargos de terceiro; mas sujeita-se, como autor que é, à responsabilidade por dano processual.

No processo de execução podem ocorrer diversos incidentes em que intervêm terceiros; na medida em que participam do feito, "pleiteando", esses terceiros serão eventualmente responsabilizáveis por dano processual. Assim, o arrematante, o credor hipotecário que requeira adjudicação (art. 14, § 1º), o remidor de bem penhorado (art. 787). Na execução por quantia certa contra devedor insolvente, ficam sujeitos ao art. 16, sem sombra de dúvida, todos os credores concorrentes.

A responsabilidade por dano processual não pressupõe necessariamente que o litigante seja vencido na causa ou no incidente[16]. O Código não faz qualquer referência, nesta Seção, ao sentido em que se julgue, para limitar a incidência das suas normas segundo tal critério; nisso coincide o sistema brasileiro com o colombiano. Logicamente, porém, nalgumas das hipóteses arroladas no art. 17 toma-se difícil, ou até impossível, cogitar de má-fé do vencedor: ao autor vitorioso, por exemplo, jamais se há de imputar o haver deduzido pretensão sem fundamento, nem portanto (*a fortiori*) pretensão cuja falta de fundamento não pudesse razoavelmente desconhecer (inc. I); de maneira análoga, só quem foi vencido no incidente – ainda que vencedor no processo – pode ser responsável nos termos do inc. VII (embora se conceba, ao contrário, que o litigante proceda de modo temerário no incidente, apesar de ter fundamento para suscitá-lo, e por conseguinte responda, mesmo vitorioso nele, segundo o inc. VI).

O art. 16 só se refere à responsabilidade dos litigantes, não à dos respectivos procuradores[17]. Por outro lado, não lhe exclui a incidência o

---

15 No sentido do texto, com referência ao assistente: PONTES DE MIRANDA, ob. cit., t. I, p. 396, 398; CELSO AGRÍCOLA BARBI. Comentários ao Código de Processo Civil, Rio de Janeiro, 1975, v. I, t. I, p. 176; ARRUDA ALVIM, Código de Processo Civil Comentado, São Paulo, v. II, 1975, p. 148.

16 CELSO AGRÍCOLA. BARBI, ob., v. e t. cits., p. 182; HÉLIO TORNAGHI, Comentários ao Código de Processo Civil, São Paulo, 1974, v. I, p. 152; ARRUDA ALVIM, ob. e v. cit., p. 148.

17 ARRUDA ALVIM, ob. e v. cit., p. 147, 151, 153, 154. Não fica excluído, no entanto, um possível direito de regresso contra o procurador, se a falta lhe é pessoalmente imputável.

fato de o litigante beneficiar-se da assistência judiciária, inclusive sob a forma de gratuidade[18].

6. Pressupostos da responsabilidade: B) a incorreção do comportamento

No art. 16, adota o Código fórmula genérica para indicar o fato de que deflui a responsabilidade por dano processual: nela incorre quem "pleitear de má-fé". Não ministra o texto, no entanto, a definição de "má--fé": consoante já registrado, preferiu o legislador de 1973 valer-se, no art. 17, da mesma técnica utilizada nos diplomas português e colombiano. Aliás, o confronto entre as enumerações contidas nos três ordenamentos acusa, como é bem compreensível, vários pontos de contato; a redação brasileira em regra mais se aproxima da portuguesa, excedendo-a contudo na preocupação casuística.

A descrição dos "tipos" do art. 17 ora inclui elemento subjetivo – como nos incisos I ("não possa razoavelmente desconhecer"), II ("intencionalmente"), III ("intencionalmente") e IV ("com o intuito de conseguir objetivo ilegal") –, ora não, como nos restantes. Entende-se que, quando a lei quis exigir no litigante determinada atitude psicológica, para permitir-lhe a responsabilização, expressamente o fez, dispensando qualquer indagação dessa ordem nos outros casos, em que, portanto, a responsabilidade exsurge pela simples verificação objetiva do "tipo" legal"[19]. Na verdade, o emprego da expressão má-fé, no art. 16 e no *caput* do art. 17, bem consideradas as coisas, revela-se ocioso: o Código poderia ter-se cingido a dispor que, em tais e tais hipóteses (as do art. 17), o litigante responderá por perdas e danos.

Examinemos sucintamente os "tipos" constantes dos incisos do art. 17, nos quais se alude ao litigante que:

I – "deduzir pretensão ou defesa, cuja falta de fundamento não possa razoavelmente desconhecer". Não basta a falta de fundamento da pretensão ou da defesa; nem é preciso que se comprove o efetivo conhecimento dessa falta pelo litigante. E necessário e suficiente que, ao ver

18 CELSO AGRÍCOLA BARBI, ob., v. e t. cit., p. 182.

19 O ponto não é pacífico: segundo opina CELSO AGRÍCOLA BARBI. ob., v. e t. cit., p. 177, nas hipóteses em que a lei prescinde da "intenção malévola", está contudo "implícita" a exigência de "culpa grave".

do juiz, não pudesse aquele "razoavelmente" desconhecê-la. O *standard* da razoabilidade deve ser concretizado, caso a caso, pelo órgão judicial, mediante a consideração atenta das circunstâncias objetivas (de lugar, de tempo etc.) e subjetivas (características mentais do litigante, grau de instrução, estado psicológico etc.) peculiares à espécie[20]. Obviamente, se ficar apurado que o litigante tinha ciência da falta de fundamento da pretensão ou da defesa, incide o dispositivo, *a fortiori*. O fundamento a cuja falta se refere o inc. II tanto pode ser de fato como de direito, ou ainda, é claro, de fato e de direito;

II – "alterar intencionalmente a verdade dos fatos". Este dispositivo sanciona a infração do "dever de veracidade". A infração pode consistir na afirmação de fato(s) inexistente(s), na negação de fato(s) existente(s) ou na descrição deste(s) sem correspondência exata com a realidade[21]. Precisa a alteração ser intencional, isto é, o litigante deve ter afirmado o fato ciente de sua inexistência, ou tê-lo negado ciente de sua existência, ou tê-lo narrado inexatamente apesar de saber como se passara. Não basta, pois, a mera desconformidade objetiva entre a afirmação e a verdade. Por outro lado, não se exige que a falsa alegação seja feita com algum propósito específico; a alteração reputa-se "intencional" desde que o litigante a faça consciente e voluntariamente. Destarte, incide a regra ainda que ele falte ao dever de veracidade "apenas como expediente para vencer um pleito em que tenha razão"[22];

III – "omitir intencionalmente fatos essenciais ao julgamento da causa". Infringe-se aqui o "dever de completitude", que reforça o de veracidade: o litigante não deve apenas abster-se de fazer alegações cientemente falsas, mas também de silenciar sobre pontos que o juiz precise conhecer para bem julgar. É necessário que os fatos omitidos sejam essenciais, quer dizer, que, sem o respectivo conhecimento, se torne ao órgão judicial impossível ou extremamente difícil decidir com justiça; não incide a norma quando os falos omitidos forem secundários[23], no sentido de que, mesmo sem levá-los em conta, disponha o juiz de elementos

20 HÉLIO TORNAGHI, ob. e v. cit., p. 153.

21 HÉLIO TORNAGHI, ob. e v. cit., p. 154.

22 HÉLIO TORNAGHI, ob. e v. cit., p. 154, o qual acrescenta corretamente: "se o juiz verifica que uma das partes tem razão, mas na sustentação de suas pretensões ou defesas falseou a verdade, deve dar-lhe ganho de causa e, apesar disso, condená-la ao ressarcimento do dano processual".

23 CELSO AGRÍCOLA BARBI, ob., v. e t. cit., p. 179.

suficientes para formar convicção correta. Quanto à intencionalidade", aplicam-se as observações feitas a propósito do inc. II;

IV – "usar do processo com o intuito de conseguir objetivo ilegal". Ilegal significa contrário à lei; poderia parecer que esta hipótese se configura sempre que algum litigante pretenda resultado em contradição com o direito positivo. Assim entendido, porém, o dispositivo abrangeria o caso do inc. I, fazendo-o supérfluo. Por exemplo: se alguém intenta ação de desquite invocando motivo estranho à enumeração do Código Civil (que é taxativa), seu objetivo é, *lato sensu,* "ilegal": dissolução da sociedade conjugal fora das hipóteses previstas em lei; mas o enquadramento correto será o de dedução de pretensão cuja falta de fundamento não se poderia razoavelmente desconhecer. O "objetivo ilegal" de que trata o inc. IV há de ser outro, não diretamente ligado ao *petitum* – por exemplo: expor a parte contrária à desonra pública, abalar-lhe o crédito, exercer sobre ela pressão psicológica ou econômica para obter favores ou vantagens indevidas etc. A incidência da regra nem sempre fica pré-excluída quando houver colusão entre as partes, ou seja, quando se verificar que "autor e réu se serviram do processo para (...) conseguir fim proibido por lei" (art. 129)[24]; ela será aplicável caso exista outro litigante (interveniente, ou até litisconsorte de alguma das partes conluiadas), a quem a colusão cause prejuízo, e perante o qual responderão aquelas[25];

V – "opuser resistência injustificada ao andamento do processo". A resistência caracteriza-se por atitudes tendentes a dificultar, a embaraçar, a procrastinar a marcha do feito. O comportamento do litigante pode ser comissivo, isto é, traduzir-se na prática de atos protelatórios (v.g., a parte ausenta-se do domicílio para evitar intimação, provoca retardamento na realização de perícia), ou omissivo (v.g., a parte não comparece à audiência para dar causa a adiamento, deixa de cumprir ordem judicial). Não fica excluída, em princípio, a possibilidade de identificar-se este "tipo" em comportamento do autor[26], que eventualmente terá interesse na protelação; por exemplo, se se trata de ação renovatória de contrato de locação, ou de ação dúplice (como as possessórias: art. 922), em que, diante da contestação, o autor pode passar a temer o advento da

24 Aliter, CELSO AGRÍCOLA BARBI, ob., v. e t. cit., p. 179.

25 HÉLIO TORNAGHI, ob. e v. cit., p. 155.

26 Cf. CELSO AGRÍCOLA BARBI, ob., v. e t. cit., p. 179/80; ARRUDA ALVIM, ob. e v. cit., p. 158.

sentença; ou, de modo geral, se ele se convence, no curso do processo, da probabilidade de sua derrota, e quer retardar o julgamento, receoso dos efeitos da sucumbência; ou ainda, se conta com a próxima substituição do juiz processante. Note-se, porém, que a simples omissão do autor em "promover os atos e diligências que lhe competir", abandonando a causa por mais de trinta dias, se dá ensejo à extinção do processo (art. 267, III), não é, por si só, pressuposto bastante da responsabilidade por dano processual. Vale acrescentar que nem toda resistência a configura, mas só a "injustificada"; ela não surge, portanto, quando o litigante se oponha ao andamento "de processo manifestamente irrito, irregular, ilegal, arbitrário ou de qualquer modo viciado pelo excesso ou o abuso de poder" [27], nem quando tenha ele motivo legítimo para deixar de comparecer, ou de cumprir a ordem judicial. O conceito de "resistência injustificada", à semelhança de outros de que se utiliza a lei, é conceito indeterminado, cabendo ao juiz precisá-lo à vista das circunstâncias do caso concreto;

VI – "proceder de modo temerário em qualquer incidente ou ato do processo". Esta figura é de índole puramente formal, não dependendo de ter ou não razão (na causa ou no próprio incidente) o litigante, mas apenas da maneira por que ele se comporta. É "temerário" o procedimento inconsiderado, afoito, imprudente, precipitado, como o da parte que procura frustrar o normal desenvolvimento do contraditório, impedindo ou cerceando a manifestação do adversário; promove o cumprimento ou a execução de providência a seu favor antes do momento oportuno, ou *in genere* sem a cabal satisfação dos pressupostos legais; escolhe o meio mais vexatório e danoso para o outro litigante, a despeito de poder atingir por forma diversa o mesmo resultado[28];

VII – "provocar incidentes manifestamente infundados". Ao contrário do inciso anterior, cogita este da hipótese de incidente suscitado necessariamente sem razão, ou, em termos mais exatos, com manifesta falta dela, isto é, sem o mínimo de elementos objetivos que possam ao menos fazer supor no litigante a convicção sincera, conquanto errônea, de ter razão. Não basta, pois, que o incidente venha a ser resolvido de modo desfavorável ao suscitante: é preciso que, logo à primeira vista,

27 HÉLIO TORNAGHI, ob. e v. cit., p. 155.

28 A "troca de endereços, para dificultar ciência de atos processuais a testemunha ou peritos", lembrada por ARRUDA ALVIM, ob. e v. cit., p. 159, antes nos parece enquadrar-se no "tipo" da "resistência injustificada ao andamento do processo" (inc. V).

ressalte a inexistência de qualquer argumento sério, ponderável, digno de meditação. Se o órgão judicial precisou fundamentar com cuidado, senão extensamente, a decisão contrária, se lhe deu muito trabalho a demonstração de que o incidente era infundado, não há cogitar de má-fé. Assim também se existem precedentes jurisprudenciais que, em idênticas circunstâncias de fato, declararam fundado o incidente. Não se exige, contudo, tal ou qual propósito específico: o litigante pode ter em vista retardar o andamento do processo, ou visar a outro fim, v.g., a exasperar o juiz, na esperança de provocar-lhe uma reação excessiva e preparar eventual arguição de suspeição. O ponto é irrelevante. Apesar do plural usado no texto, deve entender-se que pode bastar um incidente manifestamente infundado, levando em conta o órgão judicial, é claro, a gravidade do fato, o grau da temeridade e o vulto das consequências. Se há reiteração, o dado da reincidência assume relevo na apuração da responsabilidade, afirmável mesmo que ao juiz não parecesse bastante grave cada um dos incidentes, isoladamente considerado. Tanto pode tratar-se, em qualquer caso, de processo incidente (p.ex.: arguição de falsidade de documento, segundo os arts. 390 e ss.), quanto de mero incidente do processo (p.ex.: exceção de incompetência, de impedimento ou de suspeição).

7. Apuração da responsabilidade

Duas questões devem ser aqui enfrentadas:

a) apura-se a responsabilidade por dano processual no próprio processo em que ocorra qualquer das hipóteses do art. 17, ou terá o prejudicado o ônus de propor ação autônoma para pleitear o ressarcimento?

b) no primeiro caso, depende ou não de pedido do interessado a imposição da sanção, pelo órgão judicial, ao litigante de má-fé?

A pergunta *a*, no direito brasileiro anterior, a resposta que predominou na jurisprudência foi a da necessidade de intentar-se ação à parte, para a apuração da responsabilidade (v., *supra*, item 4). Entre os expositores do ordenamento vigente, há quem continue a falar em "ação de indenização"[29], mas provavelmente como simples repetição, sem reexame crítico, do que fora dito a respeito do Código de 1939. A maioria dos autores inclina-se hoje a excluir a necessidade de tal ação autônoma,

29 PONTES DE MIRANDA, ob. cit., t. I, p. 398, 406/7.

entendendo apurável no mesmo feito a responsabilidade por dano processual[30]. Embora o texto brasileiro de 1973 não seja tão nítido, a esse respeito, como o de algumas leis estrangeiras, a opinião prevalecente merece apoio. Ela atende ao princípio da economia processual, torna mais fácil a reparação do dano à parte lesada e permite que a matéria seja apreciada pelo órgão que normalmente terá para isso melhores condições – aquele mesmo perante o qual se deu o comportamento incorreto.

Quanto à pergunta *b,* entendemos que a condenação do litigante de má-fé a ressarcir o dano processual depende de pedido do prejudicado[31]. O princípio geral que veda ao juiz julgar *ex officio* só fica afastado diante de regra inequívoca, como as dos arts. 20 e seu § 1º, 529, 538, parágrafo único. A redação do art. 18 antes se compadece com ele, e nesse sentido é preferível interpretar o dispositivo. A menos que se queira dar à palavra acepção atécnica, não parece próprio qualificar de "verdadeira pena"[32] a sanção imponível ao litigante de má-fé: trata-se de ressarcimento de dano, isto é, da satisfação de um crédito, que o titular (a parte lesada) pode não querer exercer, ou reservar-se para exercer noutra oportunidade.

Daí também não eliminarmos a possibilidade de vir a pleitear-se a indenização em ação autônoma, após o encerramento do primeiro processo, na medida em que neste se haja deixado de apreciar a matéria. Não o proíbe o Código; O texto não é sequer absolutamente categórico no indicar a ocasião adequada à apuração da responsabilidade. Na falta de outros elementos decisivos, o intérprete deve guiar-se aqui pelo critério mais favorável à parte lesada; ora, bem se concebe que esta prefira esperar – para inteirar-se da precisa extensão do dano sofrido, ou colher provas – a formular incontinenti o pedido de indenização. Propendemos, assim, para a solução preconizada por importante setor da doutrina aus-

30 CELSO AGRÍCOLA BARBI, ob., v. e t. cit., p. 183; HÉLIO TORNAGHI, ob. e v. cit., p. 150, 157; JOSÉ FREDERICO MARQUES, ob. cit., São Paulo, v. III, 1975, p. 282. Não parece fundada a distinção proposta por ARRUDA ALVIM, ob. e v. cit., p. 149, no sentido de serem apuráveis "as perdas" no mesmo processo, e "os danos" somente em ação autônoma.

31 Cf. ARRUDA ALVIM, ob. e v. cit., p. 161, 162, 164, 165; MARCOS AFONSO BORGES, Comentários ao Código de Processo Civil, São Paulo, v. I, 1974/5, p. 27/8. Aliter, HÉLIO TORNAGHI, ob. e v. cit., p. 150, 157, para quem o destinatário do preceito do art. 18 é o juiz.

32 HÉLIO TORNAGHI, ob. e v. cit., p. 150.

tríaca (v. item n. 3 e, aí, nota 8). Mas é evidente que a propositura frutífera de ação autônoma fica pré-excluída se a questão houver sido objeto de pronunciamento, em qualquer sentido, no primeiro processo: haverá o óbice da coisa julgada material.

Voltando à hipótese de apuração da responsabilidade no mesmo feito, importa esclarecer quais as oportunidades próprias para o pedido e para o pronunciamento judicial sobre ele. Se já no procedimento de primeiro grau se configurou a incorreção, nele, em princípio, deve a questão ser suscitada, sob pena de não poder o interessado suscitá-la no juízo da apelação, a menos que prove ter deixado de fazê-lo perante o órgão inferior por motivo de força maior (arg. *ex* art. 517). Caso a infração ocorra no procedimento recursal, aí mesmo, naturalmente, caberá o pedido de condenação ao ressarcimento, e competente para julgá-lo será o órgão *ad quem*, inclusive, eventualmente, o Supremo Tribunal Federal, se o fato já se der em grau de recurso extraordinário.

Suscitada a questão na primeira instância, o juiz em regra a decidirá na sentença, isto é, no pronunciamento final (art. 162, § 1º). Quando, entretanto, a conduta incorreta se limitar ao âmbito de algum incidente do processo (como pode acontecer, v.g., na hipótese do art. 17, VI), parece-nos que, havendo pedido, deve o órgão judicial apreciá-lo na própria decisão interlocutória que encerrar o incidente, tal como o faz, normalmente, acerca das despesas (art. 20, § 1º).

Em qualquer dos casos, tem de ser ouvido aquele cuja condenação como litigante de má-fé se esteja pleiteando. O pronunciamento judicial constituirá capítulo específico da sentença, da decisão interlocutória ou do acórdão. Será considerado autonomamente para fins de recorribilidade e de trânsito em julgado. Pode caber, a respeito, recurso extraordinário, desde que se trate de *quaestio iuris*; não, porém, para o reexame dos fatos, tais como os houver fixado o tribunal *a quo*.

8. Devedor e credor da indenização

Devedor da indenização é o "litigante de má-fé", ou seja, aquele que, pleiteando "como autor, réu ou interveniente" (v., *supra*, o item n. 5), tiver manifestado qualquer dos comportamentos típicos descritos nos incisos do art. 17. Há sempre a possibilidade de que a mais de um dos litigantes seja imputável a prática de algum (ou alguns) daqueles ilícitos. Nesse caso, a nosso ver, cumpre distinguir duas hipóteses.

A primeira é a de que as condutas incorretas tenham sido independentes entre si, e independentes também, por via de consequência, os prejuízos que delas resultaram: por exemplo, o réu vencido deduziu defesa cuja falta de fundamento não podia razoavelmente desconhecer, mas o autor vitorioso, por sua vez, procedeu de modo temerário em certo incidente do processo. Assim como são autônomas as infrações, autônomas devem ser aqui as condenações correspondentes. Cada uma das partes responde em face da outra pelos danos que a sua infração produziu. Se ambas as sanções forem impostas no mesmo pronunciamento, e o órgão judicial puder desde logo fixar o valor das indenizações reciprocamente devidas, terá lugar a compensação.

A segunda hipótese é a de haver dois ou mais litigantes incidido na prática da mesma infração, concorrendo assim para produzir um dano global suscetível de consideração unitária: v.g., os litisconsortes ativos, na petição inicial (comum), alteraram intencionalmente a verdade dos fatos; os litisconsortes passivos, atuando em conjunto ou não, opuseram resistência injustificada ao andamento do processo; autor e réu, utilizando-se do processo com o intuito de conseguir objetivo ilegal, causaram prejuízo ao assistente de um deles. Esta hipótese, e só ela, segundo nos parece, é a disciplinada no § 1º do art. 18, *verbis*: "Quando forem dois ou mais os litigantes de má-fé, o juiz condenará cada um na proporção do seu respectivo interesse na causa, ou solidariamente aqueles que se coligaram para lesar a parte contrária". Com efeito: no exemplo antes figurado, não teria sentido cogitar-se de uma "divisão proporcional" da responsabilidade entre o réu que deduziu defesa cuja falta de fundamento não podia razoavelmente desconhecer e o autor que procedeu de maneira temerária em determinado incidente; menos ainda se cogitaria, é claro, da "condenação solidária" de ambos. As sanções podem até ser imponíveis, aí, em momentos diferentes: ao réu, na sentença; ao autor, na decisão interlocutória que encerre o incidente (cf., *supra*, o item n. 7).

No âmbito da segunda hipótese, a lei, desdobrando-a em duas outras, consagra ulterior distinção. Varia, com efeito, o tratamento legal, conforme tenha ou não ocorrido "coligação" – isto é, conluio, concerto, colaboração voluntária, convergência de esforços para a produção do resultado lesivo. Se não ocorreu, cada infrator será condenado "na proporção do seu respectivo interesse na causa"[33]: assim, por exemplo, caso os

---

33 HÉLIO TORNAGHI, ob. e v. cit., p. 157/8, critica com razão o critério do Código: "o litigante de pequeno interesse mas que tenha agido com superlativa má-fé, causando vultosos prejuízos, será condenado a pagamento muito inferior ao que terá de

dois corréus hajam oposto, autonomamente, resistência injustificada ao andamento do processo, e sejam equivalentes os respectivos interesses, cada qual responderá pela metade do *quantum* em que vier a ser fixada a indenização. Se os infratores se coligaram, o órgão judicial os condenará "solidariamente" – o que significa que qualquer deles ficará sujeito a ver-se-lhe exigir, por inteiro, o pagamento.

Credor da indenização é o litigante a quem a infração haja causado prejuízo. Fala o art. 18, *caput*, em indenização devida "à parte contrária"; mas não se há de entender literalmente a expressão[34]. O dano pode ter sido sofrido por algum litisconsorte do infrator, ou por assistente (v.g., na hipótese de conluio entre as partes principais, que usam do processo "com o intuito de conseguir objetivo ilegal", nos termos do art. 17, IV). "O litigante de má-fé indenizará à parte prejudicada... ", eis como se deve ler o art. 18, *caput*; e o mesmo vale, *mutatis mutandis*, com referência à cláusula final do respectivo § 1º ("[...] para lesar a parte contrária").

Diversamente do que se dá com o caso de pluralidade de infratores, não contempla o Código, de modo expresso, a hipótese de pluralidade de prejudicados. Deve tê-lo considerado desnecessário, pois aí cada um dos litigantes há de ser integralmente ressarcido do seu próprio prejuízo, não cabendo, ao menos em linha de princípio, cogitar de divisão. É concebível, em relação a alguma ou algumas das parcelas (p.ex., despesa para a qual todos contribuíram), que faltem ao juiz meios de determinar, individualmente, o montante do prejuízo de cada um. Tal circunstância não afasta a indenizabilidade, desde que comprovado o desfalque comum; a solução consistirá em dividir pelos vários prejudicados o crédito correspondente, em partes iguais, de acordo com a regra do art. 890 do Código Civil. Não haverá, em caso algum, solidariedade ativa; cada credor só poderá exigir o quantum que lhe caiba.

fazer o litigante que causou pequeno prejuízo mas tem grande interesse na causa". E acrescenta que "a lei confundiu causas completamente diversas: o grau de interesse na causa e o grau de má-fé; o valor do interesse em causa e o valor do prejuízo; o vulto do que pleiteia o litigante de má-fé (ou é dele pleiteado) e o vulto do dano processual por ele causado". A solução legal pode revelar-se, in concreto, notavelmente injusta; preferível, de lege ferenda, atribuir-se ao juiz o poder de, pesando todas as circunstâncias da espécie, proceder à divisão equitativa da responsabilidade.

34 Procede, aqui também, a crítica de HÉLIO TORNAGHI, ob. e v. cit., p. 157; mas, neste caso, a imperfeição da lei parece-nos corrigível em sede de interpretação, tal como se sugere em nosso texto.

9. Conteúdo e liquidação da indenização

"O litigante de má-fé" – reza o art. 18, *caput* – "indenizará à parte contrária os prejuízos que esta sofreu, mais os honorários advocatícios e todas as despesas que efetuou". O conceito de "prejuízos" equivale aí ao de "perdas e danos" no art. 16. A condenação do infrator pressupõe, naturalmente, a prova da efetiva existência do prejuízo[35], a cargo de quem se diga lesado. Já a fixação do valor pode ser feita – e deve sê-lo, caso haja elementos suficientes – na própria sentença ou decisão interlocutória em que se impuser a sanção, ou deixada, no caso contrário (e somente nele), para liquidação posterior. Noutras palavras: condena-se desde que resolvida, no sentido positivo, a questão do *an debeatur*, relegando-se a determinação do *quantum debeatur*, se impossível desde logo, para momento subsequente.

A esta última hipótese alude o § 2º do art. 18: "Não tendo elementos para declarar, desde logo, o valor da indenização, o juiz mandará liquidá-la por arbitramento na execução". Promovida a liquidação, após o esgotamento dos recursos de efeito suspensivo porventura admissíveis contra a decisão condenatória (ou *a fortiori*, após o respectivo trânsito em julgado), obedecer-se-á ao disposto no art. 607 e seu parágrafo único. Isto é: o juiz nomeará perito (podendo as partes indicar assistentes técnicos) e fixará prazo para a entrega do laudo; apresentado que seja este, disporão as partes do prazo de dez dias para manifestar-se; a seguir, o órgão judicial designará audiência de instrução e julgamento ou, caso desnecessária, proferirá desde logo a sentença de liquidação.

Ao redigir o § 2º do art. 18, parece o legislador haver pensado unicamente na hipótese de comportamento incorreto no processo de conhecimento: daí a referência a "arbitramento na execução", aliás inexata, porque, na sistemática do Código, a liquidação da sentença, não obstante disciplinada no livro II, normalmente ainda não integra o processo de execução, mas o precede[36]. Se a infração se der no curso de processo executivo – quer fundado em título judicial (execução de sentença), quer em título extrajudicial –, e não houver elementos para fixar o montante da indenização no pronunciamento mesmo em que se condenar a pagá-

35 CELSO AGRÍCOLA BARBI, ob., v. e t. cit., p. 182.

36 PONTES DE MIRANDA, ob. cit., t. IX, p. 500, 511, 548; JOSÉ FREDERICO MARQUES, ob. cit., v. IV, p. 67; J. C. BARBOSA MOREIRA, o Novo Processo Civil Brasileiro, Rio de Janeiro, v. II, 1976, p. 14.

-la o litigante de má-fé, terá de proceder-se a uma liquidação incidente, ou porventura superveniente, caso a sanção venha a ser imposta na sentença que encerrar a execução. Terá lugar, eventualmente, novo processo executivo, para cobrança da indenização; e pode acontecer que nele se invertam as posições das partes, passando a credor o primitivo devedor, e vice-versa.

Contém o art. 18, *caput*, menção expressa aos honorários advocatícios e às despesas efetuadas pela parte a quem o litigante de má-fé causou prejuízo. Essas são parcelas que compõem obrigatoriamente a indenização. Na verdade, quando o infrator vem a ser vencido no feito, tal circunstância já é suficiente para que ele se veja condenado pelo juiz (*ex officio*) a pagar ao vencedor as despesas que este antecipou e os honorários do respectivo advogado (art. 20, *caput*). Nesse caso, portanto, fica parecendo que, embora varie o fundamento da condenação[37], o resultado prático é sempre igual, quer tenha havido má-fé por parte do sucumbente, quer não. Pensamos, todavia, que ainda resta uma diferença, no tocante à verba das despesas: o reembolso decorrente da mera sucumbência abrange as custas processuais, indenizações de viagem, diárias de testemunhas e remuneração de assistente técnico (art. 20, § 2º); como sanção da má-fé, poderá ir além, compreendendo outras parcelas aí não referidas. É que o art. 18, *caput*, em sua parte final, manda incluir na indenização a que faz jus o prejudicado "todas as despesas que efetuou" – contanto que se relacionem, é claro, com o processo, e não sejam, a critério do órgão judicial, manifestamente supérfluas; ora, entre elas pode haver alguma (ou algumas) não catalogada naquele dispositivo: v.g., gastos com a obtenção de certidões ou outros documentos necessários à instrução da causa, com a extração de fotocópias ou reproduções de qualquer natureza, com a tradução de documentos redigidos em língua estrangeira, para serem juntos aos autos, honorários pagos a jurisconsultos pela elaboração de pareceres etc. De todas essas despesas, desde que comprovadas, deve ressarcir-se o prejudicado, em atenção à regra do art. 18, *caput, fine.*

Convém ressaltar, entretanto, que, se a parte se houver comportado como litigante de má-fé apenas em algum incidente do processo, as despesas por ele indenizáveis ao lesado, a esse título, serão exclusivamente as que hajam resultado da conduta incorreta; quer dizer, o acréscimo

37 HÉLIO TORNAGHI, ob. e v. cit., p. 151.

a que tenha dado causa a infração[38]. Isso não obsta, é evidente, que o dever de reembolso ultrapasse esses limites, para o infrator porventura vencido na causa, já agora em razão da sucumbência, caso em que a responsabilidade cobrirá todas as verbas arroladas no art. 20, § 2º.

COMENTÁRIOS DO ATUALIZADOR

A RESPONSABILIDADE DAS PARTES POR DANO PROCESSUAL NO DIREITO BRASILEIRO

Antonio do Passo Cabral

O texto "A responsabilidade das partes por dano processual no direito brasileiro", do ano de 1976, foi publicado no estrangeiro, na *Revista Uruguaya de Derecho Procesal*, e começa com a constatação, dolorosamente atual, de que é antiga a preocupação dos legisladores em tentar coibir condutas abusivas e ardilosas no processo.

Ainda que a estratégia das partes lhes dê uma margem considerável de opções para a tomada de conduta no processo, e mesmo que o raciocínio estratégico voltado à vitória na lide, à obtenção de um resultado vantajoso, seja completamente legítimo na dialeticidade do procedimento, não é admissível que se ultrapassem as barreiras éticas moldadas pelo sistema jurídico.

Afinal, a natureza pública do processo faz desse ambiente um cenário em que as partes não podem tudo. Conceber o processo como uma engrenagem posta à disposição das partes pelo Estado para a resolução dos conflitos em sociedade exige que os litigantes se valham dos mecanismos processuais com retidão. Por outro lado, as exigências de comportamento conforme a boa-fé são naturais porque as condutas de um sujeito podem perturbar ou frustrar atividades de outros, inclusive do Estado-juiz.

38 Ainda uma vez, corrigimos por via interpretativa o defeito que no texto legal aponta HÉLIO TORNAGHI, ob. e v. cit., p. 157. Mais preciso, sem dúvida, era no particular o art. 63, § 1°, do Código de 1939 (verbis, "as despesas a que houver dado causa").

O texto de Barbosa Moreira salienta esses aspectos, e segue traçando uma linha histórica da evolução da legislação desde o CPC/39 até CPC/73, o que é extremamente interessante se comparamos o estado da normativa de regência naquele tempo e a atual legislação.

O leitor é ainda brindado por várias referências de direito estrangeiro, e de como ao redor do mundo também são previstas medidas preventivas e repressivas (até sancionatórias), a fim de evitar que o resultado do processo seja viciado pelas condutas abusivas, e para punir os transgressores, com isso influenciando os litigantes (até mesmo *ex ante*) para que tais comportamentos não sejam tomados. O autor destaca, entretanto, que o comparatista deve estar atento para verificar qual a dimensão normativa (não apenas ética) dos deveres que cada ordenamento jurídico estabelece para as condutas dos sujeitos do processo. Na maioria dos países, ainda hoje, em maior ou menor medida, estabelecem-se dois deveres processuais mais relevantes no ponto: os chamados "dever de veracidade" e "dever de completude" (ou "integridade/integralidade").

Adiante, Barbosa Moreira analisa dogmaticamente diversos aspectos da aplicação dos dispositivos do CPC/73 a respeito: os pressupostos da responsabilização (discutindo a relevante questão da aplicabilidade ou não aos procuradores/advogados das partes); os comportamentos "incorretos" ou ilícitos que preencheriam a descrição legal das condutas abusivas; se a responsabilidade pode ser apurada no mesmo processo ou por ação autônoma etc. Tais lições continuam aplicáveis, em grande medida, no atual sistema, cujas regras mudaram muito pouco no particular. O texto, portanto, é ainda muito útil ao operador do direito.

Por outro lado, o exame das questões analisadas no texto em comento, que friso, não se alteraram desde então se comparadas com os dispositivos correspondentes no CPC/15, não podem levar à falsa compreensão de que nada mudou no sistema vigente. Vejamos o que pode ser destacado.

Muitos mecanismos analisados no texto, previstos na legislação brasileira desde o código anterior para coibir condutas de má-fé processual ou que impliquem em atentado à dignidade da justiça, foram reproduzidos no CPC/2015. Dentre esses mecanismos estão a perda de prerrogativas processuais (direitos ou faculdades), multas pecuniárias, imposição de reparação de danos ou até sanções penais. Observe-se também que o CPC/73 dispunha sobre repressão a condutas de "má-

-fé" (arts.14, 16 a 18) e aos "atos atentatórios à dignidade da jurisdição" (arts.600 e 601), disciplina mantida pelo CPC/15 com poucas alterações, nos artigos 77, incisos I, II, III e V, artigos 78 a 81, e 777, para a litigância de má-fé; e nos artigos 77, IV e VI e §§1° e 2°; 161, parágrafo único; 334 §8°; 772, II; 777; 903 §6°; 918, parágrafo único, para os atos atentatórios à dignidade da justiça. Preveem-se ainda pretensões indenizatórias que podem ser exigidas dos litigantes ímprobos (art.81 do CPC/15). O autor destacava, em lição aplicável ainda hoje, que todos esses mecanismos não são mutuamente excludentes, e podem ser cumulados.

Além disso, nosso atual CPC seguiu linha já identificada por Barbosa Moreira à época do texto, de não apenas limitar-se a prever um dever genérico de comportamento ético ou vedação geral de qualquer conduta de má-fé, mas tentar detalhar, ainda que em rol enumerativo, tipos de comportamento que poderiam atrair essa disciplina. É o que se vê nos arts.77, 79 e 80 do CPC/15.

Não obstante, a atual legislação parece mais rica do que o antigo CPC/73, tratava o tema apenas na perspectiva da transgressão. O CPC/15 inovou, engrandecendo o sistema processual brasileiro, ao prever no art.5° um princípio de boa-fé processual. Nesse quadro, alguns aspectos devem ser destacados. Uma primeira referência é que, como a doutrina já vinha pregando desde a legislação anterior (Mitidiero; Cabral, 2005), a boa-fé processual deve ser, assim como a boa-fé no direito privado, concebida como "boa-fé objetiva", e não a "boa-fé crença", ligada ao psiquismo, exigindo condutas dolosas (intencionais), concepção da doutrina que analisava o CPC/73 (por todos, Lima) e que sempre dificultou sua aplicação na prática.

Ademais, os destinatários da boa-fé são não apenas as partes, mas todos os sujeitos que participam do processo de qualquer forma, incluídos aí os auxiliares do juízo e o próprio magistrado.

De outro lado, "boa-fé" não é apenas o contrário de "má-fé". A estrutura normativa do art.5° do CPC/15 é de uma cláusula geral (tal como redigido no CPC/15, é um princípio, não uma regra), e assim as consequências que do princípio da boa-fé podem ser extraídas são muitas, e não apenas de sanção das condutas contrárias à boa-fé. Por exemplo, fala-se da possibilidade de *suppressio* de prerrogativas processuais (Didier Jr.), ou da aplicação dos deveres laterais de boa-fé, com os institutos a eles correlatos (*tu quoque* e *nemo potest venire contra factum proprium*, p. ex), também no direito processual (Cabral, 2010).

Não obstante, por se tratar de norma com alto grau de indeterminação, pela vagueza semântica, as aplicações da boa-fé exigem do juiz uma fundamentação mais pormenorizada, devendo o magistrado explicitar o que entende por boa-fé e quais as condutas concretas que poderiam atrair aplicação do princípio (como determina o art.489 §1°, II do CPC/15).

Várias são também as regras que vem também a concretizar aspectos específicos da boa-fé processual. Por exemplo, as exigências de comportamentos conforme a boa-fé podem levar à compreensão da inadmissibilidade de comportamentos incoerentes com outros atos processuais praticados em momento anterior (interposição de recuso quando já se aceitou a decisão - art.1000 do CPC/15 - ou a alegação de invalidade quando se deu causa ao defeito (art.276 do CPC/15), o que tem impacto claro na concepção das preclusões lógicas.

A boa-fé é também importante métrica no uso da tutela provisória para inverter os ônus do tempo no processo, fazendo com que a demora excessiva pese sobre a parte que pratica atos ímprobos contrários à duração razoável do processo (art.5°, LXXVIII da Constituição; art.4° do CPC/15). Por isso, o princípio é relevante para verificar se estão preenchidos os pressupostos para a concessão da tutela provisória de evidência, baseada no abuso de direito de litigar ou em manifesto propósito protelatório (art.311, I do CPC/15).

Nessa mesma toada, outras regras que implicam em concretizações do princípio da boa-fé são aquelas que vedam o *abuso* dos direitos processuais, como os excessos na escolha dos meios executivos (art.805 do CPC/15) ou o uso abusivo de mecanismos impugnativos recursais (art.80, VII do CPC/15).

Lembre-se ainda a função interpretativa da boa-fé, que serve tanto para a cognição sobre os atos postulatórios das partes (art.322 §2° do CPC/15), quanto para a interpretação da sentença (art.489 §3° do CPC/15). Trata-se de dispositivos absolutamente novos, inexistentes no direito positivo brasileiro à época do texto, e que já vêm recebendo atenção doutrinária (Terceiro Neto; Tibúrcio; Didier Jr.)

Em conclusão, pode-se sinalizar ao leitor que o texto mantém atualidade nas suas referências de direito comparado, nos fundamentos para as exigências de ética no uso escorreito dos instrumentos processuais, e na análise dogmática dos mecanismos de repressão às condutas ímprobas. A tais lições acrescente-se o que, a partir do princípio da boa-fé processual, o CPC/15 incrementou em termos de aplicações concretas da cláusula geral para regular o comportamento dos sujeitos do processo.

Antes de encerrar, é relevante destacar que o tema viria a acompanhar a trajetória do professor José Carlos Barbosa Moreira por muito tempo, tendo objeto de estudo posterior publicado na sexta série dos *Temas* (Barbosa Moreira, 1997), além de ter organizado coletânea riquíssima, com textos nacionais e internacionais sobre o tema do "Abuso dos direitos processuais", que pela primeira vez retratava o estado da matéria em vários países da América Latina (Barbosa Moreira, 2000).

Referências bibliográficas (obras citadas pelo atualizador)

BARBOSA MOREIRA, José Carlos. "Direito e ética no Brasil de hoje" *in Temas de Direito Processual – 6ª Série*. São Paulo: Saraiva, 1997.

BARBOSA MOREIRA, José Carlos (Coord.). *Abuso dos Direitos Processuais*. Rio de Janeiro: Forense, 2000.

CABRAL, Antonio do Passo. O contraditório como dever e a boa-fé processual objetiva. *Revista de Processo*, ano 30, no 126, ago., 2005

_____________. *Nulidades no processo moderno: contraditório, proteção da confiança e validade* prima facie *dos atos processuais*. Rio de Janeiro: Forense, 2ª Ed., 2010.

DIDIER JR., Fredie. *Curso de Direito Processual Civil*. Salvador: Jus Podivm, vol. 1, 22ª ed., 2020.

LIMA, Alcides de Mendonça. O princípio da probidade no Código de Processo Civil brasileiro. Revista de Processo, nº16, outubro-dezembro de 1979.

MIRANDA, Pontes de. *Comentários ao Código de Processo Civil*. São Paulo: Saraiva, Tomo IX, 1976.

MITIDIERO, Daniel. *Colaboração no processo civil: pressupostos sociais, lógicos e éticos*. São Paulo: RT, 2009.

TIBURCIO, Antonio Augusto. *Interpretação das decisões judiciais: particularidades, critérios e instrumentos*. Salvador: Jus Podivm, 2018.

TERCEIRO NETO, João Otávio. *Interpretação dos atos processuais*. Rio de Janeiro: Forense, 2019.

RELAÇÕES ENTRE PROCESSOS INSTAURADOS, SOBRE A MESMA LIDE CIVIL, NO BRASIL E EM PAÍS ESTRANGEIRO[1]

1. A problemática que constitui objeto do presente estudo, e que nele se versará com abstração das normas contidas em tratados e convenções internacionais, relaciona-se de maneira direta com o reconhecimento, pelo direito pátrio, da existência de hipóteses em que a competência da Justiça brasileira, para julgar determinadas lides, concorre com a competência da Justiça de outro(s) país(es). Como se sabe, tratava da matéria o art. 12 da Lei de Introdução ao Código Civil (Dec.-Lei n. 4.657, de 4-9-1942), cujo § 1º nitidamente excluía a competência de qualquer outra Justiça, além da nossa, para "conhecer das ações relativas a imóveis situados no Brasil" – conforme ressaltava da expressão "só à autoridade judiciária brasileira", com que se iniciativa o dispositivo –, ao passo que o *caput*, a propósito de outras ações, em que o réu fosse domiciliado no território nacional, ou neste houvesse de ser cumprida a obrigação, se restringia a declarar competente a Justiça brasileira, sem todavia afastar a possibilidade de concorrer com tal competência a de alguma Justiça alienígena.

A Lei de Introdução ao Código Civil foi derrogada, nessa parte, pelo novo Código de Processo Civil (Lei n. 5.869, de 11-1-1973), que, ao contrário do anterior, disciplinou expressamente, no Liv. I, Tít. IV, Cap. II, a competência internacional da Justiça brasileira. Subsiste no ordenamento em vigor, contudo, a distinção a que se aludiu. Com efeito, enquanto o art. 88 arrola três hipóteses em que pura e simplesmente se diz "competente a autoridade judiciária brasileira", estabelece o art. 89, para dois grupos diversos de casos, a competência daquela autoridade, "com exclusão de qualquer outra". A doutrina assinala essa diferença falando, respectivamente, de competência internacional concorrente (ou cumulativa) e de competência internacional exclusiva[2].

---

1 Trabalho publicado no volume de Estudos Jurídicos em homenagem ao Professor OSCAR TENÓRIO, Rio de Janeiro, 1977, e também na Revista Brasileira de Direito Processual, v. 5, na Revista de Processo, v. 7-8, e na Revista Forense, v. 252.

2 JOSÉ FREDERICO MARQUES, Manual de Direito Processual Civil, São Paulo, v. I, 1974, p. 184/5.

2. É óbvio que, no concernente às hipóteses de competência exclusiva, nenhuma relevância pode jamais assumir, para o Brasil, a instauração de processo ou a emissão de sentença, alhures, sobre a lide reservada ao conhecimento da Justiça nacional. As questões que nos interessam aqui são as relativas justamente aos casos restantes, isto é, àqueles em que o ordenamento pátrio, não obstante afirmar a competência da nossa Justiça, todavia se abstém de afastar a eventualidade de que com ela concorra a de alguma autoridade judiciária alienígena. De acordo com a enumeração do art. 88, são eles os casos: a) de ação em que o réu, seja qual for a sua nacionalidade, tenha domicílio no território brasileiro (inc. I); b) de causa atinente a obrigação que haja de cumprir-se aqui (inc. II); c) de ação oriunda de fato ocorrido ou de ato praticado no Brasil (inc. III).

Nessas hipóteses – ao contrário do que se verifica nas de competência exclusiva, previstas no art. 89 –, não seria lícito excluir-se *a priori* a possibilidade de virem a repercutir, em nosso país, o ajuizamento da causa perante Justiça estrangeira e, principalmente, o respectivo julgamento por órgão que a integre. Podendo acontecer que o mesmo litígio seja levado ao conhecimento de juiz brasileiro e ao de juiz estrangeiro, com facilidade se percebe a importância que reveste, na área acima demarcada, o estudo das questões suscetíveis de emergir dessa eventual dualidade (*rectius*: pluralidade) de processos sobre uma única lide. Sem qualquer pretensão de exaustividade, passam a examinar-se os tópicos mais salientes de semelhante problemática, considerando-se em separado, a bem da ordem e clareza na exposição, primeiro os casos de simultaneidade (ao menos parcial) e depois os de sucessividade entre o processo brasileiro e o processo estrangeiro.

3. Começando, pois, pela hipótese de que pendam simultaneamente, perante a Justiça nacional e alguma outra Justiça, processos sobre a mesma lide, cumpre registrar desde logo que o ordenamento processual civil vigente entre nós, à diferença do anterior, cogita *expressis verbis* do problema, ao qual dá solução categórica, inspirada provavelmente no direito português. O Código de 1939 – que não tratava da competência internacional[3] – deixara aberto o campo à discussão doutrinária, no tocante à

3 Embora, em doutrina, se afirmasse às vezes que as normas atributivas de competência, insertas no texto do Código, incidiam também no plano internacional, de

relevância ou à irrelevância, no Brasil, da pendência de processo em país estrangeiro, onde se submetesse à cognição judicial a causa também aqui ajuizada. Na verdade, foi escassa a atenção dada ao ponto em nossa literatura; o autor que, em dias recentes, com maior extensão versou a matéria, porém, utilizando argumentos de vária natureza (e nem todos, talvez, de igual peso), sustentava que, ainda quando a instauração de processo estrangeiro precedesse a do brasileiro, não aproveitaria à parte interessada o oferecimento, ante o juiz pátrio, da então denominada "exceção de litispendência"[4].

Quer isso dizer que, concorrente embora a competência das duas Justiças, prevaleceria sempre a da nossa, abstração feita da ordem cronológica dos atos idôneos, cá e lá, a fazer pendente a lide. Em outras palavras: não haveria que se cogitar de prevenção da competência do juiz alienígena. O fenômeno da prevenção, vale ressalvar de passagem, de modo nenhum se confunde com o da litispendência; mas a verificação desta, em se tratando de causas idênticas, ajuizadas perante órgãos de competência concorrente, importaria normalmente a apuração da precedência com que se teria instaurado um ou outro dos processos, para que subsistisse apenas o iniciado em data anterior – reconhecendo-se assim preventa a competência do órgão em que ele tivesse curso. O processo posterior, é claro, ficaria impedido de prosseguir. Justamente essa consequência é que se negava, no caso aqui figurado: prosseguiria o processo brasileiro, a despeito da instauração posterior.

4. Tal foi a orientação efetivamente adotada pelo novo Código de Processo Civil, cujo art. 90 reza: "A ação intentada perante tribunal estrangeiro não induz litispendência, nem obsta a que a autoridade judiciária brasileira conheça da mesma causa e das que lhe são conexas". Deixando de lado a cláusula final, referente à conexão – tema estranho ao objeto deste estudo –, importa assinalar que a regra do art. 90, sem embargo da colocação do dispositivo, na realidade se relaciona com as

sorte que em princípio a Justiça brasileira seria competente quando algum de seus órgãos o fosse em virtude de regra codificada: ver, sobre o tema, LIEBMAN, "Os limites da jurisdição brasileira", in Estudos sobre o Processo Civil Brasileiro, São Paulo, 1947, p. 11 e ss.

4 ARRUDA ALVIM. Ensaio sobre a Litispendência no Direito Processual Civil, São Paulo, 1970, v. II, p. 412/3.

hipóteses de competência concorrente, previstas no art. 88, e não com as de competência exclusiva da Justiça nacional, contempladas no art. 89. Para estas, com efeito, fica *a priori* excluída, por motivo diverso, a relevância de qualquer atividade cognitiva acaso realizada noutro país; inútil, aí, recorrer aos dados do art. 90.

A fórmula escolhida pelo legislador de 1974, ademais, não parece muito feliz do ponto de vista técnico. Dizer que a propositura de ação perante a Justiça alienígena "não induz litispendência" é dizer mais do que se precisaria; aliás, não cabe à lei brasileira, evidentemente, regular efeitos processuais que se produzam no território estrangeiro. O que se quis estatuir foi a irrelevância desses possíveis efeitos para a nossa Justiça: que a lide penda ou não perante o juiz de outro Estado, nada importa aqui. Não se nega propriamente a litispendência, em si: se ela existe ou não, só a *lex fori* pode responder. Nega-se, isto sim, o efeito impeditivo da litispendência em relação ao processo instaurado no Brasil; nega-se, em outras palavras, a possibilidade de vir o juiz pátrio a acolher a preliminar de litispendência porventura levantada, aqui, por qualquer das partes, com fundamento na precedente existência de processo estrangeiro sobre a mesma lide – e também, é claro, a possibilidade de vir ele a conhecer *ex officio* da matéria, como lhe seria dado fazer se se tratasse de outro processo em curso perante a nossa Justiça (arts. 267, § 3º, e 301, § 4º).

Muito mais precisa afigura-se a dicção do Código luso, onde a 3ª alínea do art. 497 dispõe: "E irrelevante a pendência da causa perante jurisdição estrangeira". O destinatário da norma, à evidência, é o juiz nacional: seja qual for a situação jurídica criada, no outro Estado, pelo ajuizamento da causa, impõe-lhe a lei o dever "de desconhecer, ou melhor, de conservar-se indiferente perante o fato de a mesma ação já estar afeta a tribunal estrangeiro"[5].

5. Convém, no entanto, fixar com maior exatidão o alcance dessa irrelevância. A pendência da lide em outro país não obsta a que se exerça sobre ela atividade cognitiva no Brasil; mas seria excessivo tirar disso a inferência de que fique excluída toda e qualquer possível repercussão

5 JOSÉ ALBERTO DOS REIS. Código de Processo Civil Anotado, v. III, Coimbra, 1950, p. 148, em comentário ao art. 504 do texto de 1939, reproduzido ipsis verbis no art. 497, 3ª alínea, do atual (Dec.-Lei n. 47.690, de 11-5-1967).

do processo estrangeiro (ou pelo menos do seu resultado) no território nacional.

Suponhamos, por exemplo, que tal processo se encerre antes do instaurado perante a nossa Justiça, e que o interessado promova aqui a homologação da sentença alienígena[6]: se a demanda for acolhida, e a decisão homologatória transitar em julgado ainda no curso do processo iniciado entre nós, este já não poderá prosseguir, pois com a homologação passou a sentença estrangeira a ter, no Brasil, autoridade de coisa julgada[7]. Caberá, portanto, ao juiz brasileiro, de ofício ou por provocação de parte, extinguir o feito sem julgamento do mérito (art. 267, V, e § 3º).

Pode também acontecer que semelhante extinção haja ocorrido, por motivo diverso, antes de proferida a sentença definitiva pelo órgão judicial do outro país. Nesse caso, é manifesto que nada obstará à produção, no Brasil, dos efeitos do processo estrangeiro, mediante homologação da sentença nele proferida, desde que satisfeitos, naturalmente, todos os requisitos legais.

Em suma: a irrelevância do processo alienígena exaure a sua significação no fato de que a existência dele, mesmo iniciada em data anterior, não constitui obstáculo ao exercício da atividade cognitiva pela Justiça nacional sobre a lide. Essa atividade desenvolver-se-á normalmente; e, consumada que seja através da emissão de sentença, o respectivo trânsito em julgado impedirá, em termos definitivos, qualquer repercussão, no território nacional, do resultado a que se chegue no outro país[8] – a não ser, é claro, que se venha a rescindir, por decisão irrecorrível, a sentença brasileira, caso em que desaparecerá, como bem se compreende, o óbice

6 Tal possibilidade inexistiria em face do Anteprojeto BUZAID, cujo art. 526, VI, negava homologabilidade à sentença estrangeira quando pendesse, perante órgão judicial brasileiro, ação idêntica, proposta antes de transitar em julgado a decisão alienígena. O Código, porém, silenciando no tocante aos pressupostos da homologação, deixou de consagrar a inovação pretendida. Cf., infra, o item n. 10 deste trabalho.

7 Ver, na literatura mais recente, Luis ANTÔNIO DE ANDRADE, Aspectos e Inovações do Código de Processo Civil, Rio de Janeiro, 1974, p. 52/3; J. C. BARBOSA MOREIRA, Comentários ao Código de Processo Civil, v. V, 1ª ed., Rio de Janeiro, 1974, p. 92.

8 Ainda que o julgamento da lide ocorra, aqui, depois de proferida a decisão estrangeira, nenhuma possibilidade terá esta de surtir efeitos sentenciais no Brasil (com a ressalva feita, a seguir, no texto), se não for homologada antes que passe em julgado a sentença nacional. Corretamente, a respeito, LUÍS ANTÔNIO DE ANDRADE, ob. cit., p. 53. Cf., infra, o item n. 10 do presente estudo.

à homologação da estrangeira, ressurgindo assim a possibilidade de que repercuta aqui o resultado do processo em que ela foi proferida.

6. Passemos agora ao exame de outra hipótese, a saber, a de que os dois processos, em vez de penderem simultaneamente perante a Justiça nacional e a alienígena, se realizem um após o outro, isto é, sucessivamente. Desdobra-se esta hipótese em duas modalidades fundamentais: a) o processo brasileiro pode encerrar-se, com o trânsito em julgado da sentença definitiva, antes de instaurado o estrangeiro; b) o processo brasileiro pode, ao contrário, só vir a instaurar-se após o encerramento do estrangeiro.

O caso sob a não suscita problemas de maior vulto. Trânsita em julgado a sentença nacional, e abstração feita da sua eventual rescisão, pré-excluída fica toda e qualquer repercussão, no Brasil, do processo alienígena; o julgamento que nele sobrevenha jamais poderá produzir efeitos sentenciais em nosso território. Realmente: para que semelhante produção se verificasse, necessária seria a prévia homologação da sentença estrangeira pelo Supremo Tribunal Federal[9]; mas, caso fosse possível fazê-la homologar, com o trânsito em julgado da decisão homologatória entraria ela a revestir-se, em nosso território, da *auctoritas rei iudicatae.* Ora, isso ofenderia a coisa julgada que anteriormente aqui se formara, ainda que porventura coincidentes, no teor, as duas sentenças[10].

7. Merece análise em separado o caso sob *a,* ou seja, aquele em que o processo estrangeiro atinge a sua plena e normal consumação, através da emissão de sentença definitiva, antes de ajuizada a mesma causa perante a Justiça brasileira. A primeira proposição que se há de assentar, com toda a ênfase, é que, por si só, a sentença alienígena de maneira alguma pode ser vista como empecilho ao exercício da atividade cognitiva sobre a lide pelo juiz nacional. O ordenamento pátrio, na verdade, não reconhece qualquer autoridade ou eficácia sentencial ao julgamento proferido por órgão estrangeiro, a não ser mediante homologação pelo Supremo Tribunal Federa[11]. No direito anterior, talvez se justificassem

9 Ver, infra, o item n. 7 deste trabalho.

10 LUÍS ANTÔNIO DE ANDRADE, ob. cit., p. 53; J. C. BARBOSA. MOREIRA, ob. cit., p. 93.

11 Ver, sobre o ponto, extensamente, J. C. BARBOSA MOREIRA. ob. cit., p. 77 e ss., bem como a bibliografia aí referida.

as dúvidas e controvérsias suscitadas ao propósito: como os textos em regra aludiam à "exequibilidade"[12], encontrava ao menos suporte literal – conquanto, a nosso ver, já então insuficiente para autorizar a conclusão – o entendimento de que a homologação seria necessária apenas para permitir a produção, em nosso território, do efeito típico das sentenças condenatórias – as únicas, como é sabido, que comportam execução no sentido técnico-processual da palavra. Quanto às decisões meramente declaratórias do estado das pessoas, existia até norma expressa (Lei de Introdução ao Cód. Civil, art. 14, parágrafo único) que as dispensava da homologação, embora altamente questionável a compatibilidade entre semelhante dispositivo e o preceito constitucional que, desde 1946, atribuía competência ao Supremo Tribunal Federal para homologar as sentenças estrangeiras – fosse qual fosse, consoante a melhor doutrina, a sua natureza[13].

Hoje, à vista do preceito inequívoco do art. 483 do Código de Processo Civil de 1973 ("A sentença proferida por tribunal estrangeiro não terá eficácia no Brasil senão depois de homologada pelo Supremo Tribunal Federal"), nenhuma hesitação é possível. Seja qual for o juízo que se haja de fazer, *de lege ferenda*, sobre a diretriz adotada, é certíssimo, *de lege lata*, que, para a produção de quaisquer efeitos sentenciais no território nacional – e o termo eficácia, no art. 483, compreende a autoridade da coisa julgada, ainda que no plano doutrinário, em nosso entender, se imponha a distinção –, exige o nosso ordenamento, infenso à chamada "delibação incidental"[14], a homologação da sentença estrangeira. Sem ela, portanto, em vão se invocará, no processo brasileiro posterior, a existência de *res iudicata* formada noutro país sobre a lide: a preliminar não será colhível, nem poderá o órgão judicial pátrio, é claro, conhecer dela *ex officio*.

12 Código de Processo Civil de 1939, art. 785 ("exequíveis"), Lei de Introdução ao Código Civil, art. 14 ("executada"), Regimento Interno do Supremo Tribunal Federal, de 1970, art. 210 ("exequíveis").

13 Ver, a respeito, J. C. BARBOSA MOREIRA, ob. cit., p. 82, com referências bibliográficas, num e noutro sentido, na nota 78.

14 Admitida, dentro de certos limites, por vários ordenamentos processuais modernos: assim o italiano (Codice di Procedura Civile de 1940, art. 799), o argentino (Código Procesal Civil y Comercial de la Nación de 1967, art. 519), o grego (Código de Processo Civil de 1968, art. 339). Sobre o nosso direito vigente, ver MENDONÇA LIMA, Comentários ao Código de Processo Civil, v. VI, t. I, Rio de Janeiro, 1974, p. 312: "Sem essa formalidade" (a homologação), "a sentença estrangeira não tem autoridade alguma no Brasil"; J. C. BARBOSA MOREIRA, ob. cit., p. 83.

8. Tem o interessado, porém, à sua disposição meio hábil para fazer surtir efeitos, no Brasil, a sentença proferida pelo órgão alienígena. Satisfeitos os pressupostos legais – que não é esta a oportunidade adequada para examinar –, poderá ele obter, perante o Supremo Tribunal Federal (Const. da República, com a redação da Emenda n. 1, de 1969, art. 119, I, *g, fine;* Cód. Proc. Civil, art. 483), a homologação de tal sentença, através de processo especial, em que se exercita, segundo a doutrina prevalecente[15], verdadeira ação, e ao qual se deve pois reconhecer natureza autenticamente jurisdicional.

O processo da homologação é instaurável, naturalmente, antes do ajuizamento, perante autoridade judiciária brasileira, de causa idêntica à julgada no outro Estado; mas também o é, como se explicará melhor adiante[16], na pendência de processo em que porventura se esteja exercitando, no território nacional, a mesma ação que se exercitou alhures. Depois de encerrado o processo brasileiro, por decisão de mérito passada em julgado, é que já não será lícito, pelos motivos acima expostos[17], pretender homologar no Brasil a sentença estrangeira, a menos que, nesse ínterim, haja sido rescindida (também por decisão trânsita em julgado) a que havia proferido o órgão pátrio.

9. Requerida a homologação antes que se instaure, no Brasil, qualquer processo sobre a lide julgada alhures, e preenchidos, *ex hypothesi,* todos os requisitos para que o Supremo Tribunal Federal julgue de meritis, uma de duas: ou a Corte acolhe o pedido, ou o rejeita. No primeiro caso, com o trânsito em julgado da decisão homologatória, passam a produzir-se no território nacional os efeitos da sentença alienígena – salvo algum corte na eficácia "importada"[18], como poderia ocorrer, v.g., quanto a esta ou aquela parte do julgamento estrangeiro que fosse considerada incompatível com a soberania nacional, ou a ordem pública, ou os bons costumes –, e passa outrossim a revestir-se ela, no Brasil, da *auctori-*

15 Ver, por exemplo, LOPES DA COSTA, Direito Processual Civil Brasileiro, 2ª ed., Rio de Janeiro, 1949, v. I, p. 71 e ss.; JOSÉ FREDERICO MARQUES, Instituições de Direito Processual Civil, Rio de Janeiro-São Paulo, v. V, 3ª ed., 1971, p. 288/9; J. C. BARBOSA MOREIRA, ob. cit., p. 85/6.

16 Ver, infra, o item n. 10 deste estudo.

17 Cf., supra, o item n. 6 deste estudo.

18 A expressão é de PONTES DE MIRANDA, Comentários ao Código de Processo Civil (de 1939), 2ª ed., Rio de Janeiro, 1955-62, t. X, p. 383, 387.

tas rei iudicatae. Quer isso dizer que, daí em diante, fica definitivamente barrada – ainda aqui com a ressalva da eventual rescisão superveniente da decisão homologatória – a possibilidade de obter-se, em nosso país, nova apreciação da mesma lide. No processo que acaso se instaurasse com tal finalidade, se a parte suscitasse a preliminar de coisa julgada, ou o próprio juiz a reconhecesse *ex officio* (arts. 267, V e § 3º, e 301, VI e § 4º), a consequência seria a extinção do feito sem julgamento do mérito. Se porventura a existência da *res iudicata* passasse despercebida, e sobreviesse sentença definitiva, caberia contra ela ação rescisória, com fundamento no art. 485, IV.

No segundo caso (rejeição do pedido de homologação), o acórdão do Supremo Tribunal Federal declara apenas a inexistência da pretensão à homologação; nada diz acerca da lide julgada pelo órgão estrangeiro. Na decisão que nega reconhecimento à sentença deste não se contém qualquer declaração sobre a existência ou inexistência do direito postulado no processo alienígena, estranho ao objeto do juízo de delibação[19]. Destarte, nenhum obstáculo cria ela a que a Justiça pátria decida livremente a causa em processo que venha a instaurar-se no território nacional.

10. O fato de estar pendente – em qualquer grau de jurisdição – processo brasileiro sobre a lide anteriormente julgada noutro Estado não constitui óbice a que se requeira a homologação da sentença alienígena, nem exclui que o Supremo Tribunal Federal a conceda, satisfeitos os pressupostos legais. A ação de homologação é perfeitamente distinta da ação em que se faça valer a pretensão examinada pelo órgão estrangeiro[20]: ainda que as partes sejam as mesmas, não coincidem os dois outros elementos de identificação (pedido e *causa petendi*). Não há que cogitar, portanto, de impedimento resultante da litispendência (cf. art. 301, §§ 1º e 3º)[21].

---

19 LIEBMAN, "L'azione per la delibazione delle sentenze straniere", in Problemi dei Processo Civile. Nápoles, s/d, p. 122/3; MORELLI, Il Diritto Processuale Civile Internazionale. Pádua, 1938, p. 301 e, aí, nota 4; MONACO, Il Giudizio di Delibazione. Pádua, 1940, p. 121/2.

20 Communis opinio na doutrina brasileira e estrangeira: ver referências bibliográficas em J. C. BARBOSA MOREIRA, ob. cit., p. 86, nota 83.

21 Ver, no sentido do texto, ainda sob o ordenamento anterior, na doutrina, embora com argumentação nem sempre muito precisa, GEORGETE NACARATO NAZO, "A exceção de litispendência no juízo de delibação", in Rev. do Instituto de Pesquisas e Estudos *Jurídico-Econômico-Sociais,* v. 6º (out.-dez./1967), p. 48/ 9; na jurisprudência,

O processo brasileiro, por sua vez, não se extingue em virtude do requerimento de homologação, nem se suspende: seria impertinente a invocação, aqui, da regra constante do art. 265, IV, *a*, pois a sentença de mérito a ser proferida pelo juiz pátrio de modo nenhum depende do sentido em que o Supremo Tribunal Federal vai pronunciar-se acerca do pedido de homologação. Não há qualquer relação de prejudicialidade ou de subordinação lógica entre as duas decisões.

Por outro lado, é certo que não poderão coexistir a sentença nacional sobre a causa e a sentença estrangeira homologada. Se o Supremo Tribunal Federal, por acórdão irrecorrível, rejeitar o pedido de homologação ainda na pendência do processo brasileiro, este prosseguirá normalmente, em direção ao julgamento da lide. Se, todavia, estiverem satisfeitos todos os pressupostos legais da homologação, as consequências variarão conforme a decisão homologatória passe em julgado antes ou depois da sentença brasileira – pouco importando, vale insistir, que divirjam ou não as soluções dadas ao litígio pelo órgão pátrio e pelo alienígena. Destarte, se, quando transitar em julgado a decisão homologatória, ainda pender o processo brasileiro, já não se poderá, neste, julgar o mérito: a sentença definitiva que porventura nele se viesse a proferir ofenderia a *res iudicata*[22] e seria, por conseguinte, rescindível. A providência adequada é a extinção do processo nacional sem julgamento do mérito, de ofício ou por provocação da parte.

Reciprocamente, se, no curso do processo de homologação, passar em julgado a sentença proferida sobre a lide pelo juiz pátrio, já não

Supremo Tribunal Federal, Sent. Estr. n. 1.874, Ac. de 12-5-1956, in Rev. Trim. de Jurispr., 38/ 1. Assim é também no direi to alemão, com referência ao pedido de decretação de exequibilidade da sentença estrangeira: ver RIEZLER, Intern. ationales Zivilproussrecht, Tubingen, 1949, p. 565. Na Itália, o art. 941 (modificado) do velho Código de 1865 pré-excluía o reconhecimento da sentença alienígena se pendente "avanti un'autorità giudiziaria italiana una lite per il medesimo oggetto e fra le stesse parti nel tempo in cui è notificata la domanda per l'esecuzione" (§ 1º, 7º); daí tirava MORELLI, ob. cit., p. 301/ 2, a conclusão de existir o obstáculo da litispendência também na hipótese inversa, isto é, na de ter-se instaurado antes o processo de delibação. Consoante já se recordou acima (item 5, nota 5), o Anteprojeto BUZAID incluía entre os requisitos de homologabilidade o de não "pender, perante juiz brasileiro, ação idêntica antes de passar em julgado a sentença estrangeira" (art. 526, VI); mas o dispositivo, como os outros de natureza análoga, foi suprimido no Projeto e não figura na Código.

22 Cf. o item n. 5, supra.

poderá prosseguir, no Supremo Tribunal Federal, aquele processo. Não porque a decisão superveniente acerca do pedido de homologação, em si mesma, fosse capaz de ofender a coisa julgada da sentença brasileira: não o seria, já que inexiste identidade entre as duas ações. Mas, se o Supremo Tribunal Federal acolhesse o pedido, com o trânsito em julgado do seu acórdão entraria a revestir igualmente a *auctoritas rei iudicatae,* no território nacional, a decisão estrangeira homologada - e, aí, sem dúvida se configuraria a ofensa à *res iudicata.* A hipótese é de extinção do processo (de homologação) sem julgamento de mérito.

Análogas considerações, *mutatis mutandis,* caberiam para o caso de instaurar-se o processo brasileiro sobre a mesma lide depois de ajuizada a ação de homologação perante o Supremo Tribunal Federal. Não é impossível essa instauração, nem fica o autor sujeito a que se lhe oponha (ou a que o juiz suscite de ofício) a preliminar de litispendência; mas o feito ajuizado perante a Justiça nacional só poderá conduzir a resultado frutífero se a sentença nele proferida transitar em julgado antes do pronunciamento do Supremo Tribunal Federal, a menos que este negue a homologação.

COMENTÁRIOS DO ATUALIZADOR

RELAÇÕES ENTRE PROCESSOS INSTAURADOS, SOBRE A MESMA LIDE CIVIL, NO BRASIL E EM PAÍS ESTRANGEIRO

Antonio do Passo Cabral

O texto "Relações entre processos instaurados, sobre a mesma lide civil, no Brasil e em país estrangeiro" foi publicado no livro em homenagem ao Professor Oscar Tenório em 1977, e trata do tema da interferências potenciais entre processos tramitando no país e em outro sistema jurídico estrangeiro, em especial problemas dos limites da jurisdição brasileira e dos efeitos dos processos e das decisões estrangeiras passíveis de serem observados nos casos pendentes no Brasil.

O CPC/15 manteve, em linhas gerais, as disposições do CPC/73, mas há importantes inovações na legislação atual. De início, vale lembrar que as disposições sobre o alcance da jurisdição brasileira não são propriamente referentes ao tema da competência. Por isso, o CPC/15 modificou a rubrica do capítulo ("Dos limites da jurisdição nacional"), mais adequada que falar em "competência internacional", como fazia a lei anterior. Não obstante, a expressão competência internacional é há muito tempo corrente no direito processual brasileiro, pelo que a utilizaremos aqui para facilitar a compreensão do leitor.

Pois bem, a esse respeito, ainda hoje é válida a divisão que a doutrina fazia, já à época do texto em comento, entre competência internacional exclusiva (a jurisdição brasileira exclui qualquer outra) e competência internacional concorrente.

E o CPC/15 reproduziu no art.21 as hipóteses de competência internacional concorrente do antigo art.88 do CPC/73. Mas o atual código acrescentou novas disposições no art.22, sem correspondente no CPC anterior, trazendo outras hipóteses de competência internacional concorrente: (i) ações de alimentos, quando o credor tiver domicílio ou residência no Brasil ou quando o réu mantiver vínculos no Brasil, tais como posse ou propriedade de bens, recebimento de renda ou obtenção de benefícios econômicos; (ii) ações decorrentes de relações de consumo, quando o consumidor tiver domicílio ou residência no Brasil; e (iii) ações em que as partes, expressa ou tacitamente, se submeterem à jurisdição nacional por meio de convenção processual.

O acréscimo é decorrente de tratar-se de matérias que se notabilizaram no direito internacional privado pela frequência de sua ocorrência na prática. O legislador pretendeu, portanto, explicitar no Código esses temas, em especial para demandas cujo objeto envolva o acesso à justiça de sujeitos que ocupam posição desigual e vulnerável (Tibúrcio; Marques; Miller).

No que tange ao inciso III do art.22 do CPC/15, cabe lembrar que é irrelevante se, por meio desse negócio jurídico processual, as partes estabeleceram a competência concorrente de vários foros (a justiça brasileira e outro(s) foros estrangeiros); mas se a convenção processual estipular um foro estrangeiro como exclusivamente competente, não será possível o ajuizamento no Brasil (art.25 §1º do CPC/15). No ponto, foi muito importante a previsão normativa do CPC/15, porque o STJ tinha diversos julgados em que não admitia cláusula de eleição de foro estrangeiro se fosse hipótese de competência do Judiciário nacional, mesmo que a competência fosse concorrente (ou seja, não se excluísse a possibilidade da demanda ser ajuizada no exterior). Hoje, indiscutivelmente tais convenções processuais são válidas e eficazes (Tibúrcio; Medina). A própria jurisprudência do Superior Tribunal de Justiça já se mostra adequada à nova realidade normativa (STJ - EDcl no REsp 1518604/SP, rel. Min. Paulo de Tarso Sanseverino, j.02/06/2016). Não obstante, a doutrina que vem comentando o código tende a limitar tais negócios jurídicos processuais aos contratos internacionais exigindo elementos mínimos de contato da causa com o sistema jurídico estrangeiro escolhido (Marinoni, Arenhart, Mitidiero; Mendes e Ávila). Penso que essa desconfiança não se justifica. Não há qualquer nota de ordem pública a limitar a escolha das partes (afinal, trata-se de competência concorrente), e razões de conveniência podem fazer as partes optarem por um determinado foro estrangeiro para dirimir controvérsias de um contrato, independentemente daquele foro revelar-se como o mais próximo da relação jurídica discutida, ou aquele que tivesse maiores ligações com os convenentes.

Seguindo na análise do texto de Barbosa Moreira, vê-se que o autor, para abordar o problema do ajuizamento em paralelo de ações no Judiciário brasileiro e em outro país estrangeiro, divide sua análise em duas: quando estejam tramitando as demandas *simultaneamente*, onde surge com toda força o instituto da litispendência internacional; e quando o ajuizamento da segunda demanda é sucessivo ao término da primeira, quando aparece relevante o instituto da coisa julgada.

Analisando o primeiro lado do problema, a litispendência internacional, esta era regulada no art.90 do CPC/73, que foi reproduzido, com pequenas alterações estilísticas, no *caput* do art.24 do CPC/15, no sentido de que "a ação proposta perante tribunal estrangeiro não induz litispendência e não obsta a que a autoridade judiciária brasileira conheça da mesma causa e das que lhe são conexas", mas acrescentando-lhe uma parte final inexistente no Código anterior "ressalvadas as disposições em contrário de tratados internacionais e acordos bilaterais em vigor no Brasil.".

A regra geral continua sendo, portanto, a irrelevância no Brasil dos efeitos da litispendência decorrente de ações ajuizadas no estrangeiro. Como bem salienta Barbosa Moreira, em lição ainda atual e que expõe o erro repetido pelo legislador do CPC/15, não se trata propriamente de regular a litispendência ou seus efeitos, que se produzirão no estrangeiro e devem ser disciplinados pela *lex fori*. O que o art.24 do CPC/15 prescreve é uma regra de ineficácia no Brasil dos efeitos do ajuizamento das ações no estrangeiro, devendo ser rejeitada objeção de litispendência que venha a ser invocada em processo pendente no Judiciário brasileiro. É irrelevante, para tanto, qual processo se iniciou cronologicamente em primeiro lugar.

A ressalva da parte final do *caput* do art.24 destina-se a tornar compatível com as regras do CPC qualquer previsão normativa que o sistema brasileiro implemente por meio de tratados internacionais bilaterais ou multilaterais, que regulem ou venham a regular de forma diversa a questão (na doutrina, Roque lembra do Código Bustamante, que tem norma disciplinando alegações de litispendência se tramitarem processos paralelos sobre a mesma relação jurídica em vários dos países signatários). A preocupação do novo Código insere-se no âmbito dos movimentos de integração regional, que temos observado no Mercosul, com a edição de normas disciplinando relações entre processos judiciais pendentes nos vários Estados-Partes (veja-se, apenas a título de exemplo, o art.22 do Protocolo de Las Leñas). A ressalva da parte final do *caput* do art.24 do CPC/15 também encontra terreno fértil de aplicação em acordos bilaterais com eficácia processual (os chamados *mutual legal agreement treaties* ou MLATs, se tiverem normas aplicáveis ao processo civil).

De outro lado, o texto de Barbosa Moreira ainda demonstrava (item n.5) que a norma do CPC/73 enunciava mais do que efetivamente deveria. Não era correto afirmar uma total irrelevância da demanda pendente no exterior, impedindo qualquer repercussão do processo estrangeiro no território nacional. E lembrava a hipótese de o interessado solicitar homologação de sentença estrangeira ainda na pendência do processo brasileiro sobre a mesma lide. Era claro que tal solicitação seria admitida e regularmente processada. E, com sua homologação, a sentença estrangeira poderia ser acobertada pela autoridade de coisa julgada, tendo por efeito por fim ao processo que tramitava no Brasil.

Neste ponto, vê-se a clara influência da opinião de Barbosa Moreira, externada no texto ora em comento, na evolução da nossa legislação. O CPC/15 inseriu no art.24 o seu parágrafo único justamente para explicitar o caso identificado pelo professor: "a pendência de causa perante a jurisdição brasileira não impede a homologação de sentença judicial estrangeira quando exigida para produzir efeitos no Brasil". Nesse sentido também tem sido a jurisprudência do Superior Tribunal de Justiça, que afirma não haver qualquer preferência pela jurisdição nacional quando há causa pendente no Judiciário brasileiro e sobrevém pedido de homologação de sentença estrangeira (STJ - Corte Especial - SEC 9.880/EX, rel. Min. Maria Thereza de Assis Moura, j.21/05/2014, DJe 27/05/2014).

Na sequência, Barbosa Moreira aborda o segundo lado do debate, que é a tramitação sucessiva dos processos, o que pode ser pensado em duas dimensões: processo brasileiro encerrado em primeiro lugar, com trânsito em julgado da decisão definitiva, sobrevindo instauração de outro processo no exterior; ou processo brasileiro instaurado após o encerramento do processo estrangeiro.

Nesse ângulo, continuam sendo, em grande medida, válidas e atuais as lições do texto, com uma atualização geral. Após a emenda constitucional n.45/2004, a Constituição da República de 1988 foi modificada no que se refere à competência para a homologação de sentença estrangeira. Até 2004, cabia ao Supremo Tribunal Federal apreciar os pedidos de homologação de sentença estrangeira; após a alteração constitucional, passou o tema à competência do Superior Tribunal de Justiça (art.105, I, "i" da CRFB/88). Portanto, as considerações do texto de Barbosa Moreira acerca do STF devem ser lidas como cabendo hoje ao STJ.

No mais, é possível endossar, no sistema atual, a conclusão do texto acerca das consequências do encerramento da discussão no processo brasileiro em momento cronologicamente anterior à homologação da sentença estrangeira. Tendo transitado em julgado a sentença definitiva proferida no processo brasileiro, não se pode homologar sentença estrangeira posterior a respeito da mesma relação jurídica, porque esta, com a homologação, também adquiriria coisa julgada e conflitaria com a coisa julgada anteriormente formada sobre a sentença brasileira (STJ - SEC 4.127-EX, Corte Especial - rel. p/acórdão Min. Teori Zavascki, j.29/08/2012).

De outro lado, tendo se encerrado o processo estrangeiro antes, é como regra exigido que a sentença proferida no exterior seja homologada pelo Superior Tribunal de Justiça para que produza qualquer efeito no Brasil (como prevê o art.961 do CPC/15), inclusive para que se reconheça a litispendência. Trata-se de enunciação geral que se aplica como uma diretriz muito similar àquela do sistema pretérito.

Mas aqui, em comparação com as conclusões extraídas por Barbosa Moreira do sistema do CPC/73, devem ser feitas algumas atualizações. É que não só o Código de Processo Civil de 2015, mas a legislação posterior, passaram a prever exceções para que efeitos das sentenças estrangeiras se produzam no Brasil antes ou independentemente de sua homologação, inclusive a respeito do reconhecimento de uma *lis pendens*.

Uma dessas exceções é estabelecida no CPC para a sentença estrangeira de divórcio consensual, que produz efeito no Brasil independentemente de homologação, podendo qualquer juízo conhecer dessas sentenças quando uma questão for suscitada a seu respeito nos processos de sua competência tramitando no Brasil (art.961 §§5° e 6° do CPC/15). Assim, se em processo nacional for invocada litispendência em razão de haver sentença de divórcio consensual proferida no estrangeiro, poderá ser a alegação conhecida pelo juiz brasileiro independentemente de homologação pelo STJ.

Outras exceções são as hipóteses do art.961 §3° do CPC/15, segundo o qual, ainda antes da homologação, mas durante seu procedimento, é possível que sejam praticados atos de execução provisória e concedida tutela de urgência, dando concreção e protegendo situações jurídicas decididas no estrangeiro. Nota-se, à evidência, efeitos dos processos estrangeiros no Judiciário brasileiro, mesmo antes da homologação pelo STJ.

Por fim, uma grande evolução nesse tema foram as alterações que a Lei n.14.112/20 operaram à lei de recuperação judicial (Lei n.11.101/05).

A partir das modificações legais, disciplinou-se a insolvência internacional, e a lei agora prevê a hipótese de "reconhecimento de processo estrangeiro" operada pelo juízo brasileiro da recuperação (art.167-H da Lei n. 11.101/05), que significa efetivo exercício de cognição sobre diversas questões fáticas e jurídicas, um reconhecimento que produzirá efeitos processuais e materiais no processo brasileiro (vejam-se p. ex. os artigos 167-I e 167-M, 167-N, 167-U, todos da Lei n.11.101/05). Cabe destacar ainda o art.167-L da mesma lei, que de maneira similar ao art.961 §3° do CPC/15, afirma que, depois de requerido o reconhecimento do processo estrangeiro, mas ainda antes de decidir no mérito, o juízo brasileiro pode conceder tutela provisória (de urgência ou evidência), para proteção da massa ou para eficiência da administração.

As modificações na lei de recuperação judicial incluíram também uma nova disciplina dos chamados "processos concorrentes". Trata-se da regulação do ajuizamento simultâneo ou sucessivo de processos de recuperação ou de insolvência no Brasil e no estrangeiro, e as novas disposições legais fogem à regra geral vigente à época do texto ora em comento.

Se um processo de recuperação judicial, de recuperação extrajudicial ou de falência estiver em tramitação no Brasil, e for reconhecido, nos termos da lei, um processo similar no estrangeiro a respeito de um mesmo devedor, exigem-se medidas de cooperação internacional e coordenação entre os juízos brasileiro e estrangeiro (art.167-S da Lei n.11.101/05).

Por outro lado, conforme o art.167-R, *caput* e parágrafo único, da Lei n.11.101/05, havendo instauração de processo de recuperação ou falência no Brasil superveniente ao reconhecimento do processo estrangeiro principal (sucessividade), a tramitação do procedimento concursal no Brasil fica condicionada à existência de bens ou estabelecimento no território nacional, e o objeto e escopo do processo brasileiro ficam limitados aos bens e ao estabelecimento localizados no país.

Como se percebe, as disposições introduzidas na lei de recuperação judicial e falência brasileiras pela Lei n.14.112/20, somadas às modificações já trazidas pelo CPC/15, mudaram substancialmente a discussão clássica, sendo hoje possível enxergar efeitos variados que a pendência de lide estrangeira e as decisões proferidas em processos no exterior podem gerar em processos nacionais sobre as mesmas relações jurídicas ou os mesmos sujeitos. Não é possível mais afirmar que qualquer efeito de tais processos (findos ou pendentes) dependa de homologação para que sejam observados e possam ser exigidos em processos que tramitem no Judiciário brasileiro.

Referências bibliográficas (obras citadas pelo atualizador)

ROQUE, André Vasconcelos. Comentários aos artigos 21-25 do CPC. GAJARDONI, Fernando da Fonseca; DELLORE, Luiz; ROQUE, André Vasconcelos; OLIVEIRA JR., Zulmar Duarte de. *Comentários ao CPC de 2015: parte geral.* São Paulo: Método, 2015, p.135 ss.

MARINONI, Luiz Guilherme; ARENHART, Sérgio Cruz; MITIDIERO, Daniel. *Curso de Processo Civil.* São Paulo: RT, vol.2, 2015, p. 54-55.

MARQUES, Cláudia Lima. A proteção dos consumidores em um mundo globalizado. Revista de Direito do Consumidor, vol.85, 2013, p. 25-66.

MEDINA, José Miguel Garcia. *Direito processual civil moderno*. São Paulo: RT, 2015, p. 150-151.

MENDES, Aluisio Gonçalves de Castro; ÁVILA, Henrique. Comentários aos artigos 22-25 do CPC. *in* ARRUDA ALVIM WAMBIER, Teresa; DIDIER JR., Fredie; TALAMINI, Eduardo; DANTAS, Bruno. *Breves comentários ao novo Código de Processo Civil*. São Paulo: RT, 3ª ed., 2016, p. 125-132.

MILLER, Marcello. Comentário aos artigos 22 e 23 do CPC. *in* CABRAL, Antonio do Passo; CRAMER, Ronaldo (coord.). *Comentários ao novo Código de Processo Civil*. Rio de Janeiro: Forense, 2ª ed., 2016, p. 72-75.

TIBURCIO, Carmen. *Extensão e limites da jurisdição brasileira: competência internacional e imunidade de jurisdição*. Salvador: Juspodivm, 2ª ed., 2019, p. 38-77, 148 ss.

O BENEFÍCIO DA DILATAÇÃO DE PRAZO PARA A FAZENDA PÚBLICA[1]

(ÂMBITO DE INCIDÊNCIA DO ART. 188 DO NOVO CÓD. PROC. CIVIL)

1. Dispunha o Código de Processo Civil de 1939, no art. 32, que aos, representantes da Fazenda Pública se contariam em quádruplo os prazos para contestação e em dobro para a interposição do recurso. O Anteprojeto do novo Código, elaborado pelo eminente Prof. ALFREDO BUZAID, suprimira essa regra especial, inspirado, aqui como noutros pontos, por uma diretriz de indisfarçável hostilidade aos chamados privilégios da Fazenda Pública em Juízo. Chegara a estatuir, em termos expressos, no art. 207: "Para falar nos autos terão o representante da Fazenda Pública e o órgão do Ministério Público prazo igual ao das partes".

A esse dispositivo do Anteprojeto ofereceu emenda a Comissão Revisora, nos seguintes termos: "Art. 207. Para contestar e para recorrer, terá a Fazenda Pública, inclusive os órgãos da administração indireta, o dobro do prazo das partes. Ao órgão do Ministério Público se deferirá prazo igual ao das partes, contado da data de sua intimação pessoal". Como se vê, no tocante à Fazenda aparentemente se atenuaria o benefício concedido pelo diploma anterior, já que o prazo de contestação seria contado, tal como o de recurso, apenas em dobro, e não em quádruplo. Isso se explicava pela circunstância de pretender-se duplicar o prazo comum para oferecimento de contestação, no procedimento ordinário: dos 10 dias fixados pelo Código de 1939 (art. 292), passaram-se a 20, como estabelecia o art. 326 do Anteprojeto. Assim, na prática, inexistiria diminuição, sendo iguais o quádruplo de 10 e o dobro de 20; sempre 40 dias para a contestação da Fazenda.

No Projeto definitivo, remetido ao Congresso Nacional em agosto de 1972, porém, o art. 193 (correspondente ao art. 207 do Anteprojeto e do texto sugerido pela Comissão Revisora) apresentava a seguinte redação: "Art. 193. Computar-se-á em quádruplo o prazo para contestar e em dobro para recorrer quando a parte for a Fazenda Pública ou o

---

1 Trabalho apresentado ao VI Congresso Nacional de Procuradores de Estados (Recife, 1974) e publicado na Rev. Forense, v. 247, e na Revista de Processo, v. 1.

Ministério Público". Voltara-se, pois, ao sistema de 1939, apenas com a extensão do benefício ao Ministério Público, que dele então não gozava. A dimensão do prazo especial para contestar ficava, aliás, aumentada, uma vez que o art. 301 do Projeto acabara por fixar em 15 dias o prazo comum assinado ao réu no procedimento ordinário: neste, por conseguinte, passou a Fazenda a dispor de 60, em vez dos 40 anteriores.

Em nada se modificou a redação dos mencionados dispositivos durante a tramitação do Projeto pelo Congresso Nacional. Apenas a numeração foi alterada: o art. 193 passou a ter, no texto aprovado e sancionado, o n. 188, e o art. 301 o n. 297. O sistema do Código, no particular, é assim exatamente o mesmo do Projeto, sendo curioso observar que, nos trabalhos de reforma do nosso processo civil, se acabou por descrever, no particular, um giro de 180°: do tratamento indiferenciado que originariamente se pretendia consagrar, transitou-se, afinal, para o outro extremo, alargando-se, em termos numéricos, pelo menos, a diferença entre os prazos que, para contestar, se concedem à Fazenda Pública e ao litigante comum, além de estender-se O benefício ao Ministério Público.

2. Não é nosso propósito, nesta oportunidade, comentar em termos valorativos a opção do Código, diametralmente oposta à do Anteprojeto BUZAID. O escopo do presente estudo é puramente exegético, sendo-lhe estranhas quaisquer preocupações *de lege ferenda.* Pretendemos apenas trazer modestos subsídios à análise da regra insculpida no art. 188, no intuito de contribuir para a determinação precisa da respectiva área de incidência.

A problemática versada aqui prende-se em parte à circunstância de haver-se redigido o art. 188 com técnica que não se harmoniza inteiramente com a utilizada pelo Código no que tange ao comportamento do réu[2]. O novo estatuto processual civil, com efeito, inovando a terminologia tradicional entre nós, adotou designação genérica ("resposta do réu", conforme a rubrica do Cap. II do Tít. VIII do Liv. I) para englobar as várias possíveis atitudes com que o citado pode opor-se à demanda, quer simplesmente defendendo-se, quer contra-atacando: O conceito de "resposta" abrange, destarte, a contestação, a exceção e a reconvenção (cf. art. 297). Ora, o art. 188 fala apenas em "prazo para contestar". Por outro

2 Observação feita por MONIZ DE ARAGÃO, Comentários ao Código de Processo Civil, 1974, v. II, p. 114.

lado, nem sempre se mantém o próprio Código totalmente fiel à sua própria nomenclatura, deixando de empregar qualquer das denominações constantes do Cap. II acima referido, ao disciplinar situações que, essencialmente, em nada se distinguem das ali reguladas. Daí a multiplicidade de questões suscitáveis ao propósito, dentre as quais escolhemos, para exame neste trabalho, algumas que nos parecem mais relevantes e já têm ocasionado vacilações e dúvidas na aplicação do Código de 1973.

3. Concerne a primeira, exatamente, ao esclarecimento do alcance que se há de reconhecer, no procedimento ordinário, ao benefício do prazo em quádruplo a que alude o art. 188. A peculiaridade da redação, que já se recordou no item anterior, inspirou as seguintes considerações a um dos mais autorizados comentadores do dispositivo: "Conquanto a interpretação apenas literal sugerisse a restrição da regalia ao prazo para contestar, excluídos os que se destinam à exceção e à reconvenção, não é essa a correta exegese do texto. Tratando-se de emenda introduzida pelo Projeto (art. 193), pois não constava do Anteprojeto, o verbo contestar não se afeiçoa à técnica deste último, que adotara o vocábulo resposta para designar os diversos atos praticados em atitude de defesa, mas tem de ser compreendido em sentido amplo, no qual equivale a resposta"[3].

Uma objeção é aqui, todavia, facilmente previsível, qual seja, a de que ao legislador era lícito circunscrever a concessão do benefício ao âmbito de uma única das possíveis modalidades de resposta, a contestação. Da sistemática adotada no Cap. II do Tít. VIII do Liv. I não se tiraria necessariamente a conclusão de que, onde a lei fale, alhures, de "contestar" ou de "contestação", se haja sempre de interpretar extensivamente a palavra, em ordem a fazê-la abranger as três espécies de resposta. Em tal perspectiva, a regra do art. 188, na parte atinente à contestação, terá de reputar-se "especialíssima", se assim se pode dizer, não se justificando o alargamento da sua área de aplicabilidade à exceção e à reconvenção.

No que respeita a esta última, contudo, outra razão, a nosso ver decisiva, permite sem dificuldade o desate da questão em sentido coincidente com o do pronunciamento acima transcrito. Reza, com efeito, o art. 299, princípio, que "a contestação e a reconvenção serão oferecidas simultaneamente, em peças autônomas". Ora, o advérbio grifado não deixa margem a outra conclusão senão à de que o réu, para contestar e

---

3 MONIZ DE ARAGÃO, ob. e loc. cit. na nota 1 (sem grifo no original a última oração).

para reconvir, terá sempre, forçosamente, o mesmo prazo. Se a Fazenda Pública, no procedimento ordinário, dispõe de 60 dias para oferecer contestação e, em querendo reconvir, deve praticar simultaneamente ambos os atos, há de dispor, também para reconvir, dos mesmos 60 dias. O ponto é demasiado óbvio para que se precise nele insistir.

4. Breve referência merece a hipótese de reconvir o réu em processo instaurado pela Fazenda Pública. Pacífico é o entendimento de que a reconvenção constitui verdadeira ação, de sorte que o reconvindo, ao impugná-la, responde como autêntico réu. Por isso mesmo era objeto de crítica, em 'sede doutrinária, a redação do art. 193 do Código de 1939, que usava, atecnicamente, o verbo "impugnar"[4]. O Anteprojeto BUZAID (art. 345) mantinha a impropriedade terminológica, mas o Projeto definitivo (art. 320) já a corrigia, provavelmente acolhendo, no particular, a emenda formulada pela Comissão Revisora. A dicção do Código, no art. 316 (que corresponde ao art. 320 do Projeto), é a correta: o autor reconvindo dispõe de 15 dias para contestar a reconvenção.

Não pode sofrer dúvida a incidência, nesse caso, da norma do art. 188. Trata-se de contestar, de modo que a literalidade mesma do texto pré-exclui qualquer hesitação. Conta-se em quádruplo, sendo pois de 60 dias, O prazo concedido à Fazenda Pública, reconvinda, para apresentar sua contestação[5].

5. De modo nenhum se limita ao procedimento ordinário a aplicabilidade da regra do art. 188. Não se limita sequer, como adiante melhor se verá, ao processo de conhecimento.

Nos procedimentos especiais, contar-se-á sempre em quádruplo, para a Fazenda Pública, o prazo de contestação, quer coincida com o fixado para o procedimento ordinário, quer não. Destarte, na ação de consignação em pagamento, será ele de 40 dias, já que o comum é de

4 Ver, por exemplo, PONTES DE MIRANDA, Comentários ao Código de Processo Civil (de 1939), 1ª ed., 1947, v. II, p. 119; AMARAL SANTOS, Da Reconvenção no Direito Brasileiro, 1958, p. 268; J. C. BARBOSA MOREIRA, "Reconvenção", in Direito Processual Civil (Ensaios e Pareceres), 1971, p. 128.

5 Em sentido conforme, expressamente, PONTES DE MIRANDA, Comentários ao Código de Processo Civil (de 1973), 1974, t. III, p. 146, falando embora em "impugnação da reconvenção", como a ecoar a dicção imprópria do texto ab-rogado.

10 (art. 896); na ação de nunciação de obra nova, será de 20 dias, pois o comum é de 5 (art. 938, *fine*); e assim por diante. A semelhante conclusão haveria de chegar-se ainda que o texto consagrador do benefício se localizasse no Título referente ao procedimento ordinário: bastaria conjugá-lo com a norma do art. 273, que manda aplicar subsidiariamente ao procedimento especial "as disposições gerais do procedimento ordinário"[6]. A *fortiore*, é claro, estando onde está o art. 188.

Opinou-se que a franquia outorgada por esse dispositivo "abrange apenas os procedimentos regulados pelo Código, não se estendendo aos que por ele não estão disciplinados ou que venham a ser regidos por leis especiais", a menos que estas se submetam, expressamente, ao texto do art. 188 ou indiquem o Código como fonte supletiva para a solução de casos omissos[7]. A nosso ver, porém, a questão deve ser posta em termos diferentes. A aplicação supletiva das normas do Código nos procedimentos regulados por leis extravagantes não depende de regra expressa que a preceitue. O direito processual civil codificado é o direito comum, a que obedece todo e qualquer procedimento, salvo naquilo que o texto específico diversamente porventura discipline, ou que com o seu sistema seja incompatível. É para afastar a incidência das disposições contidas no Código que, em princípio, se há de reclamar a existência de regra na lei extravagante[8].

Daí se conclui que só por exceção se excluirá, em algum procedimento especial, a quadruplicação do prazo para o oferecimento de contestação pela Fazenda Pública. Assim, v.g., na ação popular: com efeito, a Lei n. 4.717, de 29-6-1965, que a regula, expressamente adotou norma modificativa do procedimento previsto no Código, fixando para a contestação o prazo de 20 dias (prorrogáveis por mais 20, a requerimento do interessado, se particularmente difícil a produção de prova documental)

6 Para a correta interpretação da cláusula, ver CALMON DE PASSOS, Comentários ao Código de Processo Civil, 1974, v. III, p. 14, onde se conclui, com todo o acerto, que "disposições gerais do procedimento ordinário equivalem a disposições em geral sobre o procedimento ordinário".

7 MONIZ DE ARAGÃO, *Comentários ao Código de Processo Civil*, v. II, p. 115.

8 Cf., na doutrina formada sob o regime anterior, mas inteiramente válida para o atual, PONTES DE MIRANDA, Comentários ao Código de Processo Civil (de 1939), v. I, p. 87; EVANDRO GUEIROS LEITE, Conflitos intercontextuais de processo, 1963, p. 43 e 100; J. C. BARBOSA MOREIRA, Direito Processual Civil (Ensaios e Pareceres), p. 240/1, 334 e ss.

e esclarecendo que tal prazo "será comum a todos os interessados" (art. 7º, IV) – isto é, a todos os litisconsortes passivos, entre os quais necessariamente figura a pessoa jurídica, de direito público as mais das vezes, cujo patrimônio se alega ter sido lesado (cf. o art. 6º, *caput*).

6. Também no procedimento sumaríssimo deve reconhecer-se à Fazenda Pública o benefício do prazo em quádruplo para contestar. A *ratio* do art. 188 não se subordina a qualquer circunstância relacionada com o rito que se haja de seguir. Se a lei admitiu a existência de motivos suficientemente graves para fazê-la conceder à Fazenda Pública, na preparação de sua defesa, lapso de tempo bastante superior ao comum, nada autoriza a supor que semelhantes motivos deixem de subsistir nas hipóteses legais de procedimento sumaríssimo. Não há por que imaginar que sejam menores, nestas, as dificuldades com que se defrontam os representantes judiciais das pessoas jurídicas de direito público para coligir os elementos com que hão de elaborar e instruir a contestação.

Ocorre que, no procedimento sumaríssimo, toda a defesa é deduzida (oralmente ou por escrito) na própria audiência de instrução e julgamento (art. 278). Nela, pois, é que a Fazenda Pública, ré, há de contestar o pedido. Nos termos do mesmo art. 278, a audiência "não se realizará em prazo inferior a dez (10) dias contados da citação" (*rectius*: contados segundo as regras do art. 241); tal dilação consagrou-a naturalmente a lei com o exato propósito de assegurar ao réu a disponibilidade de tempo julgada necessária para preparar a defesa. No tocante à Fazenda Pública – que o Código reconhece precisar, para tal fim, de lapso quatro vezes maior –, o prazo dilatório, em vez de ser de 10, será de 40 dias.

Essa conclusão já conta com valioso aval doutrinário[9] e foi recentemente aprovada no Simpósio sobre os resultados práticos da aplicação do novo Código de Processo Civil, promovido pela Associação dos Magistrados Brasileiros e realizado no Rio de Janeiro de 28 a 30 de agosto próximo findo. O entendimento vem sendo acolhido, ademais, pelos

9 CALMON DE PASSOS. Comentários ao Código de Processo Civil, v. III, p. 122: "Outro problema merecedor de referência é o que resulta de ser proposta contra a Fazenda Pública uma ação cujo processo seja de rito sumaríssimo. Pelo previsto no art. 188, conta-se em quádruplo, nesses casos, o prazo para contestar. Consequentemente, a audiência não pode ser marcada para prazo inferior a 40 dias contados da citação. Não há como se fugir a essa consequência, porquanto, repetimos, O prazo de dez dias é prazo para a defesa, cuja produção, isto sim, se efetivará na audiência".

Juízos das Varas da Fazenda Pública do Estado da Guanabara: em ações de procedimento sumaríssimo intentadas contra o Estado, quando não se houvesse já designado, de início, para a realização da audiência, data posterior ao 40º dia, acolheu-se requerimento da Procuradoria-Geral no sentido de ser ela adiada, em ordem a resguardar-se o benefício do art. 188.

Convém, no entanto, refutar objeções que se concebe sejam formuladas à tese. Uma delas, que se suscitou no mencionado Simpósio[10], busca apoio na natureza especial da regra do art. 278, que se afasta do padrão assentado, quanto ao prazo, no art. 297. A isso pode responder-se que as regras concernentes ao procedimento sumaríssimo são, sem dúvida, especiais em confronto com as relativas ao procedimento ordinário; mas a do art. 278, como as outras constantes do Cap. III do Tít. VII do Liv. I, é regra geral do procedimento sumaríssimo, ao passo que a do art. 188 – não inserto, repita-se, no Tít. VIII, reservado à disciplina do procedimento ordinário – se põe como regra especial tanto em face da insculpida, com referência a este, no art. 297, quanto em face da consagrada, no art. 278, para o procedimento sumaríssimo. Sobre ambas essas regras, por conseguinte, e não apenas sobre a do art. 297, prevalece a do art. 188.

Argumentar-se-á talvez, ainda, com o disposto no art. 281, consoante o qual, "no procedimento sumaríssimo, todos os atos, desde a propositura da ação até a sentença, deverão realizar-se dentro de noventa (90) dias". Mas a elevação, para 40 dias, do prazo dilatório do art. 278 não impedirá necessariamente a observância do outro preceito. Poderá dificultá-la, em alguns casos; não é, porém, incompatível com ela. Os 40 dias não chegam sequer a ocupar a metade do prazo total fixado no art. 281, valendo a pena observar que, realizada a audiência, deve o juiz proferir a sentença de imediato, ou, no máximo, dentro de 5 dias (art. 280).

Aliás, nenhuma dúvida pode haver de que, na prática, variadíssimas circunstâncias não raro tornarão difícil, ou mesmo impossível, nas hipóteses do art. 275, a conclusão do procedimento de primeiro grau nos 90 dias a que alude o art. 281 – *lex imperfecta*, por sinal, já que não comina sanção específica para o eventual descumprimento do preceito. Basta lembrar a possibilidade de vir a tornar-se necessária a citação do réu por edital, ou a realização de perícia indispensável à formação do

---

10 Pela voz do Des. ARY FLORÊNCIO GUIMARÃES, Professor catedrático de Direito Processual Civil na Universidade Federal do Paraná.

convencimento do juiz. São situações incontornáveis, diante das quais não se há de exigir do órgão judicial que se aferre, *à outrance,* ao texto do art. 281. *Ad impossibilia nemo tenetur;* e, afinal de contas, a celeridade, por importante que seja, não pode ser arvorada em valor máximo, ao qual se tivessem de sacrificar todos os outros. Inadmissível sobrepô-la, por exemplo, à necessidade de bem apurar os fatos relevantes para a solução do litígio, sob pena de consagrar-se a injustiça a pretexto de fazer justiça rápida. Ressalta, a essa luz, a relatividade da significação da norma contida no art. 281, que vale antes como recomendação do que como preceito propriamente dito. Ainda, porém, a abstrair-se de tudo isso, permanece indiscutível que em princípio não há incompatibilidade entre ela e a do art. 188, aplicável ao procedimento sumaríssimo não menos que ao ordinário e – com a ressalva feita no item 5 – aos especiais.

7. Nem só no Liv. I e no Liv. IV se deparam procedimentos em que encontra aplicação o benefício do prazo em quádruplo para contestar. Também os há no Liv. 11. Para começar, atente-se no art. 609, que determina se observe, na liquidação por artigos, o procedimento ordinário. Se se tratar, pois, de liquidação promovida em face da Fazenda Pública, esta disporá de 60 dias para oferecer contestação. A admitir-se, conforme em doutrina já se propôs[11], que a expressão procedimento ordinário seja ali entendida como procedimento comum, para evitar-se o absurdo de submeter a mera liquidação, nas hipóteses do art. 275, a rito mais complexo que o do processo de conhecimento, então, à evidência, vale para tais hipóteses o que acima se disse, no item 6 deste trabalho, com relação ao procedimento sumaríssimo.

Incide ainda a regra do art. 188 no procedimento dos embargos à execução. Desde o regime anterior – não obstante a rubrica "Da defesa do executado", que o Código de 1939 adotava no Cap. I do Tít. VI do Liv. VIII –, já sublinhava a doutrina a verdadeira natureza desses embargos: constituem eles, na realidade, uma "ação, em que o executado é autor e o exequente é réu; mais precisamente, a ação incidente do executado visando a anular ou reduzir a execução ou tirar ao título sua eficácia executiva»[12]. No sistema atual, mais ressalta a exatidão desse conceito:

11 ALCIDES DE MENDONÇA LIMA, Comentários ao Código de Processo Civil, 1974, v. VI, t. 11, p. 612/3.

12 LIEBMAN, Processo de Execução, 2ª ed., 1963, p. 147; no mesmo sentido, entre

o novo estatuto evitou aludir a "defesa", preferindo dizer que "o devedor poderá opor-se à execução por meio de embargos" (art. 736, princípio).

Se é de ação que se trata – distinta da ação de execução, embora naturalmente conexa com ela –, bem se compreende que a lei enseje ao exequente (ou ao "credor", como optou por chamar-lhe o Código vigente) a possibilidade de, ele sim, apresentar defesa. Pena foi que não se tivesse empregado o termo próprio no art. 740: aí se fala em "impugnar" os embargos, incidindo-se em falha de técnica análoga à perpetrada pelo diploma de 1939 no tocante à contestação do reconvindo (art. 193) e em boa hora corrigida pelo legislador de 1973 (art. 316; cf. o item 4, *supra*). Entretanto, o defeito terminológico não há de agrilhoar o intérprete: o que faz o credor-embargado é, sem dúvida alguma, contestar o pedido do devedor-embargante. Logo, caso se embargue execução movida pela Fazenda Pública, disporá esta, para a "impugnação" a que se refere o art. 740, do quádruplo do prazo nele fixado, isto é, de 40 dias.

Não valeria objetar que o art. 188 se insere no Liv. I, atinente, segundo a respectiva rubrica, ao processo de conhecimento. Primeiro, é notório que o Código em vigor, não tendo aberto espaço, em sua estrutura, a uma parte geral, preferiu disciplinar naquele livro grande número de matérias que, a rigor, nada têm de peculiar ao processo de conhecimento, sendo ao contrário relevantes em todas as espécies de processos: entre elas, justamente, a contagem dos prazos. Ademais, o art. 598 determina *expressis verbis* que se apliquem subsidiariamente à execução as disposições que regem o processo de conhecimento. E não seria inoportuno acrescentar que tal solução se imporia *a fortiori* – ao nosso ver, até mesmo ante a eventual inexistência de norma expressa – aos procedimentos que, regulados embora no Liv. II, têm intrinsecamente natureza cognitiva: é precisamente o caso, quer da liquidação, quer dos embargos do devedor.

8. *Quid iuris* com referência ao processo cautelar? No Liv. III, que o versa, não se vê dispositivo algum que corresponda ao do art. 598. Dever-se-á concluir que a lei quis afastar a incidência subsidiária das regras constantes do Liv. I no processo cautelar?

---

outros, PONTES DE MIRANDA, Comentários ao Código de Processo Civil (de 1939), v. VI, p. 391. 397, 447; AMÍLCAR DE CASTRO, Comentários ao Código de Processo Civil (de 1939), 2ª ed., 1963, v. X, t. 2º, p. 419/21; JOSÉ FREDERICO MARQUES, Instituições de Direito Processual Civil, 1ª ed., 1960, v. V, p. 380/1.

A conclusão seria manifestamente absurda. O Liv. III abstém-se de aludir a uma série enorme de questões que nele, tanto quanto alhures, reclamam disciplina: a da capacidade das partes e meios de suprir-lhe a falta, a da responsabilidade por despesas processuais, a da intervenção do Ministério Público, a dos impedimentos e da suspeição do juiz, a da forma dos atos processuais e consequências de sua inobservância, e assim por diante. Onde buscar a disciplina de tais questões? A resposta é intuitiva: nas disposições que, constantes do Liv. I, não dizem respeito exclusivamente – como já se assinalou no item anterior – a problemas específicos do processo de conhecimento.

Não seria lícito raciocinar *a contrario sensu,* para entender que, se no concernente à execução julgou necessário o Código inscrever no Liv. II a regra do art. 598, não tendo feito outro tanto no Liv. III, escapa o processo cautelar à aplicação subsidiária das disposições gerais do Liv. I.

As questões acima referidas inevitavelmente afloram no processo cautelar; e salta aos olhos que não se hão de resolver, neste, com critérios diversos. Qualquer outro entendimento conduz, repetimos, ao absurdo: ter-se-ia de admitir que, no processo cautelar, as partes não precisam ser capazes ou estar devidamente representadas, que o impedimento ou a suspeição do juiz não tem relevância alguma, que a infração de forma na prática dos atos processuais nunca produz consequências...

À luz dessas considerações, parece-nos lícito afirmar, com toda a segurança, que também no processo cautelar se aplica o benefício do prazo em quádruplo, previsto no art. 188. Sendo de 5 dias o prazo comum de contestação (art. 802), segue-se que, requerida a providência em face da Fazenda Pública, terá esta para contestar 20 dias.

9. Até agora nos ocupamos da cláusula legal atinente ao prazo de que dispõe a Fazenda Pública para oferecer contestação. Passamos a algumas considerações, mais breves, sobre a concernente ao prazo para recorrer, que se conta em dobro, e não em quádruplo (art. 188).

Os problemas são aqui de menor vulto. Não surge, por exemplo, dúvida alguma sobre a incidência da regra no que tange a quaisquer recursos contemplados no Código de Processo Civil, ordinários ou extraordinários que sejam. Ela também se aplicará, salvo disposição expressa em contrário, a todos os recursos interponíveis em procedimentos especiais regulados por leis extravagantes. Pouco importa, ademais, que se trate de recurso independente ou do impropriamente chamado "recurso adesivo".

Merece referência específica o caso dos embargos de declaração contra decisões proferidas no primeiro grau de jurisdição. Com má técnica, optou o Código por bifurcar a disciplina desse remédio, consagrando-lhe dois grupos separados de dispositivos: os arts. 464 e 465, relativos aos embargos declaratórios na primeira instância; e os arts. 535 e ss., referentes aos embargos declaratórios opostos a acórdãos. É evidente que a natureza do remédio não varia, numa e noutra hipótese; nem se deve supor que a lei, ao versar a matéria, em se tratando de decisão de primeiro grau, fora do Título "Dos recursos" – e mais precisamente no Cap. VIII ("Da sentença e da coisa julgada"), Seção I ("Da sentença"), do Tít. VIII –, haja querido negar caráter recursal, aí, aos embargos de declaração. A tão esdrúxula conclusão decisivamente obsta, além dos argumentos de índole sistemática, a própria redação do art. 465, parágrafo único, *verbis:* "Os embargos de declaração não estão sujeitos a preparo e suspendem o prazo para a interposição de outro recurso por qualquer das partes". A palavra outro está a mostrar, com ofuscante nitidez, que os embargos declaratórios aí também constituem aos olhos do Código um recurso[13]. Logo, tem a Fazenda Pública para oferecê-los o dobro do prazo de 48 horas fixado no art. 465, *caput:* 96 horas, por conseguinte.

10. Resta saber se o benefício do prazo em dobro só prevalece quando a Fazenda Pública haja de recorrer contra decisão proferida em processo onde já ocupa a posição de parte, ou também quando venha a fazê-lo na qualidade de "terceiro prejudicado" (art. 499). O teor literal do art. 188 (*verbis* "quando a parte for a Fazenda Pública ou o Ministério Público") poderia induzir O intérprete a optar pela primeira solução[14]. A nosso ver, porém, a *ratio legis* e o elemento teleológico devem ter aqui, como em geral, primazia sobre a letra do dispositivo.

---

13 Sem razão, no particular, ADA PELLEGRINI GRINOVER, Direito Processual Civil, 1974, p. 127, embora certa na crítica de lege ferenda. Note-se que o art. 496, ao enumerar (aliás de modo incompleto) os recursos, alude, no inc. IV, aos embargos de declaração, sem, restrição ou especificação alguma.

14 JOSÉ FREDERICO MARQUES, Manual de Direito Processual Civil, 1974, v. I, p. 291, e Luis ANTÔNIO DE ANDRADE, Aspectos e Inovações do Código de Processo Civil, 1974, p. 81, com apoio na redação do art. 188, negam o benefício da dilatação de prazo ao Ministério Público, quando fiscal da lei. Em sentido contrário, quanto ao prazo para recorrer, ver J. C. BARBOSA MOREIRA, Comentários ao Código de Processo Civil, 1974, v. V, p. 294.

O Código de 1939, após firmar a regra de que o terceiro prejudicado teria, para recorrer, o mesmo prazo das partes (art. 813, *caput*), abria exceção para a hipótese de não ter ele domicílio ou residência "na jurisdição *(sic)* do juiz da causa" (art. 815, § 1º). Não reproduz essa regra o novo estatuto, que assim igualou, de modo absoluto, o tratamento dado ao terceiro e o dispensado à parte, em matéria de prazo para interposição do recurso.

Nenhuma razão de ordem sistemática aponta no sentido de que a Fazenda Pública deva ser tratada, no particular, de duas maneiras diversas, consoante recorra como parte ou como terceiro prejudicado. As considerações que terão levado o legislador de 1973 a manter o benefício do aumento de prazo valem *in totum* para o segundo caso. Pode-se mesmo dizer que, nele, assumem relevância ainda maior: realmente, a dificuldade em coligir elementos para impugnar a decisão ficará em regra bastante agravada se a Fazenda até então não participava do feito, de cuja existência talvez nem sequer tivesse ainda conhecimento.

A nosso ver, portanto, no que se relaciona com a duplicação do prazo para recorrer, a cláusula do art. 188 há de ser entendida como concessiva do benefício sempre que o recorrente for a Fazenda Pública (ou o Ministério Público)[15].

COMENTÁRIOS DO ATUALIZADOR

O BENEFÍCIO DA DILATAÇÃO DE PRAZO PARA A FAZENDA PÚBLICA (ÂMBITO DE INCIDÊNCIA DO ART.188 DO NOVO CÓD.PROC.CIVIL)

Antonio do Passo Cabral

O artigo "O benefício da dilatação de prazo para a Fazenda Pública (âmbito de incidência do art.188 do novo Cód.Proc.Civil)" corresponde a trabalho apresentado por José Carlos Barbosa Moreira no VI

15 Na conformidade do texto, pronuncia-se PONTES DE MIRANDA, Comentários ao Código de Processo Civil (de 1973), t. III, p. 145: "a Fazenda Pública pode ser legitimada a recorrer como terceiro prejudicado e tem o órgão o quádruplo do prazo" (a alusão a "quádruplo" é lapso manifesto: o eminente autor naturalmente quis dizer "dobro").

Congresso Nacional de Procuradores dos Estados. Escrito em 1974, foi publicado na Revista Forense e na Revista de Processo.

O trabalho apresentava uma análise dogmática do art.188 do CPC/73, que previa prazos mais benéficos para a Fazenda Pública: prazo em dobro para recorrer e em quádruplo para contestar.

O privilégio processual de prazos mais favoráveis à Fazenda Pública foi reproduzido no art.183 do CPC/15, mas agora redimensionado. De um lado, foi em verdade ampliado, já que o prazo mais benéfico é previsto "para todas as manifestações processuais" (não apenas contestar e recorrer, como era na legislação anterior). Não obstante, agora a Fazenda Pública tem um benefício menor do que antes, pois o CPC/15 unificou o privilégio: a Fazenda terá sempre prazo equivalente ao dobro daquele normalmente previsto para os litigantes em geral (não mais o prazo em "quádruplo" para contestar, previsto na legislação anterior). Assim, todas as manifestações da Fazenda Pública passam a ter, como regra, prazo dobrado (corretos na doutrina atual, Freire e Marques).

De outro ângulo, lembre-se que a contagem dos prazos agora computa apenas dias úteis, a teor do art.219 *caput*, do CPC, o que se aplica também à Fazenda Pública (Cunha; Talamini e Talamini).

No artigo ora em comento, Barbosa Moreira sustentava ainda que o prazo mais benéfico à Fazenda Pública se aplicava na reconvenção, quando a Fazenda fosse autora-reconvinda. A lição é aplicável ainda hoje, não apenas porque o art.343 do CPC/15 concentra as modalidades e opções de reação do réu no conceito mais amplo de "resposta", mas também porque o próprio art.183 do CPC/15 afirma que o prazo em dobro aplica-se para "todas as manifestações" da Fazenda Pública.

Idêntica razão conduz ao aproveitamento de todas as conclusões do autor pela aplicabilidade do prazo estendido aos recursos interpostos pela Fazenda Pública. Será dobrado o prazo para qualquer recurso, nas instâncias ordinárias ou nos recursos excepcionais, nos recursos principais ou adesivos, sejam aqueles interpostos como parte ou quando a Fazenda Pública impugna a decisão como terceiro prejudicado (na doutrina atual, Didier Jr. e Cunha).

Ainda com foco no regramento do atual Código de Processo Civil de 2015, deve-se frisar que a regra geral do prazo em dobro para a Fazenda Pública comporta exceções. O prazo em dobro não se aplica quando a lei estabelecer para a Fazenda Pública prazo específico (art.183 §2° do CPC/15), como ocorre no prazo de 30 dias para impugnação ao cumprimento de sentença (art.535, *caput* do CPC/15), ou para embargar à execução (art.910; na doutrina, Didier Jr. e Cunha; Peixoto e Peixoto). Neste ponto, não se pode ratificar, no atual sistema, a conclusão de Barbosa Moreira da aplicabilidade do prazo mais estendido para responder aos embargos à execução.

O prazo em dobro também não se aplica nos casos em que o juiz fixa o prazo concreta e especificamente para um determinado ato processual (art.218 §1° do CPC/15; veja-se ainda, p. ex., o art. 303, §1°, I, parte final, do CPC/15).

No texto em comento, Barbosa Moreira defendia a incidência do art.188 do CPC/73 subsidiariamente aos procedimentos especiais. Afirmava que o procedimento ordinário do CPC deveria ser considerado o "procedimento comum", podendo incidir nos procedimentos especiais se com eles fosse compatível, e não houvesse regra própria em outro sentido. Por exemplo, se a legislação extravagante ou o próprio Código, ao disciplinarem o procedimento especial, estabelecerem prazos específicos, poderia não ser aplicado o benefício do prazo em dobro. Assim, p. ex., o prazo estendido de 20 dias para contestar na ação popular (art. 7º, §2°, IV da Lei n.4.717/65). A doutrina que comentou o CPC/15 também tem chegado a conclusão semelhante (Cunha; Talamini e Talamini).

De outro lado, Barbosa Moreira lembrava que, ao contrário do procedimento comum, o procedimento "sumaríssimo" (que depois ganharia o adjetivo "sumário"), exigia uma tramitação mais expedita, incompatível com os prazos ampliados em favor da Fazenda Pública. Atualmente, como se sabe, o CPC/15 aboliu a divisão entre procedimento sumário e ordinário, tratando apenas do procedimento comum. Mas a lição de Barbosa Moreira é aplicável ao procedimento sumaríssimo dos Juizados Especiais (Lei n.9.099/95), dos Juizados Especiais Federais (art.9º da Lei n.10.259/2001) e nos Juizados Especiais da Fazenda Pública (art. 7º da Lei n.12.153/09). Nesses procedimentos, a celeridade exigida pela lei é incompatível com prazos estendidos.

Também se entende inaplicável a dobra de prazo nos processos de controle concentrado e abstrato de constitucionalidade no Supremo Tribunal Federal (ações diretas de inconstitucionalidade, constitucionalidade, ou arguições de descumprimento de preceito fundamental; STF - ADI n.2.130-AgR/SC, rel. Min. Celso de Mello, j.03.10.2001).

O item 8 do texto em comento cuida de aspectos do antigo "processo cautelar", que foi extinto no CPC/15. Hoje, as medidas cautelares podem ser concedidas de maneira antecedente ou no bojo dos processos cognitivo e executivo, sem necessidade de instauração de um processo autônomo para tanto. Trata-se da disciplina da tutela provisória de urgência, que pode ter natureza cautelar (art.294, parágrafo único; 301; 305-310). E os prazos previstos nessa disciplina, como aquele do art.306, serão contados em dobro se quem tiver que praticar os atos ali regulados for a Fazenda Pública.

Referências bibliográficas (obras citadas pelo atualizador)

CUNHA, Leonardo Carneiro da. *A Fazenda Pública em juízo*. Rio de Janeiro: Forense, 16ª ed., 2019, p. 35 e ss.

DIDIER JR., Fredie; CUNHA, Leonardo Carneiro da. *Curso de Direito Processual Civil*. Salvador: Juspodivm, 17ª ed., 2020, p.163.

DUARTE, Zulmar. Comentários ao artigo 183 do CPC. GAJARDONI, Fernando da Fonseca; DELLORE, Luiz; ROQUE, André Vasconcelos; OLIVEIRA JR., Zulmar Duarte de. *Comentários ao CPC de 2015: parte geral*. São Paulo: Método, 2015, p. 590-591.

FREIRE, Alexandre; MARQUES, Leonardo Albuquerque. Comentário ao art.183. *in* STRECK, Lênio; NUNES, Dierle; CUNHA, Leonardo Carneiro da; FREIRE, Alexandre. *Comentários ao Código de Processo Civil*. São Paulo: Saraiva, 2ª ed., 2017, p. 297.

PEIXOTO, Marco Aurélio Ventura; PEIXOTO, Renata Cortez Vieira. *Fazenda Pública e Execução*. Salvador: Juspodivm, 2a ed., 2020, p. 34-36.

PEREIRA, Mateus Costa. Comentário ao art.183 do CPC. *in* CÂMARA, Hélder Moroni (coord.). *Código de Processo Civil comentado*. São Paulo: Almedina, 2016, p. 293-294.

RODRIGUES, Marco Antônio dos Santos. Comentário ao artigo 1833 do CPC. *in* CABRAL, Antonio do Passo; CRAMER, Ronaldo (coord.). *Comentários ao novo Código de Processo Civil*. Rio de Janeiro: Forense, 2ª ed., 2016, p. 303-304.

TALAMINI, Daniele Coutinho; TALAMINI, Eduardo. Comentários ao artigo 183 do CPC. *in* ARRUDA ALVIM WAMBIER, Teresa; DIDIER JR., Fredie; TALAMINI, Eduardo; DANTAS, Bruno. *Breves comentários ao novo Código de Processo Civil*. São Paulo: RT, 3ª ed., 2016, p. 628-631.

AS PRESUNÇÕES E A PROVA[1]

1. O pensamento jurídico tradicional – e não apenas em nosso país tem-se orientado, de longa data, no sentido de reconhecer como estreitamente vinculadas as noções de presunção e de prova. E a afirmação não vale exclusivamente para as chamadas presunções judiciais ou simples (*praesumptiones hominis*), senão também para as presunções legais (*praesumptiones iuris*)[2], sem distinção, a este ângulo, entre as presunções legais absolutas (*iuris et de iure*) e as relativas (*iuris tantum*). Basta observar os termos em que, com maior ou menor variação, se costuma fixar a diferença conceptual entre as duas últimas figuras: serão relativas ou absolutas as presunções legais conforme admitam ou não, respectivamente, prova em contrário; ou, em termos porventura mais rigorosos do ponto de vista técnico, conforme seja ou não relevante, para a solução do litígio submetido à apreciação do juiz, a demonstração de que na realidade não ocorreu o fato legalmente presumido: com efeito, quando se diz que, na presunção absoluta, é inadmissível a "prova em contrário", o que no fundo se quer afirmar é que nada adiantaria ministrar tal prova, pois, a despeito dela, o órgão judicial continuaria adstrito a pôr, como fundamento fático de sua decisão, aquilo que a lei presume. Nessa perspectiva, olhado mais de perto o fenômeno, a *inadmissibilidade* da "prova em contrário" aparece como simples corolário de sua irrelevância, explicando-se pela razão óbvia de que no processo não se deve tolerar atividade inútil.

Seja como for, a empostação habitual vem marcada por estes dois pontos: de um lado, a correlação que se estabelece, em termos quase

---

1 Trabalho publicado (em versão castelhana) no volume Estudios en Honor de EDUARDO J. COUTURE (v. XXIV, t. I, da Revista de la Facultad de Derecho y Ciencias Sociales de Montevideo).

2 No Code Napoleón, os dispositivos concernentes às presunções (arts. 1.349 e ss.), dos quais o primeiro as define como "des conséquences que la loi ou le magistrat tire d'un fait connu à un fait inconnu" compõem a Seção III de um Capítulo intitulado "De la preuve des obrigations, et de celle du payement" (Cap. VI do Tít. III do Liv. III). A mesma posição reflete-se em importantes diplomas legislativos do nosso tempo, como o Código Civil italiano de 1942 (arts. 2.727 e ss.) e o português de 1966 (arts. 349 e ss.). Quanto à doutrina, ver, por exemplo, na literatura brasileira, AMARAL SANTOS, Prova Judiciária no Cível e Comercial, 2ª ed., v. V, São Paulo, 1955, p. 354 e ss.

sempre categóricos, entre a temática das presunções e a da prova; de outro, o tratamento das presunções como um gênero, do qual seriam espécies a presunção judicial e a presunção legal, comportando a segunda ulterior divisão em duas subespécies: a presunção legal absoluta e a presunção legal relativa[3]. A leitura das exposições contidas em mais de uma obra doutrinária revela que, num e noutro ponto, a visão acima descrita corresponde a algo que se reputa axiomático, e cuja exatidão pareceria fora de propósito pôr em dúvida. Não quer dizer que faltem, na literatura jurídica, investigações menos acomodadas à rotina: antes, pelo contrário, inteligências agudas de há muito vêm lançando sobre a matéria novas e penetrantes luzes. Por variados prismas, e a partir de premissas com frequência diversas, para não dizer opostas, reveem-se conceitos e propõem-se esquemas de reconstrução. Nem pretendemos, nestas páginas singelas, acrescentar algo de propriamente inédito aos resultados já obtidos em semelhante trabalho de renovação.

Duas razões, entretanto, parecem-nos justificar que se retome aqui o fio da meada. A primeira é que, a despeito dos esforços a que se fez menção, as ideias tradicionais continuam arraigadas em numerosos espíritos, e nunca será demais revolver alguns problemas que necessariamente se oferecem à consideração dos estudiosos, quando menos na esperança de contribuir para o esclarecimento deste ou daquele tópico. A segunda relaciona-se com a circunstância de termos em vigor no Brasil, há pouco mais de dois anos, um novo Código de Processo Civil, cujas virtualidades, compreensivelmente, não puderam ainda ser de todo exploradas pela doutrina, e que, justamente no tema que nos interessa aqui, apresenta, em confronto com o ordenamento anterior, inovações dignas de interesse, tornando particularmente oportuno repensar a problemática em foco, até como condição para que se possa dimensionar com justeza o alcance de certas disposições e valorar de maneira adequada a posição que o legislador houve por bem adotar. Tal o propósito que nos move ao registro destas reflexões, no curso das quais, a bem da clareza, não hesitaremos – advirta-se mais uma vez – em repetir observações que, aos olhos do leitor razoavelmente informado, em mais de um ponto, sem sombra de dúvida, hão de tangenciar o óbvio, quando nele em cheio não mergulhem...

3 Há quem admita uma terceira subespécie, a das presunções legais mistas, afastáveis não mediante qualquer prova em contrário, mas apenas por meio das provas expressamente referidas na lei: assim, entre nós, AMARAL SANTOS, ob. e v. cit., p. 406/7.

2. Comecemos, então, pelas presunções judiciais ou simples (*praesumptiones hominis*). É bem conhecido o mecanismo que semelhante expressão indica. O órgão judicial, para formar sua convicção e julgar a causa, precisa esclarecer-se acerca dos fatos relevantes, e essa, como ninguém ignora, é a função das provas. Pode acontecer, no entanto – e o caso não é raro –, que, com referência a determinado fato, decisivo para a solução do litígio, a atividade instrutória se revele incapaz de ministrar, diretamente, elementos bastantes de convicção; e, por outro lado, venha aos autos material probatório suficiente para que o juiz se convença de ter ocorrido fato diverso, mas relacionado com aquele que constituía o thema probandum. A relação entre os dois fatos – o conhecido e o desconhecido – é tal, suponhamos, que da existência do primeiro se possa logicamente inferir, senão com absoluta certeza, ao menos com forte dose de probabilidade, a existência (ou a inexistência) do segundo. Nessas circunstâncias, nada mais razoável que valer-se o juiz do conhecimento adquirido sobre o fato *x* para tirar suas conclusões a respeito do fato *y*. O resultado desse raciocínio é que configura, propriamente, a presunção judicial: o juiz presume que ocorreu o fato *y* porque sabe que ocorreu o fato *x*, e sabe também que a ocorrência de um implica, necessária ou normalmente, a ocorrência do outro. Por exemplo: ficou provado que, na ocasião em que se praticara o crime, o réu estava na posse da única arma capaz de produzir a lesão: desse fato, já conhecido, extrai o órgão judicial a ilação de que foi o réu quem desfechou o golpe. Presume, em outras palavras, que o fato delituoso é imputável ao réu.

Parece bastante claro que tal presunção não constitui, a rigor, meio de prova[4], ao menos no sentido que se dá a semelhante locução quando se afirma que é meio de prova, v.g., um documento ou o depoimento de uma testemunha. O processo mental que, a partir da afirmação do fato *x*, permite ao juiz concluir pela afirmação também do fato *y*, não se afigura assimilável à atividade de instrução, em que se visa a colher elementos para a formação do convencimento judicial. Quando o juiz passa da premissa à conclusão, através do raciocínio "se ocorreu *x*, deve ter ocorrido

---

4 Talvez fosse mais exato falar aqui em "fonte de prova", atendendo às advertências de CARNELUTTI, La Prova Civile, 2ª ed., Roma, s/d (1947), p. 234; mas, na linguagem jurídica brasileira, é corrente o uso promíscuo das duas expressões, ver, em data recente, JOSÉ FREDERICO MARQUES, Manual de Direito Processual Civil, v. II. 1ª parte, São Paulo, 1974, p. 177: "Meios de prova (...) são as fontes em que o juiz colhe a verdade dos fatos, e os instrumentos de que as partes se servem para demonstrar os fatos que aduziram".

y", nada de novo surge no plano material, concreto, sensível: a novidade emerge exclusivamente em nível intelectual, *in mente iudicis.* Seria de todo impróprio dizer que, nesse momento, se adquire mais uma prova: o que se adquire é um novo conhecimento, coisa bem diferente. A atividade probatória realizou-se antes, e terá produzido frutos na medida em que permitiu estabelecer-se a ocorrência do fato *x.*

Não seria inteiramente razoável sequer considerar que, raciocinando a partir de *x* para chegar a determinada conclusão sobre *y*, esteja o órgão judicial a valorar a prova, O que ele sem dúvida valorou foi a prova colhida acerca de *x*, para convencer-se de que esse fato realmente ocorrera. Mas a atividade valorativa da prova encerra-se no instante em que o juiz forma tal convencimento. Daí em diante, se valoração ocorre, já não incide sobre a prova, mas apenas sobre o fato provado, ou mais exatamente sobre a relação entre esse fato provado (e, portanto, conhecido) e o fato desconhecido de que depende o modo como se há de julgar: ela terá por fim assentar se o nexo entre os dois fatos é suficiente para justificar a inferência que se pretende tirar do primeiro, a respeito do segundo.

Em termos sintéticos, poder-se-ia dizer que a prova (documental, testemunhal etc.) é um ponto de partida, é algo que permite ao juiz adquirir o conhecimento de certo fato, ao passo que a presunção judicial é um ponto de chegada, já corresponde ao conhecimento adquirido.

3. Não seria fora de propósito abrir aqui breve parêntese para examinar de modo sucinto o papel que desempenha, nesse contexto, o fato provado, de cuja existência tira o órgão judicial a sua conclusão acerca do outro fato, isto é, com base no qual chega ele a presumir que esse outro ocorreu (ou não ocorreu). A linguagem técnica do direito processual, como é notório, atribui àquele primeiro fato a denominação de indício. Ora, também os indícios se veem com frequência arrolados, nos textos doutrinários e nas próprias leis, entre as provas; mas é fácil, ainda uma vez, perceber que, no mecanismo acima descrito, o lugar e a função do indício não se equiparam perfeitamente ao lugar e à função de um documento ou de uma declaração de testemunha.

Basta considerar que, em nossa sumária descrição, mais de uma vez nos referimos ao indício como a um tato provado. Se, portanto, a descrição é exata, se verdadeiramente se passam as coisas como as expusemos, não há fugir à conclusão de que é impossível confundir o indício – fato provado – com a prova (documental, testemunhal etc.) que proporcionou ao juiz o conhecimento desse fato.

No itinerário percorrido entre a produção do documento ou o depoimento da testemunha e a presunção judicial, o indício obviamente se situa como etapa intermediária. Ele é, ao mesmo tempo, ponto de chegada e novo ponto de partida: o órgão judicial vem a conhecê-lo com base no documento ou no testemunho, e vale-se dele, num segundo passo, para formar a presunção. Note-se que o segundo passo não seria necessário se o fato de cuja existência o juiz toma conhecimento pelo exame da prova documental ou testemunhal já consubstanciasse, em si mesmo, o ponto decisivo para o julgamento da causa. Nessa hipótese, a ninguém ocorreria chamar-lhe "indício", nem tampouco enxergar nele um meio de prova, já que constituiria, ao contrário, o próprio *thema probandum.*

Fica patente que a atividade mental do juiz não tem a mesma natureza nas duas etapas do itinerário descrito. A passagem da prova (documental, testemunhal etc.) ao indício faz-se através de operação intelectual de estrutura diversa daquela através da qual se passa do indício à presunção. Na primeira, trata-se de examinar e valorar um *quid* material, sensível, em que, por hipótese, se acha representado certo fato, exatamente para alcançar o conhecimento do fato representado. Na segunda, trata-se apenas de efetuar um raciocínio de tipo silogístico[5]: o fato de cuja existência se indaga não está representado no indício da mesma forma que este se encontrava representado no documento ou no depoimento da testemunha; mas o indício serve de premissa lógica para a afirmação (ou a negação) do outro fato. A relação entre a prova documental ou testemunhal e o indício não equivale à relação entre o indício e o fato de cuja existência (ou inexistência) depende a solução do litígio.

O que o indício tem em comum com um documento ou com o depoimento de uma testemunha é a circunstância de que todos são pontos de partida. Enquanto, porém, o documento ou o testemunho são unicamente pontos de partida, o indício, repita-se, já é, ao mesmo tempo, um

5 Nos termos do art. 239 do Código de Processo Penal Brasileiro, "considera-se indício a circunstância conhecida e provada que, tendo relação com o fato, autorize, por indução, concluir-se a existência de outra ou outras circunstâncias". Em que pese a certo setor da mais moderna doutrina (ver, a respeito, TARUFFO, Studi Sulfa Rilevanza de la prova, Pádua, 1970, p. 204 e ss.), continuamos persuadidos de que o mecanismo cognitivo baseado no indício se encaixa com justeza no esquema da dedução.

ponto de chegada. Não, ainda, o ponto final; mas um ponto, sem dúvida, a que o juiz chega mediante o exame e a valoração do documento ou do depoimento da testemunha. O indício, para resumir, é ponto de partida em confronto com a presunção, e é ponto de chegada em confronto com a prova documental ou testemunhal[6]. Tanto basta, ao nosso ver, para que seja impróprio colocá-lo no mesmo nível destas.

Em todo caso, se se quiser dar à expressão meios de prova sentido amplo, a abranger todos os elementos que desempenham, no descobrimento da verdade pelo juiz, papel instrumental, não haverá maior inconveniente em catalogar entre aqueles meios o indício, desde que não se perca de vista a diferença notável que existe entre a maneira por que funciona esse e a maneira por que funcionam os outros instrumentos. A presunção judicial é que jamais se há de reconhecer lugar entre os meios de prova, porque o seu papel não é de modo algum instrumental em relação ao estabelecimento dos fatos: o fato presumido, com efeito, não vai servir ao juiz, ainda uma vez, de trampolim para o conhecimento de outro fato. Não se observa, aqui, a função ambivalente do indício: o fato presumido corresponde a um conhecimento adquirido, e basta.

4. Passemos agora a considerar as presunções legais, começando pelas relativas (*praesumptiones iuris tantum*). São variáveis as razões de política legislativa que lhes inspiram a consagração. Em grande número de casos, porém, o pensamento básico autoriza certa aproximação entre elas e as *praesumptiones hominis.* Confrontemos, por exemplo, a presunção legal de pagamento resultante da entrega do título ao devedor[7] com a presunção judicial pela qual se imputa a prática do fato delituoso à pessoa que se achava na posse da única arma suscetível de produzir o ferimento.

Percebe-se com facilidade o que existe de comum a ambas as hipóteses. Numa e noutra, estabelece-se entre dois fatos certa relação que permite, verificado o primeiro, afirmar (ao menos como provável) a ocorrência do segundo, pelo simples motivo de andarem normalmente

6 Sublinhava CARNELUTTI, ob. cit., p. 226/7, essa duplicidade de aspectos: "conviene considerare l'indizio compiutamente, cioè nella sua attitudine passiva di fatto che deve essere provato (tema di prova), e nella sua attitudine altiva, di fatto che serve a provarne un'altro (fonte di prova)" [destaques do original].

7 Código Civil brasileiro, art. 945; francês, art. 1.283; italiano, art. 1.237; português, art. 786, n. 3.

juntos. Tem-se em vista *id quod plerumque accidit*. Supõe-se aqui, como regra geral, que um crime seja cometido pela pessoa que dispõe da arma adequada, pois é o que ocorre com maior frequência: são mais fortes, portanto, as probabilidades de que o fato delituoso seja imputável a tal pessoa do que a qualquer outra. Ali, sempre como regra geral, supõe-se que o credor não entregue o título ao devedor senão quando satisfeito do seu crédito; logo, se o entregou, é mais provável que o devedor haja pago.

A diferença capital reside em que, numa hipótese, se deixa ao órgão judicial o estabelecimento da correlação entre os dois fatos, o conhecido e o desconhecido, ao passo que, na outra, é o próprio legislador quem dá como pressuposta a correlação, excluindo, em certa medida, a valoração do juiz. Em certa medida, reitere-se: pois resta a possibilidade de que venham aos autos elementos capazes de demonstrar que, naquele caso concreto, não existe o nexo, tendo-se passado as coisas de modo diverso do costumeiro; e ao órgão judicial, naturalmente, competirá valorar a prova colhida, a fim de verificar se ela tem ou não suficiente força persuasiva para afastar a presunção.

Do exposto ressalta com meridiana clareza a função prática exercida pela presunção legal relativa: ela atua – e nisso se exaure o papel que desempenha – na distribuição do ônus da prova[8], dispensando deste o litigante a quem interessa a admissão do fato presumido como verdadeiro, e correlativamente atribuindo-o à outra parte, quanto ao fato contrário. O que há de importante a sublinhar aqui é que essa atribuição prescinde de qualquer referência à posição acaso ocupada no processo pela pessoa de que se trata. Em geral, como bem se sabe, o ônus da prova é distribuído precisamente em função dessa posição; quer dizer, o critério básico repousa na circunstância de ser autor ou réu, no processo, o sujeito considerado: de acordo com as regras tradicionais, se autor, caber-lhe-á provar o fato constitutivo do (suposto) direito; se réu, os fatos impeditivos, modificativos ou extintivos[9]. A presunção legal, porém, faz abstração dessa circunstância que, nas restantes hipóteses, é decisiva: a

8 Cf., na mais recente literatura, MUSIELAK, Die Grundlagen der Beweislast im Zivilprozess, Berlim – Nova Iorque, 1975, p. 71 e ss., 310, 387, o qual põe em relevo a equivalência funcional das presunções legais relativas e das normas comuns sobre distribuição do onus probandi, frisando que aquelas nada mais são do que regras especiais em face destas.

9 Código de Processo Civil brasileiro, art. 333, caput; Código Civil italiano, art. 2.697.

pessoa a quem a presunção desfavorece suporta o ônus de provar o contrário independentemente de sua posição processual, nada importando o fato de ser autor ou réu.

Não parece inteiramente exato dizer, todavia, que a presunção legal (relativa) se resolve em inversão do *onus probandi*[10]. Com efeito, o resultado da aplicação da regra especial (contida no dispositivo que estabelece a presunção) pode perfeitamente coincidir, em determinado caso, com O resultado que se obteria aplicando à espécie a regra geral de distribuição daquele ônus[11]. Isto é: pode acontecer que o ônus houvesse mesmo de recair, em virtude de sua posição processual, sobre a pessoa a quem a presunção legal desaproveita. É claro que a importância da presunção legal avulta precipuamente nos casos de não coincidência, pois nestes é que ela produz efeitos práticos apreciáveis; mas permanece válida a observação de que as presunções legais não constituem propriamente exceções à regra comum sobre distribuição do ônus da prova: as normas que as consagram são, isso sim, normas especiais, que prevalecem sobre a geral, sem necessariamente contradizê-la *in concreto.*

O que se expôs até aqui autoriza uma conclusão acerca do enquadramento dogmático das presunções legais relativas. Que elas se relacionam, em termos genéricos, com a matéria concernente à prova é, à evidência, indiscutível; a relação, porém, limita-se a um tópico particular dessa matéria, a saber, a distribuição do *onus probandi.* Ora, as regras que disciplinam tal distribuição não dizem respeito, na verdade, nem aos meios de prova – o que parece bastante óbvio –, nem mesmo à atividade de instrução, visto que a prova de determinado fato (por hipótese, no presente contexto, de fato contrário ao legalmente presumido) não tem valor persuasivo necessariamente mensurável em função da pessoa que a produziu. O juiz, com efeito, pode e deve levar em conta o elemento de convicção trazido aos autos, independentemente da circunstância de havê-lo trazido, na espécie, a parte a quem incumbia o *onus probandi,* ou

10 Como dissemos nos Comentários ao Código de Processo Civil, v. V, 2ª ed., Rio de Janeiro, 1976, p. 130, com DE RUGGIERO-MAROI, Istituzioni di Diritto Privata, 8ª ed., Milão – Messina, s/d (1952), V. II, p. 580/1; FERRUCCI, in NATOLI-FERRUCCI, "Della Tutela dei Diritti", no Commentario dei Codice Civile, Turim, 1962, L. VI, t. I, p. 356; SÉRGIO COSTA, Manuale di Diritto Processuale Civile, 4ª ed., Turim, s/ d (1973), p. 343, e tantos outros.

11 Já o observara HEDEMANN, Las Presunciones en el Derecho, trad. de Luís Sancho Seral, Madri, 1931, p. 262/3, 305/6.

a parte adversa. Numa palavra: a origem da prova é, em princípio, irrelevante para a valoração respectiva. A doutrina costuma expressar essa ideia dizendo que as regras sobre ônus da prova constituem, no fundo, regras de julgamento, das quais se vale o órgão judicial, por não lhe ser dado cingir-se a um *non liquet,* exatamente nos casos em que de certo fato, relevante para a decisão da causa, não se obteve prova alguma[12]. O valor normativo das disposições pertinentes à distribuição do *onus probandi* assume real importância na ausência de prova: em semelhante hipótese é que o juiz há de indagar a qual dos litigantes competia o ônus, para imputar-lhe as consequências desfavoráveis da lacuna existente no material probatório. E isso se aplica, sem sombra de dúvida, às normas que consagram presunções relativas, como normas, que na verdade são, de atribuição do *onus probandi.* Bem se concebe, v.g., que os elementos probatórios capazes de afastar a presunção sejam trazidos aos autos, quiçá inadvertidamente, pela própria parte a quem ela favorecia; o resultado prático será o mesmo que ocorreria se trazidos fossem tais elementos pela parte adversa.

5. Volvamos em seguida a nossa atenção para as presunções legais absolutas (*praesumptiones iuris et de iure*), isto é, para aquelas em relação às quais, de acordo com a fórmula tradicional, já oportunamente criticada (*supra*, n. 1), é inadmissível a "prova em contrário". Se procurarmos identificar, nas hipóteses mais frequentes, os pontos de contato entre esse tipo de presunção legal e o outro, que acabamos de examinar, parece fácil –, com a ressalva que adiante se fará –, discernir dois. O primeiro – comum também às presunções judiciais ou simples – reporta-se ainda à relação entre o fato presumido e outro, a ele tão intimamente vinculado (ao menos se se leva em conta *id quod plerumque accidit*), que a ocorrência do segundo torna extremamente verossímil a suposição da ocorrência do primeiro. Defrontamo-nos de novo, aqui, em regra, com um juízo de probabilidade formulado pelo legislador (não pelo órgão judicial, como nas presunções simples): se aconteceu *x*, deve ter acontecido igualmente y. O outro ponto de contato reside na consideração – feita sempre pelo legislador – de que seria mais difícil provar a efetiva ocorrência do fato y do que provar a sua não ocorrência *in casu.* Realmente,

12 Ver, entre muitos, MICHELI, L'Onere della Prova, Pádua. 1966 (reimpressão), p. 177 e ss.; ANDRIOLI, "Prova (diritto processuale civile)", in Novíssimo Digesto Italiano, v. XIV, p. 299; MUSIELAK, ob. cit., p. 19 e ss., 384/5.

muitas vezes se mostra sobremodo árdua – por paradoxal que isso possa afigurar-se, à primeira vista – a demonstração cabal de que as coisas se passaram normalmente, de acordo com o esquema que reúne maiores condições de verossimilhança e, por conseguinte, de probabilidade. Em hipóteses tais, para não ser injusto, pondo sobre os ombros do interessado carga pesada demais, o legislador prefere definir-se pela solução oposta, dispensando a prova de que os acontecimentos realmente seguiram o curso normal, o curso que seria de esperar que seguissem. No caso da presunção absoluta, e talvez mesmo em algumas hipóteses de presunção relativa, esta segunda linha de raciocínio, baseada na dificuldade da prova, assume tamanho relevo que chega às vezes a impor-se por si mesma, relegada a plano secundário (quando não desprezada de todo) aquela que se relaciona com o juízo de probabilidade: em geral as duas ideias andam de braços dados, mas não fica excluído que se estabeleça presunção legal principalmente (ou até exclusivamente) por temer-se que a extrema dificuldade de provar o fato presumido conduzisse, na prática, a uma injustiça.

Todas essas considerações, entretanto – e aqui se toca o *punctum pruriens* –, só têm relevância quando se pesquisa a *ratio legis*. São considerações que dizem respeito a uma opção do legislador e, portanto, se inscrevem no plano da política legislativa. Sua relevância é, por assim dizer, pré-jurídica. Uma vez editada a norma, a respectiva eficácia manifesta-se com autonomia em relação aos motivos de conveniência ou de oportunidade que porventura a tenham inspirado; nem fica obscurecida essa verdade pelo papel que eventualmente possa desempenhar a *ratio legis* em matéria de interpretação.

Ademais – e aqui vem a ressalva a seu tempo anunciada –, não é absolutamente seguro que, em todos os casos de presunção *iuris et de iure,* o legislador se haja deixado guiar, ao menos em caráter de prevalência, pelas razões políticas a que acabamos de aludir. Antes se afigura possível vislumbrar no procedimento adotado simples expediente técnico tendente a caracterizar determinadas hipóteses em que – ao contrário do que comumente ocorre – não é necessária a presença deste ou daquele elemento ou requisito, para que se haja de ter por existente ou por válido um ato jurídico, ou ainda para que se produza tal ou qual efeito jurídico. Suponhamos que, em regra, a existência ou a validade de certo ato, ou a produção de certo efeito, fique condicionada à concorrência dos elementos ou requisitos *a*, *b* e *c*, mas que, nalguma hipótese particular, quiçá para facilitar a satisfação de interesse julgado merecedor de mais forte proteção, queira o legislador dispensar um deles – *c*, por exemplo. Em vez de dizer que bastam *a* e *b* para que exista ou valha o ato, ou para que se produza o efeito, diz que, sob aquelas circunstâncias peculiares, se presume (de modo absoluto) a presença de *c*.

Esse é, a nosso ver, do ponto de vista normativo, o verdadeiro esquema da presunção absoluta. Ele é aplicável inclusive aos casos em que a *ratio legis* efetivamente resida em considerações atinentes à maior probabilidade de que as coisas se passem de determinada maneira, ou à maior dificuldade que se encontraria em demonstrar que elas se passaram dessa maneira. Ora, a perspectiva que no presente contexto mais nos interessa é a da função normativa da presunção, e não a dos motivos políticos que tenham influído na opção do legislador. Tomemos o exemplo do usucapião. Para que se produza o efeito da aquisição da propriedade por tal modo, em regra devem concorrer quatro pressupostos: a posse, um lapso de tempo, justo título e boa-fé. Por exceção, quando o lapso de tempo atinge determinado limite, a lei passa a considerar desnecessários os dois últimos pressupostos. Poderia expressá-lo numa fórmula direta: se o usucapiente está na posse da coisa há x anos, adquire-lhe o domínio mesmo que não tenha justo título nem boa-fé. Mas também pode atingir igual resultado dizendo que, em semelhante hipótese, se presumem esta e aquele[13]. Outro exemplo sugestivo é o da presunção de violência que se estabelece em textos penais[14]: o que a lei quer é fazer certo que, tenha ou não ocorrido violência, o fato típico se configurou, desde que presentes os outros extremos.

Ora, aqui é que nos defrontamos, salvo engano, com a diferença essencial entre a presunção relativa e a presunção absoluta. Naquela, o que se dispensa é apenas a prova de certo fato; nesta, dispensa-se o próprio fato, em si mesmo. Por isso, à primeira há que reconhecer um

---

13 Na primeira parte do art. 550 do Código Civil brasileiro ("Aquele que, por vinte anos, sem interrupção, nem oposição, possuir como seu um imóvel, adquirir-lhe-á o domínio. independentemente de título e boa-fé, que, em tal caso, se presume"), a cláusula grifada é totalmente supérflua: eliminada que fosse, nenhuma falta faria. Daí, talvez, chegar PONTES DE MIRANDA, Tratado de Direito Privado, t. XI, 3ª ed., Rio de Janeiro, 1971, p. 137, a escrever que "nenhuma presunção há no art. 550".

14 Por exemplo, no art. 224 do Código Penal brasileiro:
"Presume-se a violência se a vítima:
a) não é maior de quatorze anos;
b) é alienada ou débil mental, e o agente conhecia esta circunstância;
c) não pode, por qualquer outra causa, oferecer resistência".

papel na economia do processo: se não se trata, na verdade, de meio de prova, trata-se todavia, consoante assinalamos, de algo que repercute na distribuição do *onus probandi.* Já a presunção absoluta nada tem que ver com o processo: a sua relevância manifesta-se por inteiro no plano do direito material[15]. A fórmula clássica, segundo a qual é inadmissível aqui a "prova em contrário" – ainda com a retificação consistente na troca do "inadmissível" por "irrelevante" (*supra*, item n. 1) –, não passa de biombo usado *commoditatis causa*: quem olhar através do biombo verificará que a circunstância de não aproveitar ao eventual interessado qualquer iniciativa tendente à demonstração de que o fato presumido não ocorreu, longe de representar simples limitação à atividade instrutória, constitui afinal mero corolário, lógico e inexorável, de uma premissa latente, a saber: a de que o fato presumido é fato sem relevância jurídica. Há, no fundo, uma equiparação de eficácia: a lei imprime ao esquema $a + b$ a mesma eficácia que teria o esquema $a + b + c$, ou $a + b + c + d$, e assim por diante. Numa palavra: atribui efeitos iguais a diferentes esquemas de fato.

Dissemos que o mecanismo da presunção absoluta funciona no plano material, e não no plano processual. Impõe-se uma ressalva: nada impede que, mesmo ao editar regras processuais, o legislador recorra a esse expediente técnico: assim, v.g., se disser que o silêncio da parte durante certo prazo faz presumir sua concordância com a providência requerida ou proposta. Para tais casos valerão, analogicamente, as observações feitas no presente item.

6. Não serão inoportunas, neste passo, algumas breves considerações sobre a relação entre as presunções legais absolutas e as chamadas ficções jurídicas. Ao confrontarmos a presunção absoluta com a presunção relativa, mostramos que os pontos comuns a ambas, quando existam, não ultrapassam o âmbito das razões inspiradoras dos dispositivos que as consagram; no plano propriamente normativo, pelo contrário, uma e outra se distinguem de modo nítido, seja quanto à estrutura, seja quanto à função. Essa relação fica invertida quando se comparam a presunção absoluta e a ficção jurídica: aqui, a semelhança reside justamente no valor normativo das duas figuras, que é o mesmo, sem que entretanto deixem de diferir (e até de contrapor-se) as ideias básicas à luz das quais o legislador consagra esta ou aquela.

15 Cf., na doutrina mais recente, MUSIELAK, ob. cit., p. 82, 387.

Realmente: enquanto a presunção *iuris et de iure* encontra uma de suas possíveis (e mais frequentes) explicações na grande verossimilhança do fato presumido, a ficção implica, muito ao contrário, não só que o legislador se abstenha de ver o fato como provavelmente ocorrido, mas que se ache até consciente de que a verdade é o oposto, quer dizer, admita que o fato não se haja verificado – para em seguida, apesar disso, determinar que se produzam os mesmos efeitos que se produziriam se o fato fosse verdadeiro. Atribui-se, destarte, ao esquema não a eficácia igual à normalmente atribuída ao esquema *a*. Esse traço essencial – equiparação de efeitos quanto a diferentes esquemas de fato – é que legitima a aproximação, ao ângulo normativo, das figuras da presunção absoluta e da ficção jurídica: são semelhantes os resultados práticos que o legislador consegue, recorrendo a um ou a outro expediente técnico. Em última análise, a distinção tem apenas valor teórico[16].

Eis porque não surpreende certa tendência, que às vezes se observa, a confundir as duas figuras, a tomar uma pela outra. Trata-se de confusão feita, em vários casos, pelo próprio legislador, que emprega, ao redigir a lei, terminologia inexata: fala, v.g., de "presunção", ou usa o verbo "presumir", quando na verdade está consagrando uma ficção. Exemplo desse equívoco depara-se na redação do art. 343, § 1º, do Código de Processo Civil de 1973, referente à intimação da parte para prestar depoimento pessoal e às consequências do eventual não comparecimento ou recusa de depor. Lê-se no texto legal: "A parte será intimada pessoalmente, constando do mandado que se presumirão confessados os fatos contra ela alegados, caso não compareça ou, comparecendo, se recuse a depor". Ora, é evidente que, se a parte não comparece, ou se recusa a prestar depoimento, de modo nenhum confessa: o fato da confissão, em tal hipótese, é fato que não se pode considerar senão como inexistente. Aqui não há qualquer "juízo de probabilidade": estamos diante de algo que sabidamente não ocorre, e ao legislador não é dado "presumir" que ocorra. Nem é isso, aliás, que ele pretende: quer apenas atribuir a um fato diverso (o não comparecimento, ou a recusa a depor) os mesmos efeitos que decorreriam do fato não verificado (a confissão). Estamos, assim, em pleno domínio da ficção, e não é por acaso que se costuma falar, ao propósito, de ficta confessio[17]. Outro seria o enquadramento dog-

---

16 MUSIELAK, ob. cit., p. 83.

17 Ver JOSÉ FREDERICO MARQUES, Manual de Direito Processual Civil, v. II, 1ª parte, São Paulo, 1974, p. 202. Fala AMARAL SANTOS, Comentários ao Código de Proces-

mático, vale notar, se a norma estatuísse que os fatos alegados contra a parte, nas hipóteses de não comparecimento ou de recusa a depor, "se presumirão verdadeiros", Aí, sim, existiria realmente presunção, isto é, equiparação de efeitos baseada em "juízo de probabilidade": ao ver do legislador, se a parte, intimada a depor, se absteve de comparecer ou de prestar depoimento, esse modo de proceder, revelando o temor de ser inquirida, autorizaria a conclusão de que as alegações do adversário espelham a verdade. Tal como redigido o dispositivo, porém, o caso é de ficção, e não de presunção legal.

Também de ficção é outra hipótese em que o Código, incidindo no mesmo equívoco, usa a expressão "presumindo-se". Referimo-nos ao art. 838, 2ª parte, onde se preveem as consequências do não cumprimento, pelo obrigado, da sentença que lhe imponha o reforço da caução, *verbis:* "Não sendo cumprida a sentença, cessarão os efeitos da caução prestada, presumindo-se que o autor tenha desistido da ação ou o recorrente desistido do recurso". Entra pelos olhos a absoluta falta de correspondência entre o fato que se diz "presumido" e a realidade das coisas: não ocorre, é claro, desistência alguma; apenas, quer-se dar ao descumprimento da sentença efeito idêntico, no particular, ao que produziria a desistência, se ocorresse. Isso, porém, é mais que presumir: *é fingir.*

Quase desnecessário acrescentar que o recurso ao expediente da ficção – tal como se dá, aliás, com o emprego do expediente paralelo, o das *praesumptiones iuris et de iure* – tende a tornar-se menos frequente, na medida em que se vai apurando a técnica legislativa. Pode-se vaticinar com alguma segurança que o futuro o verá reservado a casos excepcionalíssimos, em que seja extremamente mais cômodo redigir um dispositivo legal sob essa forma oblíqua do que dizer, pura e simplesmente, que esta ou aquela situação produz efeitos iguais aos desta ou daquela outra situação. O certo é que não parece difícil encontrar fórmulas equivalentes, purificadas de todo artifício, para os textos que consagram ficções jurídicas[18]. A lei não preci-

---

so Civil, v. IV, Rio de Janeiro, 1976, p. 90, em "confissão tácita, presumida ou ficta", sinonimizando as expressões. Assim também PONTES DE MIRANDA, Comentários ao Código de Processo Civil (de 1973), t. IV, Rio de Janeiro, 1974, p. 272, Que alude a "confissão ficta, presumida ou cominada" [os grifos são dos originais].

---

18 Ver o interessante ensaio de BAYART, "Peut-on éliminer les fictions du discours juridique?", no volume Les Présomptions el les Fictions en Droit, publicado por PERELMAN e FORIERS, Bruxelas, 1974, p. 27 e ss.

sa "fingir" que se deu o fato *x* para atribuir os respectivos efeitos a qualquer fato diverso de *x:* entra na sua normal competência, quando assim o entenda (e preservados os eventuais princípios superiores que lhe criem limitações a respeito), tratar igualmente situações desiguais.

O próprio Código de 1973, no particular, revela aqui e ali notável progresso em relação ao anterior diploma processual civil. Serve de exemplo o dispositivo atinente à "execução" das obrigações de prestar declaração de vontade. No Código de 1939, à semelhança do modelo alemão (*ZPO*, § 894), o art. 1.006, *caput*, valia-se do expediente da ficção, dizendo que a declaração devida pelo réu se consideraria emitida no momento em que a sentença transitasse em julgado. Já a nova lei, com técnica superior, assim dispõe: "Condenado o devedor a emitir declaração de vontade, a sentença, uma vez transitada em julgado, produzirá todos os efeitos da declaração não emitida". A redação atual põe de manifesto a substância do que realmente se passa: toma-se nítido o fenômeno da equiparação de efeitos. Sem necessidade alguma de "fingir-se" o que quer que seja, pura e simplesmente se atribuem à sentença (*rectius*: ao seu trânsito em julgado) efeitos iguais aos que se produziriam se o devedor prestasse a declaração de vontade.

7. Tratemos de enunciar, em termos sintéticos, as conclusões que nos parecem autorizar tudo quanto se expôs nos itens precedentes. Pensamos haver ficado bastante claro que não é próprio incluir as presunções entre os meios de prova. Isso vale para as presunções judiciais ou simples e, *a fortiori*, para as presunções legais. As presunções judiciais e as presunções legais relativas (*iuris tantum*) ainda se relacionam, em todo caso, com a matéria da prova. Aquelas, de maneira bem remota, apenas porque correspondem ao resultado de um raciocínio feito pelo órgão judicial com base em fato provado (indício), inserindo-se assim – mas como pontos de chegada – no processo mental que o juiz realiza para assentar os fundamentos fáticos da decisão. Estas, mais de perto, na medida em que influem na distribuição do *onus probandi*, podendo acontecer (eventualmente!) que o desloquem para pessoa diversa daquela que o teria de suportar, à luz das regras gerais contidas na lei processual.

As presunções legais absolutas nada têm a ver com a prova. Do ponto de vista técnico, representam – e nisso não se distinguem das ficções – meros expedientes ordenados à equiparação de efeitos entre esquemas de fato diferentes. Como tais, manifestam e exaurem a sua eficácia normativa no plano material. Dificilmente se legitima, portanto, a maneira tradicional de considerar essas presunções e as relativas como se fossem espécies do mesmo gênero: as características comuns a umas e outras, quando existem, colocam-se todas em nível pré-jurídico, no campo das razões de política legislativa que antecedem a edição da norma.

A semelhante luz, a referência feita às "presunções legais", no art. 334, IV, do Código vigente, poderia talvez justificar um reparo de índole teórica. Ao dizer que "não dependem de prova os fatos em cujo favor milita presunção legal de existência ou de veracidade", sem distinguir – ao menos expressamente – entre *praesumptiones iuris tantum* e *praesumptiones iuris et de iure,* para usarmos as expressões consagradas, incorreria a lei, ainda uma vez, no equívoco de englobar em categoria única duas figuras portadoras de traços essenciais muito diversos. O que ali se enuncia acerca do fato legalmente presumido – a saber: que não depende de prova – é proposição incensurável, a qualquer ângulo, no tocante às hipóteses de presunção relativa. Quanto às de presunção absoluta, no rigor da técnica, teria de ser outra a formulação: os fatos legalmente presumidos *iuris et de iure,* na verdade, não são apenas fatos que dispensem prova; são fatos irrelevantes já do ponto de vista material, isto é, fatos que não precisam ocorrer para que se produza o efeito previsto na lei. Certamente, por via de consequência, tampouco precisam ser provados; ou melhor: não são admissíveis como objeto de prova. Esse, todavia, é fenômeno secundário, que não concerne à substância da figura. Cumpre reconhecer que seria difícil ao legislador redigir o dispositivo com maior precisão técnica: se aludisse, em termos expressos, apenas às presunções relativas, assumiria o risco de sugerir a algum exegeta apressado, a contrario *sensu,* a conclusão de necessitarem de prova os fatos contemplados em presunção legal absoluta... De qualquer sorte, o ponto é irrelevante pelo prisma prático.

Mais importaria verificar como trata o Código as presunções judiciais. É verdade que, à primeira vista, a investigação aqui não promete muito: nenhuma referência expressa faz-se a elas no Liv. I, Tít. VIII, Cap. VI ("Das provas"). As várias secções destinadas à disciplina específica dos meios de prova cuidam, sucessivamente, do depoimento pessoal (Seção II), da confissão (Seção III), da exibição de documento ou coisa (Seção IV), da prova documental (Seção V), da prova testemunhal (Seção VI), da prova pericial (Seção VII) e da inspeção judicial (Seção VIII); em vão se procurará uma seção que diga respeito, especificamente, às presunções judiciais, ou mesmo aos indícios. Seria, porém, arriscado tirar daí a conclusão de que o legislador assumiu com plena consciência a atitude de negar que as presunções judiciais constituam meios de prova, equiparáveis aos outros mencionados: com efeito, diante do art. 332 ("Todos os meios legais, bem como os moralmente legítimos, ainda que não especificados neste Código, são hábeis para provar a verdade dos fatos, em que se funda a ação ou a defesa"), não há cogitar de uma discriminação exaustiva: as presunções judiciais (ou, quem sabe, os indícios) poderiam reputar-se abrangidos pela cláusula genérica, tendo-se apenas considerado desnecessária a inserção de regras que traçassem, a tal respeito, disciplina particular. Fica-se no reino das conjecturas, e não há qualquer vantagem prática em insistir na questão.

8. Na Seção I, contudo, entre as "disposições gerais" relativas às provas, aparece uma norma que não pode, no presente contexto, deixar de suscitar acentuado interesse. É a do art. 335, sem correspondência no ordenamento precedente, e que assim reza: "Em falta de normas jurídicas particulares, o juiz aplicará as regras de experiência comum subministradas pela observação do que ordinariamente acontece e ainda as regras da experiência técnica, ressalvado, quanto a esta, o exame pericial". Se o leitor se recorda do que ficou exposto nos itens anteriores deste trabalho, não terá dificuldade em perceber quão intimamente se podem relacionar essas "regras de experiência", a que alude o dispositivo, com as presunções judiciais, formadas a partir de indícios. Retomemos o exemplo do réu em cuja posse ficou provado achar-se a arma do crime (indício). Quando o juiz, raciocinando sobre tal base, conclui pela imputação do fato delituoso ao réu, está armando (de modo explícito ou implícito, pouco importa) silogismo onde figura, como premissa maior, uma "regra de experiência comum, subministrada pela observação do que ordinariamente acontece". O esquema silogístico traduzir-se-á mais ou menos nestes termos: "Em geral, o crime é cometido pela pessoa que possuía a arma adequada; ora, a pessoa que possuía a arma adequada é o réu; logo, o crime deve ter sido cometido pelo réu». De onde tirou o órgão judicial, para assim raciocinar, a premissa maior? Da "observação do que ordinariamente acontece", é claro. Essa "regra de experiência", conjugada com o indício (que fornece a premissa menor), permite-lhe chegar à presunção de que o réu é o autor do fato delituoso.

O tema das "regras de experiência", objeto de amplo e profundo estudo na Alemanha desde os fins do século passado[19], suscita problemática extensa, que não é possível sequer aflorar nesta oportunidade: a mera enunciação dos tópicos já excederia de muito os limites fixados ao nosso pequeno ensaio. Vale a pena ressaltar o fato de que pela primeira vez, entre nós, um texto de lei faz expressa menção à figura. É evidente que, mesmo sob o direito anterior, muitos juízes, senão todos eles, se valeram a cada passo de "regras de experiência" para julgar as causas que lhes eram submetidas; nem por isso se torna menos oportuno o registro.

Digna de especial atenção é a cláusula inicial do art. 335: "Em falta de normas jurídicas particulares...". Ao menos em seu teor literal, ela sugere uma alternativa: o órgão judicial aplicará ou uma norma jurídica, ou uma "regra de experiência"; e, como só recorrerá a esta se faltar aquela, a ilação que se impõe parece ser a de que a "regra de experiência" atua subsidiariamente como um sucedâneo da norma jurídica – nos casos, portanto, de lacuna da lei. A impressão que se tem é a de que o legislador se inclina a ver a "regra de experiência" e a norma legal como duas entidades substancialmente homogêneas – o que permitiria àquela fazer as vezes desta. Se confrontarmos os dizeres do art. 335 com os do art. 126, concluiremos que, em tal perspectiva, as "regras de experiência" poderiam vir mencionadas no segundo dispositivo, ao lado da analogia, dos costumes e dos princípios gerais do direito, irmanados todos pela função comum de complanar as lacunas do texto legal.

Sobre a natureza das "regras de experiência" muito se discutiu na doutrina europeia[20]. Praticamente todas as opiniões concebíveis ao propósito encontraram defensores autorizados: houve quem as equiparasse na verdade a normas jurídicas, quem lhes recusasse terminantemente esse caráter, quem as situasse em plano intermediário entre o do direito e o dos fatos, e quem afinal distinguisse no gênero mais de uma

19 Mais precisamente, desde 1893, quando se publicou a obra de STEIN, Das Private Wissen des Richters, com a primeira elaboração sistemática da matéria: ver as p. 23 e ss. da tradução espanhola de Andrés de la Oliva Santos, sob o título El Conocimiento Privado del Juez, Pamplona, 1973.

20 Extensíssima a bibliografia a respeito: para nos limitarmos a alguns trabalhos mais recentes, ver SCHWINGE, Grundlagen des Revisionsrechts, 2ª ed., Bonn, 1960, p. 162 e ss., 186 e ss.; RIGAUX, La Nature du Contrôle de la Cour de Cassation, Bruxelas, 1966, p. 112 e ss.; TARUFFO, ob. cit., p. 197 e ss.; NOBILI, "Nuove polemiche sulle cosidette massime d'esperienza", in Riv. Ital. di Dir. e Proc. Pen., v. XII, 1969, p. 123 e ss.

espécie, ou atribuísse à categoria função variável, de tal maneira que a equiparação ora se justificaria, ora não. A questão não era acadêmica; do modo como se resolvesse dependia, ao ver de muitos, a solução de um problema prático de grande relevância: poderia o tribunal superior, no julgamento de recurso que permita apenas a correção de erros de direito, controlar a utilização das "regras de experiência" pelo órgão a quo? Em outras palavras: deveriam ter-se como *quaestiones iuris* ou como *quaestiones facti* as questões atinentes à correta ou incorreta aplicação das aludidas regras?

Não cabe aqui, obviamente, recapitular o debate em toda a sua extensão, e menos ainda tentar responder em termos categóricos às numerosas interrogações em que ele se desdobra. A letra do art. 335, princípio, inculca uma tendência do legislador processual de 1973; mas só mediante investigação mais aprofundada (para a qual não é esta a sede própria) será possível assentar, com um mínimo de segurança, se a doutrina do Código é mesmo a da juridicidade das "regras de experiência" – ou, afinal de contas, se o Código realmente se quis filiar, com plena consciência do que fazia, a alguma doutrina. Limitar-nos-emos, nesta oportunidade, a observar que se afigura duvidoso – ao menos com o alcance genérico que lhe dá o texto – o acerto da premissa mesma, da qual parece haver partido o legislador. Bem consideradas as coisas, não é exato que o juiz somente recorra a uma "regra de experiência" quando falte norma jurídica aplicável à espécie; nem, por conseguinte, que aquela funcione (necessariamente) como sucedâneo desta. A utilização da "regra de experiência" não exclui a aplicação de norma jurídica para a solução do litígio: uma e outra têm aplicação concorrente. Ainda a aceitar-se a ideia de que a "regra de experiência" integra (ou melhor: pode integrar) a norma jurídica, na medida em que permite ao órgão judicial estabelecer o sentido de expressões indefinidas, usadas no texto legal para traduzir conceitos valorativos, de modo nenhum se poderá dizer que com semelhante operação se esgote a tarefa assinada ao juiz.

Voltemos ainda a um exemplo já várias vezes utilizado nestas páginas. No momento em que infere da posse da arma a imputação do fato delituoso ao réu, com o auxílio de uma "regra de experiência", o órgão judicial está, sem dúvida, fixando uma das premissas do seu julgamento; ainda não está, porém, julgando. Seria pouco dizer que não fica excluída, aí, a consecutiva aplicação da norma jurídica à *species facti*: a verdade é que tal aplicação continua a ser absolutamente necessária para que se forme, afinal, a sentença.

Desprezando outras perspectivas de investigação, que se abrem a partir dos tópicos acima superficialmente aflorados, cingir-nos-emos, para não alongar demais o discurso, a uma breve observação conclusiva. A ser verdadeira a premissa (latente no texto do art. 335) de que as "regras de experiência" são normas jurídicas – ou juridicizadas, se assim se preferir –, ou pelo menos de que a função por elas exercida no processo é sempre a de substituir normas jurídicas ausentes do texto escrito, então, por amor à coerência, ter-se-ia de considerar gritantemente imprópria a colocação do dispositivo em foco na parte do Código referente às provas[21]. Melhor ficaria ele situado lá onde tratou o diploma processual civil dos procedimentos utilizáveis pelo juiz para complanar as lacunas da lei; até se poderia, pura e simplesmente, acrescentar uma cláusula final ao art. 126, 2ª parte: "No julgamento da lide caber-lhe-á aplicar as normas legais; não as havendo, recorrerá à analogia, aos costumes, aos princípios gerais de direito e às regras de experiência etc.". Seria mais lógico; não quer dizer necessariamente que fosse mais correto. Em nosso entendimento, o que merece reparo não é tanto a situação do art. 335: é a letra da sua parte inicial. Quanto ao mais, e feita abstração do problema concernente à natureza das "regras de experiência", não se podendo negar, de qualquer modo, a relevância que elas assumem em matéria de presunções judiciais, seria talvez excesso de bizantinismo perquirir se a relação indireta, mas em todo caso existente, entre estas e o tema da prova deve ou não considerar-se bastante para justificar a opção do legislador.

21 Já sob o direito anterior, embora sem considerar "teses de direito" as contidas nas regras de experiência, dizia destas PONTES DE MIRANDA, Comentários ao Código de Processo Civil (de 1939), v. II, 1ª ed., Rio de Janeiro, 1947, p. 258, que "nunca ficariam bem em capítulos sobre prova". Surpreende que o comentário desse autor ao art. 335 do novo diploma processual se restrinja a consignar: "Satisfaz-nos encontrar o art. 335 no Código de 1973, que pôs em regra jurídica o que devia pôr, atendendo ao problema que exsurgira na ciência do direito processual civil" (Coment. ao Cód. de Proc. Civil de 1973, cit., t. IV, p. 237).

COMENTÁRIOS DO ATUALIZADOR

AS PRESUNÇÕES E A PROVA

Antonio do Passo Cabral

O texto "As presunções e a prova", publicado em espanhol nos Estudos em homenagem a Eduardo J. Couture, tornou-se um verdadeiro clássico do direito probatório no Brasil, apresentando teoricamente o tema das presunções, posicionando-o dogmaticamente no CPC/73.

Por ser um trabalho menos dependente do direito positivo, com muitos aportes de teoria geral do direito e teoria da prova, suas conclusões ainda são válidas e úteis no sistema do CPC/15. Aqui me limitarei a trazer atenção do leitor para alguns pontos e sugerir alguma atualização bibliográfica àqueles que desejarem outras leituras posteriores acerca do mesmo tema.

Barbosa Moreira define as presunções judiciais como a relação entre dois fatos: o fato probando, desconhecido, e um outro fato diverso mas com ele relacionado, este sim conhecido e de cuja ocorrência se possa compreender como provável a ocorrência do fato probando. A presunção judicial é precisamente o resultado desse raciocínio, e portanto não é um meio de prova. As provas são colhidas em momento anterior, servindo para levar ao conhecimento do juiz o fato a partir do qual se chegou à presunção (na doutrina atual, essa lição encontra eco em Marinoni/Arenhart; Didier Jr., Braga e Oliveira; Leite; Macêdo e Peixoto; Cambi; contra, afirmando que a presunção é prova indireta: Greco; Ferreira; Aprigliano).

Chamam-se indícios os fatos provados, dos quais o juízo extrai conclusão sobre outros fatos. Os indícios são frequentemente incluídos dentre os meios de prova (assim, Greco). Contudo, Barbosa Moreira pontua que o indício é um fato provado, não é meio de prova. Para o mestre, indício é ponto de chegada que o juiz atinge pela análise das provas; e é também premissa lógica para se concluir pela (in)ocorrência do outro fato (fato probando). Interessante que o CPC/15 continuou sem conceituar os indícios, ao contrário do Código de Processo Penal (art.239), que define indício como "a circunstância conhecida e provada, que, tendo relação com o fato, autorize, por indução, concluir-se a existência de outra ou outras circunstâncias", definição que pode ser transposta para o processo civil. No mais, pela abertura do sistema processual civil para a utilização de provas atípicas (sobre as provas atípicas, na doutrina, Barbosa Moreira, 1994; Amaral), mesmo não sendo disciplinados na lei, os indícios podem ser usados para a formação da cognição judicial sobre os fatos.

Contemporaneamente, o tema da prova indiciária tem sido abordado nos estudos sobre os estândares probatórios (*standards of proof*), métrica que apontaria o grau de convencimento necessário para que se reconheça uma hipótese fática como sendo provada. Os estudos sobre os estândares probatórios, até pela sua relação com a concepção persuasiva da prova, têm promovido uma reabilitação dos indícios, que podem ser usados pelo magistrado construir a cognição sobre as questões fáticas (Peixoto).

O texto de Barbosa Moreira diferencia ainda as presunções *legais* (previstas na lei) das presunções *judiciais*. Pois bem, para ilustrar esta atualização, poderíamos listar as inúmeras presunções na legislação do direito material. Não obstante, para restringir as referências, limitar-me-ei aqui a enumerar alguns casos de presunção legal previstos no próprio Código de Processo Civil. A presunção legal mais conhecida é aquela decorrente da revelia (art.344 do CPC/15), pela qual se presume a veracidade das alegações de fato do autor. De outro lado, o art.274, parágrafo único, do CPC/15 afirma que se presumem válidas as intimações dirigidas ao endereço indicado pelas partes, mesmo que não recebidas pessoalmente por elas. Lembre-se ainda do art.408 do CPC/15, que dispõe no sentido de presumirem-se verdadeiras contra o signatário as declarações contidas em documento particular. E também o art.455 §2º do CPC/15, que presume a desistência pela parte do depoimento de testemunha, se esta não comparece ao ato, tendo a parte que a arrolou se comprometido a levá-la à audiência independentemente de intimação. Por fim, destaco o art.828 §4º do CPC/15, pelo qual se presume fraudulenta a alienação ou oneração de bens efetuada depois da averbação.

Voltemos às presunções legais e seu tratamento dogmático no texto em comento. Barbosa Moreira subdivide as presunções legais em relativas (*iuris tantum*) e absolutas (*iuris et de iure*). Assim como as presunções judiciais, as presunções legais *relativas* estabelecem uma relação entre dois fatos pela qual, a partir do conhecimento de um, pode-se concluir pela (in)ocorrência de outro porque *normalmente* assim se verifica na realidade (*id quod plerumque accidit*). A diferença é que, enquanto para as presunções *judiciais*, essa conclusão é feita casuisticamente pelo juiz, nas presunções *legais*, o legislador é quem irá pré-definir essa correlação.

Não obstante, por essa característica, Barbosa Moreira corretamente posiciona as presunções legais relativas no papel de distribuir o *onus probandi:* são regras especiais a respeito do ônus da prova, podendo até modificá-lo (ainda que nem sempre importem em inversão). O sujeito interessado em que o fato presumido seja compreendido como não tendo acontecido terá o ônus da prova do fato contrário (na doutrina posterior, Oliveira).

Já as presunções legais *absolutas* – salienta o professor – são usadas por razões de política legislativa ou como expediente técnico para atribuir a uma hipótese tal ou qual efeito jurídico. A função normativa da presunção absoluta é fazer incidir efeitos jurídicos *equivalentes* a esquemas fáticos diversos. Por isso, Barbosa Moreira afirma que as presunções absolutas guardam relação mais estreita com o direito material que com o processo (no mesmo sentido, Greco) e assumem a mesma função que as ficções jurídicas. A única diferença entre as ficções e as presunções absolutas é que estas podem ser baseadas na *normalidade* da ocorrência do fato presumido, o que leva a uma alta probabilidade daquele acontecimento (a justificar a técnica presuntiva), enquanto que nas ficções jurídicas há ruptura das "conexões de sentido" com a realidade, o que pode levar o legislador a equiparar efeitos jurídicos de fatos que sabidamente são diversos (são "remissões" a outras situações, a fim de equalizar efeitos, diria Larenz).

Interessante notar que Barbosa Moreira já intuía e previa que a legislação evoluiria para reservar a casos excepcionalíssimos as presunções legais absolutas. Parte da doutrina posterior chega a defender que as presunções absolutas levariam à impossibilidade de produção de prova em sentido contrário, e isso feriria a garantia fundamental da ampla defesa, concluindo que só podem ser consideradas constitucionais normas previdentes de presunções relativas (Greco).

Neste ponto, concordo com Barbosa Moreira quando afirma ainda que é atécnico diferenciar presunções legais absolutas das relativas porque naquelas haveria impossibilidade de produzir prova em contrário. Diz o autor que mais propriamente o fenômeno da inadmissibilidade da prova em contrário decorre da irrelevância ou inutilidade da prova, pois o juiz tem o dever legal de adotar como fundamento fático da decisão o que a lei presume (na doutrina que comenta o CPC/15, no mesmo sentido Didier Jr., Braga e Oliveira).

Voltando ao texto ora em comento, a respeito das diferenças e aproximações entre ficções legais e presunções legais absolutas, Barbosa Moreira aponta trechos do CPC/73 nos quais se usa a expressão "presumir" ou "presunção" quando o legislador consagrava na verdade uma ficção. Um deles é a conhecida consequência do não comparecimento ou recusa de prestar depoimento pessoal: a lei equipara aos efeitos da confissão (*ficta confessio*). A doutrina posterior chegou à mesma conclusão (por todos, Oliveira). Essa mesma consequência ficcional foi repetida no art.385 §1° do CPC/15. Barbosa Moreira ressaltava ainda a redação do CPC/73 para a execução das obrigações de prestar declaração de vontade, que evoluiu em termos redacionais, não precisando "presumir" ou mesmo "fingir", mas apenas afirmar que produziria efeitos equivalentes. O CPC/15 manteve a boa técnica, no ponto, no art. 501.

Devo destacar uma nova tendência do sistema atual, que impacta diretamente as presunções, que é a possibilidade de negociação sobre o processo (art.190 e 200 do CPC/15). De fato, a emergência das convenções processuais (Cabral) tem levado a uma crescente reflexão sobre os negócios jurídicos probatórios. Esse movimento, de um lado, produziu estudos acerca de convenções que têm diretamente por objeto as presunções (Pereira). As presunções agora poderão ser também oriundas de fonte negocial, não apenas legal ou judicial (Didier Jr., Braga e Oliveira). De outro ângulo, a partir do permissivo do art.373 §3° do CPC/15, que prevê a modificação convencional do ônus da prova, o acordo processual das partes pode ter também impacto indireto nas presunções (na doutrina, admitindo convenções probatórias a respeito do ônus da prova, Godinho; Carpes; Amaral; Macêdo e Peixoto; já uma visão restritiva acerca da negociação probatória encontra-se em Ramos).

No fim do texto, Barbosa Moreira relaciona a atividade probatória às regras de experiência (comum ou técnica), tema que voltaria à sua análise em trabalho posterior (Barbosa Moreira, 1988). Regras ou máximas de experiência são noções extraídas da observação de acontecimentos semelhantes, que levam por indução à conclusão de que os fatos se apresentarão de maneira idêntica quando se repetirem no futuro.

Barbosa Moreira destaca como o art.335 do CPC/73 foi inovador em introduzir no Brasil o potencial uso das regras da experiência, mas critica a redação adotada. A lei de então, ao afirmar que as máximas de experiência seriam aplicáveis "na falta de normas jurídicas particulares" sugeria que as regras de experiência só teriam aplicação subsidiária, para colmatar lacunas legais, e teria sido equivocado posicioná-las junto às provas. O CPC/15 repetiu o dispositivo (art.375) mas suprimiu a expressão "na falta de normas jurídicas particulares". Trata-se de clara influência da opinião de Barbosa Moreira na legislação atual.

Ressalte-se ainda que o art.5º da Lei n.9.099/95 também prevê o uso das regras de experiência nos Juizados Especiais Cíveis sem qualquer limitação aplicativa. Por esse motivo, e na esteira do que já sustentava Barbosa Moreira, não se pode defender, como faz Aprigliano ao comentar o art.375 do CPC/15, que as máximas de experiência sejam critério meramente subsidiário para a reconstrução dos fatos.

Uma importante aplicação das regras de experiência é seu uso para auxiliar o juiz a concretizar conceitos jurídicos indeterminados (Macêdo e Peixoto), funcionando também como instrumentos para mais adequadamente fundamentar as conclusões do juiz a respeito das cláusulas abertas, como determina o art.489 §1°, II do CPC/15.

Nos últimos anos, a doutrina tem se dividido acerca da utilidade das regras de experiência. Alguns autores destacam a função lógica das máximas de experiência, as quais, por serem universalizáveis (não podendo ser reduzidas ao subjetivismo do intérprete), poderiam emprestar maior racionalidade e objetividade às conclusões probatórias (Schmitz) ou pelo menos serviriam para uma alternativa de mais probabilidade de acerto se comparadas com as decisões baseadas apenas em regras de distribuição de ônus da prova (Silvestre). De outro lado, há autores que criticam o conceito de máximas de experiência pela sua inutilidade ou por seu uso permitir generalizações indevidas a respeito dos fatos (Taruffo, 2016), já que a experiência tende a ser algo muito enraizado no particularismo, na cultura, no contexto vivido pelo sujeito, o que seria de difícil objetivização ou inferência generalizante (em sentido similar, Taruffo, 2001).

Não obstante as críticas da doutrina, a jurisprudência brasileira tem chancelado a utilização das regras de experiência, com algumas poucas restrições, sobretudo no campo das regras de experiência técnica. Por exemplo, seguindo a ressalva da parte final do art.375 do

CPC/15, o Superior Tribunal de Justiça já decidiu que não se pode utilizar regra de experiência *técnica* para excluir a prova pericial, pois isso significaria ofensa ao princípio da ampla defesa (STJ - REsp n.1.353.451-MG, rel. Min. Marco Aurélio Bellizze, j.19.09.2017). Até porque, como salienta a doutrina (Didier Jr., Braga e Oliveira), assim como as máximas da experiência comum, as regras de experiência técnica devem também ser "vulgarizadas", ou seja, devem ser de conhecimento generalizado de todos, não se confundindo com o conhecimento científico específico a respeito da hipótese fática do caso, que pode depender de exame pericial.

Referências bibliográficas (obras citadas pelo atualizador)

AMARAL, Paulo Osternack. *Provas: atipicidade, liberdade e instrumentalidade*. São Paulo: RT, 2ª ed., 2017, p. 73 ss, 146 ss.

APRIGLIANO, Ricardo de Carvalho. *Comentários ao Código de Processo Civil,* vol.VIII, tomo I (organizadores José Roberto Gouvêa, Luis Guilherme A. Bondioli e João Francisco N. da Fonseca). São Paulo: Saraiva, , 2020, p. 90 ss, 199 ss.

BARBOSA MOREIRA, José Carlos. Provas atípicas. Revista de Processo, vol.76, 1994, p. 115-116.

______________. Regras de experiência e conceitos jurídicos indeterminados. *in Temas de Direito Processual - segunda série*. São Paulo: Saraiva, 2ª ed., 1988, p.62.

CABRAL, Antonio do Passo. *Convenções processuais: teoria geral dos negócios jurídicos processuais*. Salvador: Juspodivm, 3ª ed., 2020, p. 361-362.

CAMBI, Eduardo. *A prova civil: admissibilidade e relevância*. São Paulo: RT, 2006, p. 360.

CARPES, Arthur Thompsen. Ônus da prova no novo CPC: do estático ao dinâmico. São Paulo: RT, 2017, p. 154 ss.

DIDIER JR., Fredie; BRAGA, Paula Sarno; OLIVEIRA, Rafael Alexandria de. *Curso de Direito Processual Civil*. Salvador: Juspodivm, vol.2, 15a ed., 2020, p. 73-120.

FERREIRA, William Santos. *Princípios fundamentais da prova cível*. São Paulo: RT, 2014, p. 306-313.

GODINHO, Robson. *Negócios processuais sobre ônus da prova no novo Código de Processo Civil*. São Paulo: RT, 2015.

GRECO, Leonardo. *Instituições de Processo Civil*. Rio de Janeiro: Forense, vol.2, 3ª ed., 2015, p. 116, 134 ss, 260 ss.

LARENZ, Karl. *Metodologia da Ciência do Direito*. Trad. José Lamego. Lisboa: Fund. Calouste Gulbenkian, 3ª ed., 1997, p. 366-370.

LEITE, Clarisse Frechiani Lara. *Comentários ao Código de Processo Civil,* vol.VIII, tomo II (organizadores José Roberto Gouvêa, Luis Guilherme A. Bondioli e João Francisco N. da Fonseca). São Paulo: Saraiva, , 2020, p. 50 ss.

MACÊDO, Lucas Buril de; PEIXOTO, Ravi. Ônus da prova e sua dinamização. Salvador: Juspodivm, 2ª ed., 2016, p. 71-75, 85-87, 111-130.

MARINONI, Luiz Guilherme; ARENHART, Sérgio Cruz. *Prova e convicção*. São Paulo: RT, 3ª ed., 2015, p. 139, 155, 176-177, 330.

OLIVEIRA, Carlos Alberto Alvaro de. Presunções e ficções no direito probatório. Revista de Processo, vol. 196, jun., 2011, p. 11-20.

PEIXOTO, Ravi. *Standards probatórios no direito processual brasileiro*. Salvador: Juspodivm, 2021.

PEREIRA, Lara Dourado Mapurunga. *Negócios jurídicos processuais sobre presunções*. Salvador: Juspodivm, 2020.

RAMOS, Vítor de Paula. Ônus da prova no processo civil: do ônus ao dever de provar. São Paulo: RT, 2ª ed., 2018, p. 93-95 e notas 196 e 197.

SCHMITZ, Leonard. *Presunções judiciais: raciocínio probatório por inferências*. São Paulo: RT, 2020, p. 203-261.

SILVESTRE, Gilberto Fachetti. *As máximas de experiência no processo civil*. Rio de Janeiro: Lumen Juris, 2011, p. 155.

TARUFFO, Michele. Senso comum, experiência e ciência no raciocínio do juiz. *Revista Forense*, vol. 355, mai-jun/2001, p. 103-118.

_______________. *Uma simples verdade: o juiz e a construção dos fatos*. Trad. Vítor de Paula Ramos. São Paulo: Marcial Pons, 2016, p. 81.

REFLEXÕES CRÍTICAS SOBRE UMA TEORIA DA CONDENAÇÃO CIVIL[1]

1. É sabido que só a sentença condenatória atribui à parte vencedora o poder de promover ação executória contra a sucumbente. Nenhuma outra sentença é apta a produzir tal efeito. Não o produz decerto, ainda quando reconheça ao autor a titularidade de um crédito em face do réu, a sentença meramente declaratória: tornando-se exigível o crédito declarado, e não se dispondo a satisfazê-lo o devedor, cumpre ao credor voltar a juízo com ação condenatória, e apenas a nova sentença que lhe julgue procedente o pedido constituirá em seu favor título hábil para a execução forçada.

A essa diversidade de efeitos, universalmente observável nos vários sistemas processuais, deve corresponder uma diversidade de conteúdo. Esforça-se então a doutrina por verificar em que consiste essa diferença, e em tal investigação costuma partir da ideia de que na sentença condenatória há de existir um *plus* – algum elemento que não existe na meramente declaratória, e que com a execução se põe em relação de causa e efeito. Se a declaração do direito litigioso é o traço comum a ambas as classes de sentenças, no referido *plus* residiria, justamente, o traço específico da condenação, a sua nota essencial, aquilo em razão de que ela é o que é.

2. Dentre as numerosas teorias elaboradas a propósito, uma tem obtido larga aceitação em nosso país, onde continua a prevalecer na mais recente literatura[2]; aquela segundo a qual a sentença condenatória se distingue das outras por conter a aplicação de sanção ao litigante vencido. Deve-se principalmente a LIEBMAN a sustentação de tal doutrina,

---

1 Publicado na Rev. dos Tribs., v. 436, e na Revista de Jurisprudência do Tribunal de Justiça do Estado da Guanabara, v. 26. Atualizaram-se as citações de artigos do Código de Processo Civil, que no texto originário se referiam ao diploma ab-rogado, de 1939.

2 Ver, entre outros, JOSÉ FREDERICO MARQUES, Instituições de Direito Processual Civil, v. V, 1ª ed., 1960, p. 13/4; AMARAL SANTOS. Direito Processual Civil, v. III, 1ª ed., 1963, p. 39; WALDEMAR MARIZ DE OLIVEIRA JÚNIOR, Curso de Direito Processual Civil, v. I, 1968, p. 80/1; CELSO NEVES, Contribuição ao Estudo da Coisa Julgada Civil, 1970, p. 456.

exposta primeiro, com o brilho habitual, nas Opposizioni di merito nel processo di esecuzione[3], e à qual, em substância, tem permanecido fiel o mestre, ao longo de toda a sua produção científica subsequente[4]. A influência exercida pelo ilustre autor na processualística pátria – para cujo progresso tanto contribuiu –, e em particular a circunstância de haver ele propugnado a concepção sancionatória da condenação em trabalhos escritos entre nós e relativos ao direito brasileiro, sem dúvida explicam a difusão e o prestígio duradouro alcançados aqui pela teoria, a despeito das graves objeções e acesas controvérsias levantadas na Itália a respeito.

É exatamente o que nos move ao registro das presentes reflexões, nas quais não achará talvez sabor de novidade o leitor familiarizado com as discussões que alhures se travaram (e ainda se travam) na matéria. Nossa doutrina tem acolhido em regra com tranquilidade, que ousamos julgar excessiva, a tese de que a condenação encontra o seu *ubi consistam* na aplicação, pelo juiz, de uma sanção à parte vencida. Sem a menor pretensão de ineditismo, gostaríamos de pedir aqui a atenção dos estudiosos para algumas questões sobre as quais, de ordinário, se vai passando em injustificável silêncio.

Antes de mais nada, impende contudo recordar os pontos fundamentais da teoria liebmaniana. É o que a seguir, resumidamente, se tentará fazer.

3. Parte LIEBMAN da consideração do modo por que atuam, na mecânica da vida jurídica, as sanções cominadas pelo ordenamento aos que se conduzam em desconformidade com os seus preceitos. A violação do dever de observância faz incidir a regra sancionatória, que prevê *in abstracto* tal ou qual consequência desfavorável ao infrator. Essa consequência, porém, não se produz automaticamente; quando, em particular, ela consiste no nascimento de nova obrigação, se não ocorre o cumprimento espontâneo pelo devedor, a reação contra o comportamento ilícito não chega ainda a manifestar- se num resultado concreto e efetivo.

3 N. 67 e ss.: ver p. 103 e ss. da trad. publicada sob o título Embargos do Executado, 2ª ed., 1968.

4 Ver, por exemplo, "Il titolo esecutivo riguardo ai terzi, in Problemi dei Processo Civile, p. 362 e ss.; "Execução e ação executiva", in Estudos sobre o Processo Civil Brasileiro, 1947, p. 35 e ss.; Processo de Execução, 2ª ed., 1963, p. 14/5; Manuale di Diritto Processuale Civile, v. I, 2ª ed., 1967, p. 65.

Só por meio do processo é que se consegue tornar operativa a sanção. Esse alvo é atingido através de duas etapas sucessivas: primeiro, o órgão judicial tem de determinar *in concreto* a sanção a que se deve sujeitar o transgressor; em seguida, caso este não cumpra voluntariamente a sentença, abrem-se ao credor as vias executórias para a atuação prática da sanção previamente determinada. De tal ponto de vista, a condenação funciona como preparação da execução.

Daí dizer-se que "o processo de cognição não serve apenas para tornar conhecida uma vontade de lei preexistente, mas incerta, senão também para dar a esta, através da aplicação da sanção, aquela energia para sua atuação prática, de que antes carecia»[5]. A sentença condenatória tem, pois, "duplo conteúdo e dupla função: em primeiro lugar, declara o direito existente – e nisto ela não difere de todas as outras sentenças (função declaratória); em segundo lugar, faz vigorar para o caso concreto as forças coativas latentes na ordem jurídica, mediante aplicação da sanção adequada ao caso examinado – e nisto reside a sua função específica, que a diferencia das outras sentenças (função sancionadora)[6]. Noutras palavras: "Nella condanna vi è qualche cosa in più, che si aggiunge al solito accertamento. Questo provvedimento ulteriore, conseguenziale al›accertamento, che il giudice non può pronunciare se non fu espressamente domandato, è la applicazione della sanzione stabilita dalla legge per l'atto illecito commesso dall'altra parte"[7].

4. Na perspectiva adotada por LIEBMAN, avulta a correlação necessária que se estabelece entre sanção e condenação. Só haverá sentença condenatória onde se possa falar da aplicação de uma sanção; e, reciprocamente, toda vez que se trate de sanção, a sentença que a imponha como condenatória se há de classificar. Semelhante proposição, unida por indissolúvel vínculo de necessidade lógica à construção dogmática exposta, não resiste entretanto, quer-nos parecer, a uma análise menos superficial.

Por sanção, com efeito, designa-se na linguagem jurídica a consequência prefixada para a inobservância de um preceito. Ainda que se queira restringir o conceito para fazê-lo compreender unicamente as

5 LIEBMAN, Embargos do Executado, cit., p. 113.

6 Id., Processo de Execução, cit., p. 15.

7 Id., Manuale, cit., v. I, p. 65.

medidas que, resultantes de tal inobservância, sejam realizáveis "sem colaboração da atividade voluntária do inadimplente"[8], nele permanece ínsita a referência a uma transgressão, ao descumprimento de um imperativo jurídico. Ora, em mais de um caso se reconhece pacificamente a ocorrência de condenação, com o seu típico efeito executório, em decisões judiciais sem qualquer correspondência com atos ou comportamentos antijurídicos.

O exemplo mais óbvio é o da condenação do litigante vencido ao pagamento das custas processuais e dos honorários do advogado do vencedor, nos sistemas que a preveem como corolário do mero fato do sucumbimento[9]. A tal propósito, num de seus trabalhos, escreveu LIEBMAN que "l'esecuzione resta sanzione anche quando si fa per un'obbligazione di risarcimento da atto lecito"[10]; mas é evidente que assim se diluiria o conceito de sanção ao ponto de subtrair-lhe toda a precisão e utilidade como instrumento dogmático. O asserto põe-se, ademais, em gritante contraste com outros passos do mesmo autor[11].

Mal se ajusta a doutrina sob exame, também, às hipóteses especiais em que se permite ao juiz proferir, antes de vencida a obrigação, sentença idônea para constituir, se o réu oportunamente não a cumprir sponte sua, título executivo para o autor vitorioso[12]. A condenação, aí, surge quando ainda não se sabe se o preceito será ou não observado pelo de-

8 Id., Processo de Execução, cit., p. 2.

9 Assim o direito brasileiro: ver art. 20 do Código de Processo Civil. Não é outra a lição reiterada de LIEBMAN: ver Embargos do Executado, cit., p. 102: "a condenação do vencido nas despesas do processo (...) não tem por base um ato ilícito"; Processo de Execução, cit., p. 14, onde se inclui a mesma condenação entre "os casos de responsabilidade objetiva, que independem de ato ilícito"; Manuale, cit., v. I, p. 67; "L'accertamento della inadempienza manca anche nella condanna del soccombente alla rifusione delle spese processuali, (...) che riguarda un'obbligo che sorge dalla stessa sentenza".

10 Il Tit. Esec., cit., p. 365, nota 15.

11 Observe o leitor o conflito irredutível entre o último trecho cit. na nota 8, supra, e a afirmação, feita na página anterior da mesma obra, segundo a qual "La certezza dell'inadempimento è il presupposto logico necessario della condanna" [sem grifo no original]. A sentença reproduzida no texto é igualmente inconciliável com a noção de sanção ministrada no Manuale, cit., v. I, p. 82, onde LIEBMAN a conceitua, de um ponto de vista genérico, como "la misura stabilita dal diritto come conseguenza del fatto illecito" [sem grifo no original].

12 Condanna in futuro do direito italiano; cf. os §§ 257 a 259 da ZPO alemã e o art. 572 do nosso próprio Código.

vedor, sendo perfeitamente possível que, no vencimento, ele cumpra a obrigação, e assim torne desnecessário o recurso à execução forçada. Ora, não se afigura próprio entender, em casos tais, que o órgão judicial aplique uma sanção anteriormente à ocorrência de comportamento ilícito que nem sequer se tem a certeza de que virá a configurar-se.

5. Do exposto já se verifica que o traço sancionatório não é constante na sentença condenatória, e tanto basta para excluir que lhe constitua o *quid* específico. Convém, no entanto, dar mais um passo para deixar certo que, assim como pode haver condenação sem sanção, pode também haver, reciprocamente, sanção sem condenação[13]; quer dizer: a pronúncia judicial da consequência preestabelecida para a inobservância de um imperativo jurídico nem sempre se corporifica em sentença condenatória, senão que por vezes figura no conteúdo de uma sentença constitutiva ou até de uma sentença meramente declaratória. Pense o leitor nos requisitos necessários à prática dos atos jurídicos, e nos efeitos que o ordenamento costuma ligar à respectiva preterição. No direito brasileiro, por exemplo, devem celebrar-se mediante escritura pública os contratos constitutivos ou translativos de direitos reais sobre imóveis de valor superior a certo limite (Cód. Civil, art. 134, II); além disso, as partes devem manifestar livremente o seu consentimento, sem que a vontade declarada seja, v.g., produto de coação. A transgressão de tais preceitos gera consequências que indiscutivelmente se enquadram no âmbito conceptual da sanção[14]; no primeiro caso, o contrato é nulo (Cód. Civil, art. 145, III), no segundo anulável (art. 147, II). Ora, a sentença que pronuncie a nulidade será meramente declaratória, e a que anule o contrato será constitutiva[15].

---

13 Ambos esses aspectos, convém lembrar, já os punha em relevo CALAMANDREI, "La condanna", in Studi sul Processo Civile, 1934, p. 186/7.

14 É correntia em doutrina a referência à sanção de nulidade ou de anulabilidade; para não multiplicarmos desnecessariamente as citações, ver, entre nós, por todos, PONTES DE MIRANDA, Tratado de Direito Privado, t. IV, 1954, p. 131, 136, 192 e ss., 214 etc. O próprio LIEBMAN, Manuale, cit., v. I, p. 214, usa em tal contexto o verbo "sanzionare", ao criticar o rigor com que o velho Codice di Procedura Civile de 1865 sanzionava con la nullità qualunque inosservanza di forme".

15 No capítulo principal, vale ressaltar: não se exclui – e é irrelevante – que à declaração da nulidade ou à anulação se agreguem cláusulas acessórias de condenação. Não passou despercebido a JORGE SALOMÃO, Execução de Sentença em Mandado de Segurança, p. 21, o problema que no texto se suscita: não o resolve,

6. Mesmo a abstrair-se das dificuldades apontadas nos itens anteriores, há razões para duvidar de que a teoria liebmaniana se revelasse apta a ministrar da sentença condenatória uma noção clara, de contornos nítidos e inconfundíveis com os de sentença de outra classe. A fórmula da "aplicação de sanção", em si própria, é fundamentalmente equívoca, e por isso não muito persuasiva quando se quer expressar urna característica suficiente para justificar a consideração da sentença condenatória como figura de autônoma individualidade.

Que se pretende, com efeito, quando se afirma que, ao condenar este ou aquele litigante, lhe aplica o juiz uma sanção? Não, é claro, que com a simples emissão da sentença, ou com o seu trânsito em julgado, já lhe sofre o peso o vencido. Se, como escreve o mestre, "sanzione vera e ultima può dirsi dunque solo l'esecuzione forzata"[16], importa não confundir a atuação da sanção - que só no processo executório se consumará - com a pronúncia judicial que constitui o título para a execução, e por conseguinte é pressuposto da sanção, mas ainda não é a sanção mesma.

Se, todavia, não é de efetivar a sanção que se trata na sentença condenatória, então só de uma coisa é concebível que se trate: de declarar a sanção a que se sujeita o vencido. "Aplicar a sanção" reduzir-se-ia, pois, na fórmula proposta, a "declará-la aplicável", com a óbvia consequência de tornar indispensável a procura de outro critério para a diferenciação conceptual entre a sentença condenatória e a meramente declaratória. A questão não é exclusivamente terminológica[17]. Em matéria civil, quem

porém, a distinção, que aí se estabelece, entre sanção em sentido lato (imponível por sentença declaratória ou constitutiva) e sanção em sentido estrito (peculiar à sentença condenatória). Para salvar a tese da correlação necessária entre sanção e condenação, seria preciso negar em termos absolutos a natureza sancionatória da nulidade e da anulabilidade - natureza que, ao contrário, se reconhece quando se fala de "sanção em sentido lato". A nota típica da "sanção em sentido est rito", capaz de diferenciá-la das outras sanções, só poderia consistir na sua aptidão para ensejar a execução forçada; mas então, se se caracteriza por esse traço a sentença condenatória (sentença condenatória = sentença que aplica sanção capaz de ser atuada executoriamente), na verdade se renuncia a defini-la por seu conteúdo, encerrando-se a definição no círculo da eficácia (sentença condenatória = sentença suscetível de execução forçada). Ora, tudo consiste, precisamente, em averiguar a que corresponde, no conteúdo da sentença, o efeito executório.

16 LIEBMAN, Il Tit. Esec..., cit., p. 362.

17 Como a certa altura, diante de críticas feita na Itália no seu modo de conceituar a condenação, pretendeu LIEBMAN sustentar: v. II, Tit. Esec..., cit., p. 304 e nota 15.

observa a transição entre a sentença condenatória, que encerra o processo de conhecimento, e a atividade de execução que eventualmente se lhe siga, ainda onde se possa na verdade falar de sanção, debalde procurará, na trajetória percorrida – e feita abstração da hipótese de cumprimento espontâneo – qualquer termo intermediário entre o ato pelo qual o órgão judicial a diz aplicável, conferindo do mesmo passo ao vencedor o poder de promover-lhe a atuação, e a instauração do processo executório, a tal atuação destinado. Ora, a execução é, evidentemente, exterior à sentença; o poder de promovê-la, que surge para o vencedor, é efeito da sentença, e por conseguinte também se situa fora dela. Que restaria como conteúdo da sentença? Apenas a declaração de que a sanção é aplicável[18] – declaração pura e simples, sem nenhuma diferença essencial em relação à do direito controvertido. Destarte, a sentença condenatória já não se distinguiria da declaratória senão pela extensão do declarado, que nesta seria apenas o crédito (*lato sensu*) de uma contra a outra parte, naquela o crédito e mais a sanção aplicável à parte inadimplente. A natureza da providência judicial, contudo, permaneceria idêntica em ambos os casos – resultado admissível à luz de outras premissas, mas dificilmente harmonizável com as posições liebmanianas.

7. É bem verdade que LIEBMAN jamais descurou acentuar outro aspecto da sentença condenatória, a saber a sua aptidão para criar uma situação jurídica nova, caracterizada: *a*) pelo direito, atribuído ao vencedor, de acionar o mecanismo da execução forçada; *b*) pelo poder do órgão judicial de proceder à atividade executória; *c*) pela sujeição do devedor às respectivas consequências[19]. Por semelhante prisma, aproxima-se a sentença condenatória da constitutiva, que justamente se individualiza por fazer surgir uma situação jurídica diversa da preexistente – com rele-

18 No loc. cit. na nota anterior, estranhava LIEBMAN que não se tivesse compreendido "come essa" (a aplicação da sanção) "non sia nè accertamento, nè esecuzione della medesima". No entanto... tertium non datur; de inteira procedência, no particular, a crítica de CARNELLUTTI, "Titolo esecutivo", in Riv. di Dir. Proc. Civil, v. VIII, 1931, p. 315/6, reiterada por MANDRIOLl, L'Azione Esecutiva, 1955, p. 348.

19 Ver Emb. do Exec., ob. cit., p. 112: "La sentenza come titolo esccutivo", in Problemi, cit., p. 341; II Tit. Esec., cit, p. 363. 364; Exec. e Ação Exec., cit., p. 37; Manuale, cit., v. I, p. 65.

vante diferença, que o nosso autor não deixou de assinalar[20]: na sentença constitutiva, a modificação jurídica produzida é satisfativa, no sentido de que com ela se exaure a tutela jurisdicional outorgada ao litigante vitorioso, ao passo que na condenatória a modificação é, por assim dizer, instrumental: o direito do vencedor não fica desde logo satisfeito apenas porque se lhe concede o poder de executar o vencido, senão que tal poder lhe vai servir de instrumento para obter uma segunda modificação – a obtenção, através da atividade executória, de resultado prático tanto quanto possível equivalente ao que sobreviria na hipótese de adimplemento voluntário.

O confronto com a sentença constitutiva suscitaria, no entanto, extensa ordem de considerações, de que, em trabalho de proporções modestas como as deste, só cabe aflorar alguns dos tópicos principais. É óbvio que a analogia acima indicada entre ela e a condenatória, por muito que se quisesse magnificar-lhe a importância, sempre se inscreveria na pauta da eficácia. O estabelecimento de situação jurídica nova por força de sentença constitutiva, na verdade, é consequência de algo que na própria sentença se contém, de um elemento que lhe integra o conteúdo. Desde que se concedam foros de cidadania, como figura processual per se, à sentença constitutiva, nela se tem reconhecido, segundo lição corriqueira, a existência de dois elementos: um declaratório, que consiste na afirmação do direito da parte à modificação juridica pleiteada (direito potestativo, ou, como preferem alguns, formativo); outro propriamente constitutivo, que é a modificação em si mesma, por ato do juiz, que não faltou quem pretendesse classificar, em substância, antes como administrativo do que como jurisdicional[21].

---

20 Cf. Il Tit. Esec., cit., p. 366: "(...) questo carattere particolare dell'effetto costitutivo della condanna determina Ia sua distinzione dalla categoria del!e vere e proprie sentenze costitutive: essa pone una concreta volontà delto Stato che noo esaurisce suei efetti nel mutamento giuridico in cui consiste, ma che ha per contenuto un'ulteriore attività degli organi del processo, destinata a realizzare praticamente ed effettivamente quella volontà che la sentenza ha reso concreta". Poderia objetar-se, de passagem, que a atividade executória ulterior não faz parte do conteúdo da sentença condenatória, mas unicamente representa um eleito dela. A confusão, nada rara, entre conteúdo e efeito da sentença parece-nos responsável por grande número dos equívocos habituais no trato deste e de outros problemas conexos.

21 CALAMANDREI, "Limiti fra giurisdizione e amministrazione nella sentenza civile", in Opere Giuridiche, v. I. p. 65 e ss., espec. 78/ 82. Tinha razão esse autor, a nosso ver, em rejeitar a opinião consoante a qual, proferindo sentença constitutiva, nada mais faria o juiz senão declarar o direito do litigante à produção da mudança

O esquema dualístico parece-nos refletir com fidelidade a estrutura inteligível da sentença constitutiva, por mais imperioso que seja não perder de vista a recíproca integração de ambos os elementos na unidade superior da norma concreta sentencial. Com efeito, ao menos do ponto de vista lógico, é possível distinguir dois momentos na atividade decisória do juiz que acolhe, *v.g.*, o pedido de anulação de contrato por vício do consentimento ("declaro que Tício tem o direito de ver anulado este contrato, e anulo-o"). É irrelevante que, na fórmula da sentença, o primeiro momento, em regra, fique implícito; isso se explica pelo fato de o segundo momento, logicamente consequencial ao primeiro, revestir-se de maior importância ao ângulo prático, por expressar o resultado final cujo atingimento (e só ele) satisfará o interesse da parte vencedora[22].

8. Volvamos os olhos, de novo, para a sentença condenatória. Que a constituição do título executivo lhe seja traço peculiar é ponto que não nos inclinaríamos a pôr em dúvida. Apenas, reconhecer-lhe como constante o efeito executório não importa, nem deve importar, que se defina por ele a sentença condenatória. Justa seria a crítica segundo a qual, assim, se identifica a nota característica da condenação "non tanto in quello che essa e, quanto in quello che essa prepara", e por conseguinte a definição "viene a basarsi su un elemento che sta all'infuori della nozione da definire"[23].

jurídica: assim – abstração feita das diferenças entre as respectivas construções – ALFREDO ROCCO, La Sentenza Civile, 1962 (reimpressão), p. 127 e ss., onde se chegava, aliás coerentemente, a recusar autonomia à classe das sentenças constitutivas; e CHIOVENDA, Principii di Diritto Processuale Civile, 1965 (reimpressão), p. 182/3, e Instituições de Direito Processual Civil, trad., 2ª ed., 1965, v. I, p. 196/7. Concepção da sentença constitutiva semelhante à de CALAMANDREI aparece na doutrina francesa: JAPIOT, Traité Elémentaire de Procédure Civile el Commerciale, 3ª ed., 1935, p. 141; VINCENT, Procédure Civile, 14ª ed., 1969, p. 87.

22 Nem é outra a razão por que MACHADO GUIMARÃES, "sobre a ação declaratória", in Estudos de Direito Processual Civil, 1969, p. 168/9, após analisar a sentença que decreta o desquite litigioso por forma análoga à adotada no texto para a sentença anulatória de contrato, nega admissibilidade, por falta de interesse, à ação meramente declaratória que o cônjuge propusesse, para obter apenas a declaração do seu direito ao desquite.

23 CALAMANDREI, "La condanna", in Studi, cit., p. 188. Só nos atreveríamos a ponderar que tampouco escapa à censura a própria construção sugerida pelo mestre florentino: a "trasformazione dell'obbligo in soggezione", na verdade, que ele aponta

Ora, na sentença constitutiva, a aceitar-se o esquema exposto, é fácil remontar do efeito à causa. Ao estabelecimento da nova situação jurídica (efeito) corresponde, na estrutura da sentença, um elemento identificável como causa: a modificação operada pela pronúncia judicial (anulação do contrato, decretação do desquite etc.). Isso permite definir a sentença constitutiva e distingui-la, com toda a nitidez, da meramente declaratória, não só por sua eficácia, mas por seu próprio conteúdo.

Enorme dificuldade se teria, contudo, em aplicar raciocínio análogo ao problema das relações entre a sentença condenatória e a declaratória. Ao condenar uma das partes, sem dúvida cria o juiz, para a outra, a possibilidade de desencadear sobre ela a atividade de execução; mas essa modificação não é consequente ao reconhecimento de algum direito potestativo do vencedor à formação do título executório, antes de mais nada pela simples e bastante razão de que não é tal a *res in iudicium deducta,* não é tal o objeto do processo encerrado pela condenação. Se o órgão judicial diz: "condeno Tício a pagar a importância *x* a Caio", seria manifestamente arbitrária a análise que pretendesse discernir na estrutura de semelhante decisão, a exemplo da sentença constitutiva, um elemento declaratório consistente na afirmação do direito de Caio à obtenção do poder de promover execução forçada contra Tício, e um elemento constitutivo representado pela modificação da preexistente situação jurídica, em ordem a atribuir a Caio o mencionado poder, e a Tício a correspondente sujeição. Ninguém de juízo são reconheceria nesse bizantino retrato a imagem conceptual da sentença condenatória...

9. Que no conteúdo da sentença figurada existe declaração, isso é fora de dúvida: declaração, porém, do crédito de Caio em face de Tício, não daquele fantástico direito potestativo à constituição do título executório. A questão é saber se existe algo mais, que se haja de identificar como a causa do efeito executório. Demonstrou-se no item anterior que em vão se pretenderia descobrir tal *plus* num segundo elemento da sentença condenatória, concebido à imagem e semelhança do elemento

como nota essencial da sentença condenatória (ibid., p. 189), a rigor não é senão um aspecto do seu efeito executório. Se, por força da condenação, "il condannato è posto alia mercè degli organi esecutivi, e costretto a subire passivamente la esecuzione forzata come un male inevitabile" (ob. e loc. cit.), isso apenas significa que a execução forçada contra o sucumbente se torna possível em virtude da condenação; em outras palavras: que ela é efeito da sentença condenatória. Também aqui se comete, a nosso ver, a impropriedade de basear a definição em elemento "che sta all'infuori della nozione da definire".

propriamente constitutivo da sentença desta denominação, e como ele diverso, por natureza, do elemento declaratório. Não foi essa, aliás, a via experimentada por LIEBMAN. Em sua construção, vale repetir, o que se verifica a mais atento exame é que à declaração do direito se ajunta, na sentença condenatória, outra declaração: a de que determinada sanção é aplicável ao vencido. Duas declarações, portanto, apenas distinguíveis pelos respectivos objetos – o que torna lícito dizer-se da construção de LIEBMAN o mesmo que este diz, em tom crítico, da concepção carneluttiana da sentença condenatória, que lá como aqui não é "senão um caso especial e qualificado de sentença declaratória"[24]. Fácil concluir a que, nessa perspectiva, se reduz a "dupla função" de tal sentença: quando muito, poderia enxergar-se aí o exercício duplo de uma única função. O problema fundamental, todavia, permanece intacto. Não há reputar ilegítima *a priori* a tentativa de ligar-se a uma declaração o efeito executório; será porém igualmente legítima a exigência de que se esclareça porque dessa determinada declaração promana um efeito que outras se mostram inaptas a operar. Em que consiste, afinal, a declaração capaz de proporcionar à parte vencedora título hábil para a execução forçada? A resposta de LIEBMAN, vazada em fórmula mais aderente à realidade, soaria: na declaração da aplicabilidade da sanção. Ora, justamente nisso é que não se pode convir sem fazer tábua rasa das hipóteses em que o juiz condena, e a sentença se executa, sem que se trate em absoluto de sanção; e também daquelas outras, não tão raras, em que a sanção se efetiva na própria sentença, sem necessidade – nem, aliás, possibilidade – de repor-se em movimento, para atuá-la, o mecanismo judicial.

24 LIEBMAN, Proc. de Exec., cit., p. 13. CARNELUTTI, que começara por ver a nota característica da condenação na declaração de um ato ilícito, substituiu mais tarde essa fórmula pela da declaração da responsabilidade, isto é, da sujeição do vencido à sanção: ver em Diritto e Processo, 1958, p. 50, nota 2, o resumo, feito pelo próprio autor, da evolução do seu pensamento na matéria. LIEBMAN, ob. cit., p. 15, nota 12, insistiria em que "a simples declaração da sanção não é suficiente"; mas a verdade é que sua teoria da condenação, por mais que o pretendesse, jamais ultrapassou tampouco o plano da mera declaratividade, no qual, confessadamente, se inscrevia a doutrina carneluttiana.

COMENTÁRIOS DO ATUALIZADOR

REFLEXÕES CRITICAS SOBRE UMA TEORIA DA CONDENAÇÃO CIVIL

Antonio do Passo Cabral

O artigo "Reflexões criticas sobre uma teoria da condenação civil", publicado originalmente na Revista dos Tribunais, é o primeiro texto dos *Temas de Direito Processual* dedicado à teoria da sentença, tema recorrente na produção do mestre. Neste artigo, Barbosa Moreira tinha por objetivo discutir qual seria a nota essencial das sentenças condenatórias que poderia conduzir à execução civil.

Barbosa Moreira elabora intensa crítica contra a tese defendida por Enrico T. Liebman, no sentido de que a condenação conteria a aplicação de uma *sanção* ao condenado. E todas as críticas do autor à formulação de Liebman parecem ainda de valia dogmática no direito contemporâneo.

De fato, não vingou no Brasil a ideia de adotar uma associação necessária entre condenação e sanção (confira-se a substanciosa exposição crítica, em doutrina recente, de Marinoni, Arenhart e Mitidiero). Primeiramente, porque há casos de condenação que não se voltam contra comportamentos ilícitos. A condenação do litigante vencido nos ônus financeiros do processo ainda é hoje o principal exemplo, pois a imposição do pagamento se dá como corolário da sucumbência (art.82 §2°, 85, ambos do CPC/15).

Também continua atual o exemplo dado por Barbosa Moreira das condenações para o futuro, nas quais o juiz certifica a obrigação e forma o título em benefício do autor, para o caso de o réu não venha a cumprir a termo o que lhe cabe. Surge uma condenação, que impõe uma prestação, mas ainda não se sabe se haverá descumprimento ou não, por parte do réu, do preceito primário da norma concreta da decisão. E seria estranho compreender essa condenação como aplicação de uma sanção antes mesmo de qualquer comportamento ilícito. Aliás – cabe o registro – a condenação para o futuro ainda é muito subteorizada no Brasil, e Barbosa Moreira foi um dos poucos que deu ao tema a atenção que merece.

Pois bem, salientei que o texto ora em comento ainda guarda importância e utilidade, nos dias de hoje, pela análise dogmática da teoria da condenação. Mas o artigo de Barbosa Moreira parte de duas premissas fundamentais, tendo ambas sofrido os influxos da evolução legislativa e dos debates mais recentes na doutrina.

A primeira premissa é que, no texto, a teoria da condenação é analisada à luz da *sentença* com conteúdo condenatório. Mas o art.515, I do CPC/15, ao tratar dos títulos executivos judiciais, usa o termo genérico "decisão". Hoje compreendemos como exequíveis quaisquer decisões judiciais (decisão interlocutória, sentença, acórdão, além das decisões unipessoais ou monocráticas dos relatores nos tribunais; na doutrina, Abelha, 2016; Roque). Também é título executivo a decisão que concede tutela provisória estabilizada (art.304 do CPC/15).

A segunda premissa da qual parte Barbosa Moreira é que a atividade executiva incidiria apenas sobre o conteúdo condenatório das decisões judiciais. Outros conteúdos não condenatórios não poderiam levar à execução, pelo menos não à execução própria, subrogatória. Essa era a compreensão predominante no Brasil à época da edição do texto, até porque a redação original do art.584, I do CPC/73 afirmava ser título executivo judicial "a sentença condenatória proferida no processo civil".

Nesse ponto, o sistema processual brasileiro evoluiu muito em sentido diverso. A mudança começou na doutrina e na jurisprudência, até ser positivada na legislação.

De fato, a jurisprudência, sobretudo do Superior Tribunal de Justiça, começou a admitir a exequibilidade de conteúdos outros das sentenças que não o condenatório (STJ - REsp 544189/MG, rel. Min. Luiz Fux, j.02/12/2003; REsp 588.202/PR, rel. Min. Teori Zavascki, j.10/02/2004; REsp 413968/SC, rel. Min. Peçanha Martins, j.09/08/2005; REsp 1.300.213/RS, rel. Min. Teori Zavascki, j.12/04/2012), até que essa possibilidade foi encampada nas reformas da execução do CPC/73 e inserida na lei em 2005 (art.475-N, I), mantida posteriormente no CPC/15 (art.515, I).

A questão foi pacificada no STJ, pelo regime dos recursos repetitivos (tema 889), fixando-se a seguinte tese: "A sentença, qualquer que seja sua natureza, de procedência ou improcedência do pedido, constitui título executivo judicial, desde que estabeleça obrigação de pagar quantia, de fazer, não fazer ou entregar coisa, admitida sua prévia liquidação e execução nos próprios autos".

Em paralelo à mudança de entendimento jurisprudencial, a doutrina também passou a considerar possível a execução de sentenças declaratórias (Zavascki, 2008; Theodoro Jr.; Medina; Carmona; Abelha, 2006; Lucon), inclusive as de improcedência (Zavascki, 2012; Ataíde Jr.; contra, Wambier e Talamini, com exceção das ações dúplices), desde que o conteúdo das relações jurídicas cuja existência foi reconhecida na decisão judicial corresponda a prestações com as características que a lei afirma necessárias (certeza, liquidez e exigibilidade) para que sejam executáveis (art.783 e 786 do CPC/15). A literatura especializada passou também a admitir a execução de sentenças constitutivas (Didier Jr.), desde que a efetivação de um direito potestativo faça nascer um direito a uma prestação, para cuja efetivação façam-se necessários atos de execução forçada.

Portanto, ao invés de restringir os títulos executivos judiciais às sentenças condenatórias, o direito positivo brasileiro atualmente admite como exequível qualquer "decisão que reconheça a exigibilidade de obrigação de pagar quantia, de fazer, de não fazer ou de entregar coisa" (art.515, I do CPC/15), com isso consagrando a exequibilidade de conteúdos não condenatórios das decisões judiciais (contra, hoje minoritariamente, na doutrina, Câmara; Assis).

De todo modo, as reflexões de Barbosa Moreira neste artigo são importantes para discutir o conceito de condenação, em especial para diferenciá-la de outros elementos das decisões judiciais, tema que viria a ocupar o autor em estudos posteriores (Barbosa Moreira, 2001; Barbosa Moreira, 2004; Barbosa Moreira, 2007) e que continua a ter relevância no sistema processual, p. ex. pela frequência com que a lei estabelece a possibilidade do uso de medidas de natureza mandamental pelo juiz (art.139, IV; 380, parágrafo único; 400, parágrafo único; 403, parágrafo único, todos do CPC/15) e pela diferença de regime deste tipo de decisão em relação às decisões condenatórias (sobre o tema, Talamini, 1997; Talamini, 2003; Cabral).

O artigo de Barbosa Moreira também parece relevante para os estudiosos que se aventurarem em enfrentar a (in)suficiência da classificação ternária das sentenças (em declaratórias, constitutivas e condenatórias), forte na tradição europeia continental, para defender ou afastar a necessidade de outras categorias, como tem sido sustentado no Brasil por vários autores que adotam classificação quinária das sentenças, incluindo as sentenças mandamentais e "executivas *lato sensu*" (na doutrina, Silva; Marinoni, Arenhart, Mitidiero; confira-se a crítica a tal categoria em Barbosa Moreira, 2007).

Referências bibliográficas (obras citadas pelo atualizador)

ABELHA, Marcelo. *Manual de Direito Processual Civil.* Rio de Janeiro: Forense, 6a ed., 2016, p.722-723.

__________. *Manual de Execução Civil.* Rio de Janeiro: Forense Universitária, 3a ed., 2008, p.126-128.

ASSIS, Araken de. *Manual da Execução.* São Paulo: RT, 18ª ed., 2016, p.220-226.

ATAÍDE JR., Jaldemiro Rodrigues de. A execução da sentença de improcedência diante do NCPC. *in* Lucas Buril de Macêdo, Alexandre Freire e Ravi Peixoto (coord.). *Doutrinas selecionadas - Execução.* Salvador: Juspodivm, vol.5, 2ª ed., 2016, p.425 ss.

BARBOSA MOREIRA, José Carlos. Questões velhas e novas em matéria de classificação de sentenças. *Temas de direito processual* – oitava série. São Paulo: Saraiva, 2004, p.125-142.

__________. Sentença executiva? *Temas de direito processual – nona série.* São Paulo: Saraiva, 2007, p.179-198.

__________. Sentença mandamental – da Alemanha ao Brasil, *in Temas de Direito Processual – 7ª Série.* São Paulo: Saraiva, 2001, p.53 ss.

CABRAL, Antonio do Passo. Da sentença ao conteúdo mandamental: proposta de sistematização do regime jurídico-processual para as ordens judiciais. *in* Fredie Didier Jr., Pedro Henrique Pedrosa Nogueira e Roberto P. Campos Gouveia Filho (Org.). *Pontes de Miranda e o Direito Processual.* Salvador: Juspodivm, 2013, vol. 1, p. 159-182.

CÂMARA, Alexandre Freitas. *O novo processo civil brasileiro.* São Paulo: Atlas, 2015, p.285-290; 324-325.

CARMONA, Carlos Alberto. Cumprimento da sentença conforme a Lei n.11.232/2005. *in* Bento H. Duarte e Ronnie P. Duarte (Coord.). *Processo civil - aspectos relevantes.* São Paulo: Método, 2007, vol.2, p.156.

DIDIER Jr., Fredie. Sentença constitutiva e execução forçada. Revista de Processo, vol. 159, 2008, p.65-76.

LIEBMAN, Enrico Tullio. *Embargos do executado.* São Paulo: Saraiva, 2ª Ed., 1968, p.103 ss.

LUCON, Paulo Henrique dos Santos. Sentença e liquidação no CPC (Lei 11.232/2005). *in* Luiz Fux, Nelson Nery Jr. e Teresa Arruda

Alvim (coord.). *Processo e constituição: Estudos em Homenagem ao Professor José Carlos Barbosa Moreira*. São Paulo: RT, 2006, p.915.

MARINONI, Luiz Guilherme; ARENHART, Sérgio Cruz; MITIDIERO, Daniel. *Curso de Direito Processual Civil*. São Paulo: RT, vol.2, 2015, p.463-500, 748 ss.

MEDINA, José Miguel Garcia. A sentença declaratória como título executivo - considerações sobre o art.475-N, I do CPC. Revista de Processo, n.136, jun., 2006, p.58 ss.

ROQUE, André Vasconcelos. Comentário. *in* GAJARDONI, Fernando da Fonseca; DELLORE, Luiz; ROQUE, André Vasconcelos; OLIVEIRA JR., Zulmar Duarte de. *Comentários ao Código de Processo Civil de 2015*. São Paulo: Método, 2016, p.689-690.

SILVA, Ovídio Baptista da. *Sentença e coisa julgada*. Rio de Janeiro: Forense, 4ª ed., 2003. p. 77.

TALAMINI, Eduardo. *Tutela relativa aos deveres de fazer e não fazer*. São Paulo: RT, 2ª ed., 2003, p.192-205.

__________. Tutelas Mandamental e Executiva *Lato Sensu* e a Antecipação de Tutela *ex vi* do art. 461, § 3º do CPC. *in* WAMBIER, Teresa Arruda Alvim (Coord.). *Aspectos Polêmicos da Antecipação de Tutela*. São Paulo: Revista dos Tribunais, 1997. p. 135-170.

THEODORO JR., Humberto. *As novas reformas do Código de Processo Civil*. Rio de Janeiro: Forense, 2006, p.132-138.

WAMBIER, Luiz Rodrigues; TALAMINI, Eduardo. *Curso Avançado de Processo Civil*. São Paulo: RT, vol.3, 17ª ed., 2020, p.71-74.

ZAVASCKI, Teori Albino. Executividade das sentenças de improcedência em ações declaratórias negativas. Revista de Processo, n.208, jun., 2012, p.13-20.

__________. Sentenças declaratórias, sentenças condenatórias e eficácia executiva dos julgados. *in Leituras complementares de processo civil*. Salvador: Juspodivm, 6ª ed., 2008, p.43-54.

COISA JULGADA E DECLARAÇÃO[1]

1. Cobrirá a autoridade da coisa julgada tão só o elemento declaratório da sentença? Essa tese, que na processualística alemã vem predominando de maneira absoluta, e que entre nós acaba de receber valiosa adesão[2], remonta principalmente a HELLWIG, que a consagrou, ao raiar o século, nas páginas iniciais de sua famosa monografia sobre a essência e os limites subjetivos da coisa julgada[3]. Fixemos, em resumo, as posições do grande jurista na matéria.

Partia ele da distinção entre duas classes de sentenças: as que se cingem a declarar autoritariamente uma situação jurídica (*Feststellungsurteile*) e as que modificam a situação preexistente, gerando efeitos jurídicos novos (*konstitutive Urteile*). Nas sentenças da segunda classe, a modificação jurídica forma o "conteúdo imediato e característico", embora nelas também se contenha, implicitamente ao menos, a afirmação da existência do direito à modificação. Tal direito, porém, ao transitar em julgado a sentença, realiza-se e, do mesmo passo, exaure-se. Daí em diante, nela já não se poderá fundar a alegação de que o direito existe atualmente, senão apenas a de que ele existia, e por isso a modificação se consumou de maneira legítima.

Apresenta a sentença constitutiva, pois, um conteúdo declaratório, que em regra só vale para as partes. Já a modificação jurídica produz-se em face de todos[4]. Na sentença condenatória ocorre fenômeno análogo: ela igualmente contém uma declaração (da obrigação de prestar) e ou-

---

1 Publicado na Rev. dos Tribs., v. 429, e na Revista de Direito do Ministério Público, v. 13. Atualizaram-se as citações de artigos do Código de Processo Civil, que no texto originário se referiam ao diploma ab-rogado, de 1939.

2 1. CELSO NEVES, Contribuição ao Estudo da Coisa Julgada Civil, São Paulo, 1970, p. 443 e ss. (cf. a Conclusão n. 7, na p. 505). Já antes, no mesmo sentido, PONTES DE MIRANDA, Comentários ao Código de Processo Civil (de 1939), 1ª ed., v. II, p. 378/80, 444/6 etc.; id., Tratado das Ações, São Paulo, t. I, 1970, p. 163, 182/4 etc.

3 Wesen und subjektive Begrenzung der Rechtskraft. 1967 (reimpressão da edição de 1901), p. 1 e ss.

4 Cf. este passo da p. 18: "Eine solche Wirkung kann sich aber nicht auf die Prozessparteien beschränken. Ist ein Recht entstanden oder untergegangen, so muss dies jedermann gegenuber gelten (Semelhante efeito, porém, não pode limitar-se às partes do processo. Se um direito nasce ou perece, isso deve valer em face de todos)".

tro elemento, a ordem de prestar (*Leistungsbefehl*), de que deflui para o vencedor a pretensão à execução (*Vollstreckungsanspruch*). Também a sentença condenatória, destarte, realiza uma modificação jurídica, o que permite equipará-la à constitutiva; e, assim como nesta, a modificação vale erga omnes, enquanto a declaração, de ordinário, apenas inter partes. Em que consistia para HELLWIG, precisamente, o particular efeito só ligado ao elemento declaratório da sentença? Na indiscutibilidade ou incontestabilidade (*Unbestreitbarkeit*) de que se reforça a declaração a partir do trânsito em julgado, e que a torna vinculativa para todos os juízes[5]. Eis ai, no pensamento do autor, a essência da coisa julgada (material).

2. Ora, à elaboração de HELLWIG parece subjazer uma premissa implícita que nos atreveríamos a considerar como não cabalmente justificada. Se a *auctoritas rei iudicatae* consiste na incontestabilidade do *decisum,* e se dela unicamente se reveste o elemento declaratório da sentença, deveria existir na própria natureza da declaração algo que não existisse na natureza da modificação, e que postulasse para a primeira, com exclusão da segunda, a aptidão para tornar-se incontestável. Mas que pode haver de específico a tal respeito numa declaração, em confronto com uma modificação? Por que há de convir à declaração, e não convir à modificação, o atributo da incontestabilidade?

Dir-se-á que a declaração judicial de uma situação jurídica traz consigo, necessariamente, a certeza oficial de que a situação declarada, aos olhos do ordenamento, é tal qual se declarou, e não outra. Em palavras talvez mais exatas: a certeza da disciplina a que deve submeter-se a situação jurídica declarada. Não faltará quem recorde, ao propósito, a estrutura do *nomen iuris* correspondente, na linguagem jurídica alemã, à "declaração"; *Feststellung,* de *Stellung* (posição, colocação) e *fest* (firme, sólida) – como se poderia recordar, aliás, o *accertamento* dos italianos.

A adotar-se essa perspectiva, contudo, não haverá por que negar dose equivalente de certeza também à modificação acaso operada pela sentença. Se o juiz anula um contrato, por exemplo, fica o resultado do processo, após o trânsito em julgado, menos imune à contestação do que ficaria se ele se limitasse a declarar nulo O contrato? Aderirá porventura a garantia da incontrovertibilidade somente à declaração de que o autor

5 Ver sobre o ponto, principalmente, p. 12 e 18/9.

tinha o direito de pedir a anulação, ou abrangerá – como sem dúvida reclamam as necessidades práticas em jogo – a própria modificação consistente em desfazer-se o ato? Será que, passada em julgado a sentença condenatória, pode continuar-se a discutir, de modo juridicamente relevante – e mesmo fora das hipóteses legais de fato superveniente –, o direito do vencedor à execução, e apenas já não se pode discutir a existência do crédito declarado exigível em face do réu? São perguntas a que facilmente responderá, e num sentido que se adivinha sem grande risco de erro, o leitor capaz de observar a realidade da vida jurídica, de ver como se passam as coisas – e mais: de compreender porque efetivamente assim devem passar-se.

3. Consideremos um exemplo frisante. Por sentença trânsita em julgado, mediante ação proposta por *A* contra *B*, anulou-se contrato entre ambos celebrado. Noutro processo, *B* exige de *A* o cumprimento da obrigação contratual e argumenta: "Não discuto que *A* tivesse direito à anulação do contrato; ora, só isso é que ficou coberto pela autoridade da coisa julgada. A anulação mesma, em si, essa não goza de igual proteção; logo, posso contestá-la, para afirmar subsistente o contrato, e por conseguinte demandar-lhe o cumprimento, sem ofender *a res iudicata*". Andaria bem o juiz que acolhesse semelhante argumentação? A coisa julgada – nunca será demais repeti-lo – é instituto de finalidade essencialmente prática: destina-se a conferir estabilidade à tutela jurisdicional dispensada. Para exercer de modo eficaz tal função, ela deve fazer imune a futuras contestações o resultado final do processo. Se constitutiva a sentença, o que importa preservar é justamente a modificação jurídica operada, não o mero direito de promovê-la, reconhecido ao autor. De que serve a Caio – ou, acima dele, à paz social, à segurança das relações interpessoais – tornar-se indiscutível, a partir de certo momento, o direito que tinha à anulação de seu casamento com Tícia, se entretanto se permite que continue a ser discutida a própria dissolução da sociedade conjugal? Uma vez efetuada a modificação – nisso estava certíssimo HELLWIG –, o direito de obtê-la já não tem qualquer significação atual, e bem fraca teria de reputar-se a garantia da coisa julgada se apenas a ele se reportasse, deixando ao desabrigo a modificação mesma[6].

6 É o que explica, a nosso ver, a propensão de grande parte da doutrina, na Alemanha, para negar importância à coisa julgada nas sentenças constitutivas, ou mesmo para recusar a tais decisões, pura e simplesmente, idoneidade para se revestirem

4. Na verdade, cumpre observar, ninguém tira aqui as consequências rigorosas (e absurdas) que seria lícito prever. Para todos os efeitos práticos, reconhece-se que, passada em julgado a sentença constitutiva, a modificação por ela produzida já não pode ser objeto de contestação juridicamente relevante. Assim se peca, decerto, contra a lógica; mas talvez seja o caso de exclamar-se "*o felix culpa!*", como já se exclamou em relação à matéria de maior transcendência.

Curioso é que até se concede à modificação, de certo ponto de vista, proteção mais ampla que à declaração: diz-se, com efeito, que enquanto esta, salvo casos excepcionais, vincula unicamente as partes, vale aquela para todos. Ora, aqui é indispensável que nos entendamos com toda a clareza sobre o sentido de tal distinção. Se se quer significar que a modificação consequente à sentença constitutiva se impõe *erga omnes* como fato que seria vão pretender ignorar, é fácil retorquir que, por esse prisma, a sentença constitutiva não se distingue em absoluto da sentença meramente declaratória: a declaração é também um fato que, como tal, ninguém pode ter por *quantité négligeable.* Para *A,* que quer comprar o imóvel vendido por *B* a *C,* tanto faz que uma sentença *anule* ou simplesmente *declare nula* a venda: em ambos os casos, a partir do trânsito em julgado, ele terá de dirigir-se a *B,* e não a C, para formular a sua proposta de compra. Onde está a diferença?

O que interessa, no presente contexto, é menos saber se o resultado do processo se produz em face de todos do que saber se (e em que medida) será possível a alguém, depois do trânsito em julgado, oferecer a esse resultado contestação juridicamente relevante. Ora, se precisamente na incontestabilidade se faz residir a essência da coisa julgada, força é convir que o problema se põe nos mesmos termos quer se trate de mera declaração, quer de constituição. "Che cosa mai, se non proprio la cosa giudicata", – indaga LIEBMAN – "impedisce che una seconda sentenza sullo stesso oggetto revochi, modifichi o comunque contraddica l'effetto costitutivo precedentemente acquisito?[7] A semelhante pergunta não se deu, nem acreditamos que se possa dar, resposta convincente.

---

da auctoritas rei iudicatae no sentido material (assim. p. ex., ROSENBERG, Tratado de Derecho Procesal Civil, trad. esp., Buenos Aires, 1955, t. II, p. 23/4, 443). A conclusão é coerente; da exatidão da premissa é que nos parece lícito duvidar.

---

7 Efficacia ed Autorità della Sentenza, Milão, 1962 (reimpressão da 1ª ed.), p. 15.

5. Na Itália, com o advento do atual *Codice Civile,* veem-se a braços os juristas com uma dificuldade textual: o art. 2.909, encampando a concepção tedesca, limita-se a aludir ao "accertamento contenuto nella sentenza", e dele diz que "fa stato" entre as partes e seus sucessores. Daí a necessidade, em que se acham os intérpretes, de recorrer a um rodeio: o que faz coisa julgada (material) é a declaração, e por via de consequência tornam-se igualmente indiscutíveis os outros elementos (constitutivo, condenatório) acaso presentes na sentença[8].

Diga-se, por amor à verdade, que mesmo sob o direito anterior já havia quem assumisse tal posição. HEINITZ, por exemplo, depois de registrar que a sentença constitutiva encerra também uma declaração (a do direito à modificação jurídica), acrescentava: "Soltanto questo accertamento passa in giudicato; e basta per escludere una seconda sentenza che contraddica alla prima. Il fatto dell'avvenuto cambiamento del resto deve essere riconosciuto come tale indipendentemente dalla cosa giudicata da tutti e anche dal giudice"[9].

Mas, em primeiro lugar, a sentença superveniente que negasse a modificação, sem negar à parte o direito de provocá-la, não contradiria propriamente a sentença anterior, ou pelo menos não a contradiria naquilo que, segundo a doutrina exposta, haveria adquirido a autoridade da coisa julgada - a saber, a mera declaração do mencionado direito; ficaria então pré-excluída a possibilidade de arguir-se eficazmente, em relação à segunda sentença, o vício de ofensa à *res iudicata*? Por outro lado, como já se notou, O que está em causa não é o reconhecimento do fato representado pela modificação jurídica, senão a irrelevância da contestação que se pretenda suscitar a seu respeito, após o trânsito em julgado. A exigência de estabilidade inerente ao mecanismo da tutela jurisdicional não fica satisfeita com o ter-se de reconhecer como produzido o resultado do processo em que se proferiu a sentença constitutiva; é necessário que semelhante resultado, ao menos dentro de certos limites, seja reconhecido como indiscutível, como incontestável, como inimpugnável. Ora, a isso não se pode chegar "*indipendentemente dalla cosa giudicata*", a não ser que se queira admitir duas espécies de incontestabilidade, uma identificada com a *auctoritas rei iudicatae*, outra relacionada com causa ou circunstância diversa (mas qual seria?).

8 Assim, ver, VELLANI, Appunti sulla Natura della Cosa Giudicata, Milão, 1958, p. 51/2.

9 I Limiti Oggettivi della Cosa Giudicata, Pádua, 1937, p. 24/5.

De lege lata, subsiste em todo caso, para os juristas italianos, o óbice do art. 2.909. Tem razão LIEBMAN, ainda aqui, em falar de "medíocre expediente", quando se refere ao tortuoso raciocínio por via do qual se sustenta – ao nosso ver, com escassa força de persuasão – "che l'incontestabilità dell'accertamento valga a sorreggere l'effetto costitutivo o quello di condanna, che ad essa eventualmente conseguono"[10]. O próprio mestre, todavia, não lhe nega *"l'utilità in sede esegetica, di fronte al testo della norma*[11]. Pondere-se, apenas, que o óbice existe, e o "medíocre expediente" precisa talvez ser usado... na Itália!

O direito brasileiro não tem regra que corresponda à do art. 2.909 do *Codice Civile.* Nos termos do art. 468 do Código de Processo Civil, "a sentença, que julgar total ou parcialmente a lide, tem força de lei nos limites da lide e das questões decididas". "A sentença", reza o texto, não "a declaração contida na sentença": a sentença, pois, na sua integridade enquanto ato decisório, com todos os elementos do *decisum.* Nenhum outro dispositivo legal, de modo explícito ou implícito, aponta em sentido contrário. Por que, então, importarmos um problema que não existe, e uma solução que não satisfaz?

6. Fica, pois, assente que não é nem pode ser privativa do elemento declaratório da sentença a aptidão para alcançar a *auctoritas rei iudicatae.* Cabe agora encarar questão por outro ângulo, para verificar se, ao menos, haverá no elemento declaratório um *quid* específico, em razão do qual o atributo da incontestabilidade lhe deva aderir, a ele, em caráter necessário, como exigência impostergável de sua natureza. Quase chegou a tanto o próprio LIEBMAN, ao tentar explicar porque se tornara dominante, na literatura processual, a tendência a vincular só à declaração a autoridade da coisa julgada. Foi ao ponto de escrever que "l'accertamento senza cosa giudicata sembra privo di importanza e non serve a nulla", sendo, "per chi l'ha ottenuto, poco meno che inutile"[12]. Mas não teria LIEBMAN, aí, concedido demais? Ele mesmo obtempera que existem atos declaratórios não jurisdicionais (administrativos, p.ex.), e portanto inidôneos para produzir *res iudicata,* sem que ninguém – acrescentaríamos – se haja até hoje escandalizado com isso, ou classificado

10 Ob. cit., prefácio à reimpressão, p. IV.

11 Ob. cit., prefácio à reimpressão, p. IV.

12 Ob. cit., p. 13.

esses casos como patológicos. Mais: de acordo com o cân. 1.903 do *Codex Iuris Canonici,* "nunquam transeunt in rem iudicatam causae de statu personarum" – seja embora meramente declaratória, como não raro acontecerá, a sentença proferida. Ter-se-ão declarações (e declarações jurisdicionais) sem aptidão para obter a autoridade da coisa julgada – e quem se lembra de gritar aqui-del-rei?

Que se trate de hipóteses excepcionais, bem pouco importa do ponto de vista em que nos situamos. Se à declaração fosse conatural a incontrovertibilidade, nenhuma exceção seria possível. Dizer que uma declaração passível de ser contestada não tem utilidade prática é apenas ressaltar a conveniência de fazê-la, sob determinadas condições, incontestável. Mas então o problema passa a ser de política legislativa, sem solução encontrável *a priori* num céu de puras teorias. Caberá ao legislador resolver se (e dentro de quais limites) há de excluir-se, para o futuro, a viabilidade de contestação eficaz. A existência de casos como os acima apontados prova – *contra factum non valet argumentum* – que, por vezes, o legislador prefere contentar-se com uma certeza provisória; nem se descobre nisso qualquer *contradictio in terminis.*

Já se mostrou qual foi, no direito brasileiro, a opção do legislador. O art. 468 do Código de Processo Civil atribui "força de lei" a toda sentença (*rectius*: a toda sentença de mérito) e à sentença toda (entenda-se: na parte decisória, não na fundamentação; cf. o art. 469); não a restringe à sentença declaratória, nem ao elemento declaratório da sentença. O que se julgou, pois, conveniente e útil ao ângulo prático – e, ao que nos parece, com inteira razão – foi proporcionar a garantia da coisa julgada assim à declaração, como a qualquer outro elemento que integre o conteúdo decisório da sentença.'

7. Até agora tem-se considerado a fórmula doutrinária segundo a qual a *auctoritas rei iudicatae* somente adere ao elemento declaratório da sentença. Expusemos os motivos por que se nos afigura tal fórmula inexata. Vez por outra, depara-se também na literatura referência ao "efeito declaratório" da sentença, que se resolveria, exatamente, na incontestabilidade da declaração, a partir do trânsito em julgado. Aqui, ousamos pensar que a inexatidão sobe de ponto.

Para começar, é de duvidosíssima propriedade a expressão mesma "efeito declaratório". A sentença – toda sentença – contém uma declaração, podendo conter ou não, junto dela, um *aliud*[13]. Falar-se-á, pois, do conteúdo declaratório da sentença, ou do elemento declaratório presente nesse conteúdo. No particular, é incensurável a dicção da lei italiana: "*L'accertamento contenuto nella sentenza...* ". Aludir, porém, ao efeito declaratório da sentença, a rigor, *c'est parler pour ne rien dire*. Quando a uma declaração se atribui efeito declaratório, ou se está embutindo a priori neste conceito uma significação que a fórmula mal exprime, se está pura e simplesmente perpetrando uma tautologia: a declaração produz o efeito... de declarar.

Da expressão tedesca *Feststellungswirkung,* o que razoavelmente há de entender-se é que designa o efeito da declaração. Não esclarece o vocábulo, assim compreendido, em que consiste o efeito, senão que se limita a indicar-lhe a causa. É certo que doutrinariamente se identifica o efeito, depois, com a coisa julgada material[14]; mas tal identificação, vale repetir, é que não se afigura justificada. Ter-se-ia de considerar como normal e natural (para não dizer necessário) numa declaração o efeito de tornar incontrovertível, sob determinadas condições, a própria declaração. Não existe, porém, na estrutura essencial da declaração – ainda na da declaração judicial – nota alguma de que se possa inferir a propriedade de gerar semelhante efeito. A indiscutibilidade é *plus* que a lei, com bem conhecidos objetivos de ordem prática, imprime – como poderia deixar (e às vezes de fato deixa) de imprimir – não apenas à declaração, mas a todo o conteúdo decisório da sentença. É, pelo menos, o que ocorre no direito pátrio.

Parece-nos arbitrário afirmar que a eficácia do elemento declaratório "consiste em vincular as partes à declaração"[15]. Primeiro, já se pressupõe aí o que seria preciso demonstrar, a saber: que as partes só ficam vinculadas *à declaração,* e não à constituição, nem à condenação.

---

13 Com absoluta precisão referia-se HELLWIG, ob. cit., p. 4, ao "conteúdo declaratório da sentença constitutiva": "Fur diesen feststellenden Inhalt des konstitutiven Urteils". Cf. NIKISCH, Zivilprozessrecht, 2ª ed., Tubingen, 1952, p. 385: "Jedes Urteil enthält sonach eine Feststellung (Toda sentença contém portanto uma declaração)".

14 Ver, por exemplo, POHLE, "Gedanken uber das Wesen der Rechtskraft", in Scritti Giuridici in memoria di Piero Calamandrei, Pádua, 1958, v. II, p. 379: "Die typischste und wohl auch praktisch bedeutsamste Urteilswirkung ist die materielle (oder sachliche) Rechtskraft, auch Feststellungswirkung genannt (O mais típico efeito da sentença, e o de maior significação prática, é a coisa julgada material ou substancial, também chamada efeito de declaração)".

15 PONTES DE MIRANDA, Coment., cit., v. II, p. 378.

Em segundo lugar, atribui-se à própria sentença, ou a uma parte dela, a aptidão para criar por si o referido vínculo. Ora, o vínculo não resulta da sentença, resulta da coisa julgada: e, se se replicar que esta constitui justamente o efeito da declaração, ter-se-á encerrado o raciocínio num círculo vicioso. A pergunta: "É concebível a eficácia da declaração sem a eficácia da coisa julgada material?"[16] Pode-se, de ânimo leve, responder que sim, e apontar simplesmente o cân. 1.903; ou será que, no direito canônico, as sentenças declaratórias de estado, por não adquirirem jamais a autoridade da coisa julgada, ficam desprovidas de qualquer efeito?

8. Quer-nos parecer que esses e outros equívocos têm uma raiz comum: é a costumeira deformação de perspectiva que leva os observadores – ainda os mais argutos – a pôr em relação de causa e efeito a sentença (ou parte dela) e a incontrovertibilidade que, a partir de dado momento, lhe sela o conteúdo. Bem consideradas as coisas, não é difícil compreender quão inadequadamente se descreve a realidade dos fatos quando se diz que a sentença, ao transitar em julgado, produz o efeito de tornar-se indiscutível. Tal é, no fundo, muito ao contrário, um efeito que a sentença recebe, um efeito que sobre ela se produz. A sentença é, aí, mais paciente que agente. Preclusas que ficam as vias recursais, passa ela a viver em nova situação, em novo *status*, e sofre o impacto de semelhante transição, que a põe – salvo casos excepcionais, taxativamente enumerados na lei – fora do alcance de ulteriores impugnações.

Essa nova situação, a que a sentença tem acesso mediante a preclusão dos recursos, é que se denominará com propriedade, segundo oportunamente sugeria MACHADO GUIMARÃES[17], coisa julgada. Nela ingressando, reveste-se a sentença de atributo também novo, que consiste na imunidade a contestações juridicamente relevantes. A isso se chamará autoridade da coisa julgada[18]. Condiciona a lei ao trânsito em

---

16 Id., ibid.

17 "Preclusão, coisa julgada, efeito preclusivo", in Estudos de Direito Processual Civil, 1969, p. 14.

18 Cf. nosso artigo "Ainda e sempre a coisa julgada", agora no v. Direito Processual Civil (Ensaios e Pareceres). Rio, 1971, p. 146. Notará o leitor que ali DOS referimos à imutabilidade, ao passo que no presente trabalho temos falado de indiscutibilidade, incontestabilidade, incontrovertibilidade, para nos conformarmos à formulação de HELLWIG, exposta de início. No fundo, a sentença trânsita em julgado é indiscutível porque imutável: para garantir-lhe a imutabilidade, proíbe o

julgado, ordinariamente, a produção dos efeitos da sentença – de todos os seus efeitos, não apenas dos relacionados com a declaração. Quer dizer: em regra, só quando começa a haver coisa julgada é que os efeitos da sentença se manifestam. Tal opção de política legislativa – que vale (e ainda assim sem caráter absoluto) para o direito brasileiro, podendo valer ou não para outro ordenamento[19] – atende a óbvias razões de conveniência: seria pouco prudente, as mais das vezes, permitir que desde logo se produzissem os efeitos de uma sentença ainda sujeita a revisão. Onde não prevaleçam essas razões, ou em sentido contrário pesem outras mais fortes, a sentença será por exceção eficaz antes de tornar-se incontrovertível [20].

A coincidência temporal entre a formação da *res iudicata* e o começo da produção dos efeitos não é ditada por uma necessidade intrínseca. Se o fosse, não se conceberia antecipação sequer a título excepcional. LIEBMAN, que tanto fez para distinguir da eficácia da sentença a autoridade da coisa julgada, e com isso prestou serviço inestimável à ciência processual, deteve-se contudo a meio caminho. Em sua construção, fica ainda a coisa julgada conceptualmente presa à rede dos efeitos da sentença, como algo que a eles adere "per qualificarli e rafforzarli in un senso ben determinato"[21], ou seja, para fazê-los imutáveis. Ora, tal compromisso é insatisfatório, até porque, na realidade, os efeitos da sentença não se tornam imutáveis com o trânsito em julgado: o que se torna

ordenamento não apenas a emissão de outra sentença divergente, mas a própria reapreciação da matéria decidida, já que não teria sentido facultar uma discussão cujo desfecho está de antemão tirado (ver, sobre o ponto, J. C. BARBOSA MOREIRA, Questões Prejudiciais e Coisa Julgada, Rio, 1967, p. 71/5). A auctoritas rei iudicatae abrange a imutabilidade e a incontestabilidade, que são como duas faces da mesma moeda.

19 Não vale, por exemplo, para o direito canônico, no tocante às causas de estado, em que as sentenças nunca transitam em julgado (cân. 1.903), sem que se possa imaginar que por isso não produzam efeitos. Tampouco valia, a fortiori, para os antigos sistemas jurídicos nos quais – consoante recorda CHIOVENDA, Principii di Diritto Processuale Civile, 1965 (reimpressão), p. 907 –, conquanto obrigatória para as partes, podia a sentença "indefinitamente essere impugnata". Bem a propósito, acrescentava o mestre: "È per mere ragioni di opportunità e di utilità sociale che si introduce nei varii diritti un limite alla discutibilità del deciso".

20 Ver. arts. 520, 2ª parte, e 1.184, do Código de Processo Civil. Só por exceção, convém frisar: cf., ainda, a respeito, nosso artigo citado em a nota 17, p. 140/1.

21 Effic. ed Autor..., cit., p. 28.

imutável (ou, se se prefere, indiscutível) é o próprio conteúdo da sentença, como norma jurídica concreta referida à situação sobre que se exerceu a atividade cognitiva do órgão judicial[22].

Faltou a LIEBMAN dar o passo decisivo no sentido de libertar da problemática relativa à eficácia da sentença a teoria da coisa julgada. Atrevemo-nos a pensar que a doutrina tanto mais se habilitará a lidar proveitosamente com as complexíssimas questões que aí palpitam, quanto maior for a clareza com que se lhe deparar a visão dessa fundamental autonomia.

COMENTÁRIOS DO ATUALIZADOR

COISA JULGADA E DECLARAÇÃO

Antonio do Passo Cabral

O artigo "Coisa julgada e declaração", publicado na Revista dos Tribunais, pretende enfrentar a intrincada questão sobre se a coisa julgada atinge apenas o conteúdo declaratório da sentença ou se cobriria também outros conteúdos. Discute-se ainda se a *res iudicata* torna imutáveis e indiscutíveis *os efeitos* das decisões judiciais, ou se tais efeitos poderiam ser modificados.

Retomando estudos anteriores do autor (Barbosa Moreira, 1970), o texto é uma análise teórico-dogmática do instituto da coisa julgada, com rica reconstrução em termos de direito estrangeiro e comparado, e tem conclusões que se aplicam integralmente ao sistema do Código de Processo Civil de 2015, mantendo atualidade e ainda hoje sendo de interesse para profissionais e acadêmicos.

A legislação positiva brasileira conceituou a coisa julgada de maneira heterogênea ao longo do tempo. O primeiro dos dispositivos legais nos quais o legislador definiu o instituto da coisa julgada foi o art.6° §3° da antiga Lei de Introdução ao Código Civil (hoje Lei de Introdução

22 Remetemos mais uma vez o leitor, neste passo, ao trabalho supracitado nas notas 17 e 19, p. 138 e ss.

às Normas do Direito Brasileiro), que conceituou a coisa julgada como "a decisão" de que não cabe mais recurso. A lei assimilava, portanto, a coisa julgada com a sentença irrecorrível. A definição era claramente insuficiente porque a coisa julgada evidentemente não poderia ser confundida com a sentença. Posteriormente, o art.467 do CPC/73 definiu a coisa julgada como a "eficácia" que torna a sentença imutável e indiscutível após o término dos recursos "ordinários e extraordinários".

Para discutir o tema, de início Barbosa Moreira enfrenta a tese de Konrad Hellwig, segundo a qual a coisa julgada seria a "eficácia da declaração". Hellwig afirmava que, quando as sentenças contivessem elementos outros que não apenas a declaração (certificação) de direitos, estes outros conteúdos não declaratórios podem ser rediscutidos em outros processos (p.ex., na sentença condenatória, mesmo após o trânsito em julgado permite-se a análise na execução a respeito de ter havido pagamento posterior à decisão final), e portanto seria incorreto afirmar que o elemento condenatório (a prestação, *Leistung*) fosse imutável e indiscutível, quando somente a declaração (*Feststellung*), isto é, o elemento declaratório da decisão, adquiriria foro de imutabilidade. Portanto, para ele, seria possível substituir a expressão tradicional "coisa julgada" (*Rechtskraft*) pelo termo mais preciso "eficácia da declaração" (*Feststellungswirkung*), já que a exequibilidade ou força constitutiva do conteúdo da decisão não faz parte da essência da coisa julgada.

A tese de Hellwig predomina até hoje na doutrina germânica (Rosenberg, Schwab e Gottwald; Jauernig e Hess; Schilken; Saenger; na Áustria, Rechberger e Simotta; Fasching) e ganhou muitos adeptos no Brasil (p. ex., Mesquita; Assis), os quais, ainda que não a adotem em sua integralidade, assumiram muitos de seus principais aspectos.

Porém, Barbosa Moreira critica a formulação de Hellwig dizendo que o autor alemão parte de uma premissa não justificada. Se a *auctoritas rei iudicatae* equivalesse à incontestabilidade da parte declaratória do *decisum*, então deveria haver alguma característica da declaração que não existisse nos demais conteúdos das sentenças e que fizesse com que apenas o elemento declaratório pudesse tornar-se indiscutível. Para Barbosa Moreira, se a coisa julgada tem finalidade eminentemente prática de atribuir estabilidade às decisões judiciais, de nada adiantaria se não fizesse imune a futuras contestações o resultado final do processo, isto é, não apenas a declaração, mas também seus conteúdos não declaratórios. Deveria haver incontestabilidade integral da conclusão, e não apenas da declaração (na doutrina brasileira, Senra).

Outra crítica comum à tese de Hellwig é ainda que a coisa julgada não poderia ser retratada como a "eficácia" da declaração porque seria errado pensar que a incontestabilidade *decorre* da própria declaração (e portanto é *efeito* da sentença). Efeitos das decisões judiciais são diferentes da autoridade da coisa julgada. No Brasil, ficou conhecida a crítica de Liebman a Hellwig, destacando que a coisa julgada é algo diverso dos efeitos da sentença, uma qualidade que se agrega à sentença tornando tais efeitos imutáveis e indiscutíveis, mas que com eles não poderia ser confundida.

Embora concorde que a coisa julgada não pode ser efeito da decisão, Barbosa Moreira corretamente verificou que os efeitos da sentença não se tornam imutáveis com a coisa julgada. Os efeitos das decisões abrangidas pela coisa julgada não são inalteráveis porque não são atingidos pela *res iudicata*. Ao contrário, por vezes o sistema até estimula que os efeitos desapareçam. O efeito precípuo da sentença condenatória, p.ex., é impor uma prestação e permitir, no caso de seu descumprimento, a execução forçada. Ora, se o réu pagar o valor estipulado na condenação, qual efeito desta sentença sobraria? Da mesma forma, se o efeito principal de uma sentença constitutiva negativa que pronuncia o divórcio é extinguir a relação jurídica matrimonial, o que acontece com este efeito se autor e réu casarem novamente? Por estes e outros exemplos, Barbosa Moreira conclui que os efeitos das sentenças sujeitam-se a mudanças, conclusão e argumentos que retomaria em outros estudos futuros (Barbosa Moreira, 1984; na doutrina atual, Assis).

As considerações de Barbosa Moreira receberam os aplausos e a adesão de grande parte da doutrina nacional, que incorporou essa formulação como um lugar comum da teoria da coisa julgada no Brasil (Cruz e Tucci; Talamini; Bueno; Lopes; Siqueira), ainda que tenha tido também opositores (Silva).

E como o CPC/15 conceitua a coisa julgada? A definição legal está no art.502, que estabelece que a coisa julgada atinge a "decisão" de mérito, expressão genérica mais ampla que aquela do código anterior ("sentença"). A coisa julgada material, no CPC/15, abarca a hipótese clássica da estabilidade das *sentenças* de mérito, e também abrange os acórdãos (que são decisões colegiadas) e as decisões unipessoais (proferidas pelo relator monocraticamente), desde que abordem o mérito.

Por outro lado, o novo CPC disciplina diversas decisões de mérito que não são sentenças, mas sim decisões interlocutórias, e ainda assim serão atingidas pela coisa julgada material. P.ex., o CPC/15 rompeu o dogma da impossibilidade de fracionamento do mérito, prevendo expressamente sentenças parciais e decisões interlocutórias de mérito parciais quando dispõe sobre o julgamento antecipado da lide parcial (art.354, parágrafo único, e art.356, *caput*). E estas decisões (mesmo interlocutórias) podem serem acobertadas pela coisa julgada, pois o art.502 fala genericamente em "decisão". O que importa é que decidam o mérito, ou seja, resolvam as questões previstas no art.487 do CPC/15.

Mas o art.502 do novo Código não mexeu com o cerne da coisa julgada, que continua girando em torno da ideia de inalterabilidade, incontestabilidade, irretratabilidade ou, como comumente referido, *imutabilidade* da decisão. Portanto, a coisa julgada coloca-se frente a frente com a questão da modificabilidade da decisão: antes da *res iudicata* era possível examinar aquele objeto, agora não mais. Por esta razão, Barbosa Moreira afirmava que o advento da coisa julgada tem uma "eficácia constitutiva própria", que é a criação de uma *situação jurídica nova* de indiscutibilidade do comando da sentença (seguindo Emilio Betti no ponto). A coisa julgada seria então uma situação jurídica que se forma no momento em que a sentença se converte de "instável" em "estável". E seria a estabilidade precisamente a característica desta nova situação jurídica (conclusão encontrada também em Barbosa Moreira, 1984; na doutrina atual, por todos Didier Jr.).

De outro lado, é interessante observar que o CPC/15 não acatou a tese de Barbosa Moreira de caracterizar a coisa julgada como uma "situação jurídica", preferindo o legislador conceituar a coisa julgada como uma "autoridade". Neste particular, diferentemente do art.467 do CPC/73, que definia a coisa julgada como a "eficácia" que torna a sentença imutável e indiscutível, o CPC/15 retirou da lei o termo "eficácia". Trata-se de uma clara adesão à tese de Liebman, repudiando o conceito de Hellwig, no sentido de que a coisa julgada não é um efeito da decisão, e por isso não poderia ser definida como uma eficácia.

Nesse ponto, devo lamentar a opção do CPC/15. Os críticos de Hellwig combatiam sua tese por conta do uso do termo "efeito". Não há dúvida de que não é a decisão que produz a coisa julgada. A *res iudicata* decorre de normas externas, e então não pode ser algo intrínseco, interno à decisão. Até aí, tudo bem, e adiro à conclusão de Liebman e Barbosa Moreira. Porém, as objeções à tese de Hellwig acabaram sendo levadas ao extremo de proscrever o uso das expressões "efeito" ou "eficácia" para conceituar a coisa julgada ou teorizar a seu respeito. Ora, reconhecer que a coisa julgada não é um efeito *da sentença* não significa afirmar que a coisa julgada não pode ser efeito de mais nada no ordenamento jurídico. De fato, se a coisa julgada "surge" ou "se produz", e então "se agrega" à decisão, é porque fora produzida por alguém ou por algo, no sentido de que é consequência, e portanto efeito, de algum fenômeno no sistema jurídico (com razão, Assis; Bléry; Didier Jr.; Talamini). Observe-se que, mesmo Barbosa Moreira, em outros estudos, admite que a coisa julgada tem uma eficácia própria, ainda que diversa dos efeitos da sentença (Barbosa Moreira, 1970).

No mais, também não serve adotar a expressão "qualidade" (Liebman) ou conceituar a coisa julgada como uma "nova situação jurídica", como faz parte da doutrina que comentou o CPC/15, seguindo Barbosa Moreira (p. ex., Gouveia Filho). Pois essa "nova" situação jurídica é gerada por quem ou pelo quê? Se não foi a própria decisão que a produziu (porque não pode ser efeito dela), como nasceu tal situação jurídica? Retornamos ao mesmo problema.

Defendo que a coisa julgada pode ser retratada como um *efeito sistêmico*, decorrente não da decisão, mas do trânsito em julgado ou da preclusão das vias recursais (Cabral, 2021a). Não vejo, por conseguinte, obstáculo algum em afirmar que a coisa julgada é um efeito, mas externo à decisão, e que com os efeitos produzidos pelo conteúdo do próprio julgamento não se confunde.

Por fim, algumas palavras sobre a ideia de "imutabilidade" e "indiscutibilidade" como sendo o cerne da coisa julgada. Como dito, o art.502 do CPC/15 não alterou, neste ponto, a concepção que já se tinha da coisa julgada no art.467 do CPC/73.

Não obstante, nas últimas décadas, a comunidade jurídica mundial tem-se rebelado contra petrificação do conteúdo de decisões judiciais que se revele absurdo diante de elementos novos. Com efeito, o Estado de Direito contemporâneo deve mediar os interesses na segurança jurídica com o escopo jurisdicional de prestação de tutela jurisdicional efetiva e adequada. Assim, para correção e aprimoramento das decisões, mesmo aquelas estabilizadas, cabe ao direito articular formatos mais fluidos e adaptáveis de segurança jurídica.

Em estudos específicos, defendi o uso do paradigma da "segurança como continuidade jurídica", um modelo que pretende garantir segurança sem impedir as mudanças de conteúdos estáveis dos atos processuais. A continuidade jurídica pressiona pela manutenção do *status quo*, produzindo uma estabilidade *prima facie*, que depende de um ônus argumentativo mais forte para ser rompido; mas a continuidade jurídica não exclui a possibilidade de alteração. Quando a modificação de uma posição processual estável demonstrar-se necessária, a continuidade jurídica organiza mecanismos para garantir segurança *na mudança*. Estes mecanismos criam "pontes de continuidade" na passagem de uma posição estável para outra, eliminando ou reduzindo o impacto da alteração. Trata-se das *regras de transição* editadas pelo Judiciário, que podem acompanhar as decisões de quebra de preclusão e coisa julgada (p.ex. uma procedência na ação rescisória; ou a devolução de um prazo). Exemplos de regras de transição são: compensação financeira; ajuda de adaptação; cláusulas de opção e exceção; modulação temporal dos efeitos da decisão de superação da coisa julgada (Cabral, 2021a).

O tema é inexplorado no Brasil, e se torna cada vez mais relevante na prática jurisdicional, já tendo sido aplicado pelo STF e pelo STJ. Na legislação brasileira anterior, era prevista apenas a modulação temporal de efeitos da decisão, mas de âmbito restrito à jurisdição constitucional abstrata (p.ex. art.27 da Lei nº 9.868/99). Contudo, a possibilidade de edição de regras de transição, mesmo por órgãos da jurisdição ordinária, foi parcialmente incorporada no novo CPC. Trata-se do art.927 §§3º e 4º do CPC/15, que prevê, no campo da superação de precedentes e modificação da jurisprudência consolidada dos tribunais superiores, e na alteração de precedentes dos tribunais locais e regionais no julgamento de casos repetitivos, deverá ser respeitada a segurança jurídica e "poderá haver modulação dos efeitos da alteração no interesse social e no da segurança jurídica". Isto é, quando houver modificação de precedentes ou de jurisprudência solidificada, em nome da segurança-continuidade, podem-se adotar *regras de transição*, aplicando a decisão de superação com eficácia *ex tunc* ou *pro futuro*.

Posteriormente, a Lei de Introdução às Normas do Direito Brasileiro (LINDB) foi alterada muito intensamente, com acréscimo do art.23, que consagrou o paradigma da segurança jurídica como continuidade, expressamente atribuindo aos juízes e tribunais a prerrogativa de editar regras de transição quando houver modificação na situação jurídica anteriormente decidida, com o estabelecimento de um regramento novo para a questão. A lógica é permitir a mudança, mas sem surpreender o jurisdicionado.

Ora, depois da introdução no sistema jurídico brasileiro, dos artigos 23 da LINDB e 927 §§3º e 4º do CPC/15, consagrou-se o poder-dever judicial de editar regras transicionais. E esta possibilidade existe sempre que exista quebra de continuidade jurídica, como p. ex. na superação da coisa julgada.

Por este motivo, a despeito da redação do art.502 do CPC/15, há uma clara tendência de superação dos referenciais da "imutabilidade" ou "indiscutibilidade" em favor de um sistema em que a continuidade jurídica assegura estabilidade sem impedir a mudança de posições estáveis, e quando a alteração for necessária, que possa acomodá-la com compensações (regras de transição) que fomentem uma redução do impacto da modificação, suavizando a passagem de um regramento estável a outro (sobre o tema, Cabral, 2021b).

Trata-se de um sistema de estabilidades processuais mais fluido e dinâmico, adaptável para incorporação dos elementos *noviter producta* (produzidos posteriormente, como novos fatos, novas provas, novas normas), *noviter reperta* (que chegaram ao conhecimento dos litigantes após a formação da coisa julgada, como os fatos de nova notícia) e *noviter cognita* (que não foram conhecidos e portanto não compuseram o debate).

Referências bibliográficas (obras citadas pelo atualizador)

ASSIS, Araken de. *Processo civil brasileiro*. São Paulo: RT, tomo III, 2ª ed., 2016, p.1364-1372.

BARBOSA MOREIRA, José Carlos. Ainda e sempre a coisa julgada. *Revista dos Tribunais*, ano 59, vol.416, jun, 1970, p.17.

__________. Eficácia da sentença e autoridade da coisa julgada. *Revista de Processo*, ano IX, n.34, abr-jun, 1984, p.273, 279-282.

BETTI, Emilio. Cosa giudicata e ragione fatta valere. *Rivista di Diritto Commerciale*, I, 1929, p.547, 551.

BLÉRY, Corinne. *L'efficacité substantielle des jugements civils*. Paris: L.G.D.J, 2000, p.14.

BUENO, Cássio Scarpinella. Coisa julgada e sentença 'denegatória' em mandado de segurança. *Revista de Processo,* ano 20, n.80, out--dez, 1995, p. 226.

CABRAL, Antonio do Passo. *Coisa julgada e preclusões dinâmicas: entre continuidade, mudança e transição de posições processuais estáveis*. Salvador: Juspodivm, 4ª ed., 2021, capítulo 9.

___________. *Segurança jurídica e regras de transição em processos judicial e administrativo.* Salvador: Juspodivm, 2ª ed., 2021.

DIDIER JR., Fredie. Comentário. *in* Antonio do Passo Cabral e Ronaldo Cramer (coord.). *Comentários ao novo Código de Processo Civil.* Rio de Janeiro: Forense, 2015, p. 753-760.

FASCHING, Hans W. *Lehrbuch des österreichischen Zivilproze*■*rechts.* Wien: Manz, 2ª ed., 1990, p. 756-760.

GOUVEIA FILHO, Roberto P. Campos. Comentário. *in* Sérgio Luiz de Almeida Ribeiro, Roberto P. Campos Gouveia Filho, Izabel Cristina Pinheiro Cardoso Pantaleão e Lúcio Grassi de Gouveia (org.). *Novo Código de Processo Civil Comentado.* São Paulo: Lualri, tomo II, 2017, p. 289.

HELLWIG, Konrad. *Wesen und subjektive Begrenzung der Rechtskraft.* Leipzig: A.Deichert'sche, 1901, p. 2-19.

JAUERNIG, Othmar; HESS, Burkhard. *Zivilprozessrecht.* München: C.H.Beck, 30ª ed., 2011, p. 246.

LIEBMAN, Enrico Tullio. *Efficacia ed autorità della sentenza.* Milano: Giuffré, 1935.

LOPES, Bruno Vasconcelos Carrilho. *Limites objetivos e eficácia preclusiva da coisa julgada.* São Paulo: Saraiva, 2012, p.86.

MESQUITA, José Ignácio Botelho de. *A Coisa Julgada.* Rio de Janeiro: Forense, 2006, p. 13-19.

RECHBERGER, Walther H.; SIMOTTA, Daphne-Ariane. *Zivilprozessrecht. Erkenntnisverfahren.* Wien: Manz, 7ª ed., 2009, p. 466.

ROSENBERG, Leo; SCHWAB, Karl-Heinz; GOTTWALD, Peter. *Zivilprozessrecht.* München: C.H.Beck, 18ª ed., 2018, p. 927.

SAENGER, Ingo. *Zivilprozessordnung.* Baden-Baden: Nomos, 3ª ed., 2009, p. 869.

SCHILKEN, Eberhard. *Zivilprozessrecht.* München: Vahlen, 7ª ed., 2014, p. 459-460.

SENRA, Alexandre. *A coisa julgada no Código de Processo Civil de 2015*. Salvador: Juspodivm, 2017, p. 77-90.

SILVA, Ovídio Baptista da. Conteúdo da sentença e coisa julgada. *Revista de Processo,* n.37, 1985, p. 270-284.

SIQUEIRA, Thiago Ferreira. *Limites objetivos da coisa julgada: objeto do processo e questões prejudiciais*. Salvador: Juspodivm, 2020, p. 400-401.

TALAMINI, Eduardo. *Coisa julgada e sua revisão*. São Paulo: RT, 2005, p. 36.

CRUZ E TUCCI, José Rogério. *Limites subjetivos da eficácia da sentença e da coisa julgada civil*. São Paulo: RT, 2006, p. 167-170.

OS LIMITES OBJETIVOS DA COISA JULGADA NO SISTEMA DO NOVO CÓDIGO DE PROCESSO CIVIL[1]

1. Objeto de acirrada controvérsia foi sempre, na vigência do antigo Código de Processo Civil, a questão dos limites objetivos da coisa julgada. O legislador de 1939, com efeito, não primara pela clareza ao disciplinar a matéria. Redigindo o art. 287, buscara inspiração num dispositivo do Projeto italiano de 1926 (art. 290), devido à pena de CARNELUTTI, mas, ao traduzir o texto italiano, deformara em mais de um ponto o modelo[2].

Ninguém ignora as dificuldades que a redação brasileira criou para o preciso entendimento da norma. Fonte de persistentes equívocos constituiu, sobretudo, o parágrafo único do art. 287, que parte da doutrina[3] interpretou como se nele se consagrasse a extensão da auctoritas *rei iudicatae* à solução das questões prejudiciais, assim denominadas as concernentes a relações jurídicas distintas da deduzida em juízo pelo autor, mas de cuja existência ou inexistência dependa logicamente o teor do pronunciamento sobre o pedido – *v.g.*, a relação de parentesco na ação de alimentos, a dívida principal na ação em que se cobram juros, a servidão naquela em que se pleiteiam perdas e danos pelo suposto descumprimento do ônus.

Não era essa, a nosso ver, a exata inteligência do dispositivo. O parágrafo único do art. 287 referia-se a outra questão: à da eficácia preclusiva da coisa julgada material. O que o texto significava era simplesmente que a decisão proferida sobre a questão principal, após o trânsito em julgado, ficava imune a posteriores contestações, ainda que fundadas em questões suscetíveis de influir no teor do decisum, mas não apreciadas no processo. Segundo fórmula tradicional, a coisa julgada cobriria "o de-

1 Publicado na Rev. Forense, v. 246.

2 Eis o texto original: "La sentenza che decide totalmente o parzialmente uma lite ha forza di legge nei limiti della lite e della questione decisa. Si considera decisa, anche se non sia risoluta espressamente, ogni questione la cui risoluzione costituica una premessa necessaria della disposizione contenuta nella sentenza". Sobre o confronto entre esse texto e o do art. 287 e seu parágrafo único do anterior diploma pátrio, ver J. C. BARBOSA MOREIRA, Questões Prejudiciais e Coisa Julgada, p. 110/1.

3 Referências bibliográficas em J. C. BARBOSA MOREIRA, ob. cit., p. 106, nota 66.

duzido e o deduzível" – mas sempre e apenas nos limites do que efetivamente constituíra objeto de julgamento[4].

Forçoso reconhecer, entretanto, que a falta de clareza do texto justificava, até certo ponto, as perplexidades hermenêuticas, Nada de estranhar, assim, em que autorizadas opiniões tendessem a incluir no âmbito da *res iudicata* a solução de questões prejudiciais, consideradas em si mesmas.

2. O novo estatuto processual civil, muito louvavelmente, tomou posição nítida e categórica na matéria. A eficácia preclusiva da coisa julgada material vê-se definida no art. 474, a cuja redação se podem fazer restrições do ponto de vista técnico, na medida em que se vale, desnecessariamente, da ficção do "julgamento implícito"[5]; o sentido e o alcance da regra não são, porém, difíceis de fixar. Já o problema dos limites objetivos da *res iudicata* foi enfrentado alhures, em termos peremptórios, enfáticos e até redundantes, talvez inspirados na preocupação de pré-excluir quaisquer mal-entendidos.

Assim é que o art, 468 reproduz, sem as deformações do art. 287, *caput,* a fórmula carneluttiana: "A sentença, que julgar total ou parcialmente a lide, tem força de lei nos limites da lide e das questões decididas", Apenas a lide é julgada; e, como a lide se submete à apreciação do órgão judicial por meio do pedido, não podendo ele decidi-la senão "nos limites em que foi proposta" (art. 128), segue-se que a área sujeita à autoridade da coisa julgada não pode jamais exceder os contornos do *petitum.*

O preceito é substancialmente idêntico ao que o legislador alemão consagrou, sob forma bem mais direta e singela, na 1ª alínea do § 322 da ZPO: "*Urteile sind der Rechtskraft nur insoweit fähig, ais uber derr durch die Klage oder durch die Widerklage erhobenen Anspruch entschieden ist,* ou seja: "As sentenças só podem fazer coisa julgada na medida em que

4 Ver a respeito, por todos, MACHADO GUIMARÃES, "Preclusão, coisa julgada, eficácia preclusiva", in Estudos de Direito Processual Civil, p. 21/3.

5 Cf. a aguda observação de ALLORIO, "Critica della teoria del giudicato implicito", in Riv. di Dir. Proc. Civ., v. XV, 1938, parte 11, p. 245: "non tanto la risoluzione delle questioni non sollevate in giudizio è implicita nella risoluzione di quelle effettivamente discusse; quando l'esame delle prime e delle seconde è superfluo, come esame di cosa irrelevante, dopo la sentenza, passata in giudicato che racchiude la pronuncia sulla lite".

se houver decidido sobre a pretensão deduzida na ação ou na reconvenção". Se se trata, pois, de processo em que se pleiteiam alimentos, *a res iudicata* vai formar-se exclusivamente sobre a alegada dívida alimentar; se o autor está cobrando juros, unicamente a respeito destes; se pretende ser indenizado do suposto descumprimento de servidão, apenas sobre o crédito que afirma ter contra o réu; e assim por diante.

Quanto ao réu, caso se limite a contestar, não formulará pedido em sentido técnico, e portanto não ampliará o *thema decidendum*. Se reconvier, então sim, estará propondo outra ação em face do autor, e à reconvenção aplicam-se aqui os mesmos princípios que valem para a ação originária.

3. O legislador brasileiro de 1973, ao contrário do tedesco, não se contentou em delimitar positivamente o círculo de incidência da coisa julgada. Empenhado, ao que tudo indica, em dissipar de maneira definitiva as dúvidas subsistentes ao longo da vigência da lei anterior, teve a cautela de redigir outro dispositivo (art. 469) para discriminar, em termos expressos, as matérias excluídas, isto é, aquelas que não se submetem à *auctoritas rei iudicatae*. São elas, na dicção da lei: "I – os motivos, ainda que importantes para determinar o alcance da parte dispositiva da sentença; II – a verdade dos fatos, estabelecida como fundamento da sentença; III – a apreciação da questão prejudicial, decidida incidentemente no processo".

A análise dos três incisos revela com facilidade que o texto é redundante. A rigor, bastaria a alusão aos "motivos" (inc. I), em que tudo mais já está compreendido. Com efeito: por "motivos" não se podem deixar de entender aí as razões de decidir, os "fundamentos" da sentença, a que se refere o art. 458, II. Esses motivos, razões ou fundamentos hão de resultar, necessariamente, do exame das questões – suscitadas pelas partes ou apreciadas *ex officio* – cujo desate constitua pressuposto lógico da solução do litígio[6]: puras questões de direito, puras questões de fato e

6 Poderia dizer-se com CARNELUTTI. Sistema del Diritto Processuale Civile, v. I, p. 353: "Poichè la decisione sulla lite, o meglio la decisione sulla pretesa o sulla contestazione si ottiene risolvendo le questioni (...), le questione risolute rittornano ragioni della decisione," pertanto i concetti di ragione e di questione sono strettamente correlativi: le ragioni (della pretesa o della contestazione) diventano questioni (dei processo) e queste si risolvono in ragioni (della decisione)" [destaques do autor].

questões que já envolvam aplicação do direito a fato ou fatos, mas situadas ainda no campo das premissas, e não no da conclusão (prejudiciais).

Desde logo se vê, portanto, que os dois últimos incisos do art. 469 na verdade se limitam a explicitar o conteúdo do inc. I, em relação a duas classes de "motivos". Quando, por exemplo, o juiz apura a existência (ou inexistência) do alegado vício oculto da coisa vendida, está naturalmente assentando uma das razões pelas quais há de julgar procedente (ou improcedente) o pedido de redibição. O enunciado em que se traduza a convicção formada pelo órgão judicial acerca dessa *quaestio facti* ("era ou não defeituosa a coisa?") vai integrar a motivação ou fundamentação da sentença. Assim também, *mutatis mutandis,* o deslinde da questão prejudicial (de mérito), v.g., a afirmação (ou negação) da relação jurídica de parentesco, na ação de alimentos.

A solução das puras *quaestiones iuris* não se vê contemplada especificamente em qualquer dos incisos do art. 469. Nada importa, do ponto de vista prático: incluindo-se, também ela, entre os "motivos", está abrangida pela fórmula genérica do inc. I.

4. A título de ilustração, vale a pena aplicar a algumas hipóteses o princípio expressamente consagrado pelo novo Código.

A) o contribuinte *X* propõe contra o Fisco ação declaratória negativa de dívida tributária, em relação a determinado exercício, arguindo a inconstitucionalidade da lei que instituíra o tributo. O juiz acolhe o pedido, por entender que tal lei era realmente inconstitucional. A solução dessa questão de direito constituiu motivo da decisão: sobre ela não se forma a coisa julgada. Com referência a outro exercício – e portanto a outra dívida –, é lícito ao órgão judicial reapreciar a questão, eventualmente para considerar constitucional a mesma lei e julgar, por isso, que o tributo é devido por X.

B) X propõe contra Y ação de despejo, alegando que o locatário cometeu infração contratual grave, consistente em danificar o prédio alugado. O pedido é julgado procedente, por ter-se o juiz convencido da verdade do fato (danificação do prédio). Tampouco fica esse motivo – a solução da *quaestio facti* – coberto pela autoridade da coisa julgada: em processo posterior, no qual X venha a pleitear de Y a indenização do prejuízo sofrido, poderá o órgão judicial rejeitar o pedido, entendendo que não ficou provado o fato da danificação.

C) Em ação de cobrança de juros, proposta por X contra Y, suscita o réu, como argumento de defesa, a questão prejudicial da inexistência da obrigação principal. O juiz, contudo, repele o argumento, considera existente essa obrigação e condena o réu ao pagamento dos juros pedidos. A afirmação concernente à obrigação principal, simples motivo, não reveste a auctoritas rei iudicatae. Se X voltar a juízo para cobrar de Y juros supervenientes, o órgão judicial estará livre de reexaminar a prejudicial e rejeitar o pedido, por entender inexistente a obrigação principal.

5. Merece consideração particular o caso da questão prejudicial (de mérito), contemplado no inc. III do art. 469. A redação do dispositivo é criticável em mais de um aspecto. Primeiro, teria sido preferível evitar o "decidida", tecnicamente impróprio, já que sobre a prejudicial não ocorre decisão, mas simples *cognitio*: o juiz resolve a questão, como etapa necessária do itinerário lógico que lhe cumpre percorrer para chegar ao pronunciamento final; mas de modo nenhum a julga – e por isso mesmo não surge a respeito coisa julgada.

Ademais, ao falar em questão "decidida incidentemente no processo", pode o texto dar ensejo a equívoco: por exemplo, à suposição de que se trataria, necessariamente, de matéria apreciada em decisão interlocutória (cf. a definição do art. 162, § 2º: "Decisão interlocutória é o ato pelo qual o juiz, no curso do processo, resolve questão incidente"). A nosso ver, o advérbio "incidentemente", no inc. III do art. 469, tem a função de esclarecer que as prejudiciais não constituem objeto de julgamento, em sentido técnico: são questões que o órgão judicial conhece *incidenter tantum* – só de passagem, por assim dizer.

Se o juiz, na sentença de mérito, nega que exista a obrigação principal, e em consequência rejeita o pedido de juros, incide o art. 469, III. O desate da questão prejudicial é motivo da decisão, e como tal permanece fora da área coberta pela autoridade da coisa julgada.

6. Numa única hipótese, de que cogita o art. 470, estender-se-á essa autoridade ao pronunciamento sobre a prejudicial: se alguma das partes – satisfeitos os requisitos de admissibilidade – houver pleiteado a declaração (positiva ou negativa) da relação jurídica logicamente subordinante; v.g., da obrigação principal, no processo em que originariamente apenas se tratava da suposta dívida de juros. Ao formular semelhante pedido, a parte propõe verdadeira ação, à qual dá o Código o *nomen* *iuris* de "ação declaratória incidente" (ver art. 109). Assim se converte a primitiva questão prejudicial em questão também submetida principalmente (e não mais *incidenter tantum*) à apreciação do órgão judicial. A decisão que este profira na ação declaratória incidente é decisão sobre pedido, em sentido técnico, e por isso mesmo decisão idônea a adquirir a *auctoritas rei iudicatae.*

Com a propositura da ação declaratória incidente passa o processo a ter duplo objeto: ambas as questões – a subordinante e a subordinada – passam a ser questões principais, integrando o *thema decidendum,* que se dilata. Até então, o juiz teria sem dúvida de examinar a questão subordinante, mas apenas – repita-se – como etapa lógica do seu itinerário mental. Agora, cumpre-lhe julgá-la.

Desde a propositura da ação declaratória incidente, há processo cumulativo. O órgão judicial defronta-se com duas ações, a cada uma das quais corresponde um pedido perfeitamente individualizado. A sentença que se pronunciar sobre ambas será objetivamente complexa: conterá, na verdade, dois julgamentos, o do pedido primitivo e o do pedido superveniente (formulado pela mesma ou pela outra parte) de declaração da existência ou inexistência da relação jurídica subordinante. É profunda, como se vê, a transformação sofrida pela estrutura do processo quando se propõe ação declaratória incidente.

7. Bastante ilustrativa revela-se, a esse ângulo, a consulta ao direito alemão, principal fonte inspiradora, no particular, do legislador brasileiro de 1973. Reza o § 280 *ZPO:* "Bis zum Schluss derjenigen mundlichen Verhandlung, auf die das Urteil ergeht, kann der Kläger durch Erweiterung des Klageantrags, der Beklagte durch Erhebung einer Widerklage beantragen, dass ein im Laufe des Prozesses streitig gewordenes Rechtsverhältnis, von dessen Bestehen oder Nichtbestehen die Entscheidung des Rechtsstreits ganz oder zum Teil abhängt, durch richterliche Entscheidung festgestellt werde"; isto é: "Até o encerramento da audiência em que se publique a sentença, o autor, mediante ampliação do pedido, e o réu, mediante reconvenção, podem requerer que se declare por decisão judicial uma relação jurídica controvertida no curso do processo, de cuja existência ou inexistência dependa, no todo ou em parte, o julgamento da lide". Esse dispositivo serviu de modelo ao art. 5º do novo Código pátrio, e assim o respectivo texto como a doutrina formada ao propósito na Alemanha podem ministrar subsídios úteis à elaboração dogmática do instituto entre nós.

Vê-se que a *ZPO* designa como "ampliação do pedido" (*Erweiterung des Klageantrags*) a demanda de declaração incidente formulada pelo autor. Talvez fosse mais exato falar do acréscimo de pedido novo, que se formula a par do primitivo. Trata-se, a rigor, de uma "cumulação superveniente": o autor, na verdade, deixa intacto o pedido primitivo" tal como fora posto, e passa a também pedir algo diverso[7]. De forma alguma se poderia interpretar o pedido originário como já abrangente desse plus: em nosso ordenamento menos ainda que alhures, à vista do preceito constante do art. 293, 1ª parte, consoante o qual os pedidos devem ser restritivamente interpretados[8].

Quanto à ação declaratória incidente proposta pelo réu, equipara-a o § 280 *ZPO* à reconvenção (*Widerklage*), de que constituiria, segundo explicam autorizados expositores do sistema alemão, um caso especial[9]. Aliás, entre nós, quer sob o Código de 1939, quer hoje, podia e pode o réu valer-se da reconvenção como meio de obter a declaração da existência ou inexistência da relação jurídica subordinante. Limitando-se ela, na contestação, a ferir o ponto como argumento de defesa, a coisa muda inteiramente de figura: o juiz conhecerá incidenter tantum da questão, sobre a qual não se formará a coisa julgada.

---

7 Como se lê na mais moderna monografia sobre o tema, "der Antrag aus § 280 ZPO hat vielmehr eine vollkommenes aliud zum Gegenstande, einen neuen Anspruch, uber den eine andere rechtskräftige Entscheidung verlangt wird als uber den Hauptanspruch (...). Der Antrag des Klägers stellt also die Erhebung eines neuen. Anspruches neben dem ursprunglichen Klageanspruche dar". Isto é: "a demanda conforme o § 280 ZPO tem antes por objeto um completo aliud, uma nova pretensão, sobre que se pede outra decisão com força de coisa julgada, como sobre a pretensão principal (...). A demanda do autor representa assim a formulação de nova pretensão ao lado da originária" (BERGERHOFF, Die Zwischenfeststellungsklage des § 280 ZPO, p. 56).

8 Inaceitável, pois, sem embargo de sua imensa autoridade, a afirmação de PONTES DE MIRANDA, Comentários ao Código de Processo Civil (de 1973), t. IV, p. 193: "Na ação declarativa incidental o que ocorre é a autonomia de um ponto, que estava no pedido, ou na contestação, ou na reconvenção, com a cisão do processo e do julgamento". Se a declaração da existência ou da inexistência da relação jurídica subordinante já estivesse no pedido, o autor não teria interesse em propor a declaratória incidente. A esta poderia até formular-se a objeção de litispendência.

9 Ver STEIN – JONAS, Die Zivilprozessordnung fur das Deutsche Reich, 13ª ed., v. I. p. 730: "ein besonderer Fall der Widerklage", BERGERHOFF, ob. cit., p. 58/60.

8. A consagração expressa da ação declaratória incidente, no estatuto de 1973, tem grande relevância para a fixação, em sede dogmática, dos limites objetivos da coisa julgada. Ela, por assim dizer, completa o sistema, corroborando as conclusões a que se chega mediante o exame dos arts. 468 e 469, e lançando a derradeira pá de cal sobre a tese da extensão da *auctoritas rei iudicatae* à solução das questões prejudiciais. Com efeito: a única razão de ser da ação declaratória incidente consiste na possibilidade, que ela abre às partes, de conseguir que tais questões sejam decididas com força de coisa julgada. Trata-se de um contrapeso, ou de uma compensação, que a lei cria para o princípio segundo o qual os fundamentos da sentença não produzem *res iudicata*[10].

Caso se houvesse de considerar que, mesmo sem a propositura da ação declaratória incidente, a autoridade da coisa julgada se estenderia à afirmação ou à negação da relação jurídica subordinante[11], ter-se-ia reduzido o instituto – que melhor sorte merece – à total inutilidade. De nada adiantaria à parte (autor ou réu), em semelhante hipótese, exercer o direito que lhe confere o art. 5º do Código de Processo Civil, porque com isso em nada se alterariam os contornos do *thema decidendum*.

A verdade, porém, é outra. Ao juiz compete julgar a lide "nos limites em que foi proposta" (art. 128). Ressalvadas as exceções expressamente previstas em lei, não pode haver julgamento fora ou além do pedido. Nem pode a autoridade da coisa julgada cobrir o que não tenha sido objeto de julgamento; haveria, aliás, manifesta contradição nos termos.

Se o pedido originário se refere exclusivamente à relação jurídica subordinada, uma de duas: ou alguma das partes pede a declaração (positiva ou negativa) da relação jurídica subordinante, e então – mas só então! – pode formar-se a respeito dela a *res iudicata*, ou nenhuma das partes o faz, e neste caso, ainda que o órgão judicial se pronuncie *expressis verbis* ao propósito na sentença, apenas o terá feito como razão ou motivo de decidir, e tal pronunciamento não adquirirá, em absoluto, a auctoritas *rei iudicatae*.

No particular, a despeito de imperfeições acidentais, é claro e insofismável o sistema do novo Código. Importa arquivar com toda a presteza velhas dúvidas e vacilações que à sua luz de maneira nenhuma se justificam – se é que algum dia, afinal de contas, se justificaram.

---

10 Cf., na literatura alemã, com toda a clareza, BAUMBACH-LAUTERBACH, Zivilprozessordnung, 30ª ed., p. 588.

11 10. Como parece entender PONTES DE MIRANDA, ob. e t. cit., p. 195.

COMENTÁRIOS DO ATUALIZADOR

OS LIMITES OBJETIVOS DA COISA JULGADA NO SISTEMA DO NOVO CÓDIGO DE PROCESSO CIVIL

Antonio do Passo Cabral

Barbosa Moreira talvez tenha sido o autor de sua geração que mais se dedicou a desvendar o instituto da coisa julgada. Ao tempo de confecção do artigo ora em comento, já havia escrito a respeito (Barbosa Moreira, 1967), e voltaria à *res iudicata* em muitos outros estudos, alguns deles publicados neste primeiro volume dos *Temas de Direito Processual*.

Neste artigo, intitulado "Os limites objetivos da coisa julgada no sistema do novo Código de Processo Civil", escrito em 1974 e publicado na Revista Forense, Barbosa Moreira identifica a passagem do regramento do CPC/39 para aquele do CPC/73, que no regime dos limites objetivos da coisa julgada representava grande inovação e positivava, no Brasil, os avanços teóricos da literatura europeia da época.

É curioso notar que, o regime do CPC/73 nasceu muito festejado, prezado por sua maior técnica em relação ao do CPC/39. Não obstante, ao longo dos anos, a disciplina do CPC/73 foi se demonstrando ultrapassada porque, além de ser dogmaticamente incoerente, não resolvia inúmeros problemas práticos. E em relação à legislação anterior, como se verá, foi enorme a evolução do CPC/15, que trata dos limites objetivos da coisa julgada nos arts.503 e 504.

O modelo do CPC/73 seguia a tradição europeia de relacionar a abrangência da coisa julgada ao dispositivo da sentença, excluindo do âmbito da *res iudicata* a fundamentação da decisão. Essa limitação da coisa julgada ao dispositivo da sentença deriva da concepção de que o objeto do processo (o "mérito") equivale ao *pedido* ou, à "questão principal", a matéria que será decidida *principaliter* (na literatura atual, na França, Strickler).

É verdade que existem muitas outras teorias sobre o objeto do processo que entendem que o mérito é mais que apenas o pedido. Algumas teses querem estendê-lo à causa de pedir; outras aos contradireitos exercitados pelo réu (Didier Jr., 2013); outras ainda orientam o objeto do processo finalisticamente para o "escopo da tutela" (Böhm). Em outro estudo, defendi que o referencial para a coisa julgada não deve ser o objeto do processo, mas o conceito de "esquema argumentativo" (Cabral, 2021). Mas, tanto no Brasil como no estrangeiro, prevaleceu amplamente tese de Karl-Heinz Schwab no sentido de que o objeto do processo é somente o pedido. E isso impacta a compreensão dos limites objetivos da coisa julgada. Se apenas o pedido é a questão principal que efetivamente será *julgada*, e somente haveria necessidade de tornar estável o resultado do *julgamento*, a coisa julgada deveria cobrir apenas o dispositivo da sentença, *locus* onde o pedido é julgado. Essa necessidade não se observa a respeito da motivação da decisão. Por isso, na regra do CPC/73, não eram abrangidas pela coisa julgada questões referentes ao caminho lógico que o juiz persegue até chegar ao dispositivo, inclusive as conclusões sobre os fatos analisados pelo juiz, e o enfrentamento analítico dos argumentos das partes.

No CPC/73, os limites objetivos da coisa julgada deixavam de fora todas as questões anteriores ao mérito, aquelas conhecidas pelo juízo antes de chegar à solução da questão principal. Trata-se das questões "prévias", que podem ter natureza processual ou material. As questões prévias de natureza processual são aquelas cujo reconhecimento poderia levar à interrupção da cognição, podendo inclusive levar à prolação de decisões extintivas do processo. Exemplos são os pressupostos processuais, legitimidade e interesse de agir. Já as questões prejudiciais são aquelas cuja solução condicionará o pronunciamento sobre outra questão (Barbosa Moreira, 1971). Embora existam autores que admitem questões prejudiciais de natureza processual, assumem importância, no ponto, as questões prejudiciais de direito material, que geralmente poderiam ser objeto de demanda autônoma, e que por não terem sido efetivamente "pedidas", não eram consideradas parte do mérito; vale dizer, não eram efetivamente *decididas*, mas apenas *conhecidas* de modo incidental (*incidenter tantum*) como itinerário lógico para o juiz chegar à questão principal. Exemplos são a inconstitucionalidade de uma norma; a discussão da paternidade na ação de alimentos; a validade de um contrato na demanda em que se pede ressarcimento pelo inadimplemento etc.

Pois bem, justamente porque não eram pedidas, mas apenas alegadas, as questões prejudiciais não eram posicionadas no dispositivo da sentença para julgamento e sobre elas não se formava a coisa julgada (Theodoro Jr.; Cruz e Tucci). Quando as partes assim desejassem, deveriam formular pedidos expressos a respeito, de preferência no começo do processo, na petição inicial ou em reconvenção/pedido contraposto. Mas para as questões prejudiciais de direito material, por sua relevância para o tráfego jurídico, o ordenamento previa especificamente o instituto da *ação declaratória incidental* para estender a elas a força da coisa julgada. O escopo da declaratória incidental é tornar também as questões prejudiciais imutáveis e indiscutíveis. A técnica da ação declaratória incidental funciona com a adição de outro conteúdo ao objeto do processo, "transformando" certas questões prejudiciais em questões principais (em verdade, não "transforma", mas "soma" outras questões ao mérito pela formulação de um pedido incidental), e então implica o seu automático transporte para o dispositivo da sentença, com a consequente inserção nos limites objetivos da coisa julgada. Essa era a lógica dos arts.5º, 325, 469, III e 470, todos do CPC/73 (na doutrina, Fabrício).

Como tratou do tema o CPC/15? Em relação ao pedido, manteve-se a mesma disciplina anterior. A coisa julgada atingirá as questões principais, aquelas expressamente pedidas (art.503, *caput*).

Mas o CPC/15 mudou intensamente o cenário a respeito das questões prejudiciais. Primeiramente, o novo código suprimiu a proibição de que a coisa julgada atinja as questões prejudiciais, não reproduzindo a restrição do art.469, III do CPC/73 no atual art.504. Por outro lado, o novo Código expressamente permite a extensão da coisa julgada às questões prejudiciais no art.503, mas estabelece alguns pressupostos para que isso ocorra.

Há portanto, dois regimes para a coisa julgada. A *res iudicata* que se forma sobre o pedido (questão principal) não se modificou, e será formada independentemente dos pressupostos previstos nos parágrafos do art.503 do CPC/15. Estes só vão condicionar a formação da coisa julgada para as questões prejudiciais.

E existe uma razão para o legislador ter explicitado estes pressupostos para a extensão da coisa julgada às prejudiciais: evitar vinculações-surpresa. É que, para a questão principal, o tão só fato de ter sido formulado pedido já permite às partes prever que aquele tema poderá ser acobertado pela coisa julgada. Nas prejudiciais, como a formação da *res iudicata* depende das condições do debate concretamente verificadas, o litigante poderia ser surpreendido, ao final do processo, por uma vinculação que talvez não tivesse querido voluntariamente assumir. Pois bem, os pressupostos do art.503 servem para esta finalidade:

exigir que o debate tenha sido desenvolvido em condições tais que possam tranquilamente levar à conclusão de que as partes engajaram-se voluntariamente na discussão do tema de forma ampla e exaustiva (ver Cabral, 2021).

Analisemos então tais pressupostos, que são *cumulativos*, como afirmou o enunciado nº 313 do Fórum Permanente de Processualistas Civis. Primeiramente, o *caput* do art.503 do CPC/15 diferencia-se do art.468 do CPC/73 porque exige que a questão prejudicial tenha sido resolvida "expressamente". Além de ser a tendência no direito estrangeiro, os debates parlamentares que precederam a aprovação do CPC/15 mostraram que a palavra foi incluída no novo Código com o escopo de impedir interpretações como aquela do enunciado nº 453 da Súmula do STJ a respeito da impossibilidade de cobrança de honorários advocatícios em outro processo quando tivesse havido omissão na sentença a respeito dos honorários e o processo transitasse em julgado. Nesse sentido é também o art.85 §18 do CPC/15. A lógica do novo Código, portanto, é que não se possa atribuir força de coisa julgada às questões sobre as quais o juízo tenha se omitido em decidir.

Em seguida, o art.503 §1º estabelece três pressupostos: a dependência do julgamento do mérito da solução da questão prejudicial (inciso I); ter havido contraditório prévio e efetivo (inciso II); que o juízo tenha competência em razão da matéria e da pessoa para decidir a questão se esta fosse pedida como questão principal (inciso III). E o art.503 §2º exige que não tenha havido restrições probatórias e limitações à cognição que pudessem reduzir ou violar o contraditório durante o processo.

Os dispositivos são muito interessantes e sua inclusão na legislação brasileira é muito bem vinda, e significa uma importante evolução no tema dos limites objetivos da coisa julgada por aprimorar o impacto sistêmico da coisa julgada para reduzir discussões já travadas em outros processos.

O primeiro pressuposto diz respeito à dependência do julgamento do mérito (a apreciação da questão principal) da solução a respeito da questão prejudicial (art.503 §1º, I do CPC/15). Aqui, deve-se considerar não uma dependência típica (o exame da questão vista abstratamente, isto é, se o interesse material correspondente à questão de mérito é composto pela *fattispecie* da prejudicial), mas sim a *dependência lógica*: a questão prejudicial deve ser um passo não só relevante mas *necessário* para a construção do raciocínio do juízo para concluir a respeito do pedido.

A segunda exigência legal é ter havido contraditório prévio e efetivo a respeito da prejudicial (art.503 §1°, II). Trata-se de dispositivo de grande avanço científico. O contraditório, além de ser uma pedra de toque do processo contemporâneo, é também o ponto nodal de qualquer sistema de estabilidades. De fato, como já sustentei, tendo havido uma oportunidade de debater ampla e efetivamente um tema no processo judicial, não se justifica a repetição da discussão. Assim, o contraditório passa a ser compreendido como um dos principais vetores para a formação de qualquer estabilidade processual, e também da coisa julgada (no mesmo sentido Câmara, 2016; Marinoni, Arenhart e Mitidiero). Portanto, se a questão prejudicial foi alegada em poucas linhas pelo autor, não foi abordada pelo réu em seus arrazoados, tampouco houve consideração da questão por parte do juiz, não se pode falar que tenha havido contraditório efetivo, compreendido o contraditório como possibilidade de exercício do direito de influir, condicionar eficaz e colaborativamente a formação da decisão (Cabral, 2005).

Com este propósito, a lei exclui expressamente a extensão da coisa julgada às prejudiciais quando tiver havido revelia. Isso não exclui que, nessa hipótese, possa formar-se sobre a questão prejudicial algum outro tipo de estabilidade mais fraca que a coisa julgada, como p.ex. a preclusão.

A terceira exigência do CPC/15 para a extensão da coisa julgada às questões prejudiciais é que o juízo tenha competência em razão da matéria e da pessoa para decidir a questão se esta fosse pedida como questão principal (art.503 §1°, III). Só quando o juízo for competente para decidir ambas as questões (tanto a prejudicial como a principal, o mérito) é que estará cumprida a exigência legal. A referência aos critérios de fixação de competência em razão da matéria e da pessoa remete às hipóteses em que o legislador entende pertinente atribuir competência a um juízo para julgar certas questões (*ratione materiae*) ou questões que envolvam específicos sujeitos (*ratione personae*). O pressuposto é muito importante porque, caso assim não fosse estabelecido no CPC, poder-se-ia formar coisa julgada sobre uma questão prejudicial debatida amplamente e em contraditório perante um juízo incompetente para apreciar aquela mesma questão *principaliter*, o que poderia ser usado como forma de burlar a lei (sobre o tema, Câmara, 2015). Exemplo seria a definição do *status familiae* para fins de concessão de benefícios previdenciários e assistenciais pelo juiz federal. A questão prejudicial sobre haver casamento ou união estável para concluir sobre a concessão de uma pensão por morte, não poderia fazer coisa julgada porque, em razão da matéria, competiria ao juízo estadual, e não ao federal, julgar a questão isoladamente. Outro exemplo é da prejudicial de inconstitucionalidade de uma norma, para a qual o único tribunal brasileiro competente para decidi-la como questão principal é o STF. Seria impensável que qualquer outro juízo, apreciando a prejudicial, pudesse reconhecer a inconstitucionalidade com força de coisa julgada.

Além disso, o art.503 §2° do CPC/15 exige que, para a extensão da coisa julgada à prejudicial, não tenha havido restrições probatórias e limitações à cognição que pudessem reduzir ou violar o contraditório durante o processo. A norma é excelente e vai ao encontro da mais moderna doutrina e jurisprudência sobre o tema. Mais uma vez, deve-se repisar que o contraditório é o vetor principal para justificar a formação de uma estabilidade processual sobre qualquer conteúdo dos atos do processo. Assim, para que a coisa julgada cubra a prejudicial, o procedimento não pode obstaculizar pelo menos uma oportunidade ampla e équa de exercício do contraditório. E normalmente estes obstáculos vêm de limitações cognitivas e probatórias. Diante dessas limitações, o debate demonstra-se frágil e talvez nem se possa afirmar ter havido contraditório efetivo, como exigido pelo art.503 §1°, II. Em procedimentos de cognição sumária (p.ex., nas medidas de urgência) ou limitada (ações de desapropriação, consignação em pagamento etc), a redução de aprofundamento cognitivo e a limitação das questões que podem ser arguidas pelas partes e conhecidas pelo juiz diminuem a força da coisa julgada. É o que ocorre se, na ação de desapropriação, houver discussão prejudicial sobre a validade do decreto expropriatório. Tal questão, ainda que debatida, não poderá ser acobertada pela coisa julgada. O mesmo ocorre quando os procedimentos não admitem todos os meios de prova que poderiam levar à mais ampla discussão de uma determinada questão. São exemplos o mandado de segurança e os procedimentos dos juizados especiais, com limitações à prova testemunhal e pericial, e as questões de "alta indagação" no inventário, aquelas que não podem ser provadas só por documentos (art.612 do CPC/15). As restrições à prova e à cognição podem vir não apenas da lei, mas também de convenções processuais (art.190). Toda vez que o negócio jurídico, p.ex., excluir questões ou meios de prova do procedimento, a compensação do sistema é não autorizar a formação da estabilidade (no caso, não haverá coisa julgada).

Andou bem o legislador em restringir a formação da coisa julgada à questão prejudicial nos casos em que tais limitações cognitivas e probatórias se nos apresentem, porque, pelo déficit de contraditório, há possibilidade de que, se a mesma questão prejudicial fosse discutida em outro procedimento mais completo, com cognição mais aprofundada, sem limitações às alegações e à produção de prova, outra poderia ser a conclusão a respeito do tema. E assim seria errado estabilizar a prejudicial, impedindo sua rediscussão em outro processo em que não houvesse tais restrições. Não se justifica, nesse quadro, extensão da coisa julgada às prejudiciais.

Deve-se ressaltar que, quando preenchidos os pressupostos previstos nos parágrafos primeiro e segundo do art.503, as prejudiciais poderão ser acobertadas pela coisa julgada *sem necessidade de pedido ou provocação específica*. Neste sentido, é o enunciado nº 165 do Fórum Permanente dos Processualistas Civis. Impende destacar também que a extensão de coisa julgada às prejudiciais também *independe de ação declaratória incidental*.

De outra parte, a extensão da coisa julgada às prejudiciais independe de manifestação específica no dispositivo da decisão. Basta que as condições legais estejam observadas para que a coisa julgada cubra a prejudicial exaustivamente debatida e resolvida, ainda que topograficamente posicionada no corpo da fundamentação (Câmara, 2015).

Deve-se ressaltar ainda que o vínculo da questão prejudicial será limitado ao debate específico e ao fundamento expressamente examinado pelo juiz (art.503 §1º). Se p.ex. afirmada a validade de cláusula contratual, rejeitando-se um determinado fundamento (alegação de nulidade em virtude de erro), a mesma questão poderia ser ventilada em outro processo sob alegação de nulidade da mesma cláusula contratual por outro fundamento não considerado pelo juiz.

Por fim, deve-se salientar que a extensão da coisa julgada às prejudiciais muda a lógica do que significa vitória e derrota no processo. Tradicionalmente, a sucumbência era verificada pela derrota no que se refere ao pedido principal. Na sistemática do CPC/15, ainda que vencedor em relação ao pedido (e portanto não podendo ser considerado sucumbente), é possível que a derrota no que tange à questão prejudicial possa ser ainda mais deletéria para a parte. A vitória e derrota num processo passarão a compreender algo mais que a mera sucumbência.

Assim, muda também o interesse recursal: o vencedor na lide, vendo julgado procedente seu pedido, mesmo assim pode ter interesse em apelar da sentença para desfazer o entendimento sobre uma prejudicial sobre a qual o juízo concluiu em seu desfavor, evitando que aquela questão seja incorporada em outros processos (efeito positivo da coisa julgada).

Do mesmo modo, caberá ação rescisória para desfazer a coisa julgada formada sobre a prejudicial. Nesse sentido é o enunciado nº 338 do Fórum Permanente de Processualistas Civis: "cabe ação rescisória para desconstituir a coisa julgada formada sobre a resolução expressa da questão prejudicial incidental". Não obstante, embora cabível neste caso, a ação rescisória será medida pouco utilizada porque mais fácil e barato repropor a demanda sobre a prejudicial já debatida. É que, ajuizando a rescisória, o autor teria que realizar o depósito prévio do art.967, II, além de ter o ônus de alegar e demonstrar que os pressupostos do art.503 e parágrafos estão presentes. Repropondo a demanda, o autor não terá que efetuar depósito e fará com que o ônus de alegar e demonstrar que os pressupostos do art.503 e parágrafos estão presentes seja do réu, que terá que, em defesa, apresentar a *exceptio rei iudicatae*. A utilidade prática da rescisória, no caso das prejudiciais, ficaria restrita a poucas situações em que se demonstrasse mais vantajosa, como p.ex., em casos de novas provas ou de incompetência absoluta do juízo.

Devemos questionar ainda se sobrevive a ação declaratória incidental no direito processual brasileiro. Como vimos, o instituto da ação declaratória incidental surgiu para cumprir a função sistêmica de compensar a limitação objetiva da coisa julgada ao dispositivo da sentença, permitindo que, havendo pedido da parte, a *res iudicata* atingisse também as questões prejudiciais. Ora, sendo assim, seria de indagar se, com a previsão do art.503 do CPC/15, a ação declaratória incidental desapareceu ou se seria agora inútil ou desnecessária no ordenamento processual.

De início, deve-se lembrar que o ajuizamento de diferentes modalidades de pretensões, inclusive aquelas das ações declaratórias, independe de autorização expressa da lei. Num sistema jurídico que preza o acesso à justiça e a tutela efetiva dos direitos, devem ser admissíveis, *a priori*, quaisquer tipos de demandas. A par disso, o CPC/15 admite genericamente as ações declaratórias (arts.19 e 20). Ademais, a reconvenção pode, na prática, revelar-se uma ação declaratória proposta pelo réu incidentalmente, o que também sempre foi possível e continua sendo no CPC/15.

De outra senda, a ação declaratória não serve apenas à certificação da (in)existência de relações jurídicas; pode ser objeto de pedido declaratório também a autenticidade ou falsidade de documento, isto é, pode-se ajuizar ação declaratória para certificação *fática*. Nestes casos, como previsto nos arts.19, II c/c 433, ambos do CPC/15, não sendo possível a extensão da coisa julgada pelo art.503, subsistiria interesse no uso da ação declaratória incidental.

Cabe salientar ainda que, no CPC/15, a ação declaratória não será exclusivamente voltada à declaração da (in)existência de relações jurídicas, mas também ao seu "modo de ser" (art.19, I). Trata-se de uma referência que já se via aqui e ali na doutrina, mas que não constava do texto do CPC/73. Não poderei estender o debate nestes comentários; contudo, entendo que o novo dispositivo prevê algo que não pode ser assimilado a um debate sobre uma questão prejudicial. É que o "modo de ser" de uma relação jurídica pode não ser itinerário lógico e necessário para a decisão sobre o mérito (a questão principal), e então esta parcela do debate, mesmo que observados os demais pressupostos do art.503, jamais poderia adquirir a autoridade de coisa julgada. Portanto, mantém-se a possibilidade de ações declaratórias incidentais porque estas podem versar sobre o modo de ser de uma relação jurídica, em hipótese na qual não seria possível que o mesmo objeto se tornasse estável pela extensão de coisa julgada do art.503 do CPC/15, restrito ao debate sobre questões prejudiciais.

Então, as ações declaratórias incidentais subsistem não só porque previstas e admitidas pelo CPC/15, mas porque incidiriam em espaços em que jamais haveria a extensão da coisa julgada por força do art.503.

Por outro lado, devemos perquirir, mesmo no caso de discussão sobre questões prejudiciais, se haveria ainda uma possível utilidade da ação declaratória incidental em razão do art.503 do CPC/15, ou se seria o caso de reconhecer sua completa ou desnecessidade ao novo sistema. Esta pergunta remete à possível falta de interesse de agir que levaria à inadmissibilidade ou rejeição liminar da ação declaratória incidental (art.330, III do CPC/15) quando pretendesse versar sobre uma questão prejudicial.

Um exame apressado da questão poderia dar a impressão de que não mais haveria utilidade no instrumento. Porém, uma análise detida mostra que, mesmo em relação às declaratórias incidentais para certificação de relações jurídicas prejudiciais, subsiste essa utilidade a despeito da regra do art.503 do CPC/15.

É que, para que as questões prejudiciais adquiram a estabilidade própria da coisa julgada, devem concorrer os pressupostos do art.503. Mas continuará cabendo o manejo da ação declaratória incidental quando a questão prejudicial, à qual se pretenda estender a autoridade da coisa julgada, não tenha sido debatida nos termos exigidos pelo art.503. O interesse de agir na declaratória incidental decorreria da constatação de que o debate no processo não preencheu o disposto no art.503 do CPC/15.

É verdade que, pela própria sistemática da ação declaratória, são poucos os casos em que, fora das circunstâncias do art.503, houvesse como ajuizar uma ação declaratória a respeito da prejudicial. Isso se dá por dois motivos básicos. O primeiro é que alguns dos pressupostos para que a coisa julgada atinja as prejudiciais acabam sendo exigidos também para a declaratória incidental. Pensemos p.ex. no art.503 §1°, III, a exigência de que o juízo tenha competência em razão da matéria e da pessoa para decidir a questão: se não for competente o juízo, a declaratória incidental também não seria cabível, até porque a competência do mesmo juízo para todos os pedidos sempre foi um requisito para a cumulação (art.292 §1°, II do CPC/73; art.327 §1°, II do CPC/15).

O segundo motivo para a escassa possibilidade de declaratória incidental é o interesse de agir, que seria difícil de caracterizar à luz do art.503 do novo Código. Pensemos no que prevê o art.503 §2° do CPC/15. Mesmo sendo o juízo competente, havendo contraditório prévio e efetivo, e ainda que exista dependência lógica entre mérito e prejudicial, se o debate iniciar-se em um procedimento especial em que desde logo se vislumbre uma restrição cognitivo-probatória (em razão da qual não seria possível a extensão da coisa julgada), a parte poderia optar por ajuizar a declaratória incidental, com a escolha pelo procedimento comum (art.327 §2° do CPC/15). Porém, neste caso, pela necessária utilização do procedimento mais alongado, com mais amplas garantias, a restrição à cognição e à prova não mais seria um obstáculo de que a prejudicial fosse alcançada pela coisa julgada. Então não haveria interesse de agir na declaratória incidental. Bastaria discuti-la nos termos do art.503.

O mesmo se pode dizer do art.503 §1º, II. É difícil que, não tendo sido cumprida a exigência de contraditório prévio e efetivo, o procedimento ainda esteja em um estágio em que caiba ação declaratória incidental. É que, apesar do CPC/15 prever a possibilidade de aditamento do pedido até o saneamento, a lei exige que, para isso, deva haver contraditório e consentimento do réu (art.329, II do CPC/15). Ora, respeitado o debate e com a concordância do demandado (isto é, não havendo revelia), houve contraditório prévio e efetivo, não sendo de imaginar, também aqui, interesse de agir na declaratória incidental porque a extensão da coisa julgada dar-se-ia automaticamente pelo art.503.

A par de tudo isso, a despeito de serem raros, podemos antever alguns casos em que à parte fosse útil o manejo de uma demanda declaratória incidental sobre as prejudiciais. P.ex., se não houver dependência lógica entre o julgamento da questão principal e a solução da questão prejudicial (art.503 §1º, I), ou se houver dúvida sobre se esta dependência existe, a parte pode optar por ampliar o objeto do processo, adicionando um pedido incidental, para ter certeza de que a coisa julgada abrangerá também a prejudicial. A parte estaria, por assim dizer, "forçando" o adversário a debater e o juiz a considerar a questão e agora responder, julgando o novo pedido da declaratória incidental. Com o transporte automático da questão (antes prejudicial, agora aditada como principal) para o dispositivo da sentença, há certeza de que a coisa julgada também lhe abrangerá. Então, a ação declaratória incidental teria a finalidade de atribuir ao resultado do procedimento uma maior previsibilidade a respeito da estabilidade que pode se formar sobre a sentença, o que emprestaria à demanda incidental, em nosso sentir, uma clara utilidade para o autor, preenchido, portanto, o interesse de agir.

Por todos estes motivos, subsiste, em alguns casos, o interesse no ajuizamento da declaratória incidental: 1) nas hipóteses do art.19, I (parte final) e 19, II do CPC/15; 2) também nos casos de questões prejudiciais, desde que observado o interesse de agir, que deve ser avaliado na *possibilidade de incidência* do art.503 do CPC/15 (a extensão automática da coisa julgada às prejudiciais) mas também em outros escopos que demonstrem a utilidade para o litigante do uso da ação declaratória incidental.

Impende ressaltar ainda que toda essa disciplina dos limites objetivos da coisa julgada no CPC/15 é submetida a uma regra de transição que determina sua aplicação apenas para os processos iniciados na vigência do novo Código. De fato, para não surpreender os litigantes com a nova sistemática dos limites objetivos da coisa julgada, e talvez impor uma vinculação a estratos do debate que os sujeitos do processo sequer imaginavam que poderiam tornar-se estáveis (porque não estavam no pedido inicial), o legislador houve por bem editar uma regra transicional. Trata-se do art.1.054 do CPC/15, que afirma que o disposto na vinculação das prejudiciais somente se aplica aos processos iniciados após a vigência do Código, aplicando-se aos processos iniciados sob a égide do CPC anterior o disposto no arts. 5º, 325 e 470 do Código de 1973. Portanto, para os processos iniciados antes de março de 2016, ainda vemos a ultratividade das disposições do CPC/73 a respeito dos limites objetivos da coisa julgada.

Por fim, uma última observação a respeito dos limites objetivos da coisa julgada no novo sistema processual civil. Como se sabe, o CPC/15 prevê a possibilidade das partes celebrarem convenções processuais (art.190). No âmbito dessa cláusula geral, entendo que os litigantes podem acordar que a coisa julgada se forme sobre uma determinada questão prejudicial (Cabral, 2015; no mesmo sentido, Didier Jr., 2016). A razão para esta possibilidade é simples: a vinculatividade da coisa julgada atingir uma determinada questão é um efeito que está na esfera de disposição das partes. As partes podem formular pedido a respeito; podem ajuizar ação declaratória incidental especificamente para estender a coisa julgada àquela matéria; podem, enfim, pelas prerrogativas processuais que o ordenamento lhes confere, debater exaustivamente aquele tema, voluntariamente o fazendo para que a estabilidade da coisa julgada se forme sobre a prejudicial. Ora, se assim é, não vemos razão para que não seja também aberta às partes a possibilidade de fazê-lo por convenção, com muito mais segurança e previsibilidade a respeito do vínculo que se formará sobre a prejudicial, e com ganho sistêmico de reduzir, em outros processos, as discussões sobre se efetivamente a coisa julgada se produziu sobre a questão ou não.

Referências bibliográficas (obras citadas pelo atualizador)

BARBOSA MOREIRA, José Carlos. Questões prejudiciais e coisa julgada. *Revista de Direito da Procuradoria Geral do Estado da Guanabara,* n.16, 1967, p.217 ss.

___________. Questões prejudiciais e questões preliminares, *in Direito processual civil – ensaios e pareceres*. Rio de Janeiro: Borsoi, 1971, p. 83.

BÖHM, Peter. Die Ausrichtung des Streitgegenstands am Rechtsschutzziel, *in* RECHBERGER, Walter H.; WELSER, Rudolf (Orgs.). *Festschrift für Kralik zum 65. Geburtstag*. Wien: Manz, 1986.

CABRAL, Antonio do Passo. *Coisa julgada e preclusões dinâmicas: entre continuidade, mudança e transição de posições processuais estáveis*. Salvador: Juspodivm, 4ª ed., 2021.

___________. Comentário. *in* ARRUDA ALVIM, Teresa; DIDIER JR., Fredie; TALAMINI, Eduardo; DANTAS, Bruno. *Breves comentários ao Código de Processo Civil*. São Paulo: RT, 2015, p.1297-1298.

___________. Il principio del contraddittorio come diritto d'influenza e dovere di dibattito. *Rivista Di Diritto Processuale*, n.2, 2005, p. 449-464.

CÂMARA, Alexandre Freitas. *O novo processo civil brasileiro*. São Paulo: Atlas, 2015, p. 304 ss.

___________. Os limites objetivos da coisa julgada no novo Código de Processo Civil brasileiro. *in* PEIXOTO, Ravi; MACÊDO, Lucas Buril de; FREIRE, Alexandre. (Org.). *Doutrina Selecionada: procedimento comum*. Salvador: Jus Podivm, 2ª ed., 2016, p. 573.

CRUZ E TUCCI, José Rogério. Identificação de ações – apreciação *incidenter tantum* – não abrangência pelo julgado – inexistência de coisa julgada material – enriquecimento indevido. *Revista Jurídica*, ano 49, n.289, novembro, 2001, p. 51.

DIDIER JR. Fredie. Contradireitos, objeto litigioso do processo e improcedência. Revista de Processo, n.223, 2013, p. 93 ss.

___________. Comentário. *in* Antonio do Passo Cabral e Ronaldo Cramer (Coord.). *Comentários ao novo Código de Processo Civil*. Rio de Janeiro: Forense, 2ª ed., 2016, p. 756-757.

FABRÍCIO, Adroaldo Furtado. *A ação declaratória incidental*. São Paulo: Saraiva, 4ª ed., 2009.

MARINONI, Luiz Guilherme; ARENHART, Sérgio Cruz; MITIDIERO, Daniel. *Curso de Direito Processual Civil*. São Paulo: RT, 2015, vol. 2, p. 622.

MARINONI, Luiz Guilherme. *Coisa julgada sobre questão*. São Paulo: RT, 2018, p. 170-172.

SCHWAB, Karl Heinz. *Der Streitgegenstand im Zivilprozess*. München: C.H.Beck, 1954.

STRICKLER, Yves. La localisation de l'autorité de la chose jugée. *in* CADIET, Loïc e LORIFERNE, Dominique (dir.). *L'autorité de la chose jugée*. Paris: IRJS, 2012, p. 47-48.

TALAMINI, Eduardo. *Coisa julgada e sua revisão*. São Paulo: RT, 2005, p. 82.

THEODORO JR., Humberto. Coisa julgada, ação declaratória seguida de condenatória. *Revista de Processo,* ano 21, n.81, jan-mar, 1996, p. 89.

A EFICÁCIA PRECLUSIVA DA COISA JULGADA MATERIAL NO SISTEMA DO PROCESSO CIVIL BRASILEIRO[1]

SUMÁRIO: 1. Posição do problema. Exemplos. **2.** A solução necessária e sua configuração dogmática. **3.** A eficácia preclusiva da coisa julgada. **4.** Eficácia preclusiva e limites objetivos da coisa julgada. **5.** Área de manifestação da eficácia preclusiva. **6.** Questões sujeitas à eficácia preclusiva. **7.** Particularidade das questões de fato. **8.** Distinção entre a eficácia preclusiva da coisa julgada e a eficácia preclusiva da sentença exequível.

1. Na sentença de mérito formula o órgão judicial a norma jurídica concreta que deve disciplinar a situação litigiosa trazida à sua apreciação. Óbvias necessidades de ordem prática impõem que se assegure estabilidade à tutela jurisdicional assim dispensada. A lei atende a tal exigência tornando imutável e indiscutível, a partir de certo momento, o conteúdo da norma formulada na sentença. Nesse momento – que, no direito brasileiro, é aquele em que já nenhum recurso pode ser interposto contra a decisão –, diz-se que esta transita em julgado.

Desde o trânsito em julgado, fica a sentença definitiva[2] revestida da autoridade da coisa julgada em sentido material. Quer isso dizer que a solução dada ao litígio pelo juiz se torna imune a contestações juridicamente relevantes, não apenas no âmbito daquele mesmo processo em que se proferiu a decisão, mas também fora dele, vinculando as partes e quaisquer juízes de eventuais processos subsequentes.

Para formular a norma concreta aplicável à situação litigiosa, terá o órgão judicial, normalmente, enfrentado e resolvido uma série de questões – isto é, de dúvidas sobre pontos de fato ou de direito –, suscitadas pelas partes, ou, quando possível, apreciadas *ex officio.* Da maneira como se haviam de resolver essas diversas questões naturalmente dependia

---

1 Trabalho publicado no Libro – Homenaje a Luís Loreto, Caracas, 1975.

2 Usa-se no texto a expressão sentença definitiva como equivalente a "sentença de mérito". Não obstante prefira o novo Código de Processo Civil este segundo modo de dizer, a tradição do direito brasileiro abona o emprego do adjetivo "definitiva" para designar a decisão sobre o meritum causae: VER, por todos, JOSÉ FREDERICO MARQUES, Institui*ções* de Direito Processual Civil, v. II, 2ª ed., Rio de Janeiro, 1962, p. 316

o teor do julgamento[3]; mas bem pode suceder que, de fato, não tenham sido exaustivamente consideradas, no processo, as questões suscetíveis de influir na decisão – seja porque as partes deixassem de suscitar alguma que, sem a sua iniciativa, não era lícito ao juiz apreciar, seja porque se omitisse o próprio juiz em apreciá-la, a despeito de suscitada pelas partes ou suscitável de ofício. Perfeitamente se concebe, assim, em tese, que depois de findo o processo se viesse a pôr em dúvida o resultado atingido, acenando-se com tal ou qual questão que haja ficado na sombra e que, porventura trazida à luz, teria sido capaz de levar o órgão judicial a conclusão diferente da corporificada na sentença.

Se as questões relevantes foram todas examinadas, ninguém hesitará em recusar aos litigantes o poder de exigir do juiz que lhes dê ainda ouvidos num segundo debate sobre a matéria julgada, no qual nada de novo se aduziria. Põe-se, entretanto, o problema: e se a parte alega que no primeiro feito não se levou em conta este ou aquele ponto, agora indicado, justamente, como o decisivo para moldar a convicção do órgão judicial?

Suponhamos, por exemplo, que, em ação de cobrança proposta por *A* contra *B,* o réu, que não dispunha de elementos para negar o débito, se haja limitado a arguir, em defesa, a prescrição; e suponhamos que o juiz, rejeitando a arguição, tenha condenado *B* ao pagamento da importância cobrada. Em semelhante hipótese, é óbvio que, trânsita em julgado a sentença, deve ficar excluída para *B* a possibilidade de obter novo pronunciamento sobre a lide mediante pura e simples reiteração do argumento já oposto e repelido. Todos compreendem intuitivamente que, se *B* volta a juízo para pedir a reapreciação da matéria, insistindo, sem nada acrescentar, na alegação de estar prescrita a dívida, fica sujeito a ver-se despedir sem outra resposta senão a de que já não faz jus a que se lhe responda.

Suponhamos agora que, após o trânsito em julgado da decisão condenatória, venha *B* a descobrir que outra pessoa, interessada na extinção da dívida, já pagara integralmente a *A.* Ou então – para tornarmos o exemplo ainda mais frisante –, que *B* de repente se lembre de que na verdade já havia efetuado, ele próprio, o pagamento, e até encontre, entre

3 Consoante gostava de frisar CARNELUTTI, a solução das questões está em relação de meio a fim para com a decisão da lide: ver, entre muitos outros passos, Lezioni di Diritto Processuale Civile, Pádua, 1926, v. IV, p. 426.

velhos papéis que não lhe ocorrera passar em revista, o recibo assinado por *A*. A primeira vista, as coisas parecerão aqui diferentes. Alguém talvez se sinta inclinado a raciocinar assim: o juiz só condenou *B* a pagar porque não se trouxe ao seu conhecimento um fato muito provavelmente capaz de levá-lo à conclusão oposta se houvesse sido arguido; como negar a *B*, pois, o direito de provocar nova apreciação da lide, invocando agora, noutro processo, o fato omitido no anterior?

2. Sem dificuldade se entende, porém, que admitir a reabertura da discussão judicial, só porque alegue o interessado ter razões ainda não apreciadas, seria reduzir a bem pouco a garantia da coisa julgada, frustrando em larga medida a finalidade prática do instituto. Quando se poderá assegurar, *a priori*, que tenha sido *exaustiva*, num processo qualquer, a consideração, pelo órgão judicial, das questões relevantes para a decisão da causa? Em regra, o oposto é que acontecerá: as partes fazem aos advogados narrativas lacunosas dos fatos; os advogados equivocam-se na valoração do material, ou não são bastante hábeis, ou bastante diligentes, e deixam de usar algum argumento que talvez fosse o decisivo; documentos perdem-se, acham-se, tornam a perder-se; testemunhas esquecem o que viram ou ouviram, omitem-se, desaparecem; à atenção do juiz passa despercebido tal ou qual subsídio probatório, à sua memória não acode a norma legal que na verdade se deveria aplicar à espécie.

E, no entanto, os litígios não devem perpetuar-se. Entre os dois riscos que se deparam – o de comprometer a segurança da vida social e o de consentir na eventual cristalização de injustiças –, prefere o ordenamento assumir o segundo. Não chega a pôr a coisa julgada, em termos absolutos, ao abrigo de qualquer impugnação; permite, em casos de extrema gravidade, que se afaste o obstáculo ao rejulgamento: aí estão, no direito brasileiro, as hipóteses de rescindibilidade da sentença, arroladas no art. 485 do Código de Processo Civil em vigor desde 1º-1-1974. Torna-a porém imune, em linha de princípio, às dúvidas e contestações que se pretenda opor ao resultado do processo findo, mesmo com base em questões que nele não hajam constituído objeto de apreciação. Se o resultado é injusto, paciência: o que passou, passou.

O expediente técnico a que às vezes se recorre com tal finalidade consiste em considerar implicitamente decididas pela sentença que transita em julgado – no sentido compatível, é claro, com o teor desta – todas as questões, ainda que não apreciadas, cuja solução se devesse reputar idônea para influir no conteúdo do pronunciamento judicial. Voltemos ao exemplo acima figurado: se o juiz condenou *B* ao pagamento da importância cobrada por *A*, uma vez esgotados os recursos admissíveis, as coisas se passam como se *B*, além de arguir a prescrição, houvesse alegado que a dívida já fora paga, por terceiro ou por ele próprio, e o órgão judicial houvesse rejeitado a alegação, por entendê-la falsa ou não provada.

O "como se" faz ressaltar desde logo que se trata, no fundo, de uma ficção – e, ousamos acrescentar sem demora, de uma ficção tão supérflua quanto inconveniente. Supérflua porque, conforme se exporá adiante, ao fenômeno se pode dar, em sede dogmática, outra explicação mais própria. Inconveniente porque, se se fala de "julgamento implícito" a propósito de questões não apreciadas, corre-se o risco de dar a entender que a solução de tais questões ficaria sujeita, em si mesma, à autoridade da coisa julgada, e portanto imune a nova discussão ainda em processo distinto, no qual, embora entre as mesmas partes, se tenha de compor outra lide.

Na verdade, nem mesmo as questões expressamente resolvidas pelo órgão judicial como etapas lógicas do raciocínio conducente à solução do litígio se incluem na área coberta pela *auctoritas rei iudicatae*. A proposição é evidente no que tange às puras questões de fato e às puras questões de direito, cuja solução jamais seria apta a produzir coisa julgada. Ainda, porém, quando o juiz aplica direito a fato, para afirmar ou negar a existência de relação jurídica ou *status* de que logicamente depende o teor do pronunciamento sobre a lide, a questão assim resolvida – dita prejudicial –, sendo estranha ao âmbito do pedido, e por conseguinte ao objeto do processo, permanece, como todos os motivos da decisão, fora dos limites objetivos da *res iudicata*[4].

Ora, se assim é no tocante às questões (distintas da principal) efetivamente apreciadas, por mais forte razão é também assim no que

4 Para a cumprida demonstração da tese, ainda sob o Código de Processo Civil de 1939 (cujo art. 287, parágrafo único, ensejou, na doutrina e na jurisprudência, mal-entendidos de que adiante se falará), ver nossa monografia Questões Prejudiciais e Coisa Julgada, Rio de Janeiro, 1967, p. 76 e ss.; em sentido conforme, na literatura posterior, MACHADO GUIMARÃES, "Preclusão, coisa julgada, efeito preclusivo", in Estudos de Direito Processual Civil, Rio de Janeiro – São Paulo, 1969, p. 2.112, 32; CELSO NEVES, Contribuição ao Estudo da Coisa Julgada Civil, São Paulo, 1970, p. 493/4; ISAAC PEREIRA DA SILVA, Coisa Julgada Tributária, Recife, 1970, p. 65 e ss.; ADA PELLEGRINI GRINOVER, *Ação* Declaratória Incidental, São Paulo, 1972, p. 37/8. Quanto ao direito vigente, ver infra, n. 4.

concerne àquelas outras de que o órgão judicial nem sequer chegou a conhecer – relevantes que fossem, caso suscitadas pelas partes ou enfrentadas de ofício, para o julgamento da causa. O que se passa com a solução de semelhantes questões, após o trânsito em julgado da sentença definitiva, é o mesmo que se passa com a das questões que o juiz tenha apreciado unicamente para assentar as premissas da sua conclusão: nem a umas nem a outras se estende a *auctoritas rei iudicatae*, mas todas se submetem à eficácia preclusiva da coisa julgada[5]. Nesse sentido, e só nele, é exato dizer que *a res iudicata* "cobre o deduzido e o deduzível".

3. Não há confundir coisa julgada e preclusão. A coisa julgada é uma das várias situações jurídicas dotadas de eficácia preclusiva. Quer dizer: entre os efeitos da coisa julgada, figura o de produzir uma determinada modalidade de preclusão, sem que fique excluída a produção de efeito análogo por outras causas, isto é, por outras situações diferentes da *res iudicata*.

A eficácia preclusiva da coisa julgada manifesta-se no impedimento que surge, com o trânsito em julgado, à discussão e apreciação das questões suscetíveis de incluir, por sua solução, no teor do pronunciamento judicial, ainda que não examinadas pelo juiz. Essas questões perdem, por assim dizer, toda a relevância que pudessem ter em relação à matéria julgada[6]. Posto que se conseguisse demonstrar que a conclusão seria diversa, caso elas houvessem sido tomadas em consideração, nem por isso o resultado ficaria menos firme; para evitar, pois, dispêndio inútil de atividade processual, simplesmente se exclui que possam ser suscitadas com o escopo de atacar *a res iudicata*. Se a decisão é das que só produzem coisa julgada formal, o efeito preclusivo restringe-se ao interior do processo em que foi proferida; se é das que geram coisa julgada mate-

---

5 A tal fenômeno, pela primeira vez entre nós, deu o necessário relevo MACHADO GUIMARÃES, em seu profundo ensaio supracitado, infelizmente o último que publicou. No presente estudo, em mais modesto nível, visa-se a repensar, e talvez a desenvolver, em tal ou qual aspecto, sob a mesma inspiração fundamental, alguns itens da rica problemática ali versada pelo egrégio processualista.

6 Cf. ALLORIO, "Critica della teoria del giudicato implícito", in Problemi di Diritto, v. 11 (Sulla Dottrina della Giurisdizione e del Giudicato e altri Studi), Milão, 1957, p. 215: "non tanto la risoluzione delle questioni non sollevate in giudizio è implicita nella risoluzione di quelle effettivamente discusse; quanto l'esame delle prime e delle seconde è superfluo, come esame di cosa irrelevante, dopo la sentenza, passata in giudicato, che racchiude la pronuncia sulla lite".

rial, como a sentença definitiva, o efeito preclusivo projeta-se *ad extra,* fazendo sentir-se nos eventuais processos subsequentes. Daí qualificar-se de pan-processual a eficácia preclusiva da coisa julgada material[7].

4. A essa eficácia preclusiva pan-processual – e não aos limites objetivos da coisa julgada, como às vezes se supôs[8] – é que se referia o parágrafo único do art. 287 do Código de Processo Civil de 1939. Ao considerar "decididas todas as questões que constituem premissa necessária da conclusão", não visava o dispositivo a alargar o âmbito da *res iudicata,* fazendo indiscutíveis, em qualquer outro processo, as questões de cuja solução dependia, no plano lógico, o julgamento da lide. A imutabilidade que aí se queria assegurar era a da solução dada à própria questão principal, ou, em outras palavras, a da norma jurídica concreta formulada na sentença para disciplinar a situação litigiosa. Pretendia-se excluir que o resultado do processo, após o trânsito em julgado, viesse a ser objeto de contestações juridicamente relevantes, com base, quer em alegações já examinadas, quer em alguma que ainda não o tivesse sido[9]. O expediente usado pela lei tem mera função instrumental: a preclusão das questões logicamente subordinantes não é um fim em si mesma, senão simples meio de preservar a imutabilidade do julgado[10].

---

7 MACHADO GUIMARÃES, ob. cit., p. 15, 32, aproveitando terminologia que REDENTI propusera.

8 Remetemos o leitor, ainda uma vez, ao nosso ensaio supracitado, p. 114, onde ainda empregávamos, a propósito do art. 287, parágrafo único, a expressão "julgamento implícito", aspeando-a embora, por já nos parecer, então, imprópria. Cf. MACHADO GUIMARÃES, ob. cit., p. 22.

9 No modelo do legislador pátrio – a 2ª alínea do art. 290 do projeto italiano de 1926 – ficava expressa a pertinência da norma também às questões não apreciadas, conquanto suscetíveis de influir no teor do pronunciamento judicial: "Si considera decisa, anche se non sia risoluta espressamente, ogni questione la cui risoluzione costituisca una premessa necessaria della disposizione contenuta nella sentenza". A supressão da cláusula grifada, do texto brasileiro, se bem que a rigor irrelevante, contribuiu para multiplicar os mal-entendidos em torno da regra.

10 Já o ressaltara JOSÉ INÁCIO BOTELHO DE MESQUITA, A Autoridade da Coisa Julgada e a Imutabilidade da Motivação da Sentença, São Paulo, 1963, p. 59 e ss. Não nos parece feliz, contudo, a terminologia adotada: apesar de todos os esclarecimentos com que o autor trata de precisar-lhe o alcance, a expressão imutabilidade da motivação permanece essencialmente ambígua e incapaz de prevenir equívocos. Dizer que a motivação da sentença se torna imutável é menos expressivo - e, aliás, menos exato – que dizer, com MACHADO GUIMARÃES, que as questões relevantes para o

Que a infeliz redação do parágrafo se prestava a alimentar equívocos é coisa que não se põe em dúvida. O intérprete, porém, deveria abster-se de atribuir ao dispositivo sentido que não se harmonizava com o sistema do nosso direito processual civil, e em particular com o cristalino preceito do art. 4º do diploma então vigente, diante do qual não havia que cogitar de julgamento – nem, pois, de coisa julgada – fora dos limites fixados pelo pedido do autor.

Ao art. 287, parágrafo único, do Código de 1939 corresponde, no de 1973, o art. 474, segundo o qual, "passada em julgado a sentença de mérito, reputar-se-ão deduzidas e repelidas todas as alegações e defesas que a parte poderia opor assim ao acolhimento como à rejeição do pedido". No estatuto em vigor, o risco de interpretações deformantes fica extremamente atenuado à vista do art. 469, que de modo categórico exclui a ampliação da *auctoritas rei iudicatae* a quaisquer questões distintas da principal. Todavia, embora denote considerável progresso em confronto com o texto anterior, a técnica do novo Código, no particular, ainda se mantém presa à inútil ficção ' do "julgamento implícito". Trata-se menos, com efeito, de "reputar deduzidas e repelidas" as "alegações e defesas" capazes de influir no resultado do processo, do que de proibir que tais "alegações e defesas", deduzidas ou não, se venham a usar como instrumentos de ataque àquele resultado.

5. Do exposto acima decorre que a eficácia preclusiva de coisa julgada material se sujeita, em sua área de manifestação, a uma limitação fundamental: ela só opera em processos nos quais se ache em jogo a *auctoritas rei iudicatae* adquirida por sentença anterior. Tal limitação resulta diretamente da função instrumental que se pôs em relevo: não teria sentido, na verdade, empregar o meio quando não se trate de assegurar a consecução do fim a que ele se ordena. Isso significa que a preclusão das questões logicamente subordinantes apenas prevalece em feitos onde a lide seja a mesma já decidida, ou tenha solução dependente da que se deu à lide já decidida[11]. Fora dessas raias, ficam abertas à livre

julgamento da lide "são atingidas pelo efeito preclusivo da coisa julgada, se bem que não adquiram elas próprias e per se a autoridade de coisa julgada" (ob. cit., p. 21/2). Mesmo porque não se afigura razoável reputar compreendidas na "motivação da sentença" as questões efetivamente não examinadas pelo juiz.

11 Sobre a maneira como atua a preexistente coisa julgada em processo onde se pretenda ressuscitar, com caráter prejudicial, a questão já apreciada principaliter, ver

discussão e apreciação as mencionadas questões, independentemente da circunstância de havê-las de fato examinado, ou não, o primeiro juiz, ao assentar as premissas de sua conclusão.

Suponhamos, v.g., que Caio peça e obtenha, por sentença trânsita em julgado, a condenação de Tício ao pagamento de multa pela infração de certa cláusula do contrato entre ambos celebrado. Tendo pago a multa, volta Tício a juízo e, alegando a nulidade absoluta do contrato, pede a restituição da importância correspondente à pena convencional. A questão da nulidade, conforme o sentido em que fosse resolvida, seria obviamente capaz de influir no resultado do primeiro processo: se o contrato é na verdade nulo, a suposta obrigação não existia, nem havia que cogitar- se da aplicação da cláusula penal. O crédito de Caio, a esse título, em face de Tício, está porém coberto pela autoridade da coisa julgada, e nenhum argumento, utilizado ou não no feito anterior, autoriza a reabertura da discussão – salvo, é claro, mediante rescisão da sentença – em tomo da lide decidida. Em nada aproveitará a Tício, no segundo processo, alegar que a validade do contrato não fora objeto de exame e portanto constitui matéria nova: a situação prática é exatamente igual à que ocorreria se a nulidade houvesse sido arguida e o órgão judicial houvesse repelido a arguição, sem que se precise "considerar" (*rectius:* fingir) que ele "implicitamente" a repeliu.

Suponhamos agora que Caio proponha nova ação contra Tício para exigir, desta vez, o cumprimento de outra obrigação estipulada no mesmo contrato. A lide não é a mesma, nem depende logicamente a sua solução da que se deu à anterior, relativa às consequências do descumprimento de obrigação diversa. Neste segundo feito, a nulidade do contrato, como razão de defesa, pode ser arguida por Tício e livremente apreciada pelo juiz, a quem até competiria examiná-la de ofício (Cód. Civil, art. 146, parágrafo único). Não há, com efeito, coisa julgada sobre a validade do negócio, estranha ao objeto do processo anterior, onde o autor só pedira, e a sentença só pronunciara, a condenação de Tício ao pagamento da multa contratual. Tampouco opera aqui, sobre a questão, a eficácia preclusiva da coisa julgada, pois, seja qual for a solução que se lhe dê, permanecerá incólume a *auctoritas rei iudicatae* da

---

J. C. BARBOSA MOREIRA, ob. cit., p. 64 e ss.; mais recentemente, MACHADO GUIMARÃES, ob. cit., p. 16 (e, aí, nota 29).

anterior decisão, que de modo nenhum se vê posta em xeque pela mera eventualidade de contradição lógica entre os julgados.

6. Dentro dos lindes assim demarcados, subpõem-se à eficácia preclusiva da *res iudicata* todas as questões cuja apreciação pudesse influir no teor do julgamento proferido. As próprias hipóteses legais de rescindibilidade da sentença (Cód. Proc. Civil, art. 485) não configuram exceções à regra. E evidente que, se se acolhe o pedido de rescisão, pode sobrevir o reexame da matéria decidida; mas isso acontece precisamente porque, quando se passa ao *iudicium rescissorium,* já não existe o obstáculo da coisa julgada, removido no *iudicium rescindens,* e portanto já não há que cogitar de eficácia preclusiva: *sublata causa, tollitur effectus.* Dizer, pois, que a coisa julgada só impede a reapreciação das questões logicamente subordinantes enquanto não rescindida a sentença, no fundo, não é senão dizer que a coisa julgada só produz efeitos enquanto subsiste.

6.1. A eficácia preclusiva da coisa julgada material atinge:

a) as questões de fato. Exemplo: em ação proposta por X contra Y, para revogar doação por ingratidão, com fundamento em que o donatário, não obstante pudesse ministrá-los, recusou ao doador os alimentos de que este necessitava (Cód. Civil, art. 1.183, IV), é obviamente capaz de influir no resultado do processo a alegação de que Y recebera vultosa herança: caso provada, tal alegação forneceria um dos pressupostos da procedência do pedido, a saber, a possibilidade de Y alimentar X. Se, porém, se rejeitou o pedido, e a sentença transitou em julgado, a questão perde toda a relevância, quer haja X deduzido, quer não haja deduzido o fato. Nesta última hipótese, não aproveitará a X, em novo processo, eventualmente instaurado com o mesmo objeto, argumentar que no feito anterior não se levara em conta a herança deixada a Y e, se se houvesse levado em conta, seria outra a conclusão do Juiz: do ponto de vista prático, não há diferença entre essa situação e a que ocorreria caso X tivesse alegado, no primeiro processo, o recebimento da herança por Y, e O órgão judicial tivesse desprezado a alegação, v.g., por não a julgar provada[12].

12 Quase desnecessário advertir que a situação será de todo em todo diferente se no segundo processo se vier a alegar outro fato que configure diversa causa peten-

Se, entretanto, após o trânsito em julgado da sentença que repeliu o pedido de revogação da doação, X propõe contra Y ação de alimentos, a *quaestio facti* referente à herança pode ser suscitada e resolvida com total liberdade. Ao juiz desse novo processo, em se convencendo de que Y, na verdade, recebera a herança e com isso adquirira a possibilidade de alimentar X, sempre será dado invocar tal circunstância como um dos fundamentos da condenação de Y a prestar alimentos. É indiferente que, no feito anterior, se tenha ou não suscitado a questão, e, no caso de ter-se suscitado, que se tenha ou não considerado provado o recebimento da herança por Y. Em hipótese alguma há coisa julgada sobre a questão[13], seja qual for a maneira como ali se haja resolvido; nem há, no processo da ação de alimentos – onde a *lide* é outra –, eficácia preclusiva da coisa julgada, pois a preclusão das questões logicamente subordinantes serve apenas para assegurar, no caso, a imutabilidade da sentença que julgou improcedente o pedido de revogação da doação, e a imutabilidade dessa sentença não é posta em risco pelo julgamento – qualquer que seja o sentido em que se profira – do pedido de alimentos;

di: assim, por exemplo, se X pedir de novo a revogação da doação com base em atentado contra a sua vida, ou ofensa física, ou injúria grave, ou calúnia por parte de Y (Cód. Civil, art. 1.133. I, II e III). Ares iudicata formada sobre a primeira sentença de improcedência não constitui óbice à apreciação de tal pedido, e portanto não há que cogitar de eficácia preclusiva em relação a quaisquer quaestiones facti agora suscitadas. Cf. a propósito a clara lição de HABSCHEID, Der Streigegenstand im Zivilprozess, Bielefeld, 1956, p. 296/7: "Die allgemeine Prä*klusion ergreift nur Facta, die zum Streitgegenstand eines bereits rechtskräftig entschiedenen Prozesses gehören. Ist der prozessuale Anspruch der zweiten Klage ein anderer – sei es, weil eine andere Rechtsbehauptung aufgestellt wird, sei es, weil der Kläger sein Begehren auf einen anderen Lebenssachverhalt grundet – so is fur die Präklusion des nicht vorgebrachten Prozesstoffes ebenso wenig Raum wie fur die 'Einrede' der Rechtskraft". A interpretação dada ao atual art. 474 por SÉRGIO SAHIONE FADEL, Código de Processo Civil Comentado, Rio de Janeiro, 1973, t. III, p. 45/6, segundo a qual esse dispositivo obstaria à cognição judicial em feito posterior ainda quando diversa a causa de pedir, frontalmente colide com a exigência da tríplice identidade (de partes, de causa petendi e de pedido), formulada com clareza no art. 301, §§ 1º a 3º para que prevaleça a autoridade da coisa julgada – e, portanto, a sua eficácia preclusiva.

13 Conforme incisivamente ensina LIEBMAN, "l'accertamento dei fatti, sebbene serva a preparare la statuizione contenuta nella sentenza, non acquista in nessun caso autorità di cosa giudicata" ("Risoluzione convenzionale del processo", in Riv. di Dir. Proc. Civ., v. IX, 1932, p. 274). Ver hoje, no direito brasileiro, a regra expressa do ano 469, II, do Código de Processo Civil de 1973.

b) as questões de direito. Exemplo: o contribuinte X embarga execução fiscal, afirmando indevida a prestação tributária que se lhe cobra, correspondente a determinado exercício financeiro. Rejeitados os embargos por sentença trânsita em julgado, quer tenha, quer não tenha X arguido a inconstitucionalidade da lei que instituíra o tributo, não lhe será possível, voltando a juízo, pleitear frutiferamente a restituição da importância paga por ser inconstitucional a lei: semelhante questão, ainda que não examinada no feito anterior, ficou coberta pela eficácia preclusiva da coisa julgada.

Se, porém, no exercício financeiro subsequente, torna o Fisco a cobrar-lhe o tributo, de incidência periódica, com fundamento na mesma lei, abre-se livremente, através dos embargos, a discussão judicial da *quaestio iuris*, nada importando que o juiz do primeiro processo se tenha abstido de enfrentá-la ou tenha repelido a arguição de inconstitucionalidade[14]: a situação, num caso ou noutro, é sempre igual. Onde não se ponha em jogo a *auctoritas rei iudicatae*, não há por que supor preclusas as questões logicamente subordinantes, deduzidas ou não, apreciadas ou não, em processo antecedente;

c) as questões solúveis mediante aplicação de direito a fato e referentes a relação jurídica ou *status* a cuja existência ou inexistência se subordina a relação jurídica sobre que versa o pedido (questões prejudiciais em sentido próprio). Exemplo: cobrando-se em juízo indenização pelo suposto descumprimento de servidão sobre o prédio de Y em favor do prédio de X, a sentença acolhe o pedido e transita em julgado. Quer se haja apreciado, quer não, a existência da servidão, Y já não poderá impugnar, noutro processo, o crédito de X pelo valor das perdas e danos; em vão argumentará que O resultado seria diferente se, no feito anterior, se tivesse examinado a prejudicial.

---

14 E vice-versa: se no primeiro feito a lei foi considerada inconstitucional, e por isso acolhidos os embargos, não há óbice a que a questão seja de novo suscitada e livremente resolvida, quiçá em sentido contrário, pelo juiz do segundo processo, onde se cobra a prestação tributária correspondente a outro exercício; as duas lides são perfeitamente distintas, e a eventual contradição lógica entre as decisões de uma e de outra não tem a mínima relevância do ponto de vista em que aqui se focaliza o problema. Ver, sobre o tema, LIEBMAN, "Limites da coisa julgada em matéria de imposto", in Estudos sobre o Processo Civil Brasileiro, São Paulo, 1947, p. 171 e ss.; ISAAC PEREIRA DA SILVA, ob. cit., p. 71 e ss., 91 e ss., 123 e ss. Cf. o enunciado n. 239 da Súmula da Jurisprudência Predominante do Supremo Tribunal Federal: "Decisão que declara indevida a cobrança do imposto em determinado exercício não faz coisa julgada em relação aos posteriores".

Todavia, se mais tarde X pleiteia nova indenização, por outro comportamento de Y, também supostamente lesivo ao seu direito, não fica Y impedido de defender-se alegando que a servidão na realidade não existe, nem o Juiz de examinar com total liberdade essa questão. Sobre ela, com efeito, não há *res iudicata* (ressalvada a hipótese de ter-se proposto, no primeiro feito, a ação declaratória incidental prevista no art. 5º do Cód. Proc. Civil de 1973), nem a alcança, no segundo processo, relativo à diferente lide, a eficácia preclusiva da coisa julgada.

6.2. Submetem-se indistintamente à eficácia preclusiva as questões suscetíveis de conhecimento *ex officio* pelo órgão judicial e as só apreciáveis mediante alegação de qualquer das partes. No primeiro caso está, v.g., a questão concernente à nulidade absoluta do ato jurídico (Cód. Civil, art. 146, parágrafo único); no segundo, por exemplo, as referentes a exceções em sentido material, que não se podem examinar senão quando suscitadas pelo réu. Tão preclusas quanto as questões efetivamente apreciadas ficam, com o trânsito em julgado da sentença definitiva, em qualquer outro processo sobre a mesma lide ou sobre lide logicamente subordinada:

a) as questões que, passíveis de conhecimento *ex officio,* de fato não hajam sido examinadas pelo juiz;

b) as que, dependentes da iniciativa da parte, hajam sido suscitadas mas não apreciadas na motivação da sentença;

c) as que, também dependentes da iniciativa da parte, não hajam sido suscitadas nem, por conseguinte, apreciadas.

Nas hipóteses de abstenção da parte, é irrelevante, para a produção do efeito preclusivo, que a omissão tenha sido voluntária ou involuntária, que a parte estivesse ou não, concretamente, em condições de suscitar a questão. Ainda que a parte, v.g., ignorasse o fato capaz de fundamentar a alegação, e só depois viesse a ter conhecimento dele, o efeito preclusivo nem por isso deixa de produzir-se com a mesma intensidade. No enunciado segundo o qual a coisa julgada "cobre o deduzido e o deduzível" não se deve entender esta última expressão como abrangente apenas daquilo que a parte, *in concreto,* à vista das circunstâncias em que se achava, tinha a possibilidade atual de alegar, mas de tudo que em tese, potencialmente, lhe teria sido lícito arguir[15]. O critério é objetivo,

15 Cf. MACHADO GUIMARÃES, ob. cit., p. 25: "Entre os fatos 'deduzíveis' atingidos pelo efeito preclusivo da coisa julgada, incluem-se os que não foram oportunamen-

não subjetivo. Exemplo: X obtém a condenação de Y ao cumprimento de obrigação prevista em contrato bilateral; após o trânsito em julgado, descobre Y que tampouco X cumprira a sua obrigação, assumida no mesmo contrato: a circunstância de Y não ter oposto a *exceptio non adimpleti contractus* porque permanecera, durante o processo, na errônea suposição de que X já houvesse adimplido em nada atenua o efeito preclusivo que *a res iudicata* produz sobre a questão, de sorte que Y continua impedido de alegar eficazmente o inadimplemento de X para contestar o resultado do feito, embora possa fazê-lo para qualquer outro fim.

7. Para que a *quaestio facti* fique coberta pela eficácia preclusiva não é necessário, pois, que o fato seja conhecido pela parte; é necessário, contudo, que já tivesse acontecido. A eficácia preclusiva não apanha os fatos supervenientes. Exemplo: X pede em juízo a declaração de crédito seu em favor de Y; a sentença acolhe o pedido e transita em julgado. Vencida a dívida, propõe X ação condenatória para cobrar de Y a importância. No segundo processo, permanece indiscutível que o crédito de X existia; portanto, fica preclusa a arguição de qualquer fato extintivo que Y queira fazer passar por anteriormente ocorrido. Não escapa, todavia, à livre discussão e apreciação judicial a possível extinção do crédito nesse meio tempo, de maneira que Y, conquanto não possa defender-se alegando que na realidade 'já pagara antes, pode sem dúvida alegar, em defesa, que pagou depois.

Importa precisar o termo final do período abrangido pela eficácia preclusiva, ou, em outras palavras, o momento até o qual há de ter sucedido o fato para que fique preclusa a respectiva arguição. À primeira vista, poderia supor-se que fosse o do próprio trânsito em julgado da sentença. Cumpre, porém, considerar que não se estende até esse momento a oportunidade concedida à parte para suscitar questões. Basta pensar nas restrições severas fixadas pelo ordenamento processual, ao menos entre nós, à dedução de matéria nova no procedimento recursal.

---

te deduzidos, por não terem chegado ao conhecimento da parte interessada ou por qualquer outro motivo de força maior". Na literatura europeia o ponto é tranquilo: além dos autores citados por MACHADO GUIMARÃES, ibid., nota 53, ver LIEBMAN, Embargos do Executado, trad. bras., 2ª ed., São Paulo, 1968, p. 187, nota 100; HEINITZ, I Limiti Oggettivi della Cosa Giudicata, Pádua, 1937, p. 231; NIKISCH, Zivilprozessrecht, 2ª ed., Tubingen, 1952, p. 421; LENT-JAUERNIG, Zivilprozessrecht, 17ª ed., Munique, 1974, p. 196.

Se ocorridos os fatos em ocasião na qual já não teria o interessado, ainda *in abstracto*, como alegá-los, não se sujeitam eles à eficácia preclusiva[16]. O plano divisório entre fatos preclusos e fatos não preclusos, quanto à época da respectiva ocorrência, corta o processo no último instante em que, objetivamente, era lícita a arguição[17].

De acordo com o art. 517 do Código de Processo Civil de 1973, "as questões de fato, não propostas no juízo inferior, poderão ser suscitadas na apelação, se a parte provar que deixou de fazê-lo por motivo de força maior"[18]. Quer isso dizer que o julgamento do mérito em primeira instância, por si só, apesar do prosseguimento do processo por interposição de recurso, já produz um efeito preclusivo sobre as *quaestiones facti*. Tal efeito é menos intenso do que o resultante da coisa julgada: deixa de fora as questões que não se poderiam ter deduzido antes "por motivo de força maior". Com o trânsito em julgado, alarga-se a órbita da preclusão para abranger também essas questões: daí em diante ficam elas preclusas, desde que em tese pudessem ter sido suscitadas até o último momento em que ao interessado se permitia objetivamente fazê-lo, cessando a relevância do motivo de força maior que, na hipótese, haja porventura impedido a parte de formular a alegação.

Resumindo, pois: se o fato já existia no último momento em que era possível argui-lo no procedimento de primeiro grau, a questão fica preclusa desde logo, exceto se algum motivo de força maior obstou à arguição; se o fato já existia no último momento em que era possível argui-lo no processo, *tout court*, a questão fica preclusa com formação da *res iudicata*, mesmo que algum motivo de força maior obstasse à arguição. Quer dizer: a ocorrência da força maior só é relevante para afastar a eficácia preclusiva do julgamento de primeiro grau; não é relevante para afastar a eficácia preclusiva da coisa julgada.

---

16 Aliter, quanto aos fatos já antes ocorridos, embora não conhecidos pela parte: conforme acima se explicou (n. 7), o desconhecimento é irrelevante. Cf. LIEBMAN, ob. e loc. cit. na nota 14.

17 Já nesse sentido, embora sem demorar no ponto. MACHADO GUIMARÃES, ob. cit., p. 26. No direito alemão, o Zeitpunkt é o encerramento do último debate oral sobre os fatos: ver, por todos, ROSENBERG-SCHWAB, Zivilprozessrecht, 11ª ed., Munique, 1974, p. 839,

18 Sobre a função e âmbito de incidência desse dispositivo – ao qual correspondia, no sistema anterior, o art. 824, § 1º, do Código de 1939 –, ver J. C. BARBOSA MOREIRA, Comentários ao Código de Processo Civil, v. V, Rio de Janeiro – S. Paulo, lª ed., 1974, p. 353/5.

8. Para encerrar estas considerações, vale a pena fixar com nitidez a distinção entre o efeito preclusivo da coisa julgada e o efeito preclusivo que se manifesta na execução de sentença, no tocante à alegação de fatos que poderiam ter sido deduzidos no processo de conhecimento.

Consoante o art. 741 e seu inc. VI do vigente Código de Processo Civil, "qualquer causa impeditiva, modificativa ou extintiva da obrigação, como pagamento, novação, compensação com execução aparelhada, transação ou prescrição, desde que supervenientes à sentença» exequenda[19], permitem ao executado impugnar a execução, através de embargos; e basta que sejam alegados como fundamento destes para que o curso do processo executório fique suspenso até o respectivo julgamento. Do teor literal do dispositivo a rigor só se tiraria, a *contrario sensu*, que a alegação, nos embargos, de qualquer dos fatos referidos não suspenderia a execução quando o fato alegado fosse anterior. A doutrina unânime, porém, desde o regime precedente[20], sempre adotou posição mais radical, excluindo a idoneidade mesma daqueles fatos para servirem de fundamento aos embargos, ainda que sem suspensão do processo executivo, a não ser quando supervenientes.

Quer isso dizer que não é lícito ao devedor opor-se à execução com base em supostos fatos extintivos ou modificativos do crédito do exequente, salvo no caso de superveniência. A arguição dos que já antes existiam fica preclusa no processo de execução, pouco importando se foram ou não arguidos no de conhecimento, e também, quanto aos que não o foram, o motivo da omissão. Trata-se de efeito preclusivo típico: as questões relativas a esses fatos, se oportunamente suscitadas, eram capazes de influir no teor do julgamento; uma vez acolhidas, obstariam à condenação, e portanto à execução. Agora, contudo, tornaram-se irrelevantes, de sorte que não aproveita ao executado suscitá-las, nem lhe confere a lei meio algum de eficazmente fazê-lo.

---

19 Rectius: à última oportunidade que o executado tivera para alegar tais fatos no processo de conhecimento (cf. PONTES DE MIRANDA, Comen*tários ao Código de* Processo Civil, 2ª ed., Rio de Janeiro, 1961, t. XIV, p. 100, a propósito do art. 1.010, II, do estatuto ab-rogado, que correspondia ao atual art. 741, VI).

20 LIEBMAN, Processo de Execução, 2ª ed., São Paulo, 1963, p. 148; AMILCAR DE CASTRO, Comentários ao Código de Processo Civil, 2ª ed., 1963, v. X, t. II, p. 427/8; JOSÉ FREDERICO MARQUES, Instituiç*ões* de Direito Processual Civil, 1ª ed., Rio de Janeiro, 1960, v. V, p. 375/6; AMARAL SANTOS, Direito Processual Civil, 2ª ed., São Paulo, 1967, v. III, p. 358; MACHADO GUIMARÃES, ob. cit., p. 24.

Semelhante impedimento ocorre assim na execução definitiva como na provisória, isto é, quer haja transitado em julgado, quer esteja ainda sujeita a recurso sem efeito suspensivo a sentença exequenda. A preclusão opera indiferentemente num caso e noutro, com igual intensidade. Parece lógico atribuir o efeito preclusivo; em ambos, *à mesma* causa; mas tal não pode ser *a res iudicata,* inexistente na hipótese de execução provisória[21].

O que há de comum aos dois casos é a circunstância de haver-se feito exequível a sentença. Quando se trata de execução definitiva, existe sem dúvida coincidência temporal entre a formação da coisa julgada e a produção do efeito executório: a sentença passa a ser exequível no mesmo instante em que transita em julgado; do ponto de vista conceptual, porém, são inconfundíveis os fenômenos[22]. Em se tratando de execução provisória, nem sequer a coincidência temporal ocorre. O efeito preclusivo não deflui pois, aqui, da *res iudicata,* mas da própria sentença tornada exequível, trânsita ou não em julgado; em outras palavras: da sentença como título executório.

---

21 Os escritores costumavam vincular a preclusão aqui sob exame à autoridade da coisa julgada: assim, v.g., AMILCAR DE CASTRO, ob. e loc. cit.; mais explicitamente, LOPES DA COSTA, Direito Processual Civil Brasileiro, 2ª ed., Rio de Janeiro, 1959, v. IV, p. 276; MACHADO GUIMARÃES, ob. cit., p. 24. Se, porém, a res iudicata pode faltar sem que deixe de manifestar-se o efeito preclusivo, não é razoável arvorá-la em causa desse efeito. LIEBMAN, Emb. do Exec., cit., p. 185 e 187/9, prefere distinguir: na execução da sentença trânsita em julgado (execução definitiva, segundo a terminologia da lei brasileira), o obstáculo resultaria da auctoritas rei iudicatae; na de sentença ainda não passada em julgado (execução provisória, entre nós), constituiria outra manifestação do princípio ne bis in idem, com o qual o autor relaciona o instituto da preclusão, em geral. Pode-se objetar, entretanto: 1º) que não parece haver razão bastante para imaginar uma dualidade de causas distintas, quando o efeito é sempre o mesmo, independentemente da existência ou inexistência da coisa julgada; 2º) que, no caso de sentença ainda não revestida da auctoritas rei iudicatae, a simples referência ao princípio ne bis in idem e à preclusão é insuficiente para dar cabal explicação do fenômeno, pois o que mais importa é identificar o fato ou situação processual de cuja ocorrência dependem a incidência do princípio e a atuação do efeito preclusivo.

22 Cf., a propósito, J. C. BARBOSA MOREIRA, "Ainda e sempre a coisa julgada", in Direito Processual Civil (Ensaios e pareceres), Rio de Janeiro, 1971, p. 138, 140/1, "Coisa julgada e declaração", in Revista de Direito do Ministério Público, 13/67, e Rev. dos Tribs., 429/26 (e agora, neste volume, p. 81 e ss.).

COMENTÁRIOS DO ATUALIZADOR

EFICÁCIA PRECLUSIVA DA COISA JULGADA MATERIAL NO SISTEMA DO PROCESSO CIVIL BRASILEIRO

Antonio do Passo Cabral

O texto ora em comento "Eficácia preclusiva da coisa julgada material no sistema do processo civil brasileiro", *é um dos grandes clássicos sobre o estudo das estabilidades processuais no direito brasileiro.* Barbosa Moreira analisa com profundidade o art.474 do CPC/73, reproduzido quase literalmente (com poucas alterações estéticas) no art.508 do CPC/15, que disciplina a (im)possibilidade de admitir novas discussões sobre alegações/argumentos que não foram trazidas ao processo em que se formou a coisa julgada material.

Como se viu em artigo anterior desta coletânea (e nos comentários respectivos que mostraram a evolução do sistema processual do CPC/15), os limites objetivos da coisa julgada referem-se ao que foi efetivamente discutido e debatido pelas partes no processo, ou seja, ao que foi alegado e pedido pelos litigantes no processo e que, tendo sido debatido em contraditório, é transportado para a sentença, sendo protegido pela coisa julgada material (art.502 e 503 do CPC). A coisa julgada gera uma imunização do comando da decisão, protegendo-o de alterações posteriores, e o faz mediante uma técnica preclusiva: proíbe a rediscussão a respeito.

Não obstante, é possível que, no processo onde formada a coisa julgada, questões de fato e de direito não tenham sido apreciadas, seja porque para que o juiz delas conhecesse fosse necessário requerimento ou provocação das partes, e estas se mantiveram inertes; seja porque, ainda que cognoscíveis de ofício pelo juiz, este se omitiu e não as analisou.

Pois bem, os argumentos que não são alegados e os itens que não forem pedidos, além das questões que o juiz deixa de conhecer, mesmo podendo analisá-las *ex officio,* são conteúdos que não tendo sido discutidos no processo nem considerados pelo juiz, escapam dos limites objetivos da coisa julgada. Nesse cenário, surge a dúvida sobre se o resultado do primeiro processo poderia ser questionado em outro processo à vista das questões não abrangidas pela coisa julgada formada no processo anterior. E, de fato, as alegações e defesas não provocadas pelas partes e/ou ignoradas pelo juiz não se encontram expressamente na decisão final, e para essas questões omissas, a disciplina dos limites objetivos da coisa julgada não resolve o problema.

Pois precisamente para esses fins é que foi pensada a norma do art.508 do CPC/15. Embora nossa legislação em nenhum momento empregue tal nomenclatura, a estabilidade que ali se estabelece ficou conhecida no Brasil como "eficácia preclusiva da coisa julgada", termo cunhado por Rosenberg que se popularizou na doutrina brasileira por influência de Machado Guimarães e do próprio Barbosa Moreira (na doutrina posterior, por todos, Assis, 1988). Desde o CPC/73, também a jurisprudência se consolidou a respeito, tratando o conceito nos exatos termos em que exposto no texto ora em comento, sempre na esteira dos ensinamentos de Barbosa Moreira (STJ – REsp 1234476/PR, rel. Min. Gurgel de Faria, j. 25/06/2019; REsp 763-231/PR, Rel.Min.Luiz Fux, j.15.02.2007). Por isso, o artigo de Barbosa Moreira continua tendo grande utilidade.

A eficácia preclusiva da coisa julgada não diz respeito ao que foi decidido, isto é, ao que constava da decisão, mas ao que poderia ter sido se tivesse sido alegado, discutido pelas partes, para então ser conhecido/decidido pelo juiz. Por esta razão, afirma-se que a coisa julgada cobre o *deduzido e o deduzível*, a *res deducta* e a *res deducenda*. O objetivo da regra é, portanto, evitar a fraude de reprodução de demandas já debatidas anteriormente com pequenas diferenças de conteúdo nas alegações, tentando "fugir" da coisa julgada. Não se trata de "julgamento implícito", como afirma a doutrina italiana (corretamente criticam tal expressão, no Brasil, Sica), mas uma espécie de estabilidade processual que tem como resultado prático "considerar deduzidos e repelidos" os argumentos não aduzidos no primeiro processo (Nery Jr.).

A eficácia preclusiva da coisa julgada atinge questões de fato e de direito, inclusive as que questões que devem ser examinadas a qualquer tempo, como a falta de pressupostos processuais (na jurisprudência, STJ, AgRg no RMS 40422/RO, rel. Min. Castro Meira, j. 11.06.2013; STJ, REsp 1.381.654, rel. Min. Paulo de Tarso Sanseverino, j. 05.11.2013; AgRg no AREsp n. 594.368/MG, rel. Min. Luis Felipe Salomão, j.07/04/2015; AgInt no AREsp 1649829/SP, rel. Min.Antonio Carlos Ferreira, j. 31/08/2020; AgInt no AREsp 1404072/MT, rel. Min. Maria Isabel Gallotti, j. 05/09/2019).

Mas a regra da eficácia preclusiva da coisa julgada comporta exceções, hipóteses em que não será aplicada a proibição de discutir em outros processos as questões não alegadas e debatidas no primeiro. São exemplos o erro de cálculo (art.494, I do CPC/15); e os vícios que podem gerar ação rescisória, os quais, ressalvada a preclusão, podem ser arguidos por meio desta ação autônoma de impugnação (art.966 do CPC/15). Outra exceção diz respeito aos fatos e direito supervenientes, que escapam à eficácia preclusiva da coisa julgada, estando as partes autorizadas a alegá-los, inclusive em sede de recurso (art.1.014 do CPC/15) ou na liquidação de sentença (STJ - AgInt no AREsp 1494681/SP, rel. Min. Maria Isabel Gallotti, j. 05/12/2019). Isso se justifica porque, desde a legislação anterior, entende-se que a vedação decorrente da eficácia preclusiva da coisa julgada tem aplicação apenas se estivermos diante da mesma causa de pedir. Afinal, em se tratando de um dos elementos identificadores da demanda (art.337 §§1° e 2° do CPC/15), se novos fatos forem alegados, haveria propositura de *nova* ação, baseada em conjunto fático diverso. Por exemplo, se em um primeiro processo houve pedido de anulação de um ato jurídico por um determinado vício do consentimento (p.ex. erro); mesmo após o trânsito em julgado da sentença de improcedência do pedido, é possível à parte ajuizar outra demanda pedindo a anulação do mesmo ato jurídico alegando outro vício (p.ex. dolo ou coação), ainda que não o tenha alegado no primeiro processo.

Portanto, se a discussão disser respeito a outros fatos, havendo nova *causa petendi,* as partes podem lançar mão de qualquer argumento mesmo que omitido na primeira litigância judicial (correto, Talamini). Esse também é o entendimento da jurisprudência consolidada no Brasil (STJ - AgInt no REsp 1738629/SP, rel. Min. Luis Felipe Salomão, j. 24/08/2020; REsp 1204425-MG, rel. Min. Luis Felipe Salomão, j.11/02/2014; REsp 1217377-PR, rel. Min. Paulo de Tarso Sanseverino, j.19/11/2013; REsp 1213092-RS, rel. Min. Eliana Calmon, j.04/06/2013; REsp 875.635-MG, rel. Min. Luiz Fux, j.16/10/2008).

Deve-se lembrar que havia uma exceção a esta regra no art.98 §4° da Lei 12.529/2011, segundo o qual, nas ações que versam sobre decisões do Cade (Conselho Administrativo de Defesa Econômica), qualquer outra causa de pedir era abrangida pela eficácia preclusiva das omissões em alegar. As partes, portanto, eram pressionadas a alegar todos os argumentos que vislumbrassem não só para aquela *causa petendi,* mas para qualquer outra. O CPC/15 (art.1.072, VI) revogou o dispositivo da Lei 12.529/2011, reforçando sistemicamente a limitação da eficácia preclusiva da coisa julgada à mesma causa de pedir. Por isso, não é possível concordar com as posições doutrinárias que tentam ampliar a eficácia preclusiva da coisa julgada para abranger outras causas de pedir (Tesheiner; Assis, 2002; Yoshikawa) demandas praticamente incompatíveis com o comando transitado em julgado (Lopes; Siqueira).

Na vigência do CPC/15, como se sabe, ampliaram-se as normas regulando a interpretação dos atos processuais. E para analisar o comando sentencial, bem assim identificar o que foi pedido (transposto para o dispositivo) e atingido pela coisa julgada, de um lado; e o que foi omitido e pode ser objeto da eficácia preclusiva da coisa julgada, de outro lado, deve-se interpretar a decisão à luz de sua fundamentação (art.489 §3° do CPC/15; na jurisprudência, STJ - AgInt no AREsp 1419903/SP, rel. Min. Ricardo Villas Bôas Cueva, j. 01/06/2020).

No que diz respeito à sua relação com a coisa julgada, é necessário mostrar algum desenvolvimento do tema na literatura especializada nos últimos anos. A maior parte da doutrina tradicional afirmava que esta eficácia preclusiva é uma *decorrência* da *res iudicata*, e por isso vem geralmente referida como sendo um efeito "da coisa julgada" (Assis, 1988; Lopes). A eficácia preclusiva seria vista como um meio para assegurar a vinculatividade da própria coisa julgada e seria instrumental em relação à *res iudicata*. Discordo desta posição.

A eficácia preclusiva da coisa julgada é uma estabilidade que se forma sobre as omissões em alegar, não estando relacionada nem ao pedido (questão principal) nem às questões prejudiciais efetivamente debatidas. Por isso, não se encaixa bem na sistemática da coisa julgada (que tende a não se aplicar às omissões, veja-se o art.503 §1°, II, do CPC/15 em relação à revelia). De outro lado, a eficácia preclusiva da coisa julgada implica uma proibição de rediscutir com *eficácia extraprocessual*, o que também não cabe no conceito de preclusão tradicional, limitado ao interno do processo (veja-se a dificuldade que o STJ encontra de diferenciar os institutos em EDcl no REsp 806235/ES, rel.p/ acórdão Min. Mauro Campbell Marques, j.16/10/2018).

Por isso, hoje se tem compreendido a eficácia preclusiva da coisa julgada como uma estabilidade processual diversa da coisa julgada. Trata-se de admitir efeitos preclusivos extraprocessuais *independentes* da coisa julgada (Habscheid; Oberhammer), reconhecendo uma preclusão fática extraprocessual fora do campo coberto pela coisa julgada, ou seja, quando esta não tenha aplicação (Teixeira de Sousa). A "eficácia preclusiva" deve ser concebida como uma "instituição complementar" mas *autônoma* em relação à coisa julgada (Otto; Cabral, 2021).

Essa constatação é aderente a uma outra quebra de paradigma importante no sistema do CPC/15, que é a superação da ideia de que a coisa julgada é a forma por excelência da estabilidade dos atos processuais. Sempre se imaginou que a coisa julgada fosse o arquétipo das estabilidades processuais, e essa premissa não justificada era vista constantemente, quando diante de um instituto que pretendesse proteger um ato processual de alterações de seu conteúdo, indagarem-se os processualistas invariavelmente sobre se se tratava de coisa julgada ou não. Mas o CPC/15 consagrou, no plano do direito positivo, diversas estabilidades diversas da coisa julgada, inclusive com efeitos extraprocessuais, mas com regimes diferentes da *res iudicata* (Cabral, 2018; Câmara). Vejam-se as estabilidade processuais específicas para a decisão de saneamento (art.357 §1° do CPC/15) ou a estabilidade das decisões que extinguem o processo por razões procedimentais (art.486 §1° do CPC/15), que não pode ser a coisa julgada porque esta se restringe às decisões "de mérito" (art.502 do CPC/15). Observe-se ainda a "estabilização da tutela provisória" de urgência concedida em caráter antecedente, prevista no art.304 do CPC/15, que a lei afirma peremptoriamente não se tratar de coisa julgada.

E a essas formas de estabilidade diversas da *res iudicata*, com regimes diversos, efeitos diferentes, objetos específicos, somam-se à eficácia preclusiva da coisa julgada e a eficácia da intervenção (art.123 do CPC/15, que é na verdade uma espécie de eficácia preclusiva aplicada às omissões do terceiro).

Referências bibliográficas (obras citadas pelo atualizador)

ASSIS, Araken de. *Cumulação de ações*. São Paulo: RT, 4ª ed., 2002, p.145-147.

__________. Reflexões sobre a eficácia preclusiva da coisa julgada. *Ajuris,* ano XV, n.44, nov, 1988, p.34-40.

CABRAL, Antonio do Passo. As estabilidades processuais como categoria incorporada ao sistema do CPC. *in* DIDIER JR., Fredie; CABRAL, Antonio do Passo (Coord.). *Coisa julgada e outras estabilidades processuais.* Salvador: Jus Podivm, 2018.

__________. *Coisa julgada e preclusões dinâmicas*: *entre continuidade, mudança e transição de posições processuais estáveis.* Salvador: Juspodivm, 4ª ed., 2021.

CÂMARA, Alexandre Freitas. *O novo processo civil brasileiro.* São Paulo: Atlas, 2015, p. 304 ss.

GUIMARÃES, Luiz Machado. Preclusão, coisa julgada, eficácia preclusiva. *in Estudos de Direito Processual Civil*. Rio de Janeiro: Jurídica e Universitária, 1969, p.15, 22-23.

HABSCHEID, Walther J. *Die Präklusionswirkung des rechtskräftigen Urteils. Archiv für die civilistische Praxis*, n.152, 1952-1953, p. 169-171; 176-180.

LOPES, Bruno Vasconcelos Carrilho. *Limites objetivos e eficácia preclusiva da coisa julgada*. São Paulo: Saraiva, 2012, p. 17-18, 99-124.

MITIDIERO, Daniel. Coisa julgada, limites objetivos e eficácia preclusiva. *in Introdução ao Estudo do Processo Civil – primeiras linhas de um paradigma emergente*. Porto Alegre: Sergio Antonio Fabris, 2004, p. 220.

NERY JR., Nelson. Eficácia preclusiva da coisa julgada – questão prejudicial. *Revista de Processo,* ano XIII, n.51, jul-set, 1988, p.165.

OBERHAMMER, Paul. Objektiven Grenzen der materiellen Rechtskraft: Bindung und Präklusion. *Juristische Blätter*, ano 122, n.4, abr. 2000, p. 208, 219 e ss.

OTTO, Hansjörg. *Die Präklusion*: *Ein Beitrag zum Prozeßrecht*. Berlin: Duncker & Humblot, 1970, p. 13, 24, 65 ss, 88, 104 ss, 131-135.

ROSENBERG, Leo. Die Präklusionswirkung von Urteile. Süddeutsche Juristen-Zeitung, ano 5, n.5, 1950, p. 314.

SICA, Heitor Vitor Mendonça. *Preclusão processual civil*. São Paulo: Atlas, 2ª ed., 2008, p. 208-212.

SIQUEIRA, Thiago Ferreira. *Limites objetivos da coisa julgada: objeto do processo e questões prejudiciais*. Salvador: Juspodivm, 2020, p. 293, nota 214 e p.401.

SOUSA, Miguel Teixeira de. O objeto da sentença e o caso julgado material (estudo sobre a funcionalidade processual). *Revista Forense,* ano 81, vol.292, out-dez. 1985, p.136 ss.

TALAMINI, Eduardo. *Coisa julgada e sua revisão*. São Paulo: RT, 2005, p. 86-87.

TESHEINER, José Maria. *Eficácia da sentença e coisa julgada no processo civil*. São Paulo: RT, 2001, p. 161.

YOSHIKAWA, Eduardo Henrique de Oliveira. "A expansão da eficácia preclusiva da coisa julgada em matéria de direito da concorrência: considerações a respeito do art. 98, § 4º, da nova Lei do CADE (Lei 12.529/2011)". Revista de Processo, n. 222, 2013, p. 94-96.

A AÇÃO POPULAR DO DIREITO BRASILEIRO COMO INSTRUMENTO DE TUTELA JURISDICIONAL DOS CHAMADOS "INTERESSES DIFUSOS"[1]

SUMÁRIO: 1. Considerações introdutórias. **2.** Objeto do trabalho. **3.** Cabimento da ação popular. **4.** Exemplo. **5.** Legitimação ativa. **6.** Legitimação passiva. **7.** Conteúdo da sentença. **8.** Extensão subjetiva da coisa julgada.

1. Tem sabor de lugar-comum a observação de que a estrutura clássica do processo civil, tal como subsiste na generalidade dos ordenamentos de nossos dias, corresponde a um modelo concebido e realizado para acudir fundamentalmente a situações de conflito entre interesses individuais. O campo de eleição dos instrumentos tradicionais de tutela judiciária é o das relações obrigacionais, com a rotineira contraposição entre duas pessoas, uma das quais se atribui a condição de credora e reclama do suposto devedor certa prestação. Basta lembrar que a um esquema desse tipo se veem afinal reduzidas, no processo de execução, situações originariamente dotadas de fisionomia jurídica diversa.

Ora, as relações interindividuais continuam sem dúvida a revestir grande importância na vida contemporânea, pelo menos em alguns setores da atividade humana. Ao lado delas, porém, vão crescendo incessantemente o número e o relevo de situações de diferente corte, em que se acham envolvidas coletividades mais ou menos amplas de pessoas. Essas situações também podem e costumam servir de nascedouro a conflitos de interesses, cuja frequência e gravidade aumentam dia a dia. Mas, para dar-lhes solução adequada, não raro parecem pouco eficazes as armas do arsenal jurídico herdado de outros tempos. Toma-se indispensável um trabalho de adaptação, que afeiçoe às realidades atuais o instrumento forjado nos antigos moldes; ou antes, em casos extremos, um esforço de imaginação criadora, que invente novas técnicas para a tutela efetiva de interesses cujas dimensões extravasam o quadro bem definido das relações interindividuais.

As dificuldades naturalmente se acentuam à medida que as situações da vida se vão distanciando, na sua estrutura, do modelo dualístico

1 Trabalho publicado nos Studi in onore di ENRICO TULLIO LIEBMAN, v. IV, Milão, 1979.

identificável na contraposição entre credor e devedor. Quando a peculiaridade reside apenas na existência de mais de um titular, ativo ou passivo, da relação jurídica, as receitas clássicas ainda se mostram idôneas, no comum dos casos, a remediar os inevitáveis inconvenientes. Essas relações plurissubjetivas, mesmo quando resistam, do ponto de vista estritamente dogmático, a uma pura e simples decomposição em feixes de relações "simples", em geral comportam, porém, no plano da tutela jurisdicional, semelhante gênero de tratamento. Suscitarão, na pior hipótese, a manifestação de fenômenos como o do litisconsórcio ou o da intervenção de terceiros (sob modalidades variadas), que, se nunca deixam de provocar complicações práticas, já se podem considerar, em substância, até certo ponto "domesticados" pela técnica legislativa, e apresentam aos olhos dos cientistas do direito processual feição tranquilizadoramente familiar. Em tal faixa cabe inserir figuras como a das obrigações com pluralidade de sujeitos, a do condomínio *pro indiviso* e outras que o leitor identificará sem grande esforço.

Um segundo esquema possível, que não se assimila a esse, já ocasiona mais sérios problemas processuais. O interesse para o qual se reclama tutela pode ser comum a um grupo mais ou menos vasto de pessoas, em razão de vínculo jurídico que as une a todas entre si, sem no entanto situar-se no próprio conteúdo da relação plurissubjetiva, ao contrário do que ocorre no primeiro tipo de conflito, acima referido. Tomem-se como exemplos o interesse dos acionistas na anulação (ou na declaração de nulidade) de uma deliberação da assembleia geral da sociedade anônima, ou na responsabilização de diretor por ato lesivo ao patrimônio social; ou ainda o interesse dos outros condôminos de um edifício de apartamentos na cobrança das contribuições devidas por algum condômino em mora. Facilmente se distinguem aí uma relação-base (sociedade, condomínio), de que participam todos os membros do grupo, e um interesse derivado, que para cada um dos membros nasce em função dela, mas sem com ela confundir-se. A tal interesse ora se reconhece, ora não, no plano material, a natureza de verdadeiro direito do componente do grupo: o acionista, v.g., é titular, ele próprio, de direito (potestativo) à invalidação da deliberação irregular da assembleia; não, porém, do crédito contra o diretor pelo prejuízo que o ato por este ilegalmente praticado haja causado à sociedade: a credora exclusiva, aí, será a pessoa jurídica. Não quer isso dizer que o ordenamento fique impedido de conceder a cada interessado, de per si, a possibilidade de postular em juízo, nomine proprio, a providência cabível, tanto num como noutro caso. Sem dúvida se põe um problema de *legitimatio ad causam*, mas a técnica jurídica tem meios de resolvê-lo, desde que admita – embora em caráter excepcional[2] – a respectiva atribuição a pessoa diversa daquela que se apresenta como titular da relação litigiosa. Assim, é lícito ao acionista pleitear em juízo quer a anulação da deliberação da assembleia, quer a condenação do administrador a ressarcir o dano que causou à sociedade anônima[3]: na primeira hipótese, contudo, sua legitimação é ordinária, ao passo que na segunda é extraordinária, e o resultado do processo, em caso de êxito, vai beneficiar diretamente a sociedade, que recolherá a importância da condenação.

É ainda um terceiro grupo de casos, porém, que maior atenção tem merecido, nos últimos tempos, dos processualistas, sobretudo na Itália, onde se multiplicam a propósito congressos, debates e publicações em revistas especializadas[4]. Aqui, os interesses para os quais se deseja tu-

---

2 O direito brasileiro, à semelhança do italiano, consagra o princípio da coincidência entre a legitimação para a causa e a afirmada titularidade da relação jurídica material discutida no processo. Tal é a regra que enuncia o art. 6º do Código de Processo Civil de 1973, em termos correspondentes à tradução quase literal do art. 81 do Codice di Procedura Civile peninsular: "Ninguém poderá pleitear, em nome próprio, direito alheio, salvo quando autorizado por lei". Há uma diferença: o texto brasileiro não exige que as exceções sejam expressas, podendo, no melhor entendimento, inferir-se do sistema legal (cf. ARRUDA ALVIM, Código de Processo Civil Comentado, v. I, São Paulo, 1975, p. 426).

3 A Lei das Sociedades por Ações (Lei n. 6.404, de 15-12-1976), após estatuir que "compete à companhia, mediante prévia deliberação da assembleia geral, a ação de responsabilidade civil contra o administrador, pelos prejuízos causados ao seu patrimônio" (art. 159, caput), autoriza "qualquer acionista" a "promover a ação, se não for proposta no prazo de três meses da deliberação da assembleia geral" (§ 3º), e acrescenta que, "se a assembleia deliberar não promover a ação, poderá ela ser proposta por acionistas que representem cinco por cento, pelo menos, do capital social" (§ 4º).

4 Entre os mais recentes congressos, recordem-se o de 1974, em Pavia, sobre o tema "Le Azioni a Tutela di Interessi Collettivi", e o de 1975, em Salerno, sobre o tema "La Tutela Giuridica degli Interesse Diffusi, con Particolare Riguardo alla Protezione dell'Ambiente e dei Consumatori". Entre as valiosas contribuições levadas ao primeiro, ver a comunicação de CONSTANTINO, "Brevi note sulla tutela giurisdizionale degli interessi collettivi davanti al giudice civile", in Diritto e Giurisprudenza, v. 89, n. 6, e as intervenções de CAPPELLETTI e de PROTO PISANI, publicadas, respectivamente, sob os títulos de "Appunti sulla tutela giurisdizionale di interessi collettivi o diffusi", in Giurisprudenza Italiana, 1975, Disp. 6ª, parte IV, e "Appunti preliminar per uno studio sulla tutela giurisdizionale degli interessi collettivi (o

tela jurisdicional, comuns a uma coletividade de pessoas, não repousam necessariamente sobre uma relação-base, sobre um vínculo jurídico bem definido que as congregue. Tal vínculo pode até inexistir, ou ser extremamente genérico – reduzindo-se, eventualmente, à pura e simples pertinência à mesma comunidade política –, e o interesse que se quer tutelar não é função dele, mas antes se prende a dados de fato, muitas vezes acidentais e mutáveis; existirá, v.g., para todos os habitantes de determinada região, para todos os consumidores de certo produto, para todos os que vivam sob tais ou quais condições socioeconômicas, ou se sujeitem às consequências deste ou daquele empreendimento público ou privado, e assim por diante. E impensável, aí, a decomposição do interesse comum a tais pessoas num feixe de interesses individuais que se justapusessem como entidades análogas mas distintas – o que estrema a hipótese, com ofuscante nitidez, da que se apontou de início (mera cotitularidade de relações jurídicas interindividuais). Por outro lado, o conjunto dos interessados apresenta contornos fluidos, móveis, esbatidos, a tornar impossível, ou quando menos superlativamente difícil, a individualização exata de todos os componentes – e a diferençar o presente caso, por esse aspecto, do segundo a que antes aludimos, no qual a existência da relação-base, perfeitamente caracterizada, delimita melhor a coletividade e lhe dá maior coesão[5].

piu esattamente: superindividuali) innanzi al giudice civile ordinario", in Diritto e Giurisprudenza, v. 89, n. 6, assim como a relazione introduttiva de DENTI, "Le azzioni a tutela di interessi collettivi", in Rivista di Diritto Processuale, v. 29 (1974), p. 533 e ss. Quanto ao segundo congresso, os diversos relatórios foram coligidos no volume La Turela degli Interessi Diffusi nel Diritto Comparato, Milão, 1976. Consulte-se, ainda, a respeito do assunto, CAPPELLETTI, "Formazioni sociali e interessi di gruppo davanti alla giustizia civile", in Rivista di Diritto Processuale, v. XXX (1975), p. 361 e ss.

5 RECCHIA, "Considerazioni sulla tutela degli interessi diffusi nella Costituzione", in La Tutela degli Interessi Diffusi nel Diritto Comparato, cit., p. 38/9, assinala com clareza a distinção: "In relazione al rapporto tra interessi diffusi e comunità minori, ê opportuno evidenziare come in alcuni casi i soggetti titolari dell'interessi diffuso appartengano ad una comunità bene individuabile (ad esempio il sindacato, il partito, la comunità scolastica ecc.). In altri casi, invece, l'interesse collettivo è espressione di una collettività esistente, per cosi dire, allo "stato diffuso", in quanto composta da una serie aperta e indeterminata di soggetti che hanno un interesse comune da soddisfare". Cf. em análoga ordem de ideias. ANNA DE VITA. La Tutela Giurisdizionale degli Interessi Collettivi nella Prospettiva del Sistema Francese, no mesmo volume, p. 350/1.

2. Nas precedentes considerações não se teve a pretensão de exaurir a tipologia dos interesses supraindividuais, nem a de estabelecer uma classificação rigorosamente científica das suas diversas modalidades. Quisemos unicamente ressaltar três momentos característicos, sem ignorar que na realidade objetiva a passagem de um a outro se faz, com frequência, por graus insensíveis, e que a riqueza policrômica das situações da vida em sociedade não se deixa aprisionar num espectro intencionalmente esquemático, como o que acima se esboçou.

Mais estranha ainda às nossas cogitações do momento é qualquer tentativa de caracterizar dogmaticamente a terceira figura, a que em regra se têm aplicado, na Itália, as denominações de "interesses coletivos" ou "difusos"[6]. A empresa seria árdua: conforme se lê em trabalho recente, "uma das poucas coisas óbvias no que tange ao conceito de interesse difuso é que se trata de um personagem absolutamente misterioso"[7]. Não nos vamos ocupar, aqui, do correto enquadramento do fenômeno nas molduras tradicionais da teoria geral do direito; deixaremos de lado a própria questão fundamental nessa perspectiva: se se trata de posições jurídicas verdadeiramente identificáveis como direitos dos membros da coletividade, ou de meros interesses reflexamente protegidos[8]. O problema, aliás, muito relevante em nível teórico, já o é menos ao ângulo prático: desde que se esteja persuadido – e o consenso, a tal respeito, vai-se

6 A terminologia apresenta-se vacilante, o que não surpreende à vista da relativa imprecisão do próprio conceito que se pretende traduzir por tais expressões. A PROTO PISANI afigura-se preferível falar de interesses "superindividuais": ver o título do trabalho cit. na nota 3, acima.

7 VILLONE, "La collocazione istituzionale dell'interesse diffuso", in La Tutela degli Interessi Diffusi nel Diritto Comparato, cit., p. 73.

8 Não parece refletir uma tomada de posição, a esse respeito, o uso reiterado da palavra diritto no seguinte passo de CAPPELLETTI. Formazioni Sociali e Interessi di Gruppo Davanti alla Giustizia Civile, cit., p. 367: "In particolare, il diritto all'ambiente naturale e al rispetto delle bellezze monumentali, il diritto alla salute e alla sicurezza sociale, il diritto a non essere schiacciato da un caotico sviluppo urbanistico, da un'ingannevole publicità commerciale, da frodi finanziarie, bancarie, alimentari, o da discriminazioni sociali, religiose o raziali, tutti questi diritti che armai travano posto in ogni legislazione progredita, hanno carattere "difuso", appartengono alla collettività". É óbvio que o autor não está aí preocupado com a definição dogmática das situações jurídicas subjetivas que enumera. "Cosa sia poi questa figura dell'interesse collettivo, come essa si distingua o interferisca con gli interessi pubblici generali, con le figure del diritto soggettivo e dell'interesse legittimo, è tuttora extremamente oscuro", acentua por sua vez PROTO PISANI, trab. cit., p. 801.

tornando universal – da necessidade de assegurar aos titulares proteção jurisdicional eficaz, não importará tanto, basicamente, saber a que título se lhes há de dispensar tal proteção. Afinal de contas, inexiste princípio *a priori* segundo o qual toda situação jurídica subjetiva que se candidate à tutela estatal por meio do processo deva obrigatoriamente exibir carta de cidadania entre os direitos, no sentido rigoroso da palavra.

De qualquer maneira, é bem mais modesto o propósito que nos anima a redigir estas linhas. Não pretendemos versar *ex professo* a temática da proteção jurisdicional dos chamados "interesses difusos", mas apenas oferecer à consideração dos especialistas alguns dados referentes a um instrumento que, dentro de certos limites, pode servir e tem servido a esse fim no direito brasileiro. Trata-se da ação popular, arrolada entre as garantias constitucionais, desde 1934, por todas as Constituições do país (com a única exceção da Carta de 1937) e hoje contemplada no art. 153, § 31, do texto vigente (Const. da República de 1967, com a redação dada pela Emenda Const. n. 1, de 17-10-1969), *verbis:* "Qualquer cidadão será parte legítima para propor ação popular que vise a anular atos lesivos ao patrimônio de entidades públicas".

3. Para bem compreender o mecanismo da ação popular, cumpre ter em mente, antes de mais nada, que no sistema brasileiro a tutela jurisdicional em face da Administração Pública é prestada pela Justiça ordinária, não havendo aparelho assimilável ao "contencioso administrativo" de tipo francês. Os órgãos do Poder Judiciário podem apreciar a legitimidade de atos praticados pelas pessoas jurídicas de direito público e, se for o caso, anulá-los ou declará-los nulos. Essa possibilidade é pressuposto necessário do instituto sob exame, com a feição de que se reveste no Brasil.

Ademais, conquanto fale o texto constitucional em "atos lesivos ao patrimônio de entidades públicas", o âmbito de cabimento da ação popular é bem mais vasto do que à primeira vista se poderia talvez supor. De um lado, com efeito, as entidades cujo patrimônio se tutela não são exclusivamente as unidades políticas. A Lei n. 4.717, de 29-6-1965, que regulou o instituto no plano da legislação ordinária[9] deu-lhe amplitude

9 Anteriormente inexistia disciplina processual específica para o instrumento previsto na Constituição. A jurisprudência, inclusive do Supremo Tribunal Federal, repeliu as tentativas que se fizeram de aproveitar o procedimento do mandado de

notavelmente maior do que a que resultava da letra da Constituição de 1946, em vigor naquela data. Aludia o art. 141, § 38, do mencionado diploma à União, aos Estados, aos Municípios, às autarquias e às sociedades de economia mista; a esse rol acrescentou o art. 1º da Lei n. 4.717 o Distrito Federal e várias outras entidades, tais as "sociedades mútuas de seguro nas quais a União represente os segurados ausentes", as "empresas públicas", os "serviços sociais autônomos", as "instituições ou fundações para cuja criação ou custeio o tesouro público haja concorrido ou concorra com mais de cinquenta por cento do patrimônio ou da receita ânua», as "empresas incorporadas ao patrimônio da União, do Distrito Federal, dos Estados e dos Municípios", e enfim "quaisquer pessoas jurídicas ou entidades subvencionadas pelos cofres públicos".

Além disso, cuidou a lei – e o ponto assume especial relevo no presente contexto – de fixar o conceito de patrimônio, com o fito de dilatar a área de atuação do instrumento processual para fora do restrito círculo das lesões meramente pecuniárias. É talvez essa peculiaridade que torna a ação popular mais interessante – com as ressalvas que a seu tempo virão – na perspectiva em que nos situamos aqui, sabido como é que os denominados "interesses difusos" não raro se mostram insuscetíveis de redução a valores monetariamente expressos – característica com a qual se relaciona de maneira direta a insuficiência, a seu respeito, da "tutela ressarcitória": é inconcebível que se compense mediante simples prestação em dinheiro o prejuízo consistente, v.g., na destruição da paisagem, na mutilação de monumentos históricos, na poluição do ambiente etc.[10]. Oportunamente dispõe a propósito a Lei n. 4.717, no art. 1º, § 1º: "Consideram-se patrimônio público, para os fins referidos neste artigo, os bens e direitos de valor econômico, artístico, estético ou histórico". Significa isso que, por meio da ação popular – sem embargo do que se dirá no item n. 7, *infra* –, é possível pleitear a invalidação de ato

segurança (outra garantia constitucional) para o exercício da ação popular. Prevalecia o entendimento de que esta era sem dúvida exercitável, mas segundo o procedimento ordinário regulado no Código de Processo Civil de 1939, e do qual, aliás, não discrepou grandemente o adotado na Lei n. 4.717.

10 Com toda a razão recorda PROTO PISANI, ob. cit., p. 813, "come normalmente sia da escludere che la tutela degli interessi collettivi possa essere adequatamente realizzata solo attraverso la forma del risarcimento dei danno", ao contrário do que sugeriria – com resultados, neste campo, nada satisfatórios – "una visione esclusivamente o prevalentemente economicistica della vita".

praticado por qualquer das entidades acima referidas, não só quando cause prejuízo pecuniário, mas também quando lese bens imateriais ou refratários a uma avaliação em termos de moeda, como são, em regra, aqueles que constituem objeto dos chamados "interesses difusos".

4. Vale a pena ilustrar a exposição com alguns exemplos colhidos na prática judiciária. Forçoso é reconhecer que a maioria dos casos registrados nos repertórios de jurisprudência concerne a atos economicamente lesivos, isto é, produtores de dano pecuniário: elevação irregular da remuneração fixada para o exercício de cargos públicos ou mandatos legislativos, concessão de benefícios ilegais a funcionários, contratos administrativos celebrados em condições ilegitimamente onerosas para a Administração Pública, e assim por diante. Não deixam, porém, de deparar-se hipóteses diversas, em que ressalta a utilização da ação popular como instrumento típico de tutela de "interesses difusos". Dentre as que vamos mencionar, nem todas conduziram, *de meritis,* a resultado favorável ao autor, e algumas pendem ainda de julgamento, no primeiro grau ou em grau superior de jurisdição; semelhante circunstância, todavia, a nosso ver não as desqualifica como ilustrações adequadas do que ficou dito acima sobre o âmbito de cabimento da ação popular.

Assim é que, em episódio de certa repercussão pública, se pleiteou por tal via a anulação do ato que aprovara o projeto de construção do aeroporto de Brasília, pelo fundamento de que ele não se harmonizava com a concepção estética que presidira à edificação da nova capital do país. Noutro caso, impugnou-se a legitimidade de atos administrativos relacionados com o aterro parcial da Lagoa Rodrigo de Freitas, no Rio de Janeiro, para erguer-se prédio destinado ao comércio, alegando-se que a consumação do plano desfiguraria local de particular beleza paisagística. Em São Paulo, propôs-se ação popular tendente a impedir que a Administração Pública procedesse à demolição do edifício – de suposto valor histórico e artístico – onde funcionava tradicional estabelecimento de ensino, a fim de construir-se no lugar uma das estações do Metropolitano. Outra ação popular impugnou, na estância hidromineral de Aguas de Lindoia, a instalação de quiosques, tapumes e toldos, ordenados a atividades comerciais, sobre o gramado da principal praça pública da cidade, área reservada ao repouso e à recreação dos habitantes e dos turistas. Em data recente, caso análogo ocorreu no Rio de Janeiro, onde se acha em andamento ação popular tendente à anulação de ato que permitiu a utilização de uma praça pública por associação carnavalesca, para fins privados e incompatíveis com o uso normal do logradouro pela população.

Hipótese interessante foi a apreciada em 1970 pelo Tribunal de Justiça do Estado de Minas Gerais. Essa corte judiciária julgou procedente ação popular intentada com o fim de anular resolução de certa Câmara Municipal, que autorizara, sem limites, a extração de madeira em floresta protetora de nascentes d'água indispensáveis ao abastecimento da população da cidade[11]. A decisão foi importante por mais de um aspecto: em primeiro lugar, reconheceu a admissibilidade da ação popular até contra ato emanado de órgão legislativo[12]; além disso, consagrou interpretação bastante ampla do texto da Lei nº 4.717, demonstrando que a sua aplicação inteligente é capaz de proporcionar tutela eficaz a interesses que a rigor não se enquadrariam com absoluta exatidão na letra do art. 1º, § 1º. Com efeito, *in casu*, o que sobrelevava a tudo mais era o interesse na regular manutenção do fornecimento de água a um núcleo urbano, como "bem" indispensável à satisfação de suas necessidades vitais: não tanto, pois, o valor puramente econômico, ou mesmo estético, que se pudesse identificar na preservação do revestimento florestal, mas principalmente a garantia de determinado nível qualitativo da vida da população.

Parece-nos digna de especial registro a serventia da ação popular em matéria edilícia, como instrumento de proteção do "interesse difuso" na preservação da racionalidade do desenvolvimento urbano. Licenças de construção, aprovações de projetos de loteamento, licenças de demolição ou reforma de prédios ou monumentos de valor artístico ou histórico, todos esses são atos que, irregularmente praticados pela autoridade administrativa, atentam contra bens cuja salvaguarda interessa à coletividade e submetem-se à censura judicial pela forma prevista na Lei n. 4.717.

---

11 Acordão na Apelação Cível n. 32.764, publicado na Revista de Direito Administrativo, 110/257-8.

12 É pacífico em doutrina o cabimento da ação popular contra as chamadas leis autoexecutórias, atos apenas formalmente legislativos, porém materialmente administrativos: ver SEABRA FAGUNDES, O Controle dos Atos Administrativos pelo Poder Judici*ário,* 4ª ed., Rio, s/d, p. 378, nota 2; JOSÉ. AFONSO DA SILVA, Ação Popular Constitucional, São Paulo, 1968, p. 129; HELY LOPES MEIRELLES, Mandado de Segurança e Ação Popular, 4ª ed., São Paulo, 1976, p. 72/3. Nesse sentido orientava-se a jurisprudência prevalecente desde a época anterior ao advento da Lei n. 4.717.

5. Sempre que se cogita da tutela jurisdicional dos chamados "interesses difusos", certos tópicos atraem de preferência a atenção dos estudiosos, no plano da prática e da técnica legislativa. São os "pontos sensíveis", por assim dizer, da problemática pertinente. Afigura-se oportuno expor em termos sucintos a posição adotada pelo legislador brasileiro diante de algumas dessas questões fundamentais.

Não precisamos deter-nos por muito tempo na primeira delas, a da legitimação para agir[13]. As referências já feitas acima, quer à Constituição da República, quer à Lei n. 4.717, tornam claro que, dentre as soluções concebíveis *in abstracto*[14], se optou pela de reconhecer a "qualquer cidadão" qualidade para propor a ação popular. Por "cidadão" entende-se aí o brasileiro que esteja no gozo de seus direitos políticos, estabelecendo a Lei n. 4.717, art. 1º, § 3º, que "a prova da cidadania, para ingresso em juízo, será feita com o título eleitoral, ou com documento que a ele corresponda". Pessoa jurídica não se legitima à propositura da ação popular. Tampouco se legitima a ela o Ministério Público, se bem que, curiosamente, lhe seja possível, em certas circunstâncias, assumir, no curso do feito, a posição de parte ativa; seja promovendo o prosseguimento, quando o autor popular desistir da ação ou der causa à extinção do processo sem julgamento do mérito (Lei n. 4.717, art. 9º), seja interpondo recurso contra a decisão acaso proferida contra o autor popular (art. 1º,

13 Na opinião de DENTI, trab. cit. na nota 3, supra, p. 544/ 5, "nelle azioni pubbliche, proprio la fungibilità della iniziativa giudiziale e la natura dell'interesse dedotto in giudizio escludono la esistenza di quel problema della 'giusta parte' che ê all'origine del concetto di legittimazione". Parece-nos, ao contrário, que justamente aí o problema se torna mais agudo: de um lado, jamais poderá deixar de pôr-se, em relação a qualquer processo, a indagação sobre quem estará habilitado a instaurá-lo com a possibilidade de exigir um julgamento de mérito; de outro lado, a dificuldade de responder a tal indagação aumenta precisamente à medida que nos afastamos do clássico padrão dos conflitos interindividuais de interesses, onde em regra se impõe como solução intuitiva a atribuição da legitimatio ad causam ao próprio titular (rectius: àquele que se afirma titular) da relação jurídica litigiosa.

14 Com relação, in genere, à defesa judicial de "interesses coletivos", PROTO PISANI, trab. cit., p. 808 e ss., excluindo – por obviamente impraticável – o esquema do litisconsórcio necessário entre os cointeressados, individualiza três possibilidades: a) atribuir a legitimação para agir "disgiuntamente a tutti i membri della collettività (...) interessata"; b) atribuí-la exclusivamente aos representantes de grupos ou de associações que tenham como fim institucional expresso a tutela de interesses coletivos específicos; c) atribuí-la ao Ministério Público. O legislador brasileiro. no tocante à ação popular, consagrou com notável amplitude, o primeiro desses alvitres.

§ 2º, *fine*). Como bem se compreende, é sempre possível – embora não obrigatório – o litisconsórcio ativo entre dois ou mais cidadãos (art. 6º, § 5º).

A solução da *legitimatio* concorrente e "disjuntiva" comporta riscos que a doutrina tem apontado[15]. Um deles é o da colusão entre algum dos colegitimados e a autoridade responsável pelo ato irregular: não é inconcebível que se encontre um cidadão disposto a tomar a iniciativa da instauração do processo sem a intenção sincera de conseguir resultado favorável, mas, ao contrário, unicamente para provocar, mediante demanda mal instruída e condução negligente do feito, pronunciamento judicial que declare legítimo – valendo por autêntico *bill of indemnity* – o ato na realidade eivado de vício. No processo da ação popular brasileira, tal perigo já se vê sensivelmente atenuado pela intervenção obrigatória do Ministério Público, na função de *custos legis* (Lei n. 4.717, art. 6º, § 4º), em cujo exercício lhe toca não só "apressar a produção da prova" – conforme reza o dispositivo citado –, mas, em termos mais genéricos, "juntar documentos e certidões, produzir prova em audiência e requerer medidas ou diligências necessárias ao descobrimento da verdade" (Cód. Proc. Civil, art. 83, II, aplicável à ação popular, de acordo com o princípio geral da incidência subsidiária das normas codificadas quanto aos processos disciplinados por leis especiais, e com o preceito expresso do art. 22 da Lei n. 4.717). Acrescentem-se a isso a ampla iniciativa conferida ao juiz na atividade de instrução (Lei n. 4.717, arts. 1º, § 7º, e 7º, I, *b)* e, ainda, a possibilidade aberta a qualquer outro cidadão de recorrer contra as decisões desfavoráveis ao autor (art. 19, § 2º). A admitir-se que semelhantes expedientes deixem de revelar-se totalmente eficazes *in concreto,* nem assim se materializará com facilidade o risco acima indicado: opõe-lhe a lei forte obstáculo no tratamento peculiar – de que adiante nos ocuparemos (v., *infra,* o item n. 8) – dado à formação da coisa julgada sobre a sentença de mérito.

Poder-se-ia temer, por outro lado, que o autor popular se valesse da possibilidade de desistir da ação (ou de dar causa, por negligência, à extinção do processo sem julgamento do mérito) como instrumento de pressão em face da Administração Pública, para dela arrancar vantagens ilegítimas, em troca da desistência ou do abandono da causa. Bem se concebe que o ajuizamento mesmo da ação já se houvesse inspirado an-

15 Ver PROTO PISANI, trab. cit., p. 808.

tes nessa maquinação egoística do que no propósito honesto de defender o interesse coletivo. A Lei n. 4.717 procurou atalhar manobras de tal gênero, determinando, no art. 9º, que, nas hipóteses aventadas, se publiquem editais, para ciência dos colegitimados, assegurando-se a qualquer outro cidadão – sem prejuízo da iniciativa do Ministério Público, a que acima se aludiu – o direito de promover o prosseguimento do feito, dentro do prazo de noventa dias a contar da última publicação.

Há enfim o problema do custeio do processo, que com frequência agita aos olhos do cidadão zeloso, mas de parcos recursos, fantasma não facilmente exorcizável, arrefecendo-lhe o ânimo de ir a juízo em prol do interesse coletivo. Busca a Lei n. 4.717 afastar esse possível motivo de abstenção, eliminando o ônus do pagamento antecipado das custas (art. 10) e estatuindo que, no caso de procedência do pedido, se condenem os réus a reembolsar o autor de todas as despesas, judiciais e extrajudiciais, diretamente relacionadas com o feito – desde, é claro, que comprovadas –, além dos honorários de advogado (art. 12). Essas disposições acham contrapartida na regra do art. 13, consoante a qual, se o juiz, ao apreciar o fundamento de direito em que se baseia o autor, julgar a lide manifestamente temerária, condenará aquele ao pagamento do décuplo das custas; com isso, à evidência, quer-se desestimular as iniciativas sem seriedade, maliciosas, mal-intencionadas, nascidas de mero capricho ou do desejo de intimidar ou pôr em situação incômoda perante a opinião pública autoridades pouco dispostas a satisfazer pretensões ilegítimas. A lei põe à prova a boa-fé e a altitude de propósitos do cidadão, fazendo-o assumir, por sua vez, um risco ponderável, que normalmente só enfrentará quem esteja imbuído da convicção sincera de servir de instrumento à realização de um interesse comum a toda a coletividade. A sanção prevista na regra específica do art. 13 da Lei n. 4.717 não exclui, aliás, a incidência das normas codificadas acerca da responsabilidade por dano processual: o autor popular ficará obrigado, se for o caso, a ressarcir perdas e danos, como litigante de má-fé, nos termos do art. 18 do Código de Processo Civil.

6. Disciplina interessante é a da legitimação passiva para a causa. De acordo com o art. 6º da Lei n. 4.717, a ação popular deve ser proposta contra a entidade supostamente lesada em seu patrimônio (no sentido amplo acima exposto), "contra as autoridades, funcionários ou administradores que houverem autorizado, aprovado, ratificado ou praticado o ato impugnado, ou que, por omissão, tiverem dado oportunidade à lesão, e contra os beneficiários diretos do ato", se os houver. O dispositivo é rigoroso, e sua redação chega a ser redundante, no afã de não deixar de lado quem quer que haja contribuído para a realização do ato, ou dele tirado proveito. Há litisconsórcio passivo necessário de todas essas pessoas; mas, atendendo à dificuldade que pode ocorrer na individualização precisa dos "beneficiários diretos", permite a lei que, se forem eles indeterminados ou desconhecidos, se intente a ação só contra as pessoas restantes (art. 6º, § 1º); caso, no curso do processo em primeiro grau, se venha a identificar algum beneficiário não citado *ab initio*, promover-se-á a respectiva citação para integrar o contraditório – regra também aplicável a quaisquer responsáveis pelo ato (art. 7º, III). Poderá ainda o autor popular, preferindo-o, fazer citar os beneficiários por edital, gratuitamente publicado três vezes no jornal oficial (art. 7º, II). Essas disposições visam, como é óbvio, a facilitar a propositura.

Tem-se de citar pessoalmente a "autoridade, funcionário ou administrador" a que se refere o art. 6º: embora haja participado do ato em razão da função, sujeita-se eventualmente a responder com seu patrimônio próprio pelos danos causados (art. 11). Não basta, por isso, a citação da pessoa jurídica (v.g., União, Estado-membro, Município) em cujos quadros funcionais se integre, ou da qual seja órgão; até porque tal entidade, conquanto obrigatoriamente citada – o que a faz assumir de início, ao ângulo formal, a posição de ré no processo –, não só "poderá abster-se de contestar o pedido", mas até passar a "atuar ao lado do autor, desde que isso se afigure útil ao interesse público, a juízo do respectivo representante legal ou dirigente" (art. 6º, § 3º).

Essa norma, à primeira vista curiosa, justifica-se pela consideração de que a ação popular, em substância, não se dirige contra a pessoa jurídica supostamente lesada, mas, bem ao contrário, se intenta a seu favor, visando à eliminação do ato que se averba de lesivo e à composição do dano porventura dele resultante. Inexiste, a rigor, conflito de interesses entre o autor popular e a pessoa jurídica; existirá, quando muito, contraste de valoração, na medida em que aquele impugna o ato como ilegítimo e danoso, enquanto esta o considera isento de vício. Bem pode suceder, todavia, que já se hajam convencido do erro os próprios órgãos da entidade, ou tenham sido substituídos os titulares dos seus cargos por quem não queira solidarizar-se com anteriores irregularidades; seria pouco razoável, em semelhantes circunstâncias, impedir a pessoa jurídica de pugnar em juízo por aquele que, agora, ela reconhece como um interesse coincidente com o seu. A legitimidade do ato poderá continuar a ser defendida, é claro, pelas "autoridades, funcionários ou administradores" a que se refere o art. 6º, *caput*, e que não deixam de permanecer na posição de réus pelo simples fato de se haverem desligado dos cargos ou funções em cujo exercício tinham "autorizado, aprovado, ratificado ou praticado o ato", ou dado oportunidade, por seu comportamento omissivo, à ocorrência da lesão. Quanto à pessoa jurídica, vale acrescentar, mesmo que haja optado por oferecer contestação, sustentando o ato impugnado, sempre lhe será lícito, caso se julgue afinal procedente o pedido, "promover a execução da sentença contra os demais réus", naquilo que a beneficiar (art. 17).

7. Antes da Lei n. 4.717, discutia-se se o pronunciamento judicial que acolhesse a demanda havia de ter natureza apenas declaratória (na hipótese de ato nulo) ou constitutiva (na de ato anulável), ou se devia também impor condenação aos responsáveis. O art. 11 daquele diploma legal resolveu expressamente a controvérsia no segundo sentido: "A sentença que, julgando procedente a ação popular, decretar a invalidade do ato impugnado, condenará ao pagamento de perdas e danos os responsáveis pela sua prática e os beneficiários dele, ressalvada a ação regressiva contra os funcionários causadores de dano, quando incorrerem em culpa". Endereça-se o preceito diretamente ao juiz, a quem caberá, se for o caso, proferir a condenação ainda que o autor popular não a tenha pedido: aqui se abre exceção à regra proibitiva do julgamento *extra petitum*[16].

Note-se, porém, que a condenação ao pagamento de perdas e danos, imposta aos realizadores e aos beneficiários do ato ilegítimo, reverterá em favor da entidade patrimonialmente lesada, e não do autor popular. Assim se explica a norma, acima aludida, do art. 17, que habilita a pessoa jurídica, em qualquer hipótese, a promover a execução da sentença, em seu proveito, contra os outros réus. O legislador obviamente concebeu aí a lesão como suscetível de ser corrigida mediante restituição ou ressarcimento, em relação à entidade de que emanou o ato impugnado. Daí estatuir o art. 14, *caput*: "Se o valor da lesão ficar provado no curso da causa, será indicado na sentença; se depender de avaliação ou perícia, será apurado na execução".

16 Cf. JOSÉ AFONSO DA SILVA, ob. cit., p. 243.

Deixando de lado as intuitivas dificuldades práticas de semelhante apuração – basta pensar, v.g., no caso de prejuízo estético, como o consistente na danificação da paisagem –, resta examinar a disciplina legal do ponto de vista do interesse difuso, em cuja defesa se moveu o autor popular. E certo que este, através do procedimento regulado na Lei n. 4.717, não poderá obter qualquer compensação pecuniária pelo desfalque acaso sofrido em seu próprio patrimônio: a única reparação desse tipo a que faz jus é o reembolso "das custas e demais despesas, judiciais e extrajudiciais, diretamente relacionadas com a ação e comprovadas, bem como o dos honorários de advogado" (art. 12). Já se frisou, porém, que o interesse coletivo não se deixa reduzir com facilidade a expressão puramente monetária; o que em verdade faz falta, na sistemática da Lei n. 4.717, é antes a previsão de uma eficaz tutela específica de semelhante interesse. Nem sempre, com efeito, encontrará este proteção adequada na mera invalidação do ato ilegítimo, sobretudo quando já se houverem produzido consequências de ordem material, quiçá irreversíveis, como a destruição de bem historicamente valioso ou a desfiguração de local pitoresco. A anulação (ou a declaração de nulidade) de uma licença de construção, ou de um edital de concorrência para obra pública, poderá sem dúvida constituir providência frutífera, sob o prisma do interesse coletivo em causa, se obtida antes de realizar-se a obra ou a construção[17]: no caso contrário, o dano frequentemente se mostrará insuscetível de reparação satisfatória.

Tal inconveniente pode ser atenuado, ao menos em parte, pelo emprego de medidas cautelares. Delas não cogita a Lei n. 4.717, nem prevê em termos expressos, como faz o diploma legal que disciplina basicamente O processo do mandado de segurança, a possibilidade de ordenar o juiz, *in limine litis*, "que se suspenda o ato que deu motivo ao pedido quando for relevante o fundamento e do ato impugnado puder resultar a ineficácia da medida, caso seja deferida" (Lei n. 1.533, de 31-12-1951, art. 7º, II). Mas, consoante já referido, aplicam-se supletivamente ao processo da ação popular as disposições do Código de Processo Civil (Lei n. 4.717, art. 22), devendo entender-se que incidem os arts. 798 e 799 do

17 Diz com acerto HELY LOPES MEIRELLES, ob. cit., p. 68, que, "como meio preventivo de lesão ao patrimônio público, a ação popular poderá ser ajuizada antes da consumação dos efeitos lesivos do ato"; e acrescenta: "não é necessário que se aguarde a conversão do ato administrativo em fato administrativo para se intentar a ação" [grifado no original].

texto codificado: desde que haja, pois, "receio de lesão grave e de difícil reparação" ao interesse coletivo deduzido em juízo pelo autor popular, estará o órgão judicial autorizado a "vedar a prática de determinados atos" – o que aqui significará normalmente suspender, *si el in quantum*, a execução da providência acoimada de ilegítima. Procedente que porventura se venha a julgar o pedido, converter-se-á o impedimento, é claro, de provisório em definitivo.

8. Para não alongarmos demasiado esta exposição – que de modo nenhum pretende versar exaustivamente o tema –, vamos encerrá-la com algumas considerações sobre outro tópico que tem merecido a atenção dos especialistas, inclusive (ou principalmente) no plano da política legislativa: o atinente à extensão subjetiva de eficácia da sentença, ou, talvez com maior precisão, da autoridade da coisa julgada. Em suas linhas gerais, é bastante conhecido o problema, aliás comum a extensa classe de ações, de que a ação popular brasileira constitui apenas um (mas bem característico) exemplo. Ele concerne sobretudo à hipótese de improcedência do pedido, na qual se faz necessário afastar, ou pelo menos abrandar, os riscos das soluções extremas. De um lado, s, se limitar o âmbito de atuação da coisa julgada ao cidadão que propôs a ação popular, expõe-se o ato discutido a uma série teoricamente indefinida de impugnações idênticas, com manifesto detrimento para a economia processual e sensível prejuízo para a atividade da pessoa jurídica de que ela emanou, sujeita que fica à perturbação e ao desconforto de sucessivas investidas. De outro lado, se se estender aquele âmbito, sem qualquer restrição, a todos os eventuais colegitimados – isto é, aos restantes cidadãos, estranhos ao primeiro processo –, abre-se a porta à manobra a que oportunamente se fez menção: propositura de ação popular mal fundamentada e mal instruída, por cidadão em conluio com os responsáveis pelo ato, com o objetivo de pô-lo, mediante a rejeição do pedido, a salvo de futuros ataques.

Para desatar o nó, pode-se recorrer a uma disciplina especial, que estabeleça distinção entre as hipóteses de procedência e de improcedência. A sentença que acolha o pedido, desde que transitada em julgado, valerá em definitivo para todos os membros da coletividade; a que o rejeite, ao contrário, só valerá inter partes, não excluindo para os demais colegitimados a possibilidade de novas tentativas no mesmo sentido. Ter-se-á, em outras palavras, a extensão da coisa julgada *secundum eventum litis*[18].

Tal solução, contudo, apresenta uma falha já denunciada em sede doutrinária[19]. Suponhamos que no primeiro processo, instaurado por Tício, se julgue improcedente o pedido: os demais colegitimados permanecem livres de propor suas ações, mas para Tício formou-se a coisa julgada sobre a declaração da validade do ato impugnado. Suponhamos, agora, que em processo posterior, instaurado por outro colegitimado, se venha a julgar procedente o pedido, anulando-se (ou declarando-se nulo) o ato: a admitir-se que o resultado deste segundo processo se estenda a todos os membros da coletividade - inclusive, portanto, a Tício -, ter-se-á inevitavelmente, em relação a este, um conflito de coisas julgadas contraditórias. É evidentissimamente inconcebível, não só do ponto de vista lógico, mas também ao ângulo prático, que em face de Tício o mesmo ato prevaleça e deixe de prevalecer.

A Lei n. 4.717 adotou ao propósito solução interessante e, ao nosso ver, *de lege ferenda*, merecedora de extensão a hipótese análogas[20]. Reza o art. 18: "A sentença terá eficácia de coisa julgada oponível *erga omnes*, exceto no caso de haver sido a ação julgada improcedente por deficiência de prova; neste caso, qualquer cidadão poderá intentar outra ação com idêntico fundamento, valendo-se de nova prova". Cabe, pois, distinguir três casos:

a) o pedido é acolhido, e o ato anulado ou declarado nulo. A sentença prevalece em definitivo, perante todos os membros da coletividade;

b) o pedido é rejeitado, por inexistência de fundamento para anular o ato ou declará-lo nulo. Também aqui os efeitos produzem-se *erga omnes*, de sorte que a legitimidade do ato já não poderá, por igual fundamento, ser de novo discutido em juízo, ainda que por iniciativa de outro cidadão (*aliter*, se diversa a *causa petendi*);

---

18 Assim, v.g., no direito italiano, COSTANTINO, trab. cit.. p. 824/6, com o apoio, de *iure condito*, de PROTO PISANI, trab. cit., p. 815.

19 Por SCHWAB, "*Die Voraussetzungen der notwendigen Streitgenossenschaft*", *in Festschrift fur Friedrich Lent, Munique* - Berlim, 1957, p. 279.

20 Parecem-nos infundadas as críticas que lhe movem JOSÉ AFONSO DA SILVA, ob. cit., p. 255/ 6, e PAULO BARBOSA DE CAMPOS FILHO, Da Ação Popular Constitucional, São Paulo, 1968, p. 172/ 4.

c) o pedido é rejeitado apenas porque insuficiente a prova da irregularidade. A sentença não se reveste da autoridade de coisa julgada no sentido material, e "qualquer cidadão", como diz o texto – inclusive, portanto, o mesmo que intentara a primeira ação[21] – fica livre de demandar a anulação ou a declaração de nulidade do ato, invocando embora igual fundamento, e eventualmente obterá êxito, se for convincente a "nova prova" agora produzida.

Completa-se a sistemática mediante a fixação de um prazo preclusivo, de cinco anos, que a lei, com duvidosa propriedade, considera de prescrição (art. 21). Assim se atalha a viabilidade de uma sucessão indefinida de ações populares com idêntico objeto.

COMENTÁRIOS DO ATUALIZADOR

A AÇÃO POPULAR DO DIREITO BRASILEIRO COMO INSTRUMENTO DE TUTELA JURISDICIONAL DOS CHAMADOS 'INTERESSES DIFUSOS

Antonio do Passo Cabral

O artigo "A ação popular do direito brasileiro como instrumento de tutela jurisdicional dos chamados 'interesses difusos'", publicado na coletânea de estudos em homenagem a Enrico Tullio Liebman, em 1979, foi um dos textos que fez com que Barbosa Moreira até hoje seja conhecido como pioneiro no estudo do processo coletivo brasileiro. De fato, o mestre retomaria o tema em outros artigos posteriores, que até hoje são citados múltiplas vezes na literatura especializada (só para citar alguns em língua portuguesa, Barbosa Moreira, 1984a; Barbosa Moreira, 1984b; Barbosa Moreira, 1985; Barbosa Moreira, 1991).

21 Equivoca-se JOSÉ AFONSO DA SILVA, ob. cit., p. 273, em supor que "o próprio autor popular deve ser considerado impedido de repetir a mesma demanda: não é exato que a regra do art. 18, 2ª parte, só incida "em relação aos demais cidadãos". Se assim se houvesse querido dispor, ter-se-ia dito "qualquer outro cidadão", em vez de "qualquer cidadão", como se lê no texto. A ratio legis d a interpretação sistemática e teleológica, por outro lado, confirmam o nosso entendimento.

Embora o texto se limite, em sua grande parte, ao estudo de aspectos do procedimento da ação popular, nos dois primeiros tópicos Barbosa Moreira deu grande contribuição ao processo coletivo brasileiro. Sem embargo, ao tempo do artigo, já identificava que os mecanismos do direito processual pensado para conflitos individuais não é adequado para a solução de litígios coletivos; e que as técnicas do litisconsórcio e das intervenções de terceiros não conseguiam responder a esses fenômenos contemporâneos.

O autor esboça uma tripartição dos interesses de uma coletividade a serem resolvidos em bloco no processo. Há situações plurissubjetivas de massa que podem ser divididas em um feixe de relações simples individualizadas, co-titularizadas por cada indivíduo; outras em que existe uma relação jurídica base que une as pessoas daquela coletividade; e por fim hipóteses em que os interesses dos membros da comunidade não são unidos por vínculos de natureza jurídica, mas por circunstâncias de fato, às vezes até acidentais e mutáveis. Estava ali o embrião que, onze anos depois, viria a ser positivado na legislação brasileira no art.81, parágrafo único, do Código de Defesa do Consumidor: difusos, coletivos e individuais homogêneos.

Por outro lado, Barbosa Moreira explicava que, do ponto de vista prático, pouco importa para a tutela coletiva se a proteção jurisdicional às situações jurídicas de vantagem de uma coletividade de pessoas será concedida a "direitos" ou "interesses". Essas linhas foram também fundamentais para a redação do *caput* art.81 do CDC, que menciona "direitos ou interesses".

Atualmente, essa taxinomia dos direitos coletivos *lato sensu* naquelas três categorias (direitos ou interesses difusos, coletivos e individuais homogêneos), que ainda tem guarida no direito positivo e continua a iluminar os estudos do processo coletivo, passou a sofrer influxos da tese de Edilson Vitorelli, que propõe uma nova tipologia focada nos *litígios* coletivos, dividindo-os em litígios globais, locais e de difusão irradiada, para a partir desta subdivisão identificar quais são os institutos processuais adequados para a tutela jurisdicional de cada uma dessas categorias. A proposta tem ganhado apoio da maior parte da doutrina contemporânea (Didier Jr. e Zaneti Jr.) e tem levado a uma nova formatação de diversos institutos. É possível imaginar que a tipologia sugerida por Vitorelli ou qualquer formulação diversa talvez nem estranhassem ao próprio Barbosa Moreira, que no texto em comento afirmava que não se podia ignorar a fluidez da passagem de uma categoria a outra, às vezes graduada de maneira muito tênue, e que a riqueza das situações da vida não poderia se deixar "aprisionar num espectro intencionalmente esquemático".

O artigo segue em seu escopo principal, que é aquele de enfrentar o tema da ação popular, então prevista na constituição outorgada pela ditadura militar de 1967, e sua emenda n.1/69, regulada pela Lei n.4.717/65. Hoje se faz necessária a leitura do instituto à luz do art.5º, LXXIII da Constituição de 1988, que recepcionou a lei da ação popular. Mas a legislação ordinária, todavia, deve ser interpretada no novo sistema processual, e para este fim tentaremos expor algumas linhas, a título de atualização, acerca do que foi abordado por Barbosa Moreira em seu texto.

Por exemplo, o autor ressalta que a lei da ação popular ampliou o conceito de "patrimônio" atingido (art.1º §1º da Lei n.4.717/65), permitindo seu uso contra violações ao meio ambiente, a bens e direitos de valor artístico, histórico, paisagístico, e com isso se abre para formas de tutela para além da tutela ressarcitória, voltada a lesões meramente pecuniárias. De fato, a ação popular se presta não apenas para a proteção da legalidade, mas também à tutela da moralidade administrativa, podendo voltar-se contra abuso de direito e desvio de poder (Mancuso). E pode ser usada para a proteção do patrimônio natural (meio ambiente ecologicamente equilibrado), a chamada "ação popular ecológica" (G. Rodrigues, 2013) ou "ação popular ambiental" (M. Rodrigues, 2016). A mesma lógica foi mantida no art.5º, LXXIII da Constituição: "qualquer cidadão é parte legítima para propor ação popular que vise a anular ato lesivo ao patrimônio público ou de entidade de que o Estado participe, à moralidade administrativa, ao meio ambiente e ao patrimônio histórico e cultural",

Em relação à legitimidade ativa, a Constituição atribui a propositura da ação popular a qualquer cidadão, e o art.1º §3º da Lei 4.717/65 afirma que tal condição se prova pela apresentação do título de eleitor. Assim, a métrica da legitimidade ativa para a ação popular é a capacidade eleitoral ativa (possibilidade de votar).

Muitos na doutrina criticam tal limitação. A equivalência entre cidadão e eleitor seria restritiva, pressupondo que só é cidadão quem vota, e neste ponto a lei da ação popular não teria sido recepcionada pela Constituição de 1988 (Vitta defende que pessoas jurídicas poderiam propor ação popular ambiental).

Penso que a lei da ação popular é de fato limitativa, reduzindo a garantia fundamental da ação popular, e por isso é inconstitucional a equivalência entre eleitor e cidadão. Mas gostaria de ressaltar outro ponto: essa regra parece ultrapassada e leva a inúmeras distorções práticas. O paralelismo com a capacidade eleitoral ativa (que é limitada geograficamente nas esferas municipal e estadual) não faz sentido se não se levarem esses mesmos parâmetros para o exame da legitimidade *ad causam*. Será que um cidadão eleitor em Macapá poderia questionar por ação popular a legalidade de um ato da prefeitura de Porto Alegre? Note-se que, na esfera municipal, o autor domiciliado em Macapá não vota em Porto Alegre, e por isso não participa da vida política, pelo voto, no âmbito das administrações municipal e estadual naquela cidade. Mesmo se pensarmos em um ato administrativo de órgão federal, se seus efeitos se restringirem a uma cidade ou Estado, não seria razoável pensar que devesse ser negada legitimidade ativa a eleitores de outras cidades e Estados? Portanto, a questão merece ser mais aprofundada, embora não seja tratada na doutrina e raramente vem abordada na jurisprudência. Talvez o controle da propositura da ação popular pudesse ser feito pelo interesse de agir, restringindo uma amplitude exagerada prerrogativa de ajuizar a ação popular quando essas distorções se verifiquem.

De todo modo, depois do texto de Barbosa Moreira, a jurisprudência chancelou essa associação entre cidadão e eleitor – mesmo para a ação popular ambiental (TRF- 4ª Região, Apelação cível- 197332 3ª T, rel. des. Fed. Marga Inge Barth Tessler, DJU 09/02/2000), e não considera as distorções apontadas da falta de paralelismo entre legitimidade de agir e a capacidade eleitoral ativa. O Superior Tribunal de Justiça, p. ex., admite que tem legitimidade para o eleitor-cidadão impugnar atos administrativos ocorridos em outra localidade (STJ - REsp 1.242.800/ MS, rel. Min. Mauro Campbell Marques, j. 07/06/2011).

Assim, partindo dessa premissa, nos termos do art. 14 da Constituição da República, os maiores de 18 anos e, se inscritos como eleitores, os analfabetos, os maiores de dezesseis anos, terão todos legitimidade para a ação popular. Excluídos estão os incapazes, os estrangeiros e, no período de serviço militar obrigatório, os conscritos.

Aqueles que tiveram os direitos políticos suspensos também não têm legitimidade *ad causam,* durante o período de suspensão. Órgãos públicos ou pessoas jurídicas não podem ajuizar ação popular (enunciado n.365 da súmula do STF). Não obstante, a lei permite que, em caso de desistência do autor popular, o MP prossiga na condução do processo.

Outro ponto relevante é que, embora a lei da ação popular exija prova da legitimidade mediante apresentação do título de eleitor, a jurisprudência entende que essa condição pode ser comprovada por qualquer documento equivalente ou correspondente (STJ - EDcl no REsp 538.240/MG, rel. Min. Eliana Calmon, j.17/04/2007), como uma certidão de inscrição e quitação eleitoral ou comprovante de votação.

Barbosa Moreira, no texto em comento, menciona que a legitimidade passiva é da entidade lesada, das autoridades ou servidores públicos que, por ação ou omissão, tiverem autorizado o ato ímprobo (a conclusão se mantém até hoje na jurisprudência: STJ - AgInt no AREsp 1125896/RJ, rel. Min. Sérgio Kukina, j.20/02/2020). O litisconsórcio passivo não é necessário em todos os casos (excluindo a necessidade de citar todos os beneficiários do ato, STJ - REsp 1283121/ES, rel. Min. Herman Benjamin, j. 06/12/2012; REsp 724188/SC, rel. Min. Eliana Calmon, j.23/06/2009), e pode ser relevado em caso de dificuldade na identificação de todos (art. 6° §1° da Lei 4.717/65).

Todas as entidades que gerem patrimônio público podem ser rés em ações populares, incluídas as agências reguladoras (G. Rodrigues, 2003), as organizações sociais (Lei 9.637/98), as organizações da sociedade civil de interesse público (Lei 9.790/99), e as pessoas jurídicas de direito público internacional nas quais haja recursos públicos brasileiros (TRF da 4ª Região - Apelação cível 183036, 3ª T., rel. Des. Fed. Marga Inge Barth Tessler, DJU 06/12/2000). O Superior Tribunal de Justiça já afirmou que os membros de Cortes de Contas, que apenas controlam a legalidade dos atos administrativos, não concorrem para sua gestão, pelo que não devem ser réus na ação popular (STJ - REsp nº 171.317, rel. Min. Edson Vidigal, DJU 16/04/2001; REsp 215841/PR, rel. Min. Fernando Gonçalves, j.26/03/2001).

Tópico que merece realce é a possibilidade de migração interpolar da pessoa jurídica. Inicialmente citada como ré e compondo o polo passivo, a pessoa jurídica pode migrar para o polo ativo (art.6° §3° da Lei 4.717/65). Como identificado por Barbosa Moreira, muitas vezes a ação popular não é ajuizada contra os interesses da pessoa jurídica lesada, embora possa haver contraste de opiniões sobre a licitude do ato impugnado. O que já ocorria ao tempo da confecção do texto, e continua sendo verificado com certa frequência, é que a passagem do tempo e o término dos mandatos dos agentes públicos que praticaram o ato alegadamente ilícito ou imoral alteram a conduta dos órgãos da administração pública, e nada justificaria que a pessoa jurídica lesada fosse obrigada a continuar a defender um ato que reconheça ser ilícito. No mesmo sentido, Barbosa Moreira corretamente observa que, conforme autorizado na lei da ação popular, ainda que tenha de início apresentado contestação, a pessoa jurídica poderá promover a execução da sentença que julgou procedente o pedido, no ponto que beneficiar o erário (art.17 da Lei 4.717/65).

No que se refere à migração entre polos da demanda, o tema evoluiu muito na legislação, na doutrina e na jurisprudência. Primeiramente, lembremos que dispositivo semelhante foi incluído na lei de improbidade administrativa (art.17 §3° da Lei n.8.429/92). Além disso, na doutrina, produziram-se ensaios sobre a aplicabilidade de tal regra para o processo civil em geral inclusive no procedimento comum (Cabral, 2009). O Superior Tribunal de Justiça tem aplicado o permissivo de migração interpolar em outras causas, como p.ex., na ação civil pública (REsp 1391263/SP, rel. Min. Herman Benjamin, DJe 07/11/2016; AgRg no REsp 1012960/PR, rel. Min. Herman Benjamin, DJe 04/11/2009) ou nas demandas com participação do Instituto Nacional da Propriedade Industrial (INPI), como nas ações de anulação de marca (REsp 1817109/RJ, rel. Min. Luis Felipe Salomão, j.23/02/2021; REsp 1.865.156/SC, Rel. Min. Paulo de Tarso Sanseverino, j.01/09/2020; REsp 1.775.812/RJ, Rel. Min. Marco Aurélio Bellizze, j.19/03/2019).

Essa mobilidade (Mazzei, 2007) dos litigantes permitiria compreender a relação jurídica processual como despolarizada, e os pressupostos para a prática dos atos do processo poderiam ser controlados individualmente (não mais *ad causam*, mas *ad actum*: Cabral, 2021; Temer). O art.17 do CPC/15 incorporou essa ideia de controle *ad actum*, prescrevndo que para "postular em juízo" é preciso ter legitimidade e interesse. Não se usa mais a expressão "para propor e contestar a ação", como fazia o CPC/73, que remetia às "condições da ação" (*ad causam*).

Em relação às técnicas decisórias e às formas de tutela jurisdicional possíveis na ação popular, Barbosa Moreira dizia que o art.11 da Lei 4.717/65 autoriza o juiz a condenar ao ressarcimento, ainda que o autor popular só tenha formulado pedido declaratório ou desconstitutivo (p. ex., anulatório do ato ilícito). Tal condenação seria uma exceção à regra de correlação entre sentença e pedido, revertendo em favor da pessoa jurídica lesada (não em benefício do autor popular). Havendo condenação ao ressarcimento, entendo que os valores devam ser revertidos ao Fundo de Direitos Difusos, previsto no art.13 da Lei n.7.347/85 (no mesmo sentido, G. Rodrigues, 2003).

A doutrina e jurisprudência posteriores ao texto ora em comento divergem sobre as formas de tutela que podem ser concedidas por meio da ação popular. Alguns autores, seguindo a lógica de atipicidade da tutela jurisdicional, entendem possível que na ação popular sejam concedidas a tutela inibitória (sobre o tema, em geral Arenhart) e medidas de tutela específica para obrigação de fazer (na doutrina, Didier Jr. e Zaneti Jr.; na jurisprudência STJ - REsp 1729044/GO, rel. Min. Herman Benjamin, j. 07/08/2018). Outros são mais reticentes, afirmando que o desenho legislativo da ação popular é predominantemente desconstitutivo e condenatório (ressarcimento), pelo que ela não seria um adequado instrumento de tutela preventiva (M. Rodrigues, 2016).

Barbosa Moreira aborda ainda a limitação da coisa julgada *secundum eventum probationis*, prevista no art.18 da Lei 4.717/65, defendendo que esse formato fosse estendido a hipóteses análogas, o que de fato acabou acontecendo na lei da ação civil pública de 1985 (art.16) e no Código de Defesa do Consumidor em 1990 (art.103). Trata-se de mais uma influência do presente texto à consolidação dos instrumentos normativos de tutela coletiva no direito positivo brasileiro.

Outro ponto salientado no texto, que ressalta em diversos dispositivos da lei de regência, é o custo baixo da ação popular para o autor (vejam-se os arts.7°, II; 10, 12 e 13 da Lei 4.717/65). Além desses dispositivos, convém lembrar que a Constituição da República de 1988 inovou ao isentar de custas judiciais e de ônus de sucumbência o autor popular. Não obstante, os réus podem ser normalmente chamados a suportar os ônus financeiros da sucumbência (STJ - AgInt no AREsp 1431970/SP, rel. Min. Gurgel de Faria, j.23/09/2019).

A diferença de tratamento é pensada como um estímulo para que os cidadãos se animem a ajuizar a demanda para a proteção de direitos de toda a coletividade. Esse formato (art.5°, LXXIII da Constituição: "(...) ficando o autor, salvo comprovada má-fé, isento de custas judiciais e do ônus da sucumbência") consolidou-se como o padrão da disciplina legal dos custos do processo em outros instrumentos processuais de tutela coletiva (art.87 do CDC, art.17 da Lei 7.347/85). A ressalva à isenção para o autor popular corresponde aos atos praticados em má-fé. Claro que a colusão das partes (para que uma conduta ilícita fosse conduzida negligentemente e sufragada na sentença) é mitigada por outras características do procedimento da ação popular, como a intervenção obrigatória do Ministério Público, a possibilidade de o MP assumir a demanda em caso de desistência infundada do autor popular, ou a coisa julgada *secundum eventum probationis*. De todo modo, as previsões legislativas mostram-se aderentes ao sistema do novo CPC, que disciplina princípios de boa-fé e cooperação processuais (arts.5º e 6º do CPC/15).

Por fim, Barbosa Moreira destaca o prazo de 5 anos para propositura da ação popular, e chega a qualificá-lo de "preclusivo", sugerindo não tratar-se de prazo prescricional. A jurisprudência posterior tem tratado a questão predominantemente como sendo de prescrição (STJ - REsp 1.202.449/MG, rel. Min. Teori Zavascki, DJe 16.11.2011; REsp 1470568/SP, rel. p/ acórdão Min. Napoleão Maia Filho, j. 01/10/2019).

Além disso, pelo disposto no art.37 §6º da Constituição da República, que consagra a imprescritibilidade das ações que visam a reparar o patrimônio público, entendo que, nas ações populares para o ressarcimento ao erário, deve ser reconhecida a imprescritibilidade da respectiva pretensão. Assim, ainda que ajuizada posteriormente aos cinco anos, e preclusa a possibilidade de anulação do ato administrativo lesivo, o ressarcimento poderá ser pleiteado pois essa pretensão não é atingida pela prescrição (assim, corretamente, STJ - AgRg no REsp 1230899/SP, rel. Min.Castro Meira, j. 10/05/2011; AgRg no Ag 1224532/SP, rel. Min. Hamilton Carvalhido, j. 03/02/2011).

Trata-se, aliás, de entendimento jurisprudencial já adotado na ação de improbidade administrativa, quando cumulados pedidos de aplicação das sanções do art.12 da Lei n.8.429/92 e de condenação ao ressarcimento (STF - RE n.852.475/SP, rel. p/ acórdão Min. Edson Fachin, j.08/08/2018). E a doutrina há muito aproxima os regramentos das ações populares e das ações de improbidade para fins de aplicação transversal das técnicas processuais (Mazzei, 2006).

No mais, como reconheceu o STJ, a imprescritibilidade do ressarcimento ao erário está no plano do direito material, pouco importando o instrumento processual para veicular a pretensão. Portanto, a conclusão do STF na repercussão geral (Tema 897/STF) aplica-se também para o ressarcimento postulado em ação popular. AgInt no RE nos EDcl no AgRg no REsp n.1.159.598/S, rel. Min. Maria Thereza Assis Moura, j.18/11/2020.

Referências bibliográficas (obras citadas pelo atualizador)

ARENHART, Sérgio Cruz. *Perfis da tutela inibitória coletiva.* São Paulo: RT, 2003, p. 213-220.

BARBOSA MOREIRA, José Carlos. Ações coletivas na Constituição Federal de 1988, Revista de Processo, vol.61, 1991.

____________. A legitimação para a defesa dos interesses difusos no direito brasileiro, *in Temas de Direito Processual - Terceira série*. São Paulo: Saraiva, 1984, p. 173-182.

____________. A proteção jurídica dos interesses coletivos, *in Temas de Direito Processual - Terceira série*. São Paulo: Saraiva, 1984, p. 167-172.

____________. Tutela jurisdicional dos interesses coletivos ou difusos, Revista de Processo, vol. 39, 1985.

CABRAL, Antonio do Passo. Despolarização do processo e zonas de interesse: sobre a migração entre polos da demanda. Revista Forense, vol. 404, 2009.

____________. *Juiz natural e eficiência processual: flexibilização, delegação e coordenação de competências no processo civil*: São Paulo: RT, 2021, cap.5.

DIDIER JR; Fredie; CABRAL, Antonio do Passo; CUNHA, Leonardo Carneiro da. *Por uma teoria dos procedimentos especiais: dos procedimentos às técnicas.* Salvador: JusPodivm, 2ª ed., 2020.

DIDIER JR., Fredie; ZANETI JR., Hermes. *Curso de direito processual civil*. Salvador: Jus Podivm, vol.4, 10ª ed., 2016, p. 83-90; 111-114.

MANCUSO, Rodolfo de Camargo. *Ação Popular*. São Paulo: RT, 8ª ed., 2015.

____________. A 'intervenção móvel' da pessoa jurídica de direito público na ação popular e ação de improbidade administrativa (art.6°, §3° da LAP e art.17§3° da LIA), *in* Fredie Didier Jr. e Teresa Arruda Alvim Wambier (Coords.). *Aspectos po-*

lêmicos e atuais sobre terceiros no processo civil e assuntos afins. São Paulo: RT, 2007.

RODRIGUES, Geisa de Assis. Da ação popular, *in* FARIAS, Cristiano Chaves de e DIDIER JR., Fredie (Coords.). *Procedimentos especiais cíveis: legislação estravagante*. São Paulo: Saraiva, 2003. p. 239-325.

____________. Questões sobre ação popular ambiental. *in* MESSA, Ana Flávia; FRANCISCO, José Carlos. (Org.). *Ação Popular*. São Paulo: Saraiva, 2013, p. 167-184.

RODRIGUES, Marcelo Abelha. *Processo civil ambiental*. Salvador: Juspodivm, 4ª ed., 2016, p. 145 ss.

____________. *Proteção jurídica da flora*. Salvador: Juspodivm, 2019, p. 613 ss.

TEMER, Sofia. *Participação no processo civil: repensando litisconsórcio, intervenção de terceiros e outras formas de atuação*. Salvador: Juspodivm, 2020, p. 201-233.

VITORELLI, Edilson. *O devido processo legal coletivo: dos direitos aos litígios coletivos*. São Paulo: RT, 2ª ed., 2019, p.79-119.

VITTA, Heraldo Garcia. *O meio ambiente e a ação popular*. São Paulo: Saraiva, 2000. p. 42.

SEGUNDA PARTE

PARECERES

INVENTÁRIO. PARTILHA AMIGÁVEL. VENDA DE BEM DO ACERVO PELA TOTALIDADE DOS HERDEIROS. CONSTITUTO POSSESSÓRIO[1]

O eminente Procurador-Geral do Estado da Bahia submete-nos consulta acerca de questões atinentes, em síntese, à validade e eficácia da venda de 762 peças integrantes de uma coleção de arte sacra, feita àquele Estado, em 17-10-1973, pelos herdeiros de A. R. O contrato foi celebrado por instrumento particular, cuja cláusula 4ª estabeleceu a transmissão automática, para o comprador, da posse, direito, domínio e ação correspondentes aos bens, pactuando-se na cláusula 5, que estes permaneceriam provisoriamente em poder dos vendedores, por força do constituto possessório, nos termos do art. 620, 2ª parte, do Código Civil. No processo do inventário de A.R., já homologara o Juiz, em 2-10-1973, a partilha amigável ajustada pelos herdeiros. O Estado da Bahia providenciou o registro do instrumento no Ofício competente do Registro de Títulos e Documentos, em Salvador, no dia 17-10-1973, e em Recife, no dia 22-10-1973.

Acontece que, nesta última data, o Governo do Estado de Pernambuco baixou Decreto (de n. 2.929) em que declarava de utilidade pública, para fim de desapropriação, a referida coleção de arte sacra. Publicado o Decreto no *Diário Oficial* daquele Estado, de 23-10-1973, ajuizou a Fazenda Estadual pernambucana, no mesmo dia, ação expropriatória, obtendo desde logo, em Juízo, a imissão prévia na posse dos bens. Ingressou, por outro lado, nos autos do inventário, interpondo, em 24-10-1973, apelação contra a sentença homologatória da partilha amigável, que fora publicada no órgão oficial de 9-10-1973.

Em 24-10-1973, o Estado da Bahia requereu, nos autos da ação de desapropriação, a revogação do ato concessivo da imissão provisória, mas sem êxito. Impetrou, então, perante o Egrégio Supremo Tribunal Federal, mandado de segurança (n. 19.983), contra o Exmo. Sr.

---

1 Parecer sobre o Mandado de Segurança n. 19.983, impetrado pelo Estado da Bahia. O Supremo Tribunal Federal concedeu a segurança no V. Acórdão de 27-8-1975, publicado na Revista *Trimestral de Jurisprudência,* 77/48 e ss.

Governador do Estado de Pernambuco e contra o MM. Dr. Juiz de Direito da Vara dos Feitos da Fazenda Estadual da comarca de Recife, "para o fim de, proclamada a ilegalidade do decreto de declaração de utilidade pública e do despacho que deferiu a imissão prévia, serem liberados dos efeitos dos atos expropriatórios os bens do Impetrante" (petição inicial do mandado de segurança, fls. 10).

Nas informações prestadas pelas digníssimas autoridades contra cujos atos se dirige a impetração, suscitam-se argumentos diversos tendentes a demonstrar que, ao ajuizar-se a ação expropriatória, não se havia transferido ao Estado da Bahia a propriedade da coleção de arte sacra. A argumentação nesse sentido gira em torno de dois pontos cardeais, a cujo respeito, precisamente, se solicita o nosso parecer:

1º) Alega-se que, não havendo transitado em julgado, na data da celebração do contrato, a sentença homologatória da partilha, subsistia o estado de indivisão hereditária e, por isso, a venda teria de fazer-se necessariamente por escritura pública, já que o direito à sucessão aberta se considera imóvel para os efeitos legais (Cód. Civil, art. 44, III, *c/ c* o art. 134, II).

2º) Alega-se, mais, que o Estado da Bahia, de qualquer modo, não teria adquirido o domínio dos bens em foco, porque não consumada a tradição; ou, pelo menos, que a alienação, por falta de registro, não haveria produzido efeitos em relação a terceiros – entre estes, o Estado de Pernambuco.

Passamos a examinar, na ordem que nos parece lógica, as questões relacionadas com a matéria exposta.

I – *A sentença homologatória da partilha*

1. Homologada em 2-10-1973 a partilha amigável feita entre os herdeiros de A.R., todos maiores e capazes, publicou-se em 9-10-1973 a sentença homologatória. Importa observar desde logo que os herdeiros de A.R. estavam impedidos de recorrer da decisão. Esta, com efeito, nada mais fizera que chancelar a manifestação de vontade por eles mesmos emitida. Se se quiser focalizar o problema ao ângulo do interesse – requisito de admissibilidade, como se sabe, de qualquer recurso –, facilmente se verá que não o tinha qualquer dos herdeiros, a quem a homologação da partilha amigável, longe de negar algo a que pudessem legitimamente aspirar, muito ao contrário, atendera in *totum.* De ponto de vista um pouco diverso, seria o caso de invocar-se aqui o princípio que proíbe o *venire contra factum proprium*, e do qual se retira importante corolário no presente contexto. Já o havíamos enunciado em monografia sobre O Juízo de Admissibilidade no Sistema dos Recursos Civis, p. 96, nos mesmos termos em que agora o enunciamos em obra recém-publicada de exegese do novo diploma processual civil:

> "A ninguém é dado usar as vias recursais para perseguir determinado fim, se o obstáculo ao atingimento desse fim, representado pela decisão impugnanda, se originou de ato praticado por aquele mesmo que pretende impugná-la", com o esclarecimento de que "o impedimento ao recurso, em perspectiva dogmática, subsume-se na figura denominada *preclusão lógica*, que consiste, como é sabido, na perda de um direito ou de uma faculdade processual pelo fato de se haver realizado uma atividade incompatível com o respectivo exercício" (J. C. BARBOSA MOREIRA, *Comentários ao Código de Processo Civil*, 1974, v. V, p. 267).

Aliás, com relação à partilha amigável feita por instrumento particular, tem-se entendido que a ratificação, tomada por termo nos autos do inventário (Código de Processo Civil de 1939, art. 512, parágrafo único), é irretratável (WASHINGTON DE BARROS MONTEIRO, Curso de Direito Civil, 4ª ed., 1962, v. VI, p. 275, com abonação jurisprudencial na nota 10). *A fortiori*, inadmissível seria que qualquer dos figurantes viesse a voltar-se, ainda mais tarde, contra o pactuado, mediante impugnação da sentença homologatória.

2. Quanto ao recurso interposto pela Fazenda do Estado de Pernambuco, terá inquestionavelmente procurado arrimo na regra – conquanto não invocada *expressis verbis* – do art. 815 do antigo estatuto processual civil, que estendia ao terceiro prejudicado (como hoje faz o art. 499, *caput*) o direito de recorrer. Não vamos aqui apreciar o mérito das alegações formuladas pela recorrente. Como ponto de partida do nosso raciocínio, basta a mera verificação de que as razões da Fazenda pernambucana se adstringem a dois tópicos: um, referente a prejuízos fiscais, que teriam decorrido da adoção de critério supostamente ilegal na divisão dos bens partilhados; outro, relativo à não participação, na partilha amigável, da esposa de um dos herdeiros.

Do exposto emerge com toda a nitidez a inadmissibilidade da apelação interposta. No tocante ao segundo tópico, é evidente que à Fazenda do Estado de Pernambuco faltava qualidade para arguir o hipotético vício. No que ao primeiro diz respeito, não é menos evidente que a apelante dispunha e dispõe dos meios adequados para exigir em Juízo dos responsáveis, se for o caso, as prestações tributárias que porventura lhe sejam devidas, sem que as implicações jurídico-fiscais assumam a menor relevância como óbices à homologação da partilha amigável. Acresce que, segundo se assinala nas razões dos apelados, já transitara em julgado, com a concordância da Fazenda, a sentença de liquidação do cálculo do imposto. E mais: no recurso pede a Fazenda que seja "anulada a partilha" e se determine "que outra seja realizada", quando não há confundir a partilha, em si mesma, com a decisão que se limitou a homologá-la, e contra a qual se interpôs a apelação.

Essas várias circunstâncias autorizam a prever, sem receio de erro, que do recurso, admitido embora pelo Juízo de primeiro grau, não conhecerá o órgão *ad quem,* a exemplo do que têm decidido os nossos Tribunais em casos análogos, v.g. o Tribunal de Justiça de São Paulo, em 8-5-1953, no Agravo de Instrumento n. 58.640, publicado na *Rev. dos Tribs.,* 214/ 296. Ficará então evidenciado que, na hipótese, não podia a Fazenda do Estado de Pernambuco recorrer da sentença homologatória.

3. Ora, se era irrecorrível tanto para os herdeiros como para a Fazenda, e não existindo outras pessoas legitimadas a impugná-la, segue-se que na realidade a decisão em foco não comportava in concreto recurso algum. Perde assim substância a argumentação que se pretende apoiar na inocorrência do trânsito em julgado. A rigor, se ninguém tem qualidade para recorrer, a sentença passa em julgado apenas publicada, mesmo que alguém, sem aquela qualidade, interponha recurso. É que a formação da coisa julgada não pode ser impedida pela interposição de recurso inadmissível, sob pena de ficar sujeita ao arbítrio dos interessados em procrastiná-la, através de simples e óbvio artifício.

"Se a inadmissibilidade estava configurada *ab initio*" – escrevemos na supracitada monografia –, "parece-nos fora de dúvida que a interposição do recurso não obstou ao surgimento da coisa julgada, e que a decisão de não conhecimento unicamente verifica e proclama a existência de uma situação anterior à sua prolação. É nisso, justamente, que se lhe revela a natureza declaratória. Qualquer decisão passa em julgado desde que não haja (ou já não haja) recurso admissível; logo, a interposição de recurso inadmissível não é empecilho à coisa julgada. Afirmar o contrário seria reconhecer ao recorrente a possibilidade de adiar sempre a formação desta, sujeitando ao poder dispositivo um instituto que a ele está imune. Repita-se, pois: inexistindo outro impedimento ao trânsito em julgado da decisão recorrida, se do recurso não se conhece, e a causa da inadmissibilidade já ocorria ao tempo da interposição, *a res iudicata* formou-se no momento mesmo em que a decisão foi publicada, ou naquele em que, entre a publicação e a interposição, exsurgiu o fato gerador da inadmissibilidade" (*O Juízo de Admissibilidade no Sistema dos Recursos Civis*, p. 147) [grifado no original].

A mesma doutrina, continuamos a sustentar no v. V dos *Comentários ao Código de Processo Civil,* conforme ressalta, por exemplo, do trecho da p. 105 em que, aludindo à sentença "originariamente irrecorrível" – como a de que se trata aqui –, afirmamos que, "neste caso, o trânsito em julgado ocorre com a publicação" (cf., sempre em igual sentido, as p. 164, 212/3, 214, 507/ 8). Atendemos, com isso, à reiterada e incensurável lição de PONTES DE MIRANDA (v. *Comentários ao Código de Processo Civil* de 1939, 2ª ed., t. X, p. 137/ 9, 142/ 3, 145; *Tratado da Ação Rescisória,* 4ª ed., p. 21, 124, 130/1, 133, 253 e *passim; Tratado de Direito Privado,* t. 6, p. 404), em perfeita consonância com os dizeres do art. 6º, § 3º, da Lei de Introdução ao Código Civil – e, agora, com os do art. 467 do novo estatuto processual.

4. Não há, porém, necessidade de nos demorarmos nesse aspecto do problema. Bem examinadas as coisas, despe-se da relevância que, à primeira vista, se lhe poderia atribuir a questão de saber em que data transitou em julgado a sentença homologatória da partilha. A validade da alienação pelos herdeiros não estava subordinada, com efeito, ao contrário do que se assevera, à prévia cessação do estado de indivisão, inerente à comunhão hereditária. É perfeitamente possível, na aferição de tal validade, fazer abstração do ponto.

Nos sistemas jurídicos que adotam, como o nosso, o princípio da *saisine,* desde logo se transmitem aos herdeiros, com a simples abertura da sucessão, o domínio e a posse da herança (Cód. Civil, art. 1.572). Sem dúvida, antes de julgada a partilha, não se encontrando ainda individualizado o quinhão de cada qual, paira incerteza sobre o destino definitivo deste ou daquele bem, considerado em si mesmo. Daí dizer-se que, "se algum herdeiro entende vender bem ou bens compreendidos na herança, bem ou bens que ele crê que lhe venham a tocar, vende sob condição, ou assume os riscos de não ir ao seu quinhão o bem vendido, ou de não irem ao seu quinhão os bens vendidos" (PONTES DE MIRANDA, *Tratado de Direito Privado,* t. 60, p. 331).

O ensinamento é exatíssimo para as hipóteses de alienação de bem ou bens do acervo hereditário por um ou alguns dos herdeiros. Realmente: após o julgamento da partilha "fica o direito de cada um dos herdeiros circunscrito aos bens do seu quinhão" (Cód. Civil, art. 1.801), e pode suceder que a(s) coisa(s) alienada(s) venha(m) afinal a pertencer a outrem que não o(s) alienante(s). Por isso, "a alienação de determinado bem, concretamente individuado e indicado (*res certa*), só valerá se, na partilha ulterior, vier a tocar ao alienante", ficando sujeito "o adquirente aos azares da partilha" (WASHINGTON DE BARROS MONTEIRO, *Curso,* v. VI, p. 308). No mesmo sentido, já anteriormente equiparava CARLOS MAXIMILIANO a venda de coisa determinada, antes da partilha, a "uma como operação condicional, isto é, dependente de ser incluído no quinhão do vendedor o bem transmitido por ela a título oneroso" (*Direito das Sucessões,* 2ª ed., 1943, v. III, p. 473).

Entretanto, para que se possa cogitar com propriedade de negócio condicional, é indispensável que se tenha em vista acontecimento futuro e incerto – no caso, a atribuição do bem alienado, pela partilha, ao(s) herdeiro(s) alienante(s). Ora, o elemento de incerteza, que é essencial, desaparece por completo em hipóteses como a vertente, onde alienantes são todos os herdeiros, mormente quando se considera que, ao celebrar-se o contrato, já fora homologada por sentença a partilha amigável, na qual se atribuíra a coleção de arte sacra, em condomínio, à totalidade deles. Nenhuma possibilidade havia de não coincidirem, afinal, as pessoas dos alienantes com as dos destinatários definitivos do objeto da alienação, na sucessão de A.R.

O estado de indivisão – a admitir-se que ainda subsistia – não era óbice, portanto, a que validamente se contratasse a venda e se transmitisse ao comprador o domínio da coleção vendida. Nem a eficácia, quer do contrato, quer da translação do domínio, ficava pendente do trânsito em julgado da sentença homologatória da partilha, cuja influência a bem pouco, senão a nada, se reduz na espécie.

5. Cabe insistir no ponto mais relevante. Os herdeiros de A.R., quando ajustaram, todos, a venda da coleção de arte sacra, e transmitiram o respectivo domínio ao Estado da Bahia, não eram simplesmente possíveis proprietários do bem. Se a venda houvesse sido realizada apenas por um, ou por alguns deles, então, sim: subordinar-se-ia à condição de imputar-se afinal o seu objeto ao quinhão do vendedor, ou aos quinhões dos vendedores. Viria ao caso, aí, a problemática, bastante complexa, atinente aos efeitos da partilha, com toda a habitual coorte de questões doutrinárias, a começar pela relativa à explicação da sua chamada "retroatividade", envolvendo a discussão acerca da natureza da sentença, que tão caudalosos rios de tinta tem feito correr.

In casu, contudo, qualquer digressão por esse território seria impertinente. O ilustre Governador de Pernambuco, nos itens XLVIII e XLIX de suas informações, dá particular ênfase ao argumento relacionado com a persistência da "comunhão *pro indiviso* da herança", e invoca o magistério de PONTES DE MIRANDA, nos comentários ao art. 513 do antigo Código de Processo Civil. Em verdade, não é absolutamente indispensável contestar a premissa ali formulada, nem pôr em dúvida a correção dos ensinamentos trazidos à colação, para reconhecer ao conjunto dos herdeiros a possibilidade de alienar, válida e eficazmente, bem integrante do acervo hereditário, que em hipótese alguma, dadas as circunstâncias, poderia deixar de lhes ser atribuído.

II – *Validade do negócio jurídico de alienação*

6. A alegada necessidade de pactuar-se por escritura pública a venda da coleção de arte sacra busca fundamento no que dispõe o art. 44, III, do Código Civil, onde se considera imóvel, para os efeitos legais, "o direito à sucessão aberta". Conjugar-se-ia essa norma com a do art. 134, II, do mesmo diploma, consoante o qual é da substância do ato a escritura pública "nos contratos constitutivos ou translativos de direitos reais sobre imóveis de valor superior a Cr$ 10.000,00 (dez mil cruzeiros), excetuado o penhor agrícola" (redação dada pela Lei n. 1.768, de 18-12-1952). Seria, por isso, nulo o contrato, à luz do art. 145, III, sempre do Código Civil.

O raciocínio parte de falsa premissa, e chega a conclusão igualmente falsa. O "direito à sucessão aberta", a que se refere o art. 44, n. III, é o direito à herança considerada como universalidade; não o direito sobre bem determinado ou bens determinados do acervo hereditário. Denomina-se "cessão da herança" o ato pelo qual um herdeiro transfere a outrem, unitariamente, o complexo patrimonial que da sucessão *mortis causa* lhe proveio. Tal negócio jurídico de modo nenhum se confunde com a alienação de um ou mais bens individuados, dentre os que integram o acervo. Explicando a razão por que não se aplica à cessão da herança a regra da responsabilidade do alienante pela evicção, assim preleciona ORLANDO GOMES: "Na cessão de herança, impossível seria impor ao cedente igual obrigação, porque não implica transferência do domínio de coisas individuadas. Por ser alienação de uma universalidade de direito, garante o cedente, apenas, a própria qualidade de herdeiro. Responde, por conseguinte, somente quando se positive que não a possui, visto que o objeto da cessão é um complexo ideal de bens *lato sensu*" (*Sucessões*, 1ª ed., 1970, p. 292) [grifos do autor].

Já ITABAIANA DE OLIVEIRA, *Tratado de Direito das Sucessões*, 4ª ed., 1952, v. I, p. 100, ministrava idêntica lição, ao esclarecer que "a cessão tem por objeto uma universalidade de direito, isto é, um conjunto de bens que formam uma só massa e não uma série de bens individualmente determinados". E tirava a consequência que interessa à solução do nosso problema, registrando em a nota 194 à mesma página: "Sendo o direito à sucessão aberta considerado imóvel para os efeitos legais (Cód. Civil, art. 44, III), segue-se que a venda ou cessão da herança por preço superior a Cr$ 1.000,00" (limite legal naquela época) "só se poderá fazer por escritura pública, nos termos do art. 134, 11, do Código Civil".

Vê-se que o escritor, com toda a precisão, restringia a incidência da regra contida no art. 44, III, à hipótese de "cessão da herança», isto é, daquela "universalidade de direito" a que aludia no texto. Só aí, com efeito, é que o ato translativo teria por objeto "o direito à sucessão aberta", reputado imóvel por determinação legal.

In casu, o contrato tem por objeto um bem perfeitamente individualizado – coleção de peças de arte sacra –, móvel por sua natureza. Mais não é preciso dizer para evidenciar a desnecessidade da escritura pública.

7. Nas informações prestadas, nos autos do Mandado de Segurança n. 19.983, pelo MM. Dr. Juiz de Direito dos Feitos da Fazenda do Estado de Pernambuco, suscita-se, de passagem, outra questão relacionada com a regularidade formal do negócio jurídico. Sustentando a exigibilidade – que já se demonstrou inexistente – da escritura pública, refere-se também o digno magistrado à suposta necessidade de prévia autorização do Juízo para a alienação, *verbis:* "Poderiam ainda tê-la vendido, não como donos, mas, sim, como herdeiros e legítimos representantes do espólio inventariado, mediante alvará do Juízo do feito... " (p. 5 das informações).

Parece-nos, *data venia,* conter esse trecho mais de um equívoco. Em primeiro lugar, a afirmação de que os herdeiros não são donos choca-se de modo frontal com a regra clara e inequívoca do art. 1.572 do Código Civil, afigurando-se supérfluo frisar ainda uma vez a circunstância de que o domínio dos alienantes, na espécie, era definitivo, não dependia no grau mais mínimo daqueles "azares da partilha" a que alude, no passo supracitado, WASHINGTON DE BARROS MONTEIRO, subscrito o contrato, como foi, pela totalidade dos herdeiros.

Há manifesta impropriedade, por outro lado, em qualificar os herdeiros de "representantes do espólio inventariado". Para certos fins, representa o espólio o inventariante: v. o art. 85 do Código de Processo Civil de 1939 e o art. 12, V, do Código de Processo Civil de 1973. Quando o inventariante tem de alienar bens do espólio, sem dúvida necessita, não apenas da autorização judicial, mas também da concordância dos interessados na sucessão. Isso acontece, todavia, precisamente porque, como tal – feita abstração da sua possível condição de herdeiro –, o inventariante não é titular de direito sobre o acervo hereditário. Exata, ao propósito, a lição de CARVALHO SANTOS, *Código de Processo Civil Interpretado,* 1940, v. VI, p. 74: "O inventariante nada mais é que um administrador dos bens da herança.

Justamente por isso é que não pode celebrar contratos, onerando os bens da herança, sem o consentimento dos interessados e autorização do juiz.

Não pode ele, portanto:

a) alienar os bens do espólio;

b)....................

c)....................

d)....................

e).................... " [grifamos].

Pouco adiante, em passagem que se diria escrita em resposta à alegação do MM. Dr. Juiz dos Feitos da Fazenda, escrevia o mesmo comentador: "É essencial que haja o consentimento dos interessados para que o inventariante possa vender qualquer bem da herança. Esta é a regra, como vimos. Pelo que, se o juiz concede a autorização, sem a audiência e consentimento dos coerdeiros, *que são os verdadeiros proprietários,* não tem o alvará a virtude de sanar a nulidade, porque ao juiz não é lícito prescindir da audiência dos condôminos» (ob. e v. cit., p. 76) [grifamos].

8. Cumpre fixar os pontos essenciais: os alienantes eram, sem sombra de dúvida, titulares do domínio e da posse da coleção de arte sacra; não estava o seu direito condicionado à partilha, porque, inexistindo outros herdeiros, e tendo-se amigavelmente ajustado que a coleção tocaria, em condomínio, a todos, afastada ficara qualquer possibilidade de não ser algum deles, afinal, aquinhoado, ou de ser aquinhoada pessoa diversa; maiores e capazes, tinham a livre disposição de seus bens. Que lhes faltava para poderem, *in concreto,* exercer tal faculdade?

As restrições à prática de atos de disposição, pelo proprietário, são apenas as previstas em lei. Autorização judicial para a alienação pelo dono só se pode exigir quando alguma norma jurídica expressamente a reclame, como se dá quanto aos bens dotais (Cód. Civil, art. 293). Fora daí, não.

É interessante notar que o MM. Dr. Juiz dos Feitos da Fazenda do Estado de Pernambuco, no trecho de suas informações imediatamente anterior ao supratranscrito, aludindo à possibilidade de cederem os herdeiros de A.R., por escritura pública, seus direitos hereditários - via que no entanto, vale ressalvar, teria sido no caso imprópria, segundo já se mostrou, por tratar-se de bem determinado –, silencia quanto à necessidade de autorização judicial. Infere-se que, a seu ver, não seria ela, em semelhante hipótese, exigível. Ora, é fácil de apreender a contradição em que se incorre quando se reputa dispensável a mencionada autorização para a cessão da herança e, ao mesmo tempo, se pretende impô-la como pré-requisito de validade da alienação de bem individualizado do acervo hereditário. O primeiro desses atos é que, incidindo sobre imóvel (o "direito à sucessão aberta», de que fala o art. 44, III, do Cód. Civil), se reveste necessariamente de maior solenidade, devendo realizar-se por escritura pública (v., *supra,* o item n. 6 deste parecer). Se ele não depende de autorização judicial, *a fortiori* tampouco se subordina a tal formalidade a simples venda de bem determinado.

9. Do exposto ressalta, com ofuscante nitidez, a validade do contrato celebrado entre os herdeiros de A.R. e o Estado da Bahia. Para ser válido, o ato jurídico há de ser praticado por agente capaz, ter objeto lícito e revestir forma prescrita ou não defesa em lei (Cód. Civil, art. 82). Na espécie, todos os requisitos acham-se preenchidos.

Com efeito. No que tange à capacidade dos contratantes, nenhuma dúvida ocorre. Tampouco se duvida da licitude do objeto. Restam as questões suscitadas no concernente à regularidade formal do ato. Mas essas, consoante esperamos ter demonstrado, não resistem à análise.

A lei não prescreve forma especial para a alienação de bem ou bens individuados que integrem o acervo hereditário. Se se tratasse de imóveis, naturalmente incidiriam as disposições pertinentes da lei civil. O que se vendeu, contudo, foi bem móvel, uma coleção de peças de arte sacra. Bastava o instrumento particular. Desnecessária, por outro lado, a prévia autorização do Juízo do inventário. Assim, nenhuma irregularidade de ordem formal se pode apontar no negócio jurídico. A conclusão que se impõe é a da sua perfeita validade.

III – *A transferência da propriedade ao Estado da Bahia*

10. Lembrar que o domínio dos móveis, no direito brasileiro, se transfere pela tradição reduz-se, afinal, a proclamar o óbvio: vejam-se os arts. 620 e 675 do Código Civil. Mas a lei não comprime o conceito de tradição nos estreitos contornos da entrega *material, física,* da coisa alienada. Deixando de lado outras figuras concebíveis, é suficiente – e, para o deslinde do nosso problema, relevante – volver os olhos para a segunda parte do art. 620, onde está dito que a tradição "se subentende, quando o transmitente continua a possuir pelo constituto possessório".

Assim, disserta, a esse respeito, PONTES DE MIRANDA: "A apreensão da coisa reduzia-se, para alguns, ao apanhar, ao agarrar, ao poder fático físico ou corporal. Daí terem distinguido a *apprehensio vera* e a *ficta* ou *ficticia,* de que PLACENTINO (*Suma Codicis, Til. de acq. el rei poss.,* 329) já usava. Nota-se bem o que há de restritivo em tal atitude: o poder fático, sem ser com a mão, com os pés, com os instrumentos, estaria fora do mundo fático. A entrega pelas chaves, ou com a senha, ou o bilhete, passava a ser simbólica; a entrega pelo constituto possessório, ficta. Uma vez que faltava o *actus corporeus,* tudo se tinha de passar no mundo da imaginação. Daí compreende-se que se escorregasse até à negação de ser tradição o constituto possessório: se é ficto, não é. Ora, o constituto possessório contém tanto entrega-tomada quanto os outros modos de tradição" (*Tratado de Direito Privado,* t. 15, p. 271).

11. Na hipótese, o instrumento particular estabeleceu, na cláusula 4ª, a transmissão automática, ao comprador, da posse, direito, domínio e ação correspondentes aos bens alienados; e, na cláusula 5ª, convencionou-se expressamente que os bens ficariam em poder dos vendedores por força do constituto possessório, nos termos do art. 620, 2ª parte, da lei civil. Quer isso dizer que ocorreu a tradição, embora não sob a forma – que não é a única reconhecida pelo ordenamento pátrio – da imediata entrega material.

Não invalida essa afirmação – ao contrário do que se diz nas informações prestadas pelo Exmo. Sr. Governador do Estado de Pernambuco – a circunstância de se haverem obrigado os vendedores a tornar efetiva a entrega (isto é, a materializá-la), dentro de certo prazo, na Cidade de Salvador. Inexiste a suposta incompatibilidade entre semelhante estipulação e a real ocorrência da *traditio.* Descabe pensar que a tradição houvesse ficado, em consequência dela, diferida para o momento em que a coleção de arte sacra fosse materialmente entregue ao comprador. Entender assim importaria ressuscitar, ao arrepio do sistema jurídico vigente, a velha concepção, criticada por PONTES DE MIRANDA, da apreensão como o ato de "apanhar" ou de "agarrar" a coisa. Importaria, afinal, fazer tábua rasa do constituto possessório, cassar-lhe os direitos de cidadania que lhe reconhece o Código Civil.

No constituto possessório, o bem necessariamente permanece nas mãos do transmitente: isso é da essência da figura. Pouco importa o que se estipule para depois. O ajuste de que a coisa seja materialmente entregue em tal data, ou dentro de tal prazo, ao adquirente, longe de descaracterizar a tradição, harmoniza-se às mil maravilhas com a feição do constituto possessório, pressupondo o que a este é inerente: a permanência física do bem, *não obstante* a *traditio,* em poder do alienante.

12. A tradição requer, naturalmente, que o transmitente tenha a posse; e requer também, para produzir o efeito translativo da propriedade, que o *tradens* seja o proprietário (Cód. Civil, art. 622, 1ª parte). Na espécie, ambos os requisitos estavam cumpridos: os herdeiros de A.R. eram, em conjunto, desde a abertura da sucessão, donos e possuidores dos bens do espólio (Cód. Civil, art. 1.572).

Não se objete que teriam eles, tão somente, a posse indireta: a objeção seria irrelevante. De maneira alguma fica excluída, por isso, a possibilidade da tradição mediante o constituto possessório. O art. 621, parágrafo único, do Código Civil, com expressa remissão à parte final do antecedente, estatui que aí "a aquisição da posse indireta equivale à tradição". E esse preceito legal vem aliás confirmar, de modo inequívoco, o que se disse acima sobre a desnecessidade da entrega material, para caracterizar a tradição da coisa.

Ouça-se ainda PONTES DE MIRANDA: "O constituinte precisa ter a posse da coisa, posse que transmita. Se não a tem, ou se não a pode transmitir, constituto possessório não pode haver. (...) A posse a ser transmitida não precisa ser a de proprietária, pode ser outra posse mediata; o art. 620, 2ª parte, apenas se refere a uma das espécies – a do constituto possessório pelo alienante da propriedade e adquirente dela" (*Tratado de Direito Privado*, t. 15, p. 279) [sem grifo no original].

Direta ou indireta que seja a posse, lícito é ao possuidor transferi-la a outrem, através do constituto possessório. A circunstância de ser indireta a posse não descaracteriza a figura, nem afasta a incidência do art. 620, 2ª parte, por força do qual se subentende a tradição.

13. Na espécie, feita pela totalidade dos herdeiros – possuidores e proprietários do bem – a tradição, mediante o constituto possessório, produziu o efeito de transferir o domínio. Esse efeito independia de qualquer formalidade complementar, nomeadamente do registro do instrumento particular da compra e venda. Segundo expunha, com precisão, SERPA LOPES, "o registro do contrato relativo a bens móveis nada influi sobre o direito real que deva surgir originado de tal contrato, porquanto este, por si mesmo, nenhum direito real mobiliário é suscetível de gerar, se não for acompanhado da tradição" (*Tratado dos Registros Públicos*, 5ª ed., 1962, v. II, p. 60).

A transmissão da propriedade da coleção de arte sacra ao Estado da Bahia não se operou em virtude do simples contrato de compra e venda, nem se operaria em virtude de qualquer registro. Operou-se em virtude da tradição, subentendida, conforme reza o texto legal, no constituto possessório. Se não houvesse constituto possessório, em vão se procederia ao registro do instrumento contratual: isso não bastaria para a transferência do domínio. Dir-se-á que o constituto possessório foi estipulado em cláusula do próprio instrumento particular da compra e venda. Nem por isso, contudo, perde ele a sua individualidade. O mesmo instrumento pode, como é óbvio, consubstanciar mais de um ato jurídico – acontecimento tão frequente, na prática negociai, que nem merece esforço de demonstração. Basta pensar nas fianças que quotidianamente se pactuam sob a aparência de "cláusulas" de contratos de locação: alguém deixará de discernir, através do instrumento único, a existência de dois atos jurídicos distintos? *In casu,* o constituto possessório não se reduz, senão do ponto de vista puramente formal, a "cláusula" do contrato de compra e venda. Em substância, porém, com ele não se confunde, nem por ele se deixa absorver.

14. As considerações, bastante triviais, feitas no item anterior já permitem ver que a questão do registro não se reveste da importância que se lhe pretende atribuir. Não nos furtaremos, todavia, a examiná-la mais de perto.

A primeira suposição que cumpre afastar é a de que o instrumento particular de compra e venda houvesse de ser levado ao Registro de Imóveis. Nas informações do Exmo. Sr. Governador de Pernambuco, itens LXV e LXVI, após dizer-se que se trata de "questão ainda controvertida", sustenta-se a tese da necessidade de tal registro, invocando-se a seu favor a autoridade de PONTES DE MIRANDA. A controvérsia, entretanto, diz respeito exclusivamente à exigibilidade, ou não, da transcrição, no Registro Imobiliário, das escrituras públicas de cessão de herança – exatamente daquelas cujo objeto (o "direito à sucessão aberta", mencionado no art. 44, III, do Código Civil) é bem considerado imóvel para os efeitos legais.

Conhecem-se os termos da discussão. Parte da doutrina e da jurisprudência opõe-se à transcrição, reputada inconciliável com a falta de especialização e com o princípio da continuidade do registro, do qual ainda não consta a aquisição, *mortis causa,* pelo herdeiro cedente: assim, por exemplo, ITABAIANA DE OLIVEIRA, *Tratado de Direito das Sucessões,* v. I, p. 100, nota 194; e os julgados coligidos por VERCINGETORIX DE CASTRO GARMS, no v. I do *Repertório de Jurisprudência do Código Civil,* p. 189 e ss., n. 466, 467, 472, 479, 480, 481. Outra corrente tem a transcrição por exigível; a ela se filia PONTES DE MIRANDA, e os passos desse escritor, que as informações transcrevem, a isso dizem respeito. Basta lê-los para verificar que se referem à transmissão "do direito à sucessão aberta», não à alienação de bens individualmente considerados do acervo hereditário. Escusamo-nos de reiterar aqui o que já ficou dito no item n. 6 deste parecer, sobre a distinção entre as duas figuras.

A controvérsia a que faz menção o Exmo. Sr. Governador de Pernambuco é, por conseguinte, estranha ao *thema decidendum.* Nenhuma relevância tem, para o desate da questão em foco, saber se está ou não sujeita ao registro imobiliário a cessão do "direito à sucessão aberta", porque não é disso que aqui se trata.

15. Resta saber se seria de rigor a transcrição do instrumento particular de compra e venda no Registro de Títulos e Documentos. Afirma a propósito o Estado da Bahia, na inicial do Mandado de Segurança n. 19.983, que promoveu o registro, no dia 17-10-1973, no Cartório do 1º Ofício da Comarca de Salvador, e no dia 22 no 1º Cartório de Títulos e Documentos de Recife. Nas informações do Exmo. Sr. Governador de Pernambuco, itens LXII e LXIII, nega-se que a transcrição haja sido feita em Recife na última data, dizendo-se que "até o dia 29 de outubro (...) o mencionado contrato não estava registrado, segundo constatação do Exmo. Sr. Dr. Juiz Corregedor Auxiliar da Capital".

Tal discrepância quanto ao dado de fato, ao nosso ver, também se pode considerar de todo em todo irrelevante. E isso pela simples e bastante razão de que nem mesmo esse registro era exigível, quer para o aperfeiçoamento da alienação, quer para a sua oponibilidade a terceiros.

Com efeito: o art. 136 do Decreto n. 4.857, de 9-11-1939, ainda em vigor, ao discriminar os documentos "sujeitos a transcrição, no Registro de Títulos e Documentos, para valerem contra terceiros", apenas em dois itens da enumeração alude a atos tendentes à transferência da propriedade mobiliária. Vamos transcrevê-los:

"1º)..............................;

2º)..............................;

3º)..............................;

4º)..............................;

5º) os contratos de compra e venda em prestações, a prazo, com reserva de domínio ou não, qualquer que seja a forma de que se revistam, e os de locação, ou de promessa de venda referentes aos bens móveis;

6º)..............................;

7º) os contratos de compra e venda de automóveis, bem como o de penhor dos mesmos, qualquer que seja a forma de que se revistam;

8º)..............................".

É bem de ver que, se se exigisse a transcrição para quaisquer contratos de compra e venda de móveis, de um lado não teriam sentido as cláusulas restritivas do n. 5 ("em prestações, a prazo"), e de outro se tomaria inteiramente supérflua a disposição do n. 7, na sua primeira parte, já que os automóveis são móveis, e portanto estariam compreendidos no gênero. *In casu,* nem se trata de automóveis, nem foi o bem vendido a prestações ou a prazo: todo o preço foi pago à vista pelo comprador. Ora, dos textos supratranscritos claramente deflui, *a contrario sensu,* que em hipóteses tais não fica o ato sujeito ao registro, para fazer-se oponível a terceiros.

16. Ainda, porém, que se quisesse entender o contrário, há na espécie, *ex abundantia,* uma particularidade que elimina qualquer relevância porventura atribuível, em tese, à questão do registro. O fim precípuo deste, como é intuitivo, consiste em dar publicidade ao ato jurídico, exatamente para que dele tenham ciência os terceiros acaso interessados. A *ratio legis* seria a de que, para submeter esses terceiros aos efeitos do ato jurídico, é imprescindível colocar-lhes à disposição um meio de conhecer a respectiva existência. O registro, portanto, tem aí caráter instrumental, e não há como excluir a possibilidade de que o fim tenha sido atingido por outro meio – caso em que a falta do registro não obsta à produção de efeitos em relação ao terceiro que teve conhecimento do ato.

Vale atentar, uma vez mais, na lição de PONTES DE MIRANDA, referente – é bom que se ressalve – à hipótese de ato verdadeiramente sujeito à necessidade do registro: «Para ter efeitos contra terceiros é de mister o registro. Mas há outros meios de haver tal eficácia sem o registro: *e.g.*, a notificação ao terceiro, a juntada a autos quando o terceiro tenha ou deva ter ciência do que foi junto, o ter-se dado por ciente o terceiro" (*Tratado de Direito Privado,* t. 3, p. 374) [sem grifo no original].

Ora, nas informações prestadas pelo Exmo. Sr. Governador de Pernambuco, lê-se a declaração de ter recebido o Ofício de 17-10-1973, pelo qual o Exmo. Sr. Governador da Bahia lhe comunicava que adquirira a coleção de arte sacra (item XXII). Acrescenta, logo depois, a ilustre autoridade informante: "De posse do ofício referido no item anterior, só me restou como forma de manter em Pernambuco a coleção A.R., servir-me do instituto da desapropriação, editando, dessarte, o Decreto n. 2.929, de 22 de outubro do ano em curso" (item XXIII).

E, no item XLI, ainda se reitera a afirmação de prévio conhecimento da compra e venda celebrada entre os herdeiros de A.R. e o Estado da Bahia: "Cientificado pelo Sr. Governador da Bahia de que havia ele comprado a coleção de santos de A.R., desapropriei os bens do espólio daquele *de cujus...* ".

Mais não é preciso para convencer da plena eficácia do negócio jurídico em face do Estado de Pernambuco, seja qual for a opinião que se forme acerca da *quaestio iuris* relativa à exigibilidade do registro, e acerca da *quaestio facti* atinente à data em que ele se terá realizado, no Ofício competente da comarca de Recife.

E o que, salvo melhor juízo, nos parece.

Rio de Janeiro, 28 de fevereiro de 1974.

COMENTÁRIOS DO ATUALIZADOR

INVENTÁRIO. PARTILHA AMIGÁVEL. VENDA DE BEM DO ACERVO PELA TOTALIDADE DOS HERDEIROS. CONSTITUTO POSSESSÓRIO.

Carlos Roberto Barbosa Moreira

1. Os pareceres que José Carlos Barbosa Moreira produziu, no exercício da advocacia privada, foram publicados em quatro diferentes livros: em *Direito Processual Civil (Ensaios e Pareceres)*, de 1971; no volume inaugural dos *Temas de Direito Processual*, de 1977 (cuja segunda edição, datada de 1988, teve seu título acrescido da expressão *"Primeira Série"*), e no que se lhe seguiu, de 1980 (que também ganhou uma segunda edição em 1988); por fim, após sua aposentadoria como Desembargador do Tribunal de Justiça do Rio de Janeiro, em *Direito Aplicado II (Pareceres)*, de 2000 (cuja segunda edição se deu em 2005). Apenas o último contém, em caráter exclusivo, material daquela natureza.

2. Nem todos os pareceres, reunidos neste ou nos demais livros citados, cuidam de direito *processual*. Embora a maior parte deles verse, apenas, sobre questões processuais, alguns abordam, de igual modo, temas de direito material (constitucional, administrativo, civil, comercial). Na

Segunda Série desta coleção, por exemplo, o leitor encontrará parecer cuja indagação central diz respeito à qualificação jurídica de negócio privado – prova de que o autor era visto na comunidade jurídica não somente como um especialista, de conhecimentos restritos à disciplina que lecionava (na UEG, mais tarde UERJ), mas como um jurista completo, a cuja opinião se poderia atribuir peso relevante na solução de questões estranhas ao universo restrito do processo civil.

3. O primeiro dentre os pareceres publicados neste volume cuida tanto de questões processuais quanto de questões de direito civil (de direitos reais e das sucessões).

4. O caso em exame dizia respeito à disputa entre os Estados de Bahia (entidade consulente) e de Pernambuco acerca da propriedade de famosa coleção de arte sacra, objeto de anterior partilha amigável (homologada por sentença) entre os herdeiros do falecido dono, seguida de venda, por instrumento particular, àquele primeiro Estado-membro e da declaração de utilidade pública, para fim de desapropriação, pelo segundo deles.

5. O parecer data do ano de 1974 (e diz respeito a fatos ocorridos em 1973), sendo, pois, muito anterior à Lei nº 11.441, de 4.01.2007, que introduziu no direito brasileiro o *inventário extrajudicial*, realizado por herdeiros maiores e capazes, mediante escritura pública (matéria hoje disciplinada no art. 610, §§ 1º e 2º, do CPC de 2015). O autor deixa claro, já no primeiro parágrafo da parte expositiva do parecer, que se cuidava, na espécie, de "partilha amigável ajustada pelos herdeiros", ato que, à luz da legislação então em vigor (CPC de 1939, art. 512, p. único), dependia de homologação judicial.

6. No direito agora em vigor, "se todos [os interessados] forem capazes e concordes", a própria partilha pode ser realizada por escritura pública (*independentemente* de qualquer ato judicial posterior), valendo como "documento hábil para qualquer ato de registro, bem como para levantamento de importância depositada em instituições financeiras" (CPC de 2015, art. 610, § 1º). Essa modalidade de partilha, sem a intervenção judicial, constitui mera *faculdade*, podendo os interessados, ainda que maiores e capazes, dar preferência ao processo judicial (de homologação de partilha amigável) hoje disciplinado nos arts. 659 e seguintes no vigente CPC (Paulo Cezar Pinheiro Carneiro, *Inventário e Partilha*, pp. 244-245).

7. O Código Civil de 2002, que revogou o de 1916 (cujos dispositivos são objeto de exame pelo parecerista), também consagra a regra da transmissão automática do acervo hereditário aos herdeiros de qualquer espécie (art. 1.784). Portanto, ainda hoje estaria correta a afirmação (lançada no item nº 12 do parecer) de que "os herdeiros de A.R. eram, em conjunto, desde a abertura da sucessão, donos e possuidores dos bens do espólio".

8. O Código Civil de 1916, não continha regras sobre a *cessão da herança*, objeto de considerações formuladas no item nº 6 do parecer. O diploma atual supriu a lacuna, admitindo, em tese, a realização desse negócio jurídico (art. 1.793, *caput*) e declarando a *ineficácia* (a) da cessão, pelo coerdeiro, "de seu direito hereditário sobre qualquer bem da herança considerado singularmente" (§ 2º); e (b) da "disposição, sem prévia autorização do juiz da sucessão, por qualquer herdeiro, de bem componente do acervo hereditário, pendente a indivisibilidade" (§ 3º). Essa última hipótese, a rigor, não é de verdadeira cessão, mas sim de venda ou doação de bem determinado (cf. Gustavo Tepedino e outros, *Direito das Sucessões*, pp. 38-39). O caso abordado no parecer era precisamente de venda de bem *já partilhado* por sentença, e atribuído à totalidade dos herdeiros, e não de negócio sobre "direito à sucessão aberta" ou sobre "quinhão de que disponha o coerdeiro" (expressões contidas no citado art. 1.793)

9. O art. 2.023 do vigente Código Civil repetiu, *ipsis litteris*, o art. 1.801 do Código Civil de 1916, citado no parecer (cf. seu item nº 4). Logo, ainda hoje seria admissível concluir que, realizada a partilha amigável, com a presença de todos os interessados (maiores e capazes), e atribuído determinado bem a todos os eles, em condomínio *pro indiviso*, ao *conjunto* dos herdeiros se permite "alienar, válida e eficazmente, bem integrante do acervo hereditário, que em hipótese alguma, dadas as circunstâncias, poderia deixar de lhes ser atribuído" (item nº 5).

10. Quanto à questão da *forma* do negócio de alienação da coleção de arte sacra, a solução não seria agora diferente daquela que, na época, foi defendida no parecer (em seu item nº 6). É certo que, no sistema em vigor, há regra expressa (Código Civil, art. 1.793) que impõe a adoção de escritura pública para o negócio de cessão do "direito à sucessão aberta"; mas, como demonstra o parecerista, o negócio ali examinado era (repita-se) de alienação de bem específico, *já partilhado* à inteira comunidade dos herdeiros, e não de negócio de disposição do "direito à herança considerada como *universalidade*" (item nº 6 do parecer). Para o mesmo cenário ali descrito, não incidiriam, hoje, as normas dos arts. 108 e 1.793 do Código Civil de 2002, submetendo-se a hipótese à regra geral do art. 107 ("A validade da declaração de vontade não dependerá de forma especial, senão quando a lei expressamente a exigir"), considerada a natureza do bem alienado (*móvel*).

11. O parecer afirma a admissibilidade, à luz da legislação então em vigor, da tradição de bem móvel por meio do *constituto possessório* (cf. seus itens nºs 12 e 13), reconhecendo que, no caso examinado, a transmissão da propriedade da coleção de arte sacra ao Estado de Pernambuco se dera independentemente de sua "imediata entrega *material*", já que do contrato constara expressamente "que os bens ficariam em poder dos vendedores por força do constituto possessório" (item nº 11). No sistema do Código Civil de 2002, isso continua a ser verdade, como se extrai da primeira parte do parágrafo único do art. 1.267: "Subentende-se a tradição *quando o transmitente continua a possuir pelo constituto possessório;* (...)" (destacou-se).

12. Em relação ao registro do contrato de compra e venda de bens móveis no Registro de Títulos e Documentos, o advento da Lei nº 6.015/1973 (a qual somente veio a entrar em vigor alguns anos após a elaboração do parecer) não alterou a regulamentação da matéria, conforme se lê em seu art. 129, que enumera as hipóteses (*numerus clausus*) em que contratos de transmissão de bens móveis se sujeitam a registro, "para valerem contra terceiros". Continua atual, portanto, o raciocínio desenvolvido no item nº 15 do parecer.

13. As questões *processuais* abordadas no parecer dizem respeito ao juízo de admissibilidade de um recurso e aos efeitos que decorreriam do reconhecimento, no caso concreto, de sua inadmissibilidade.

14. O parecerista invoca o princípio da proibição do *venire contra factum proprium* e a figura da *preclusão lógica* para justificar a afirmação de que "a ninguém é dado usar as vias recursais para perseguir determinado fim, se o obstáculo ao atingimento desse fim, representado pela decisão impugnanda, se originou de ato praticado por aquele mesmo que pretende impugná-la" (item nº 1 do parecer). Semelhante construção, enunciada, como ali se lê, em anteriores obras doutrinárias do parecerista (a primeira das quais, *O Juízo de Admissibilidade no Sistema dos Recursos Civis*, de 1968), encontra-se repetida em exposições sistemáticas escritas (ou, ao menos, atualizadas) na vigência do CPC de 2015: cf. Paulo Cezar Pinheiro Carneiro, *O Novo Processo Civil Brasileiro*, p. 79; Fredie Didier Jr. e Leonardo Carneiro da Cunha, *Curso de Direito Processual Civil*, v. 3, p. 154.

15. Merece mais detido exame a questão da formação da coisa julgada em decorrência da interposição de recurso declarado *inadmissível*, objeto de considerações desenvolvidas no item nº 3 do parecer. Convém, neste passo, recordar a notória posição de Barbosa Moreira sobre o ponto, afirmada e reafirmada em mais de uma obra, como se lê no próprio parecer e nas sucessivas edições de *O Novo Processo Civil Brasileiro* (na 29ª, de 2012, p. 122, § 17, I, 1). De seus *Comentários ao Código de Processo Civil* (na 16ª ed., de 2012, p. 266), reproduzo pequeno trecho que bem resume o pensamento do autor sobre a matéria:

> "(...) Quando se diz que faz coisa julgada a decisão *'não mais sujeita a recurso'* (art. 467), o que se diz, com outras palavras (...), é que a *res judicata* se produz desde que não haja, contra a decisão, *recurso admissível*, ou aquele que acaso o fora tenha deixado de o ser. *Recurso inadmissível*, ou tornado tal, não tem a virtude de empecer ao trânsito em julgado: nunca a teve, ali, ou cessou de tê-la, aqui".

16. No particular, o novo CPC não inovou substancialmente, pois seu art. 502 constitui uma repetição (com ligeiras alterações redacionais, irrelevantes no tocante ao tema de que ora me ocupo) do art. 467 do diploma anterior.[2] Daí a afirmação, também presente em algumas

2 "O art. 502 do Código de 2015 trocou o vocábulo eficácia do anterior art. 467 por autoridade e aludiu, genericamente, a recurso, sem falar em recurso ordinário ou extraordinário. Ambas a normas dizem a mesma coisa. O art. 502 apenas

obras doutrinárias sobre o vigente Código, de que recurso *inadmissível* não obsta à formação da coisa julgada material: Alexandre Freitas Câmara, *O Novo Processo Civil Brasileiro*, pp. 509/510; Marcelo Abelha, *Manual de Direito Processual Civil*, pp. 690 e 1.419. Mas há manifestações divergentes, com nuances: Eduardo Talamini e Felipe Scripes Wladek, *Comentários* (coord. Cassio Scarpinella Bueno), v. 4, pp. 295 e 407; Fredie Didier Jr. e Leonardo Carneiro da Cunha, *Curso de Direito Processual Civil*, v. 3, pp. 167-170; Luiz Fux, *Teoria Geral do Processo Civil*, p. 281; Luiz Rodrigues Wambier e Eduardo Talamini, *Curso Avançado de Processo Civil*, v. 2, p. 903; Paulo Cezar Carneiro, *O Novo Processo Civil Brasileiro*, p. 82.

17. Entre os mais recentes julgados do STJ, há acórdãos que sustentam a ocorrência imediata do trânsito em julgado nas hipóteses de recurso *intempestivo* (*v.g.*, AgInt AREsp nº 1.476.097-MG, 4ª Turma, j. 06.02.2020), ao lado de outros que enxergam a formação da coisa julgada somente após a declaração, pelo órgão competente, da intempestividade, "ressalvada a hipótese de má-fé do litigante" (*v.g.*, REsp nº 1.781.990-SP, 3ª Turma, j. 12.02.2019, cuja fundamentação repassa as diferentes posições doutrinárias e da jurisprudência, e cita precedente da Corte Especial: EREsp nº 1.352.730-AM, j. 05.08.2015).

18. Já aos recursos "manifestamente inadmissíveis" nega-se aptidão para impedir o trânsito em julgado da decisão recorrida (AgInt AgInt AREsp nº 1.606.696, 3ª Turma, j. 12.05.2020; EDcl EDcl EDcl AgInt AREsp nº 1.464.733-MG, 4ª Turma, j. 09.03.2020).

---

seguiu uma linha doutrinária em vez da outra, sem contudo alterar a concepção do instituto" (Sergio Bermudes, *CPC de 2015: Inovações*, v. 1, p. 384). Para uma apreciação crítica sobre a redação do art. 467 do Código de 1973, consultem-se, do autor destes *Temas*, os seguintes estudos: "Coisa julgada e declaração" (inserido neste mesmo volume); *"Notas sobre el contenido, los efectos y la inmutabilidad de la sentencia"* (*Temas: Quinta Série*) e *"La definizione di cosa giudicata sostanziale nel Codice di procedura civile brasiliano"* (*Temas: Nona Série*).

Bibliografia (obras citadas pelo atualizador)

ABELHA, Marcelo. *Manual de Direito Processual Civil*. 6ª ed. Rio de Janeiro: Forense, 2016.

BARBOSA MOREIRA, *Comentários ao Código de Processo Civil*. 16ª ed. Rio de Janeiro: Forense, 2011, v. V.

BARBOSA MOREIRA, José Carlos. *Direito Processual Civil (Ensaios e Pareceres)*. Rio de Janeiro: Borsoi, 1971.

BARBOSA MOREIRA, José Carlos. *O Juízo de Admissibilidade no Sistema dos Recursos Civis*. Rio de Janeiro,1968.

BERMUDES, Sergio. *CPC de 2015: Inovações*. 1ª ed. Rio de Janeiro: GZ, 2016, v. 1.

CÂMARA, Alexandre Freitas. *O Novo Processo Civil Brasileiro*. 5ª ed. São Paulo: Atlas, 2019.

CARNEIRO, Paulo Cezar Pinheiro. *Inventário e Partilha: Judicial e Extrajudicial*. Rio de Janeiro: Forense, 2019.

CARNEIRO, Paulo Cezar Pinheiro. *O Novo Processo Civil Brasileiro*. 2ª ed. Rio de Janeiro: Forense, 2021.

DIDIER JR., Fredie; CUNHA, Leonardo Carneiro da. *Curso de Direirto Processual Civil*. 16ª ed. Salvador: Juspodivm, 2019, v. 3.

FUX, Luiz. *Teoria Geral do Processo Civil*. 3ª ed. Rio de Janeiro: Forense, 2019.

TALAMINI, Eduardo; WLADEK, Felipe Scripes. Comentários aos arts. 994 e 1.008. *In:* BUENO, Cassio Scarpinella (coord.). *Comentários ao Código de Processo Civil*. São Paulo: Saraiva, 2017, v. 4.

WAMBIER, Luiz Rodrigues; TALAMINI, Eduardo. *Curso Avançado de Processo Civil*. 19ª ed. São Paulo: RT, 2020, v. 2.

PODER CAUTELAR GENÉRICO DO JUIZ. CONTINÊNCIA E LITISPENDÊNCIA

Histórico e Consulta

1. Segundo os termos de consulta instruída com a documentação pertinente, C.G. & CIA. LTDA. e A.C.G. detinham um terço do capital social de C.-S.A. – C., I. e P. Em assembleias gerais extraordinárias datadas de 24-3-1973 e de 2-6-1973, respectivamente, deliberou-se e aprovou-se aumento do capital da sociedade, de Cr$ 1.200.000,00 para Cr$ 7.400.000,00. A legitimidade dessas resoluções é impugnada pela consulente C.G. & CIA. LTDA., assim como por A.C.G., com vários fundamentos, entre os quais sobressaem o de que a assembleia geral de 24-3-1973 se realizou sem observância do prazo dilatório fixado no art. 88, § 1º, do Decreto-Lei n. 2.627, de 26-9-1940, e ainda o de que a de 2-6-1973 foi levada a cabo com desobediência a ordem judicial, constante de medida liminar concedida em 28-5-1973 pelo Juízo da 3ª Vara da Fazenda Pública da Comarca de Salvador, em processo de mandado de segurança impetrado por A.C.G.

Inconformados com essas irregularidades, e invocando o disposto no art. 156 do Decreto-Lei n. 2.627, C.G. & CIA. LTDA. e A.C.G., em dezembro de 1974, ajuizaram, perante a 9ª Vara Cível e Comercial daquela Comarca, ação de procedimento ordinário, com o fim precípuo de invalidar as deliberações tomadas em ambas as assembleias gerais acima referidas. O interesse que têm na obtenção dessa providência decorre sobretudo da circunstância de que, com a efetivação do aumento do capital, viram decrescer percentualmente, de modo considerável, a sua participação acionária: com efeito, tendo impugnado a primeira assembleia e deixado de comparecer à segunda – cuja realização fora sustada pela ordem judicial –, não exerceram o direito de preferência que lhes assegurava a lei. A subsistirem os atos contestados, portanto, estaria reduzida a muito menos do terço originário a fração que lhes cabia no capital social de C.-S.A.

2. Antes do ajuizamento da aludida ação, contudo, e em face da publicação dos editais de convocação de outra assembleia geral, destinada à apreciação de contas, eleição da diretoria e do Conselho Fiscal da empresa, instauraram C.G. & CIA. LTDA. e A.C.G. processo cautelar, com o escopo de obterem medida judicial que resguardasse de lesões irreparáveis os direitos cuja reintegração pretendiam conseguir através da ação ordinária. Argumentaram, na inicial, com a necessidade de evitar-se que, "a despeito de intentada a nulidade dos atos relativos ao aumento de capital da sociedade, continuasse esta a deliberar com apoio em votos pertinentes a ações que desse aumento resultaram". *Si et in quantum,* deveria manter-se a situação anterior, até que, no processo da ação ordinária, se pronunciasse a Justiça, em caráter definitivo, sobre a validade das deliberações adotadas nas duas assembleias gerais. Concorriam, a justificar a medida, os dois clássicos pressupostos da tutela cautelar: o *fumus boni iuris* (relevância das razões aduzidas em impugnação à legalidade das deliberações) e o *periculum in mora* (probabilidade de sacrifício do direito postulado, no espaço de tempo indispensável ao exercício da atividade judicial cognitiva, de tal sorte que a providência reparadora corria o risco de vir tarde demais).

Assim se definiu, na inicial (item 7), o objeto da medida cautelar pleiteada: "Relevantes que se entremostram, de um lado, os motivos e razões que têm para pleitear a nulidade das assembleias antes reportadas, conforme a exposição, que aqui, em resumo, é posta à consideração de V. Ex.ª e que não se esgota nos fundamentos que nela se contêm, havendo, pois, de valer para o tão só efeito da plausibilidade da medida (art. 801, III e IV, do Cód. Proc. Civil), e sendo de outro lado fundados os prejuízos que experimentariam, caso tivessem que esperar o desate da ação anulatória que vão propor, para, só então, exercerem os direitos que sua qualidade de detentores de parcela substancial (um terço) do capital social da empresa lhes conferia; há de deferir-lhes V. Ex.ª medida cautelar que ora lhe imprecam, para garantir a sua participação nos negócios sociais, sobretudo nas assembleias que forem ou venham a ser convocadas pela sociedade, com a mesma proporção que possuíam em relação ao seu capital, antes da ilegal elevação que se fez, e contra o que se insurgem" [sem grifo no original].

3. Sendo manifesta a urgência, pediram os requerentes a concessão liminar da medida, sem audiência da sociedade, nos termos do art. 804 do vigente diploma processual civil. O Juízo da 9ª Vara deferiu-lhes o requerimento em 22-11-1973 e determinou que da liminar se desse ciência à empresa, procedendo-se depois à citação desta para defender-se.

Ingressou nos autos a C.-S.A. com pedido de reconsideração da liminar, do qual mais tarde desistiu, para interpor, contra a concessão in limine da providência, agravo de instrumento, que começou a ser processado. Antes que sobreviesse, todavia, o momento próprio do juízo de retratação (art. 527 do Cód. Proc. Civil), o MM. Dr. Juiz, nos autos principais, por decisão datada de 31-12-1974, em que se invoca o art. 807 do estatuto processual, reformou "o despacho concessivo da liminar, para o efeito de, revogando a medida, torná-la insubsistente".

4. Ocorre que a assembleia geral, suspensa por força da liminar, foi novamente convocada, ante a revogação, para o dia 13 do corrente mês, publicado o respectivo edital no *Diário Oficial* do Estado da Bahia, do dia 3. Em tais circunstâncias, querem a consulente e A.C.G. ver assegurado, pelo menos, o direito que teriam, como titulares de mais de um quinto do capital social – feita abstração, é claro, do aumento acoimado de inválido –, de "eleger, separadamente, um dos membros do Conselho Fiscal e o respectivo suplente" (Dec.-Lei n. 2.627, art. 125).

Versa a consulta, destarte, sobre a admissibilidade de nova ação cautelar – já agora incidente, não mais antecedente, pois que em curso o processo relativo à invalidação das deliberações das assembleias gerais de 24-3-1973 e de 2-6-1973 –, com a finalidade específica de obter medida judicial que garanta à consulente e a A.C.G. o exercício do direito conferido por aquele dispositivo da Lei das Sociedades por Ações. Indaga-se, em particular, se a possibilidade de conseguir-se tal providência estaria afastada pela circunstância de pender de decisão final, no Juízo da 9ª Vara, o processo cautelar a que se aludiu em os itens n. 2 e 3, *supra.*

Assim exposta a questão, passamos a opinar.

PARECER

1. As medidas de que se trata, quer no procedimento antecedente em curso, quer no procedimento incidente que se pretende instaurar, não estão previstas *expressis verbis* no elenco constante do Cap. II do Título Único do Liv. III do vigente Código de Processo Civil, consagrado ao processo cautelar. O silêncio do texto não pode, entretanto, ser entendido como excludente da admissibilidade de outras providências acautelatórias, diversas daquelas especificamente contempladas e disciplinadas na lei.

É hoje corriqueira na doutrina processual, entre nós e alhures, a afirmação de que ao órgão judicial se reconhece um poder cautelar genérico, mercê do qual lhe é lícito determinar, desde que concorrentes os pressupostos fundamentais desse tipo de tutela, as medidas provisórias adequadas, *in concreto,* à proteção de direitos em favor de cuja existência militem sérios indícios, e para cuja salvaguarda se revele insuficiente ou inócua, as mais das vezes em razão da inevitável demora, a tutela cognitiva ou executiva. Intuitivas as razões de semelhante entendimento, em nossos dias praticamente incontrastado: a extrema variedade das circunstâncias que cercam as hipóteses ocorrentes na vida quotidiana torna absurda a exigência, que se pretendesse fazer ao legislador, de arrolar, em discriminação exaustiva, todas as possíveis providências capazes de atender, caso por caso, às peculiaridades com que se defronta o juiz. Daí escrever um monografista da matéria que "il provvedimento cautelare ha, di larga massima, un contenuto che vorrei definire atipico, *perché deve adeguarsi alla situazione sostanziale caulelanda*", de sorte que "l'azione cautelare, pur concepita in senso unitario, *appare mutevole e difficilmente riconducibile ad unità o a categoria unitaria, proprio per il diverso atteggiarsi delle situazioni cautelande,* e quindi delle situazioni cautelanti, alla costituzione delle quali l'azione stessa è coordinata" (CALVOSA, *La Tutela Cautelare,* Turim, 1963, p. 317/8) [grifos nossos].

2. O mais rápido lançar de olhos ao direito comparado põe de manifesto a generalizada e avassaladora tendência das legislações de nosso tempo à consagração desse poder cautelar genérico. Já a Ordenação Processual Civil alemã, na 1ª alínea do § 938, tratara de conceder ao órgão judicial a possibilidade de determinar, "segundo a sua livre discrição (*nach freiem Ermessen*)", o teor que há de ter a medida provisória para atingir o fim a que se destina. "Los medios de las medidas provisionales de seguridad son tan complejos como múltiples sus objetivos en los casos particulares", ensinava ROSENBERG, *Tratado de Derecho Procesal Civil,* trad. esp., Buenos Aires, 1955, t. III, p. 283; e acrescentava: "El tribunal no está sujeto en esto a limitaciones, pues resuelve de acuerdo con su libre arbitrio (§ 938, I)" (*id., ibid.*).

Dentre os diplomas processuais deste século, bastará ressaltar aqui o Código português de 1967, que dedica uma Secção às "providências cautelares não especificadas", e cujo art. 399 reza: "Quando alguém mostre fundado receio de que outrem, antes de a ação ser proposta ou na pendência dela, cause lesão grave e dificilmente reparável ao seu direito, pode requerer, se ao caso não convier nenhum dos procedimentos regulados neste capítulo, as providências adequadas à situação, nomeadamente a autorização para a prática de determinados atos, a intimação para que o réu se abstenha de certa conduta, ou a entrega dos bens móveis ou imóveis, que constituem objeto da ação, a um terceiro, seu fiel depositário". Idêntica orientação reflete-se no direito italiano, onde o art. 700 do Codice di Procedura Civile permite a decretação dos "provvedimenti di urgenza, che appaiono, secondo le circostanze, piú idonei ad assicurare provvisoriamente gli effetti della decisione di merito"; e ainda – a título exemplificativo – no ordenamento grego (Cód. de Proc. Civil, de 1968, art. 736, n. 1), no argentino (Código Procesal Civil y Comercial de la Nación, de 1967, art. 232), no guatemalteco (Código Procesal Civil y Mercantil, de 1963, art. 530).

3. Em nosso país, mesmo sob a vigência do Código de 1939 já se inclinava a doutrina a admitir medidas cautelares não expressamente previstas no texto legal. Assim se pronunciaram, entre outros, LOPES DA COSTA, *Medidas Preventivas,* 3ª ed., 1966, p. 20 e ss., e mais recentemente, em monografia relativa ao tema, WILLARD DE CASTRO VILLAR, *Medidas Cautelares,* 1971, p. 75/6. Também a jurisprudência veio a reconhecer o poder cautelar genérico do juiz, recorrendo a tal princípio, de modo explícito ou implícito, grande número de decisões, para afirmar, num exemplo notório, a legitimidade da sustação do protesto cambial (v., ao propósito, PEDRO VIEIRA MATA, *Sustação do Protesto Cambial,* 1971, p. 147 e ss., com extensas abonações jurisprudenciais nas p. 189 e ss.).

Quanto ao estatuto em vigor, não sofre dúvida que se esforçou por dar ao problema tratamento mais nítido, no sentido condizente com as exigências de ordem prática incontornáveis na tutela preventiva, e em harmonia com a inspiração universalmente difundida no moderno processo civil. Assim é que o art. 798 autoriza o juiz a "determinar as medidas provisórias que julgar adequadas" – além daquelas especificamente previstas no Cap. II do Título único do Liv. III –, "quando houver fundado receio de que uma parte, antes do julgamento da lide, cause ao direito da outra lesão grave e de difícil reparação". Não vêm ao caso as restrições que se poderiam opor à redação adotada pelo legislador de 1973, e que tivemos ocasião de enunciar, sinteticamente, em palestra proferida no Instituto dos Advogados Brasileiros e publicada no volume *Estudos so-*

bre o novo Código de Processo Civil, 1974, p. 242. Nesse mesmo trabalho observamos que o teor literal do art. 799 – onde só se emprega fórmula mais ampla no tocante à possibilidade de o órgão judicial "autorizar ou vedar a prática de determinados atos", enquanto à possibilidade de ordenar apenas se alude com referência à "guarda judicial de pessoas e depósito de bens", e à de impor unicamente a respeito da prestação de caução –, assim como a existência do art. 888, no qual houve por bem a lei desdobrar em oito incisos um elenco de providências que "o juiz poderá ordenar ou autorizar", levariam talvez a crer, segundo exegese meramente gramatical, em limitação indesejável ao poder cautelar genérico, olhado num de seus aspectos: "o juiz poderia ordenar" – dissemos então – "além das medidas mencionadas no art. 799, também as arroladas no art. 888"; alguma dúvida porventura subsistiria, no entanto, sobre a possibilidade de ordenarem-se, a título preventivo, outras medidas, não mencionadas de modo expresso em qualquer desses dispositivos. Mas logo nos apressamos a acrescentar: "Entretanto, o meu voto é o de que a jurisprudência se encaminhe nesse sentido, considerando meramente exemplificativas as enumerações do texto. Eu já sustentava essa tese mesmo à luz do Código de 1939, que menos elementos fornecia ainda para fundamentá-la. E acredito que, deixando de lado uma interpretação puramente literal, como a que acabo de fazer, será possível aos nossos juízes, quando se encontrarem diante de casos análogos àquele a que há pouco aludi, usar a sua imaginação para escolher, dentre as possíveis providências cautelares, aquelas que, mesmo não expressamente contempladas no art. 799 e no art. 888, melhor correspondam às necessidades práticas" (ob. cit., p. 244).

Parece-nos dispensável insistir no ponto. Somente nos permitimos frisar que, na espécie, nenhuma hesitação se justificaria quanto a estar compreendida no poder cautelar genérico do órgão judicial a providência pleiteada. Com efeito: o de que se cuida é de obter pronunciamento que autorize a consulente e A.C.G. a exercer, na oportunidade própria, o direito de eleger em separado, na forma do art. 125 do Decreto-Lei n. 2.627, um dos membros do Conselho Fiscal da C.-S.A. e o respectivo suplente, como detentores – admitida, por hipótese, a invalidade das deliberações tomadas nas assembleias gerais de 24-3-1973 e de 2-6-1973 – de fração superior a um quinto do capital social. É de autorização, obviamente, que se cogita, embora não possa ela deixar de ser acatada pela sociedade; até porque seria inconcebível viessem os interessados a pedir ao juiz a emissão de uma ordem para que exercessem o referido direito. Ora, no que concerne à possibilidade de "autorizar a prática de determinados atos", já se mostrou que o texto do art. 799 não comporta qualquer restrição: a esse ângulo, o poder cautelar genérico está consagrado *expressis verbis,* nos termos mais amplos e categóricos.

4. Encontram-se satisfeitos os pressupostos da tutela cautelar: de um lado, são relevantes as razões por que se impugna a validade das assembleias gerais de 24-3-1973 e de 2-6-1973; de outro, existe o perigo de que, enquanto pende o processo em que se pleiteia a respectiva invalidação, sobrevenham atos suscetíveis de causar aos direitos da consulente e de A.C.G. "lesão grave e de difícil reparação" (Cód. Proc. Civil, art. 798, *fine*). Realmente: seria ingenuidade supor que, ante a eventual anulação das deliberações impugnadas, ao fim do processo de conhecimento ora em curso, se tornasse fácil a compensação dos prejuízos acaso sofridos pelos acionistas impugnantes, através de simples liquidação de perdas e danos. Entre outros motivos, porque a própria possibilidade concreta de se verem eles ressarcidos naturalmente dependerá, em larga medida, da maneira pela qual se conduza a diretoria, na gestão dos negócios sociais, revestindo-se assim de relevância toda particular a atuação do Conselho Fiscal, a que justamente incumbe velar pela regularidade daquela gestão. Nem foi outra, aliás, a razão de haver-se consagrado, no art. 125 do Decreto-Lei n. 2.627, essa forma de proteção dos interesses da minoria.

A providência que se quer obter é idônea a evitar que assuma proporções de maior gravidade O possível sacrifício dos direitos que, como detentores da terça parte do capital, assistiam à consulente e a A.C.G., e que lhes terão de ser reconhecidos inclusive quanto ao período posterior a 2-6-1973, na hipótese de vir a acolher-se, afinal, o pedido de invalidação formulado na ação de procedimento ordinário. Idônea e necessária à salvaguarda de tais direitos, mercê da oportunidade que dará aos respectivos titulares de exercer no Conselho, por intermédio do representante que elejam, a imprescindível fiscalização dos atos da diretoria. Sem essa elementar garantia, encontrar-se-ão muito provavelmente os acionistas impugnantes, ao cabo do pleito ora em curso, na contingência de obter um reconhecimento apenas teórico, platônico, dos seus direitos, cuja plena reintegração decerto esbarrará, no plano prático, em toda uma série de fatos consumados, cujo desfazimento será obviamente muito problemático.

Na hipótese, a eleição de pessoa da sua confiança para integrar o Conselho Fiscal é, por assim dizer, o mínimo dos mínimos que a tutela preventiva pode proporcionar aos acionistas impugnantes. Têm eles manifesto interesse, por conseguinte, na obtenção de pronunciamento que lhes assegure o exercício de semelhante direito. Interesse patrimonial e, até diríamos, interesse moral. Ademais, trata-se de medida que nem sequer pode ser vista como perturbadora da atuação da diretoria, não se podendo considerar tal a simples presença, no Conselho, de um membro, ao menos, realmente disposto a fiscalizar – a não ser que se partisse da premissa, pouco lisonjeira para com os diretores, de haver neles a firme intenção de agir por forma incompatível com uma fiscalização séria.

Pode-se mesmo asseverar que a participação do grupo composto pelos acionistas impugnantes no Conselho Fiscal, através de pessoa por eles eleita, vai de certo modo ao encontro dos interesses dos próprios diretores, que nela terão eventualmente o melhor aval da lisura e correção de seus atos. Isso para não nos referirmos aos interesses da sociedade, que sem dúvida hão de ficar mais bem acautelados se do órgão fiscalizador participar alguém dotado da independência necessária ao exercício profícuo das funções que lhe são inerentes.

5. Demonstrado *ut supra:* 1º) que é admissível em tese, no direito pátrio, a concessão da providência cogitada; 2º) que concorrem, na hipótese, os pressupostos da respectiva decretação –, resta prevenir a objeção que se poderia acaso levantar à viabilidade dela, com base no fato, oportunamente mencionado (v. itens n. 2 e 3 do Histórico), de estar em curso outro procedimento cautelar, instaurado antes da propositura da ação anulatória, no qual se pleiteou ao Juízo da 9ª Vara Cível e Comercial que garantisse a C.G. & Cia. Ltda. e a A.C.G. "a sua participação nos negócios sociais, sobretudo nas assembleias que forem ou venham a ser convocadas pela sociedade, com a mesma proporção que possuíam em relação ao seu capital, antes da ilegal elevação que se fez". De semelhante circunstância talvez se pretendesse tirar a conclusão de que o novo pedido de tutela cautelar, com O fim específico de ver assegurado aos requerentes o direito à eleição de um membro do Conselho Fiscal, constituiria inadmissível *bis in idem.*

Para bem elucidar esse aspecto da questão, deve-se tomar como ponto de partida algo indiscutível: que a medida anteriormente postulada, de alcance genérico, compreendia em seu bojo a garantia do exercício do direito à eleição, em separado, de um membro do Conselho Fiscal pelos acionistas impugnantes. Não se limitava a ela, mas sem dúvida a abrangia. Confrontando-se os objetos da postulação antecedente e da que ora se quer realizar, facilmente se verifica que o da primeira constitui o todo, de que é parte o da segunda. A relação entre ambos é análoga à de dois círculos concêntricos, correspondendo o do procedimento em curso ao círculo de raio maior, e o do que se pretende instaurar ao círculo de raio menor. Isso permite definir o fenômeno ocorrente, na terminologia técnica do direito processual, como típica manifestação da figura da continência. O objeto da ação cautelar que se vai propor está contido no objeto da ação cautelar já proposta. Esta causa, por assim dizer, contém aquela.

6. A propósito da continência, depois de conceituá-la como "quella relazione che passa tra due cause, una delle quali piú estesa (contenente) comprende ed assorbe in se l'altra meno estesa (contenuta)", notava CALAMANDREI que tal figura "sta a mezza strada, per cosi dire, tra la identità e la connessione", e acrescentava que se lhe poderia chamar *"litispendenza parziale" (Istituzioni di diritto processuale civile, in Opere Giuridiche,* v. IV, Nápoles, 1970, p. 151) [grifado no original]. Semelhante maneira de situar a continência é corrente na doutrina, inclusive na brasileira, onde ELIÉZER ROSA, por exemplo, na 1ª edição de seu *Dicionário de Processo Civil* (de 1957), a ela se referira, pitorescamente, como a um *"diminutivo da litispendência"* (verbete "Continência", *in Dicionário de Processo Civil,* p. 160) [grifos do autor]. Precisa ser temperada, porém, com o clássico grão de sal, para que não se chegue, na solução de problemas concretos, a conclusões que não se harmonizariam com o sistema do nosso direito positivo.

Foi decerto a consideração atenta desse aspecto que levou o escritor acima citado a reformular em profundidade, na 2ª edição de sua obra (de 1973), os conceitos expostos na 1ª. Veja-se o que agora escreve, sempre no verbete "Continência" *(Dicionário de Processo Civil,* p. 148): "(...) a doutrina diz que na continência há uma *litispendência parcial.* Não será isso exato, rigorosamente exato, porque, se houver litispendência mesmo parcial, uma das causas deve paralisar, pelo princípio de que não podem pender contemporaneamente duas demandas iguais no todo ou em parte. É muito claro que aquela causa em que há a repetição mesmo parcial dos três elementos deve reunir-se à principal e ficar paralisada. E, todavia, não é isso o que ocorre na continência e na conexão. Nestas, as causas prosseguem, só que no mesmo juízo, por força da modificação da competência pela prorrogação".

Espelha-se na passagem transcrita, com toda a nitidez, uma distinção que o Código de Processo Civil de 1973 timbrou em acentuar. No seu sistema, é impossível qualquer confusão entre as figuras da litispendência e da continência, quer do ponto de vista conceptual, quer ao ângulo dos efeitos: o legislador, na verdade, não apenas se preocupou em estremar os dois conceitos, mediante dispositivos consagrados à definição de um e de outro fenômeno, mas também optou por dar a cada qual disciplina própria e autônoma, conforme passamos a expor.

7. Da conjugação das normas inscritas nos §§ 1º e 3º do art. 301, claramente resulta que a preliminar de litispendência é suscitável (ou passível de conhecimento *ex officio* pelo juiz: cf. o § 4º) quando se reproduz ação anteriormente intentada e ainda em curso, pressuposta a identidade total dos três clássicos elementos de individualização – partes, pedido e *causa petendi*. Enquanto isso, consoante os dizeres do art. 104, "dá-se a continência entre duas ou mais ações sempre que há identidade quanto às partes e à causa de pedir, mas 'o objeto de uma, por ser mais amplo, abrange o das outras".

O que mais importa frisar aqui, todavia, é a extrema diversidade dos *efeitos* que a lei atribui a uma e a outra hipótese. Por não tolerar a pendência simultânea da mesma ação (ou de "ações idênticas", como às vezes se diz – e tal modo de falar ecoa no teor do art. 301, § 2º) em processos distintos, barra o ordenamento o curso do instaurado posteriormente, apenas deixando subsistir o que antes se iniciara. A prévia litispendência toma ilegítima a pretensão de provocar novo e supérfluo exercício da atividade jurisdicional com relação à lide já ajuizada. Por isso mesmo, o segundo feito é visto como inviável: iniciado, não pode prosseguir. Reza o art. 267, n. V, que o processo se extingue, sem julgamento do mérito, "quando o juiz acolher a alegação de perempção, litispendência ou de coisa julgada". A redação é defeituosa, porque, como já se notou, a ocorrência do impedimento é pronunciável de ofício pelo órgão judicial, independentemente de "alegação" da parte (cf. o art. 301, § 4º, e o § 3º do próprio art. 267); mas o que interessa agora é sublinhar o rigor do tratamento previsto na lei: o processo extingue-se sem atingir o seu alvo normal, e assim se extingue justamente porque não deveria sequer ter-se instaurado. A instauração foi ilegítima, gerou uma situação patológica, a que o ordenamento acode com o mais drástico dos remédios.

Muito diferente é o que sucede no caso de simples continência. Aqui, as consequências apenas consistem na possibilidade de modificar-se a competência em razão do valor ou do território (art. 102) e no poder que surge para o juiz de, oficiosamente ou a requerimento de qualquer das partes, "ordenar a reunião de ações propostas em separado, a fim de que sejam decididas simultaneamente" (art. 105). A lei não vê, pois, como anômala, como irregular, a pendência simultânea de duas causas, das quais uma contenha a outra. Tanto não enxerga nisso anomalia ou irregularidade, que não tranca nem o curso desta, nem o daquela: ambas hão de prosseguir, com a única ressalva – e as razões são óbvias – de que terão de ser julgadas pelo mesmo órgão, na mesma ocasião. De tudo se conclui que é perfeitamente legítima, no sistema do Código, a propositura de segunda ação com objeto menos amplo que o de outra em curso, entre partes idênticas e com idêntico fundamento.

8. Já se explicou (*supra*, item n. 5) que é precisamente essa a relação entre o processo da medida cautelar já requerido pela consulente e por A.C.G., perante o Juízo da 9ª Vara Cível e Comercial, e o processo da nova medida cautelar, menos ampla, de cuja instauração se cogita. Ora, os dispositivos acima referidos, insertos embora no Liv. I ("Do Processo de Conhecimento"), sem dúvida se aplicam ao processo cautelar, pois, não tendo o Código de 1973 aberto espaço, em sua estrutura, a uma Parte Geral, onde se enfeixassem as regras de incidência genérica, comum aos vários tipos de feitos, é justamente ali, no Liv. I, que se têm de buscar subsídios normativos para a disciplina das matérias não reguladas de modo específico no Liv. II ou no Liv. III.

Mais não é necessário para demonstrar a viabilidade da postulação que se tem em vista. Naturalmente, como afinal deverão ser ambas objeto de decisão simultânea (art. 105, *fine*), competente para conhecer da segunda ação cautelar será o próprio Juízo perante o qual pende a primeira (e também a de rito ordinário em que se pleiteia a invalidação das assembleias gerais), e ao qual caberá determinar a reunião.

Nada impede que, na ação nova, conceda o Juiz, liminarmente, a medida preventiva, nos termos restritos e específicos da postulação –

ou seja, tão só para assegurar aos requerentes o exercício do direito de eleger, em separado, um membro do Conselho Fiscal. Nenhum óbice deriva, por esse prisma, do pronunciamento pelo qual se revogou a liminar, no procedimento cautelar antecedente: não há sequer que cogitar, na matéria, de coisa julgada. Ademais, está satisfeito o pressuposto a que alude o art. 804 (isto é, o perigo de que a providência venha a frustrar-se caso seja previamente citada a C.-S.A.), evidenciando-se a urgência pela convocação dos acionistas para se reunirem, no dia 13 deste mês, em assembleia geral destinada à apreciação de contas e eleição dos órgãos sociais, inclusive do Conselho Fiscal. A hipótese é, tipicamente, de concessão da medida *in limine* e *inaudita altera parte.*

9. Oportuno registrar, por fim, que ao ajuizamento da nova ação cautelar não obsta o fato de estarem em curso, nos meses de janeiro e fevereiro, as férias coletivas previstas no art. 105 da Resolução n. 2, do Tribunal de Justiça da Bahia, sobre a divisão e a organização judiciárias do Estado. Bastaria atentar no art. 106, I, do mesmo diploma, que excetua de modo expresso a propositura e o andamento dos processos "de jurisdição voluntária ou destinados à preservação de direitos que ficariam prejudicados· com o recesso do foro" – e é exatamente o caso. Mas, quando assim não dispusesse a Resolução n. 2, ter-se-ia de observar, de qualquer sorte, o disposto no art. 174, I, do Código de Processo Civil, ao qual, aliás, muito se assemelha, na redação, o art. 106, I, da Resolução n. 2 do Tribunal de Justiça da Bahia. Em ambos esses textos contemplam-se, ao lado dos procedimentos de "jurisdição voluntária", hipóteses diversas cujo traço comum é a "necessidade imediata de obviar ao perigo na demora" (MONIZ DE ARAGÃO, *Comentários ao Código de Processo Civil,* 1974, v. II, p. 75) – e entre as quais, à evidência, não se pode deixar de incluir a de que se trata aqui.

10. À luz de todo o exposto, assim enunciamos, em resumo, as nossas conclusões:

a) é lícita e cabível a providência cautelar que a consulente e A.C.G. querem pleitear, no sentido de obterem autorização judicial que lhes assegure o exercício do direito à eleição, em separado, de um membro do Conselho Fiscal de C.-S.A.;

b) a concessão da medida, quando porventura não encontrasse apoio literal na regra do art. 799 do Código de Processo Civil, fundar-

-se-ia legitimamente no poder cautelar genérico reconhecido ao órgão judicial;

c) estão satisfeitos, na espécie, todos os pressupostos legais da concessão, inclusive em caráter liminar, sem prévia audiência da parte contrária;

d) nem a pendência do anterior procedimento cautelar, nem a circunstância de se acharem em curso as férias forenses constitui obstáculo a que se pleiteie e se conceda a medida.

É tudo que, salvo melhor juízo, nos parece.

Rio de Janeiro, 7 de janeiro de 1975.

COMENTÁRIOS DO ATUALIZADOR

PODER CAUTELAR GENÉRICO DO JUIZ. CONTINÊNCIA E LITISPENDÊNCIA

Carlos Roberto Barbosa Moreira

1. O parecer que se pretende aqui atualizar abrange unicamente temas de direito processual, como se deduz, desde logo, de seu título.

2. Convém observar, de início, que o parecer é anterior à vigente Lei das Sociedades Anônimas (Lei nº 6.404/1976, em vigor a partir de fevereiro de 1977: veja-se seu art. 295). Assim, a ação de que tratava o art. 156 do Decreto-lei nº 2.627/1940, citada no item nº 1 do "histórico", corresponde, no sistema da Lei nº 6.404/1976, àquela mencionada em seu art. 286 (ação anulatória de "deliberações tomadas em assembleia-geral ou especial, irregularmente convocada ou instalada, violadoras da lei ou do estatuto, ou eivadas de erro, dolo, fraude ou simulação").

3. O primeiro dos temas abordados no parecer diz respeito ao *poder cautelar genérico* e à admissibilidade da adoção de providências cautelares distintas daquelas outrora contempladas nos arts. 797 e 888 do CPC de 1973.

4. Vigente aquele diploma, a utilização do "processo cautelar" (conforme denominação empregada no Livro III do diploma revogado) não se limitou, na prática, à obtenção de medidas destinadas apenas a assegurar a utilidade de uma futura sentença ou de medidas de execução. Vejam-se, a propósito, os seguintes estudos de Barbosa Moreira, inseridos em diferentes volumes dos *Temas*: "A tutela de urgência num episódio recente da história política brasileira" (*Sétima Série*); "Tutela de urgência e efetividade do direito" (*Oitava Série*).

5. No primeiro daqueles estudos (em seu item nº 5), o autor ressaltava que, no sistema do Código de 1973, "a medida cautelar ordena-se pura e simplesmente a assegurar a eficácia prática de outra, a ser tomada depois, em sede de cognição ou de execução. É uma providência de feição eminentemente instrumental, ancilar; não conduz à satisfação do titular do direito no plano material". No segundo (em seu item nº 7), registrava o autor o recurso a "vias por assim dizer heterodoxas" para a obtenção de tutela urgente, das quais "[a] trilhada com maior frequência foi a da utilização da *forma* do processo cautelar para veicular pretensões que em substância manifestamente excediam os lindes da cautelaridade. E o expediente favorito consistiu em invocar o chamado "poder geral de cautela", consagrado no art. 798 do Código de Processo Civil. Essa tática encontrou receptividade nos tribunais, sensíveis à necessidade de acudir a situações merecedoras de tutela, para as quais se mostrava improfícua a consulta à farmacopeia clássica".

6. No Código de 2015, a matéria relativa ao (outrora denominado) "processo cautelar" se encontra disciplinada no Livro V da Parte Geral, sob a rubrica "Da tutela provisória". Pelo art. 294, semelhante tutela "pode fundamentar-se em urgência ou evidência". A "tutela de urgência", a seu turno, abrange duas espécies: a "tutela antecipada" (que foi instituída, no direito brasileiro, na ampla reforma que o Código anterior sofreu, no ano de 1994) e a "tutela cautelar". Essa última se destina, justamente, a conjurar "o perigo de dano ou o risco ao resultado útil do processo" (art. 305, *caput*).

7. De acordo com o art. 301 do Código de 2015, a tutela de natureza cautelar "pode ser efetivada mediante arresto, sequestro, arrolamento de bens, registro de protesto contra alienação de bem e *qualquer outra medida idônea para asseguração do direito"* (destaquei). É nessa derradeira cláusula que reside, no sistema do diploma em vigor, o *poder geral de cautela,* antes previsto no art. 798 do Código de 1973 (José Roberto dos Santos Bedaque, *Comentários* (coord. Cassio Scarpinella Bueno), v. 1, p. 938).

8. Assim como fazia o Código anterior (art. 796), também o Código de 2015 prevê a concessão da "tutela cautelar" (a rigor, da "tutela provisória de urgência", em ambas as modalidades) "em caráter antecedente ou incidental" (art. 294, p. único). Mas, diversamente do que se passava no sistema do diploma de 1973, não ocorre agora a formação de processos *distintos* (um, cautelar; outro, satisfativo). No caso examinado no parecer, a consulente indagava da "admissibilidade de nova ação cautelar – já agora *incidente,* não mais *antecedente"* (item nº 4 da parte expositiva, com os destaques originais). Hoje não mais seria necessária, em contexto análogo ao examinado no parecer, a propositura de uma "nova ação cautelar", mas a simples apresentação, nos mesmos autos (isto é, nos autos da ação anteriormente proposta), de requerimento de "tutela cautelar". Consequência lógica dessa "unidade processual" está na isenção do pagamento de custas, relativamente ao pedido incidental da tutela (art. 295) (cf. José Roberto dos Santos Bedaque, *Comentários* (coord. Cassio Scarpinella Bueno), v. 1, p. 922).

9. Com ligeiras e irrelevantes alterações de redação, o novo Código repetiu as definições, contidas no anterior, de *continência* e *litispendência* (cf., no primeiro, arts. 56 e 337; e, no segundo, arts. 104 e 301, § 3º). No parecer aqui atualizado, a questão submetida ao parecerista consistia em definir quais os efeitos do ajuizamento de uma "nova ação cautelar", cujo objeto estava *contido* no da ação cautelar anteriormente proposta: como então se expressou o parecerista, "o da primeira constitui o *todo,* de que é *parte* o da segunda" (item nº 5 do parecer). À luz das normas então em vigor, concluía ele ser *"perfeitamente legítima* (...) a propositura de segunda ação com objeto *menos amplo* que de outra em curso, entre partes idênticas e com idêntico fundamento" (item nº 7 do parecer).

10. No regime do Código em vigor, a questão, a rigor, jamais se apresentará *em relação a pedidos sucessivos de "tutela cautelar"*, entre as mesmas partes, exatamente porque, como visto (*supra*, nº 6), a "tutela provisória de urgência" não enseja a formação de processos *autônomos*: numa única relação processual deverão ser julgados os pedidos de tutela provisória (tantos quantos tenham sido porventura formulados a esse título) e definitiva. Eventual pedido *incidente* (art. 295) será processado nos mesmos autos e, ainda que seu objeto corresponda a uma *parte* de outro pedido de "tutela cautelar", formulado em caráter antecedente (art. 305), não ocorrerá o fenômeno da *continência*, o qual pressupõe a concomitância de "duas ou mais *ações*" (art. 56).

11. Deve-se esclarecer, no entanto, que, para a hipótese de *ações* (continente e contida), a solução adotada no Código de 2015 difere, parcialmente, daquela consagrada no anterior e apontada no parecer: de acordo com a primeira parte do art. 57, se "a ação continente tiver sido proposta anteriormente, no processo relativo à ação contida será proferida sentença sem resolução de mérito (...)". A disciplina dos efeitos da continência foi, pois, alterada, em parte: se a ação continente for ajuizada *posteriormente* à ação contida, reunir-se-ão os processos para julgamento conjunto,[1] pelo mesmo juízo (solução do Código de 1973, art. 105; e do vigente, parte final do art. 57); se, todavia, a ação continente for *anterior* à ação contida, esse será extinta por decisão meramente terminativa, pois "o legislador quis equiparar o caso à litispendência" (Ronaldo Cramer, *Comentários* (org. Lenio Luiz Streck e outros), p. 117).[2]

---

1 Deve-se, neste ponto, fazer a ressalva (desnecessária na situação examinada no parecer) de que o reconhecimento da continência pressupõe a possibilidade de julgamento *simultâneo* das ações (continente e contida). Por isso, não se adotará a solução da reunião dos processos se estiverem eles em diferentes graus de jurisdição (verbete nº 235 da *Súmula* do STJ, que apenas alude à conexão, mas que naturalmente também se mostra aplicável à continência, que "é uma forma especial de conexão": Athos Gusmão Carneiro, *Jurisdição e Competência*, nº 63.1, p. 141. Veja-se, na jurisprudência do STJ, EDcl EDcl REsp nº 681.740-MG, j. 14.12.2006).

2 "No que diz respeito à continência, que envolve uma litispendência parcial, se a ação continente tiver sido proposta antes da ação contida, não haverá a reunião dos processos, devendo o segundo, na medida em que repita o primeiro, ser extinto sem resolução de mérito" (Luiz Rodrigues Wambier e Eduardo Talamini, *Curso Avançado de Processo Civil*, v. 1, nº 6.11, p. 162).

12. Muito posteriormente à elaboração do parecer aqui atualizado (mas ainda à luz das mesmas normas), o STJ adotou solução preconizada pelo parecerista, em hipótese de ação continente *anterior* à ação contida (REsp nº 847.397-SP, 2ª Turma, j. 12.02.2008).

Bibliografia (obras citadas pelo atualizador)

BEDAQUE, José Roberto dos Santos. Comentário ao art. 295. *In*: BUENO, Cassio Scarpinella (coord.). *Comentários ao Código de Processo Civil*. São Paulo: Saraiva, 2017, v. 1.

CARNEIRO, Athos Gusmão. *Jurisdição e Competência*. 18ª ed. São Paulo: Saraiva, 2012.

CRAMER, Ronaldo. Comentário ao art. 57. *In*: STRECK, Lenio Luiz; NUNES, Dierle; CUNHA, Leonardo Carneiro da (org.). *Comentários ao Código de Processo Civil*. 1ª ed. São Paulo: Saraiva, 2016.

WAMBIER, Luiz Rodrigues; TALAMINI, Eduardo. *Curso Avançado de Processo Civil*. 16ª ed. São Paulo: RT, 2016, v. 1.

EXECUÇÃO. PRESCRIÇÃO SUPERVENIENTE À SENTENÇA[1]

– Prescrição da execução: só é concebível em se tratando de sentença condenatória. Não pode configurar-se quanto a decisão que declarou nulo aforamento.
– Inteligência dos arts. 41 e 42 do Código de Processo Civil.

1. Versa a consulta, substancialmente, sobre questão relativa à alegada prescrição da execução do julgado em ação referente a aforamento de terras na Comarca de Cabo Frio. Como revela o exame da documentação apresentada pela consulente (C. S. P.), na aludida ação, proposta em 1919 por J. C. J. C. e sua mulher, contra A. G. S. T. e sua mulher, A. C. S. e sua mulher e a Câmara Municipal de Cabo Frio, pediram os Autores que fosse "judicialmente anulado" o aforamento concedido pela última aos outros réus, "sendo decretado o consequente cancelamento do registro do título" (fls. 5 dos autos judiciais). A sentença de primeiro grau deu pela procedência do pedido, "para declarar (...) nulo o ato da Câmara Municipal de Cabo Frio, que concedeu o aforamento", mandando fosse "cancelado o respectivo registro", além de condenar os Réus nas custas processuais (fls. 394 dos autos).

Reformada a sentença em grau de apelação, por maioria de votos, sobrevieram embargos dos Autores e dos Réus, tendo sido providos aqueles e desprovidos estes (fls. 442/4 e 468/9 dos autos). No Acórdão que julgou os embargos dos Autores, ficou dito que o tribunal os tinha como "procedentes e provados (...) para, reformando o Acórdão a fls. 424, restabelecer a decisão da qual foi interposta a apelação" [sem grifo no original]. O Tribunal, assim, fez seu o pronunciamento do Juízo inferior, que, como se expôs, declarara nulo o aforamento e mandara cancelar o respectivo registro.

Contra esse Acórdão interpuseram os Réus recurso extraordinário, do qual, porém, não conheceu o Supremo Tribunal Federal, "por não ser caso dele", em 9-5-1925 (fls. 495/501 dos autos). Intimados os advoga-

---

1 Parecer que instruiu o Mandado de Segurança n. 53, concedido pela 6ª Câmara Cível do Tribunal de Justiça do Estado do Rio de Janeiro, no V. Acórdão de 31-10-1975, publicado no Diário da Justiça de 11-12-1975, p. 5.

dos dos Réus para ciência de tal decisão, baixados os autos ao Tribunal estadual, a requerimento dos litigantes vitoriosos, e paga a taxa judiciária, determinou o Presidente da Relação do antigo Estado do Rio de Janeiro, em 8-11-1925: "Cumpra-se o Acórdão do Supremo Tribunal Federal" (fls. 509 dos autos).

2. A questão essencial controvertida, como já se disse, concerne à suposta prescrição da execução, em consequência do lapso de tempo decorrido após o despacho do Presidente do Tribunal fluminense. É que os autos ficaram retidos naquele órgão por cerca de 49 anos – até 4-12-1974 –, e só nessa data foram remetidos à Comarca de Cabo Frio, onde, em 10 de dezembro do mesmo ano, foi aposto o "cumpra-se" do Juízo local.

A alegação de prescrição busca suporte na tese consagrada pela Súmula da Jurisprudência Predominante do Supremo Tribunal Federal, n. 150, *verbis* "Prescreve a execução no mesmo prazo de prescrição da ação". Argumentam os Espólios dos Réus vencidos que, a partir de 8-11-1925, começou a fluir o prazo prescricional, que já se teria esgotado quando, em 27-12-1974, a C. S. P., como sucessora de J. C. J. C. e sua mulher, requereu nos autos (fls. 511) a expedição de mandado de cancelamento do registro do aforamento declarado nulo. Tiram daí a conclusão de que "está extinto (...) todo e qualquer direito que aos autores assistia pela sentença, que eles não executaram" (fls. 519).

Sendo incontroversos os fatos até aqui referidos, vamos concentrar-nos exclusivamente, a seguir, na questão de direito suscitada. Para resolvê-la, por outro lado, não é necessária qualquer indagação acerca dos prazos prescricionais a que aludem os Espólios dos Réus. Pode-se igualmente prescindir do exame da tese esposada pelo Supremo Tribunal Federal, no enunciado n. 150 da Súmula, sobre o problema – bastante discutido em sede doutrinária – da coincidência ou não coincidência entre os prazos prescricionais da ação (de conhecimento) e da execução da sentença que tenha julgado aquela. Todos esses pontos são irrelevantes para o desate da *quaestio iuris* debatida. Aceitaremos, pois, no desenvolvimento do nosso raciocínio, as premissas de que partem, a respeito deles, os Espólios dos Réus, e nessa perspectiva é que trataremos de pôr à prova a consistência da alegação de prescrição.

3. "Prescrição da execução" é fórmula abreviada com que habitualmente se designa aquilo a que, em termos mais rigorosos, se chamaria *pres-*

crição da pretensão executiva. Quem quer que tenha essa pretensão e deixe de exercê-la por certo lapso de tempo, fica sujeito a que se lhe oponha, quando afinal a exerça, a arguição de prescrição. Acolhida esta, a execução iniciada naturalmente cessa, desfazendo-se os atos acaso já praticados.

Como é notório, a pretensão a executar, no direito processual brasileiro vigente, pode fundar-se em duas espécies de títulos (por isso denominados títulos executivos): os judiciais e os extrajudiciais, que o atual Código arrola, respectivamente, nos arts. 584 e 585. Na espécie, cabe desde logo afastar de nossas cogitações o caso dos títulos extrajudiciais, pois é de execução de sentença que, segundo alegam os Espólios dos Réus, se trataria aqui. Teria ocorrido, a seu ver, a "prescrição superveniente à sentença exequenda", de que se ocupava, no ordenamento anterior, o art. 1.010, II, *fine,* do estatuto processual civil de 1939, em disposição substancialmente reproduzida pelo legislador de 1973 no art. 741, VI, onde figura a prescrição superveniente à sentença, entre os possíveis fundamentos de embargos do devedor, como espécie do gênero que o texto legal designa pela expressão "qualquer causa impeditiva, modificativa ou extintiva da obrigação".

Sempre com a preocupação de evitar discussões inúteis, sem importância para a solução do nosso problema, não nos deteremos em analisar o que haverá de verdadeiro ou de falso na formulação adotada pela lei – e por numerosos doutrinadores –, consoante a qual seria a prescrição uma "causa extintiva da obrigação". Parece-nos inexata essa maneira de dizer; mas deixaremos de lado tal aspecto, dirigindo nossa atenção, desde logo, ao âmago da controvérsia.

4. O ponto decisivo consiste em saber se é possível cogitar-se de prescrição da execução (*rectius:* da pretensão a executar) com referência à decisão judicial que declarou nulo o aforamento e mandou cancelar o respectivo registro. Essa, com efeito, é que seria, na hipótese, a "sentença exequenda". A ela é que aludem, a fls. 519/ 20 dos autos, os Espólios dos Réus, quando asseveram: "A execução da sentença, no caso dos autos, que podia ser promovida quer pelos vencedores na ação, quer pelo sub-rogado, cessionário ou sucessor a título universal ou singular (...), deveria ser processada, antes de consumada a prescrição, começando esta pela citação dos RR. executados, necessária, sob pena de nulidade, tanto no começo da causa como da execução", acrescentando que "a execução, finalmente, seria consumada mediante mandados do MM. Dr. Juiz da causa, à Câmara Municipal de Cabo Frio, e ao Oficial do Registro de Imóveis da Comarca, para que procedessem à averbação da anulação do aforamento, por força da sentença, (...)".

Nos trechos acima transcritos aninha-se um equívoco fundamental, que por si só explica o desacerto da conclusão sustentada pelos Espólios dos Réus. Para desfazê-lo, cumpre esclarecer as relações entre a figura da execução, no sentido técnico-processual – o único de que é lícito cogitar quando se trata de averiguar se ocorreu prescrição da execução – e a natureza da sentença cujo trânsito em julgado encerrou o anterior processo de conhecimento. Por aí se chegará a ver que, no tocante à decisão em foco, não há sequer falar em execução, nem, *a fortiori,* em prescrição da pretensão a executar.

5. Sentença que acolha o pedido do autor pode tornar-se exequível, constituir título executivo, gerar para o vencedor pretensão a executar – o que tudo significa a mesma coisa –, se e na medida em que o órgão judicial tenha nela proferido condenação. Não há dúvida, hesitação ou controvérsia possível em tema, como esse, dos mais tranquilos na ciência processual, em que é pacífica a correlação indissolúvel entre condenação, de um lado, e execução, de outro. Muito se tem discutido, é certo, sobre o *quid* específico da condenação, mas ninguém, literalmente ninguém, se furta a reconhecer que o efeito executivo é típico da sentença condenatória, peculiar a ela, exclusivo dela.

Conforme sublinhava LIEBMAN, em formosa obra escrita acerca do direito brasileiro, "o título executório, que habilita a promover a execução, só pode ser sentença condenatória. Falta esta eficácia às outras sentenças (meramente declaratórias, constitutivas); se elas fornecem a certeza de obrigação exigível, o credor, para poder promover a execução, deverá antes conseguir a sentença condenatória correspondente" (Processo de Execução, 2ª ed., São Paulo, 1963, p. 49). E a razão é fácil de compreender: para que se conceba a necessidade (e até a possibilidade) de instaurar-se execução em face de determinada pessoa, é indispensável que, mesmo depois da sentença, ainda se haja de pretender dessa pessoa a prática de algum ato ou a observância de certo comportamento, de que fique a depender a efetiva satisfação do direito reconhecido na decisão judicial. Por exemplo: quando se condena alguém a pagar a importância *x*, ou a entregar a coisa y, e o vencido não se dispõe a cumprir espontaneamente o julgado, o vencedor, a fim de embolsar a quantia ou apossar-se do bem, precisa recorrer ainda à tutela jurisdicional do Estado, a fim de conseguir, por intermédio da atuação deste, o resultado prático que tem em vista. Para isso é que serve o processo de execução.

Tal emergência, no entanto, unicamente se pode configurar caso o processo de conhecimento haja conduzido à emissão de sentença condenatória. Se a sentença for meramente declaratória, isto é, houver certificado a existência ou inexistência de relação jurídica, ou então a autenticidade ou falsidade de documento, a tutela jurisdicional terá esgotado com isso todas as suas virtualidades; é inconcebível que, com base em semelhante decisão, possa ainda a parte vencedora pretender o que quer que seja da vencida. E o que ficou dito, *mutatis mutandis,* vale para a sentença constitutiva, que, ao transitar em julgado, produz por si mesma - independentemente de qualquer atividade posterior do litigante derrotado - a modificação jurídica almejada pelo vitorioso. Eis porque não há como, nessas hipóteses, cogitar-se de execução: "pela própria índole e pela finalidade das sentenças meramente declaratórias e das constitutivas, as mesmas são insuscetíveis de execução no sentido próprio" (ALCIDES DE MENDONÇA LIMA, *Comentários ao Código de Processo Civil,* 1974, v. VI, t. I, p. 295).

6. Daí se tira outra inferência relevante: feita abstração de capítulos acessórios, como os atinentes a custas processuais e honorários de advogado, a problemática da execução de sentença - e com ela, é óbvio, a da prescrição da execução - restringe-se aos casos em que (diversamente do que ocorreu na espécie sob exame) seja condenatória a própria ação exercitada no processo de conhecimento. "Em verdade" - escreve AMARAL SANTOS, *Direito Processual Civil,* 1ª ed., São Paulo, 1963, v. III, p. 214 - "como a execução pressupõe uma sentença condenatória, pressuposta está a existência de uma ação condenatória anterior" [sem grifo no original].

A ressalva concernente aos capítulos acessórios atende a que, quanto a estes, a condenação é imposta *ex vi legis* (v., hoje, no Código de 1973, o art. 20 e seus parágrafos), pouco importando a espécie de pedido, e por conseguinte a classe em que se enquadra a ação. Seja esta declaratória, constitutiva ou condenatória, o vencido terá sempre de pagar as custas e os honorários do advogado do outro litigante. Se não o fizer *sponte sua,* ficará sem dúvida sujeito à execução.

Não se depara aí, todavia, exceção à regra: é que, na sentença, o capítulo onde se cuida de semelhante matéria tem natureza condenatória. A sentença compor-se-á de mais de um capítulo: o principal pode ser meramente declaratório ou constitutivo, e em nenhuma de tais hipóteses comportará execução; o(s) acessório(s), ao contrário, pode(m) a esta servir de fundamento, precisamente porque nele(s) existe condenação. Até a decisão que julgue improcedente o pedido condenará, naqueles estritos limites, o autor, constituindo, em favor do réu, título executivo. E imprescindível, contudo, que bem se distinga entre o que se passa no(s) capítulo(s) acessório(s) e o que se passa no capítulo principal da sentença.

7. O que acaba de ser dito dispensaria, a rigor, abonações doutrinárias: são, na verdade, noções elementares de direito processual. Em todo caso, para ilustrar as nossas considerações, recordaremos ainda o magistério de LIEBMAN, ob. e loc. cit., *in verbis:* "As sentenças meramente declaratórias ou constitutivas, inclusive todas aquelas que declaram a improcedência do pedido, bem como outras decisões finais insuscetíveis de execução quanto ao mérito (...), podem todavia conter e normalmente contêm condenação nas custas, que é decisão condenatória acessória que pode acompanhar qualquer espécie de decisão (...). E claro que, nestes casos, a condenação nas custas é título hábil para a execução, *embora não o seja a decisão principal"* [grifamos].

Já o mestre CHIOVENDA, aliás, deixando certo, de um lado, que "só as sentenças condenatórias, como as que ordenam uma prestação, podem dar lugar a execução" (*Instituições de Direito Processual Civil*, trad. bras., 2ª ed., São Paulo, 1965, v. I, p. 315), advertia noutro passo: "Quando a sentença condena às *despesas do processo* (...), produz um *direito a uma prestação,* pois O direito às despesas não preexiste à sentença, mas tem seu título nesta, e só nesta (...). Note-se que todas as sentenças que decidem sobre uma demanda podem incluir condenação às despesas, e assim também as sentenças constitutivas, as sentenças *declaratórias,* as sentenças de rejeição (...). Por conseguinte, todas as sentenças, relativamente às despesas que atribuem ao encargo de uma parte, são *sentenças de condenação,* e como tais produzem os efeitos respectivos, ou seja, a ação executória e a hipoteca judicial" (ob. e v. cit., p. 193) [grifos do autor].

Entre nós, AMARAL SANTOS, após ensinar que "não comportam execução" as sentenças em ações declaratórias e constitutivas (*Direito*

Processual Civil, 1ª ed., São Paulo, 1963, v. III, p. 217) e que "título executório é a *sentença condenatória*" (ob. e v. cit., p. 219) [grifado no original], observa que se inclui entre os títulos executórios "a decisão condenatória em custas ou honorários de advogado, mesmo que proferidas em sentenças meramente declaratórias, constitutivas, ou terminativas" (ob. e v. cit., p. 220).

Mais recentemente, assim se expressa ALCIDES DE MENDONÇA LIMA: "Não há execução de sentença meramente declaratória ou constitutiva, salvo quanto a alguma parte acessória, não abrangida na pretensão de direito material (v.g., custas, honorários, multas, de origem no direito processual substancial)" (*Coment.*, cit., v. VI, t. I, p. 89). No mesmo sentido, anota AMILCAR DE CASTRO que o art. 584, I a IV, do vigente Código se refere "ao *ato* pelo qual o juiz põe termo ao processo, decidindo, ou não, o mérito da causa, e condenando qualquer das partes, pelo menos, ao pagamento das custas". Por isso, "onde fala em sentença condenatória proferida no processo civil, deve abranger a sentença *absolutória* do réu, que *condena* o autor ao pagamento das custas, sendo, neste pouco, condenatória e exequível» (*Comentários ao Código de Processo Civil*, São Paulo, 1974, v. VIII, p. 50) [grifos do autor].

8. No caso, a decisão trânsita em julgado compõe-se de dois capítulos: o principal, em que se declarou nulo o aforamento concedido pela Câmara Municipal de Cabo Frio a A. G. S. T. e a A. C. S.; outro, acessório, em que se condenaram os Réus ao pagamento das custas processuais. Este é, sem dúvida, condenatório, e como tal, a partir do trânsito em julgado, constituiu título executivo, sujeito à prescrição. Qualquer legitimado a executá-lo, que pretenda fazê-lo agora, sujeitar-se-á igualmente, pois, a que se lhe oponha semelhante alegação.

Outro tanto não se dirá do capítulo principal. Como é notório, a sentença que declara nulo um ato jurídico se inclui entre as meramente declaratórias; a que o anula, entre as constitutivas. Na inicial da ação que intentaram, J. C. J. C. e sua mulher haviam pedido que o aforamento fosse "*judicialmente anulado*"; na decisão de primeiro grau, cujo teor foi encampado pelo Acórdão do Tribunal fluminense, em grau de embargos, declarou-se nulo o ato da Câmara Municipal de Cabo Frio. Esse o pronunciamento judicial que transitou em julgado.

Há naturalmente diferença entre *anular* e *declarar nulo* determinado ato, embora não seja raro o uso promíscuo das expressões. A anulação do ato modifica a situação jurídica anterior, e por isso se considera constitutiva a sentença que a decreta; a declaração de nulidade limita-se a estabelecer a certeza oficial acerca de situação preexistente, e por isso a sentença, aqui, é meramente declaratória. Na hipótese, se nos ativermos ao teor literal da decisão, é assim que teremos de classificá-la; se a interpretássemos, em estrita consonância com a formulação do pedido dos Autores, no sentido de haver sido anulado o aforamento, ela seria constitutiva. Não nos vamos demorar no exame desse ponto, que se afigura de todo irrelevante: para o desate da questão, basta assentar a premissa de que a decisão, no capítulo principal, não foi condenatória, como tampouco fora condenatória a própria ação proposta por J. C. J. C. e sua mulher.

9. Se, conforme exposto, apenas as sentenças condenatórias comportam execução, a conclusão óbvia é a de que não havia, nem há, como cogitar-se da execução de sentença que tenha declarado nulo – ou anulado, tanto faz – aforamento, ou qualquer outro ato jurídico. Em ambas as hipóteses, nada mais resta ao litigante vitorioso pretender do vencido; a satisfação concreta do direito do primeiro não fica, de modo nenhum, na dependência deste ou daquele comportamento que haja de ser observado pelo segundo. Não tem o vencido de dar o que quer que seja, nem de fazer ou deixar de fazer coisa alguma. Nada se lhe há de exigir ainda, e por conseguinte seria absurdo que se viesse a instaurar, em face dele, processo de execução.

Com efeito: a finalidade de tal processo consiste em proporcionar ao vencedor resultado prático igual (na medida do possível) ao que ele obteria se o devedor recalcitrante cumprisse a obrigação; e isso, independentemente da colaboração deste, ou mesmo contra a sua vontade. Mas aqui não existe obrigação a ser cumprida, nem, portanto, resultado que dependa de adimplemento para ser atingido. Nessas condições, como, por que e para que "*executar-se*" a sentença?

O resultado a que tendia a ação proposta por J. C. J. C. e sua mulher nem sequer em tese poderia depender de comportamento dos Réus: tratava-se da invalidação de ato administrativo. Nenhuma *prestação* (abstraindo-se, é claro, do reembolso das custas) se estava exigindo deles, e menos ainda caberia exigir depois, a título de cumprimento da decisão. A sentença proferida era, por assim dizer – e nada importa que se repute declaratória ou constitutiva –, *autoexecutável.* Ao transitar em julgado, ela pôs um ponto final no conflito de interesses que o Estado fora chamado a compor.

10. Segundo a argumentação dos Espólios dos Réus (fls. 519/520 dos autos), deveria processar-se a execução, "antes de consumada a prescrição, começando pela citação dos RR. executados", para depois consumar-se a própria execução, "mediante mandados do MM. Dr. Juiz da causa, à Câmara Municipal de Cabo Frio, e ao Oficial do Registro de Imóveis da Comarca", no sentido de cancelar-se o registro do aforamento.

Nesse raciocínio manifesta-se o equívoco fundamental, a que já se aludiu, consistente em supor que toda e qualquer providência cabível em consequência de uma decisão judicial haja de assumir o caráter de execução, no sentido técnico do direito processual. De execução, repita-se, só há que cogitar quando a satisfação efetiva do direito reconhecido na sentença envolva prestação exigível do vencido. E justamente por isso é que o processo de execução se inicia pela citação deste: cita-se o vencido para cumprir a condenação, isto é, para prestar o que deve, sob pena de, não o fazendo no prazo legal, ficar sujeito a que se pratiquem, independentemente da sua colaboração, ou mesmo contra a sua vontade, os atos necessários para satisfazer o vencedor. Assim é que, na execução por quantia certa, o devedor é citado para pagar; na execução para entrega de coisa, o devedor é citado para entregá-la; na execução de condenação a fazer, o devedor é citado para realizar a obra, o serviço etc.

Na hipótese vertente, seria manifestamente absurdo promover a citação dos Réus vencidos. Para que seriam eles citados? Para pagar, só se concebe que o fossem no tocante às custas, que não vêm ao caso; para entregar as terras, jamais, porque na respectiva posse se encontravam os Autores, que não as estavam, nem as podiam estar, reivindicando. Para proceder ao cancelamento do registro, tampouco: esse ato, à evidência, não lhes competia a eles, Réus. Portanto, citação dos vencidos é algo que, *in casu,* nenhum sentido teria, como nenhuma possibilidade haveria de uma "*execução*" insuscetível de enquadrar-se em qualquer dos tipos legalmente previstos.

11. Cumpre dissipar eventuais dúvidas porventura suscitáveis com base na existência de medidas (como a do cancelamento do registro) decorrentes da invalidação judicial do aforamento. A questão é versada, em termos pacíficos e incontroversos, na literatura processual. Medidas dessa índole não correspondem ao conceito de *execução,* nem, para tomá-las, se necessita lançar mão do processo executório. Ou antes: não reclamam elas a instauração de processo algum, pois não importam nova e suplementar realização de atividade jurisdicional em face do vencido.

Alguns autores usam, a propósito, o *nomen iuris* de "execução imprópria", mas sempre com o cuidado de advertir que não se trata de verdadeira execução: assim, frisa LIEBMAN, ob. cit., p. 6, que "não é execução" (...) "a atividade desenvolvida por órgãos públicos não pertencentes ao Poder Judiciário e consistente na transcrição ou inscrição de um ato em registro público (registro civil, imobiliário), mesmo se ordenado pelo juiz". Não discrepa o entendimento dos nossos processualistas, consoante ressalta destes passos: "Atos que se sucedem à sentença constitutiva, como, v.g., a expedição de mandado contra oficial do Registro para que nos livros deste fique documentada a alteração operada com a sentença, não têm natureza executória" (JOSÉ FREDERICO MARQUES, *Instituições de Direito Processual Civil,* v. V, 1ª ed., 1960, p. 12/13).

"Não podem ainda ser incluídos como atos executórios aqueles que, oriundos embora de uma sentença, que se destinam a cumpri-la ou a completar o mandado que nela se contém, não se dirigem ao devedor. Seria a 'execução imprópria', consubstanciada na atividade desenvolvida por órgãos públicos auxiliares do Poder Judiciário, e consistentes na transcrição ou inscrição de um ato em registro público (civil ou imobiliário, como a averbação da sentença de desquite; a transcrição da sentença na ação de usucapião; o registro do nome paterno pelo reconhecimento acolhido em sentença na ação de investigação etc.), mesmo se ordenado pelo juiz" (ALCIDES DE MENDONÇA LIMA, *Comentários,* cit., v. VI, t. I, p. 86).

12. No trecho acima transcrito, de MENDONÇA LIMA, avulta a importância do lanço onde o autor acentua que os atos ali mencionados, conquanto decorrentes da sentença, *"não se dirigem ao devedor".* É esse o ponto decisivo. Conforme oportunamente já se assinalou, as noções de *execução* e de *prescrição* implicam necessariamente a de *pretensão,* de sorte que só se põe a questão de saber se está ou não prescrita a pretensão executiva quando alguém possa, em princípio, *pretender* (ou seja, exigir) algo de outrem. Mas exclusivamente em se tratando de sentença *condenatória* é que se concebe pretensão do vencedor contra o vencido. Os atos característicos da *verdadeira* execução dirigem-se *ao devedor;*

eis porque tem ele de ser citado no início do processo executivo, e eis também porque se lhe abre o ensejo de, mediante embargos, alegar a prescrição da pretensão executória.

Se, porém, após a sentença (declaratória ou constitutiva que seja), nada tem o vencedor que exigir do vencido, nenhuma *pretensão* lhe resta em face deste, então tudo muda de figura. Existe correlação necessária entre os termos *condenação – pretensão – execução – prescrição.* Falar-se-á de prescrição da execução, obviamente, onde haja lugar para execução, no sentido próprio; cogitar-se-á de execução onde o vencedor possa pretender *do vencido.* O que a este se impôs na condenação. A inexistência de condenação exclui *a priori,* em definitivo, os restantes elos da cadeia.

O cancelamento de registro não é ato, repita-se, que possa ser praticado pelo litigante vencido. Logo, não tem o vencedor como nem porque exigir dele que o pratique. O mandado de cancelamento não se dirige à parte derrotada; dirige-se ao oficial do registro competente. É por isso que não há, aí, execução. É também por isso que não cabe sequer cogitar, logicamente, de *prescrição* da execução.

13. Em 27-12-1974, a C.S.P. requereu, nos autos judiciais (fls. 511), a expedição de mandado ao Prefeito Municipal de Cabo Frio, para que cancele o aforamento, e ao Oficial do Registro de Imóveis, para que cancele o registro da respectiva carta. Fê-lo invocando a qualidade de sucessora de I.C.J.C. e sua mulher, uma vez que a área em foco havia sido vendida por estes a M.O.C., que por sua vez a incorporara ao capital da referida sociedade.

Ao requerer tal providência, a C.S.P. não estava promovendo, em face dos Espólios dos Réus vencidos, a *execução* da decisão judicial que declarara nulo o aforamento. Nem tinha, como demonstrado acima, que promover execução alguma. Não era necessário, nem cabível, fazer citar os Espólios para uma "execução" de que não há como cogitar. As espécies de execução contempladas na lei pressupõem, todas elas, o inadimplemento do devedor (Cód. Proc. Civil, art. 580, *caput*), considerando-se inadimplente o devedor que não satisfaz espontaneamente o direito reconhecido pela sentença (art. 580, parágrafo único). *In casu,* seria absurdo falar-se de inadimplemento dos Réus vencidos, pela simples e bastante razão de que nada lhes incumbe dar ou fazer, para que se cumpra a sentença.

O cancelamento requerido não se configura – vale ainda uma vez reiterar – como ato de execução. Compete a outros órgãos públicos, não pertencentes ao Poder Judiciário; a sua prática não é manifestação de atividade jurisdicional, tendente a proporcionar ao vencedor a efetiva satisfação de seu direito, independentemente da colaboração ou contra a vontade do vencido. Ninguém precisa, nem pode, requerer o cancelamento através da instauração de processo executivo; o meio seria de todo inidôneo, porque não há pedido que se haja de formular em face da parte derrotada, nem, consequentemente, teria sentido fazer citá-la.

14. Além de suscitar a questão da prescrição – já acima examinada –, opõem dois argumentos os Espólios dos Réus ao requerimento da C.S.P. (fls. 525/6 dos autos): primeiro, alegam que a área por esta adquirida não é a mesma que constituiu objeto do aforamento invalidado; segundo, que a Companhia não tem legitimidade para requerer, à luz do que dispõem os arts. 41 e 42 do vigente diploma processual civil. O primeiro argumento envolve questão *de fato,* sobre que não versa a consulta. Quanto ao segundo, porém, é fácil mostrar que não procede.

Reza o art. 42 do Código de Processo Civil:

"Art. 42. A alienação da coisa ou do direito litigioso, a título particular, por ato entre vivos, não altera a legitimidade das partes.

§ 1º O adquirente ou o cessionário não poderá ingressar em juízo, substituindo o alienante, ou o cedente, sem que o consinta a parte contrária.

§ 2º O adquirente ou o cessionário poderá, no entanto, intervir no processo, assistindo o alienante ou o cedente.

§ 3º A sentença, proferida entre as partes originárias, estende os seus efeitos ao adquirente ou ao cessionário".

A simples leitura do texto desde logo convence de que as disposições nele contidas nada têm que ver com a hipótese vertente. A impertinência é flagrante.

A aplicabilidade do art. 42 pressupõe necessariamente a existência de *processo de conhecimento em curso.* A matéria que ele disciplina é a alienação, *durante o processo,* da coisa ou direito sobre que se litiga, a título particular, por ato *inter vivos.* Basta lançar os olhos ao § 3º, consoante o qual se estenderão ao adquirente ou ao cessionário os efeitos da *sentença* que vier a ser proferida entre as partes originárias, isto é, entre o alienante e seu adversário, muito embora não haja passado o adquirente ou cessionário a ocupar, na relação jurídica processual, o lugar que ocupava o alienante. Frise-se: a alienação a que se refere o art. 42 é alienação anterior à sentença.

Na espécie, não há processo de conhecimento pendente. O processo da ação intentada por J.C.J.C. e sua mulher contra a Câmara Municipal de Cabo Frio e os beneficiários do aforamento ilegal já se encerrou com o trânsito em julgado da decisão que declarou nulo o ato. O que resta são providências de natureza *não jurisdicional,* como as requeridas pela C.S.P. As mesmas considerações, *mutatis mutandis,* valem para o art. 41 do Código de Processo Civil, invocado *en passant* a fls. 526 dos autos, e no qual também só se cuida de substituição voluntária das partes "no curso do processo", isto é, antes de julgada a causa.

* * *

À vista de todo o exposto, assim respondemos às indagações formuladas na consulta:

1ª) "Ocorreu prescrição da execução, superveniente à sentença, que constitua obstáculo ao cancelamento do aforamento e de seu registro?"

Resposta: Não. No capítulo principal, a sentença passada em julgado, meramente declaratória segundo o seu teor literal, ou constitutiva se interpretada como anulatória do aforamento, não reclama nem comporta *execução,* que é peculiar às sentenças *condenatórias.* Só se poderia cogitar de execução – e, portanto, de prescrição de execução – no que tange ao capítulo acessório da condenação nas custas processuais. O cancelamento não é ato de execução, e para promovê-lo não se instaura processo executivo. Ele não envolve pretensão que pudesse ter o litigante vitorioso, ou sucessor seu, em face dos vencidos, e em relação à qual se concebesse a ocorrência de prescrição.

2ª) "O disposto nos arts. 41 e 42 do Código de Processo Civil exclui a legitimidade da C.S.P. para requerer o cancelamento?"

Resposta: Não. As regras dos artigos citados dizem respeito a processo de conhecimento em curso – ainda sem decisão trânsita em julgado –, e nenhuma aplicação têm à espécie examinada.

Sub censura.

Rio de Janeiro, 31 de março de 1975.

COMENTÁRIOS DO ATUALIZADOR

EXECUÇÃO. PRESCRIÇÃO SUPERVENIENTE À SENTENÇA.

Carlos Roberto Barbosa Moreira

1. No trabalho intitulado "Reflexões sobre uma teoria da condenação civil" (inserido neste volume de *Temas*), o autor afirmava, enfaticamente, acerca da sentença *condenatória*: "(...) Que a constituição do título executivo lhe seja traço peculiar é ponto que não nos inclinaríamos a pôr em dúvida" (item nº 8). O parecer que aqui se pretende atualizar reflete aquele pensamento, bem resumido na seguinte passagem (que abre seu item nº 4): "Sentença que acolha o pedido do autor pode tornar-se exequível, constituir título executivo, gerar para o vencedor preensão a executar – o que tudo significa a mesma coisa – *se e na medida em que* o órgão judicial tenha nela proferido *condenação*. Não há mais dúvida, hesitação ou controvérsia possível em tema, como esse, dos mais tranquilos na ciência processual, em que é pacífica a correlação indissolúvel entre *condenação*, de um lado, e *execução*, de outro". E, mais adiante (item nº 12), parecia lícito ao autor estabelecer uma "correlação necessária entre os termos *condenação – pretensão – execução – prescrição*".

2. Tudo quanto no parecer afirmou Barbosa Moreira tinha como ponto de partida a versão original do art. 584, nº I, do CPC de 1973. Em trabalho doutrinário escrito um quarto de século após o parecer, intitulado "Execução sujeita a condição ou a termo no processo civil brasileiro" (*Temas: Sétima Série*), Barbosa Moreira voltaria ao ponto, ao afirmar: "(...) no plano dos princípios, nada impede que se atribua efeito executivo a sentenças declaratórias: trata-se, com certeza, de posição estranha às noções correntes, mas isso é tudo que contra ela se pode arguir. Mudam as coisas de figura, entretanto, na perspectiva do direito positivo. O art. 584 do Código de Processo Civil, ao enumerar os títulos executivos judiciais, alude, no inciso I, à 'sentença *condenatória* proferida no processo civil'; e em lugar nenhum fala de sentença *declaratória*. Contravém à lei, por conseguinte, sustentar a exequibilidade, diferida ou não, de qualquer sentença dessa espécie" (com destaques no original).

3. Em obra de comentários, também muito posterior ao parecer, mas que ainda contemplava o mesmo texto legal, escreveu-se que aquele dispositivo, "com invulgar e elogiável propriedade, relaciona somente as sentenças condenatórias", pois "não se executam sentenças declarativas e constitutivas" (Araken de Assis, *Comentários*, nº 78.1, p. 143).

4. Todavia, com o advento da Lei nº 11.232/2005, o dispositivo (convertido, pela reforma, no art. 475-N, nº I) teve sua redação alterada: onde antes se afirmava constituir título executivo "a sentença condenatória proferida no processo civil", ali se passou a atribuir eficácia executiva à "sentença proferida no processo civil *que reconheça a existência* de obrigação de fazer, não fazer, entregar coisa ou pagar quantia certa" (destaquei).

5. A modificação do texto legal inevitavelmente gerou controvérsia, não sendo este, porém, o local adequado para sumariar os argumentos, então apresentados, favoráveis ou desfavoráveis à admissão das sentenças *meramente declaratórias* como títulos executivos.[2] O STJ, que, antes mesmo da Lei nº 11.232/2005, tinha precedentes favoráveis ao reconhecimento daquela eficácia executiva (*v.g.*, em matéria tributária: REsp nº 588.202-PR, 1ª Turma, j. 10.02.2004; REsp nº 544.189-MG, 1ª Turma, 02.12.2003), viu sua jurisprudência pacificada com a vigência daquele diploma, no sentido da admissibilidade da execução baseada em sentença declaratória, desde que esta contivesse "juízo de certeza e de definição exaustiva a respeito de todos os elementos da relação jurídica questionada" (REsp (repetitivo) nº 1.114.404-MG, 1ª Seção, j. 10.02.2010).

---

2 Vejam-se, entre outros: Alexandre Freitas Câmara, *A Nova Execução de Sentença*, pp. 96 e ss; Araken de Assis, *Cumprimento da Sentença*, pp. 203 e ss; Athos Gusmão Carneiro, *Cumprimento da Sentença Civil*, pp. 86 e ss.; Cassio Scarpinella Bueno, *A Nova Etapa da Reforma do CPC*. São Paulo: Saraiva, 2006, v. 1, pp. 132 e ss. (em especial, p. 136); Fredie Didier Jr., "A sentença meramente declaratória como título executivo" – Aspecto importante da reforma processual civil brasileira de 2005", pp. 245 e ss; Luiz Fux, *O Novo Processo de Execução*, p. 53; Marcelo Abelha, *Manual de Execução Civil*, pp. 126 e s.; Sérgio Luiz Wetzel de Mattos, *A Nova Execução* (coord. Carlos Alberto Alvaro de Oliveira), pp. 168 e ss.

6. O art. 515, nº I, do CPC de 2015 não repetiu, *ipsis litteris*, a fórmula da Lei nº 11.232/2005, tendo preferido esta: "*decisões* proferidas no processo civil que reconheçam a *exigibilidade* de obrigação de pagar quantia, de fazer, de não fazer ou de entregar coisa" (destaquei).

7. "Decisões" em lugar de "sentença" constitui alteração perfeitamente compreensível, pois, no sistema do atual Código,[3] existe, por exemplo, a possibilidade de *julgamento antecipado parcial do mérito* (art. 356), a ser proferido em "decisão" (§§ 1º a 5º), "impugnável por agravo de instrumento" (§ 5º). Quando semelhante decisão (interlocutória)[4] reconhecer, nos termos do art. 515, nº I, a "exigibilidade de obrigação", aí haverá título executivo judicial, sem que se tenha, no entanto, uma *sentença*. O mesmo se dirá, naturalmente, das *decisões*, de idêntica natureza, de deferimento de tutela provisória, das *decisões monocráticas* nos tribunais (art. 932, nº IV e V) e dos *acórdãos* (art. 204).

8. Em relação ao texto da Lei nº 11.232/2005, o art. 515, nº I, do atual Código apresenta, ainda, outra diferença: nele não mais se alude às sentenças "que reconheçam a *existência*" da obrigação, mas àquelas "que reconheçam a [sua] *exigibilidade*" (destaquei). Na hipótese do art. 514,[5] todavia, a lei se contenta com uma exigibilidade *potencial*, como Barbosa Moreira teve a oportunidade de demonstrar, em relação ao dispositivo correspondente do Código anterior (art. 572), no trabalho antes citado (*supra*, nº 2).

9. As demais questões tratadas no parecer não comportariam, hoje, soluções diversas daquelas nele enunciadas. Em primeiro lugar, o verbete nº 150 da *Súmula* do STF continua sendo aplicado (cf., no STJ, AgInt REsp

---

3 A rigor, a possibilidade já existia na vigência do Código anterior: cf. Araken de Assis, *Cumprimento da Sentença*, pp. 203/204; Fredie Didier Jr., "A sentença meramente declaratória como título executivo – Aspecto importante da reforma processual civil brasileira de 2005", p. 250.

4 Alexandre Freitas Câmara, *O Novo Processo Civil Brasileiro*, p. 219; Eduardo Talamini, *Comentários* (org. Cassio Scarpinella Bueno), v.2, p. 175.

5 "Quando o juiz decidir relação sujeita a condição ou termo, o cumprimento da sentença dependerá da demonstração de que se realizou a condição ou de que ocorreu o termo".

nº 1.715.878-DF, 1ª Turma, j. 24.08.2020; AgInt AREsp nº 1.391.886-SP, 4ª Turma, j. 30.09.2019); em segundo, ações declaratórias como a de que cuidava a consulta efetivamente não comportam execução *em sentido próprio*, não se enquadrando nesse conceito o ato de cancelamento, na matrícula do imóvel, de registro de ato declarado nulo;[6] por fim, os arts. 41 e 42 do Código anterior (objeto de considerações no item nº 14 do parecer) revivem nos arts. 108 e 109 do diploma agora em vigor, com ligeiras e irrelevantes alterações redacionais.

Bibliografia (obras citadas pelo atualizador)

ABELHA, Marcelo. *Manual de Direito Processual Civil.* 6ª ed. Rio de Janeiro: Forense, 2016.

ASSIS, Araken de. *Comentários ao Código de Processo Civil.* 1ª ed. (4ª tiragem). Rio de Janeiro: Forense, 2001, v. VI.

ASSIS, Araken. *Cumprimento da Sentença.* 1ª ed. Rio de Janeiro: Forense, 2006.

CÂMARA, Alexandre Freitas. *A Nova Execução de Sentença.* 6ª ed. Rio de Janeiro: Lumen Iuris, 2009.

CÂMARA, Alexandre Freitas. *O Novo Processo Civil Brasileiro.* 5ª ed. São Paulo: Atlas, 2019.

CARNEIRO, Athos Gusmão. *Cumprimento da Sentença Civil.* 1ª ed. Rio de Janeiro: Forense, 2007.

DIDIER JR. Fredie. "A sentença meramente declaratória como título executivo – Aspecto importante da reforma processual civil brasileira". *In*: CIANCI, Mirna; QUARTIERI, Rita (coord.) *Temas Atuais da Execução Civil: Estudos em Homenagem ao Professor Donaldo Armelin.* São Paulo: Saraiva, 2007.

FUX, Luiz. *O Novo Processo de Execução: o Cumprimento da Sentença e a Execução Extajudicial.* 1ª ed. Rio de Janeiro: Forense, 2008.

MATTOS, Sérgio Luiz Wetzel. Comentário ao art. 475-N. *In*: OLIVEIRA, Carlos Alberto Alvaro de (coord.). *A Nova Execução: Comentários à*

6 Ao julgar (em 01º.09.2016) o REsp nº 890.855-GO, a 4ª Turma do STJ adotou o entendimento de que a expedição de mandado dirigido ao oficial de registro imobiliário configura ato de "execução imprópria", expressão ainda hoje largamente usada na doutrina: *v.g.*, Luiz Rodrigues Wabier e Eduardo Talamini, *Curso Avançado de Processo Civil*, v. 3, p. 47.

Lei nº 11.232, de 22 de dezembro de 2005. 1ª ed. Rio de Janeiro: Forense, 2006.

TALAMINI, Eduardo. Comentário ao art. 356. *In*: BUENO, Cassio Scarpinella (coord.). *Comentários ao CPC*. São Paulo: Saraiva, 2017, v. 2.

WAMBIER, Luiz Rodrigues; TALAMINI, Eduardo. *Curso Avançado de Processo Civil*. 17ª ed. São Paulo: RT, 2020, v. 3.

ADJUDICAÇÃO COMPULSÓRIA DE AÇÕES DE SOCIEDADE ANÔNIMA. PEDIDO E SENTENÇA

– Contrato preliminar. Limites da exequibilidade específica, na forma do art. 639 do Código de Processo Civil – Condenação a emitir declaração de vontade e condenação ao cumprimento de obrigação que resultaria do contrato definitivo – Interpretação do pedido. Correlação entre este e a sentença.

Versa a consulta sobre ação denominada "de adjudicação compulsória", proposta por S.P.A.-S.A., perante o Juízo da 12ª Vara Cível desta cidade, contra A.A., V.P. e F.A.D.A., e na qual pede a Autora, principalmente, a condenação solidária dos Réus a procederem à imediata entrega de ações ("ou transferência do direito a elas referente") representativas de 97% do capital social de D.C.D.-S.A. Descreve o ilustre advogado consulente, em termos minuciosos, os antecedentes do litígio, desde a assinatura, em 4-9-1974, de um "contrato preliminar para compra e venda de ações", bem como a marcha do processo até este momento. A clareza da exposição, acompanhada de cópias das peças judiciais e dos documentos que as instruem, dispensa a introdução habitualmente consagrada ao histórico da questão.

Entraremos logo, pois, a enfrentar a problemática suscitada, à vista do material que nos apresentou o consulente.

I

1. O exame atento da documentação que instrui a consulta permite que se fixe desde já um ponto capital: entre as partes do processo jamais chegou a ser concluído *contrato de compra e venda* das ações da D.C.D.-S.A. Constituiria manifesto equívoco falar, a propósito, em "compra e venda contratada", ou em "ações vendidas"; e errôneas seriam as consequências que se pretendesse extrair desse falso pressuposto.

No ajuste datado de 4-2-1974, convencionaram as partes a futura celebração de outro contrato, que – este sim, – viria a ser o de compra e venda. Ainda a partir-se da premissa – extremamente duvidosa, em face das lacunas que adiante se apontarão – de configurar-se no referido ajuste um "contrato preliminar", como o denominaram as partes, não haveria confundi-lo, em qualquer hipótese, com o outro contrato, que não se chegou a celebrar, e ao qual se chamará, *commoditatis causa,* "definitivo" ou "principal".

2. Vale a pena sublinhar a distinção, pondo de lado o receio de demorarmos em proclamar o óbvio. Na expressiva síntese de CAIO MÁRIO DA SILVA PEREIRA, "diferencia-se o contrato preliminar do principal pelo objeto, que no preliminar é a obrigação de concluir o outro contrato, enquanto o do definitivo é uma prestação substancial" (*Instituições de Direito Civil,* v. III, 1ª ed., Rio de Janeiro, 1963, p. 55). Do contrato preliminar nasce mera obrigação *de fazer,* já que o *contrahere* é um *facere;* apenas do definitivo é que pode surgir uma obrigação *de dar,* ou, conforme o caso, *outra* obrigação de fazer. Aliás, fossem *iguais* os efeitos de ambos, e não se justificaria a consideração do contrato preliminar como negócio autônomo: haveria *bis in idem,* e um deles se revelaria supérfluo. Se o contrato preliminar assume relevância jurídica própria, é exatamente em virtude da assinalada diversidade de objetos – e, por conseguinte, de efeitos.

A mais autorizada doutrina manifesta-se, ao propósito, em termos inequívocos. Com referência específica à compra e venda, ensina entre nós, v.g., PONTES DE MIRANDA: "O contrato de compra e venda é consensual e consensual é o pré-contrato de compra e venda. Por aquele só se promete a transmissão da propriedade e da posse, ou só da propriedade ou só da posse, e o pagamento do preço. *Por esse, não se promete, sequer, a transmissão, nem sequer, o pagamento do preço: promete-se comprar e promete-se vender" (Tratado de Direito Privado,* t. 39, Rio de Janeiro, 1962, p. 48) [sem grifo no original].

Da recente literatura italiana, colha-se a lição de MESSINEO:

> "Da un'altro punto di vista il contratto preliminare costituisce uno degli aspetti della formazione graduale dei contratto (o formazione ex intervallo), o, meglio, della produzione progressiva degli effetti contratuali, in quanto, in forza dei preliminare, gli effetti sostanziali non si producono tutti immediatamente – poiché tale è l'intento delle parti. Anzi, *se ne produce uno solo: il quale è di indole essenzialmente formale e strumentale: l'obbligazione (di natura strettamente personale) a stipulare, fra le medesime parti, un futuro altro contratto – esso, si, provvisto di contenuto e di effetti sostanziali (economici)* – e che si chiama contratto (con un termine contrapposto) definitivo (o, anche, principale). Pertanto, il contratto preliminare esercita una funzione meramente provvisoria, o preparatoria: quella di gettare le basi di un suc-

cessivo contratto (definitivo: infra, § 9); *questo è il solo che determini effetti costitutivi, o traslalivi"* (*Il contratto in genere, v.* XXI, t. I, do *Trattato di Diritto Civile e Commerciale,* Milão, 1968, p. 527/8) [grifamos].

Na Alemanha, enfim, eis como se expressa LARENZ: "Por consiguiente, el precontrato fundamenta directamente un deber de concluir; no hace superflua la conclusión deI contrato principal, pero otorga a cada una de las partes (o al menos a una de ellas) un derecho actual a exigir esa conclusión, y con ello, indirectamente, el derecho actual a obtener, una vez concluído el contrato principal, la prestación convenida en el mismo" (*Derecho de Obligaciones,* trad. esp., Madri, 1958, t. I, p. 99) [grifos nossos].

Atente-se nas cláusulas grifadas: a prestação a que se dirige a vontade final da parte unicamente se torna exigível "uma vez concluído o contrato principal". O pré-contrato, por si, não gera mais que o direito "de exigir essa conclusão". Sempre e sempre, objetos diferentes e efeitos diferentes.

3. Na espécie, abundam elementos de convicção bastantes para afastar, de maneira categórica, a suposição de que, através do instrumento de 4-9-1974, houvessem A.A., V.P. e F.A.D.A. *vendido* (ou *cedido,* como preferem alguns) a S.P.A.-S.A. as ações de que eram (e são) titulares no capital de D.C.D.-S.A.

Em primeiro lugar, o texto do ajuste é claríssimo, não deixando margem a qualquer dúvida. A cláusula n. 6, por exemplo, que prevê a forma de pagamento do preço definitivo, começa com estas palavras: "Se a compra e venda das referidas ações *vier a ser aperfeiçoada...* ". Na cláusula n. 8, acerca da importância de Cr$ 10.000.000,00 entregue pela pretendente, lê-se que ela "se converterá em pagamento inicial aos acionistas na contingência do aperfeiçoamento da compra e venda das ações aqui referidas". Tudo, conforme se vê, indica a expectativa de um contrato ainda a ser celebrado (e que, afinal, não o chegou a ser) – esse, sim, de compra e venda.

O mais gritante, porém, no documento em foco, é o teor da cláusula n. 7, *in verbis*: "Do contrato definitivo de compra e venda das ações a ser celebrado se, nos termos dos itens seguintes, vier a ser aperfeiçoada a compra e venda das ações, constarão..." – e segue-se a indicação de cláusulas que deveriam vir a figurar, quando de sua conclusão, no contrato principal. O texto é de ofuscante nitidez e dispensa qualquer comentário.

4. Nem se imagine, sequer por um momento, que o pré-contrato de 4-9-1974 se teria convertido em contrato definitivo de compra e venda com o exercício, por S.P.A.-S.A., em 1º-10-1974, da "opção" prevista na cláusula n. 5 daquele ajuste, *verbis:*

"5. Este instrumento fixa as possíveis condições de compra e venda das ações, motivo pelo qual é irretratável para os ACIONISTAS, valendo como opção a favor do PRETENDENTE dentro do prazo de 30 (trinta) dias fixado no item 4º [destaques do original].

O exercício da chamada "opção" surtiu apenas o efeito de vincular *também* S.P.A.-S.A., convertendo a promessa, na terminologia consagrada, de *unilateral,* que era até então, em *bilateral.* Ouça-se, porém, a advertência que a esse respeito faz oportunamente CAIO MÁRIO DA SILVA PEREIRA: "É preciso acautelar contra a tese francesa, segundo a qual a promessa bilateral não é verdadeiramente uma promessa, mas equivale já ao contrato definitivo, o que pode ser defendido naquele sistema, no qual o domínio se transfere pela convenção, ao passo que no nosso requer a transcrição do título para os imóveis ou a tradição para os móveis. Quando naquele direito se parifica à venda a promessa de vender, afirma-se uma verdade, como reflexo daquela sistemática e como aplicação do direito vigente (art. 1.589: "promesse de vente vaut vente lorsqu'il y a consentement réciproque des deux parties sur la chose et sur le prix"); afasta-se contudo a equipolência nos casos em que a venda é contrato solene. *O mesmo não pode dizer-se em direito nosso, sob a inspiração de princípios que daqueles diferem"* (*Instit.*, cit., v. III, p. 57) [grifamos o último período].

A verdade é que, ainda depois de exercida a "opção", as partes não haviam assumido, de modo algum, as posições recíprocas de *vendedor* e de *comprador.* A obrigação de que se poderia cogitar seria sempre uma *obrigação de fazer:* nomeadamente, a de celebrar o contrato definitivo de compra e venda, cuja necessidade continuava a existir, para que a sequência negocial atingisse o seu termo derradeiro. A essa luz é que se compreende o disposto na cláusula n. 9, segundo a qual ficou "expressamente assegurada à PRETENDENTE o direito de, a seu critério, renunciar à aquisição" – isto é, *à compra* – das ações de D.C.D.-S.A. Semelhante estipulação reforça o asserto de que, enquanto não celebrado o contrato definitivo – e, afinal, isso jamais veio a ocorrer –, era e é imprópria qualquer referência a "ações vendidas".

5. Se a conclusão acima enunciada não defluísse, como deflui, do próprio texto do documento firmado em 4-9-1974, a ela se poderia chegar, com igual segurança, pelo exame dos fatos que se seguiram à "opção". Como é notório, o comportamento das partes em relação ao negócio concluído ministra valioso subsídio para a respectiva interpretação: o modo por que se conduzem revela, em caso de dúvida, o sentido e o alcance que na verdade haviam querido dar às suas declarações de vontade. O Código Comercial aliás, consagra expressamente essa clássica regra de hermenêutica contratual, no art. 131, III, *verbis:* "O fato dos contraentes, posterior ao contrato, que tiver relação com o objeto principal, será a melhor explicação da vontade que as partes tiveram no ato da celebração do mesmo contrato".

Ora, na espécie, tudo que se sucedeu ao ajuste de 4-9-1974 e à "opção" exercida em 1º-10-1974, longe de refletir uma convicção das partes de que estivesse consumada, a *venda* das ações, muito pelo contrário evidencia, numa e noutra, a certeza de que a isso apenas se chegaria mediante a celebração de *outro* contrato (o definitivo).

6. Só assim se explica, para começar, o teor da correspondência trocada entre as partes. Note-se que, na própria carta de 1º-10-1974, S.P.A.-S.A., após manifestar o exercício da "opção", escrevia: "Propomo-nos, daqui por diante, *para o aperfeiçoamento da compra e venda das ações,* a examinar documentação imprescindível para atender as condições contratuais bem como a apreciar, conjuntamente com V. S. *a minuta do contrato de venda* e *compra* de ações da D.C.D.-S.A." [grifamos].

A linguagem, obviamente, não é a de quem já houvesse *comprado* as ações, ou pelo menos *supusesse* que já as havia comprado. Nem é a de quem já houvesse *vendido* as ações, ou *supusesse* que já as havia vendido, a linguagem empregada por A.A., V.P. e F.A.D.A., na carta de 9-10-1974, onde se alude ao dia 10 como "data limite *para a realização do negócio*" e se sugere que até aquele dia se formalizasse, impreterivelmente, "a aludida compra e venda das ações *com a assinatura do respectivo contrato*" [grifamos].

7. Não fora assim, aliás, e nem sequer se explicaria que se houvessem elaborado as minutas do "contrato de compra e venda de ações da sociedade D.C.D.-S.A. e outras avenças" e do "instrumento de novação de obrigação e outras avenças", que se destinavam a estabelecer a disciplina definitiva do negócio – disciplina que, note-se desde logo, em mais de um ponto não só complementava e particularizava, mas alterava a prevista no ajuste de 4-9-1974. Esses dois outros instrumentos não chegaram a ser assinados pelas partes, mas é claro que a redação das respectivas minutas, por si só, patenteia a necessidade, reconhecida, quer pelos acionistas de D.C.D.-S.A., quer por S.P.A.-S.A., da celebração de novo contrato, mediante o qual se aperfeiçoaria, então sim, a venda das ações.

Inexplicável seria também, a não ser pela razão indicada, a iniciativa que tomou S.P.A.-S.A., por duas vezes, de fazer notificar A.A., V.P. e F.A.D.A., primeiro através do Registro de Títulos e Documentos, depois por intermédio do Juízo da 22ª Vara Cível desta comarca, no sentido de firmarem o contrato definitivo. Tais notificações não teriam qualquer sentido se esse outro contrato fosse desnecessário, como seria se já consumada a compra e venda; o fato de haverem elas sido feitas confirma a indispensabilidade da respectiva celebração, para que as ações se pudessem reputar vendidas.

8. Observe-se que a propriedade das ações de D.C.D.-S.A. não se teria automaticamente transferido a S.P.A.-S.A. mesmo que na verdade se houvesse aperfeiçoado a compra e venda. A afirmação tangencia igualmente a obviedade, e será talvez supérflua para quem tenha presentes as características do direito brasileiro, fiel ao princípio clássico *Traditionibus et usucapionibus, non nudis pactis, dominia rerum transferuntur.* No sistema jurídico pátrio, como ninguém ignora, o contrato de compra e venda produz efeitos meramente *obrigatórios;* de modo algum é bastante, por si, para transferir ao comprador a propriedade da coisa vendida.

Em se tratando de ações de sociedades anônimas, as formas pelas quais se consuma a transferência são as previstas no art. 27 do Decreto-Lei n. 2.627, de 26-9-1940, *verbis:*

"Art. 27. A transferência das ações opera-se:

a) das nominativas, por termo lavrado no livro de "Transferência das Ações Nominativas", datado e assinado pelo cedente e pelo cessionário, ou seus legítimos representantes;

b) das ações ao portador, por simples tradição".

Acrescente-se que, se nem o contrato definitivo transferiria, por si, a propriedade das ações, *a fortiori* não a transferiu o ajuste de 4-9-1974. Diz muito bem PONTES DE MIRANDA que o "pré-contrato não transfere a propriedade ou a posse, porque o próprio contrato de compra e venda não opera a transmissão" (*Trat. de Dir. Priv.*, cit., v. 39, p. 49). As ações, por conseguinte, continuaram (e continuam) a pertencer a *A.A.*, V.P. e F.A.D.A.

II

9. À luz do acima exposto, é fora de dúvida que, para fazer nascer, em proveito de S.P.A.-S.A., o direito à obtenção das ações, seria imprescindível a celebração do contrato definitivo de compra e venda. Esse contrato viria a constituir o *titulus adquisitionis*, embora por si só não transferisse a propriedade. Com base nele, estaria S.P.A.-S.A., como comprador, habilitado a exigir dos vendedores:

a) a entrega das ações *ao portador*, cuja propriedade se transmite "por simples tradição" (Dec.-Lei n. 2.627, de 26-9-1940, art. 27, *b)*;

b) a participação deles, vendedores, na lavratura do termo de transferência, no livro próprio, quanto às ações *nominativas*, que só por esse meio se transferem (Dec.-Lei n. 2.627, de 26-9-1940, art. 27, *a)*.

Duas operações sucessivas, portanto, restavam: a conclusão do contrato definitivo e, conforme o caso, o ato de entrega ou a lavratura do termo. E a segunda operação, naturalmente, *pressupõe* a primeira, não tendo S.P.A.-S.A. pretensão à entrega (ou à lavratura do termo) senão após a celebração do contrato definitivo.

10. Se tal contrato houvesse chegado a celebrar-se, e os vendedores se recusassem a cumprir a obrigação de entregar as ações ao portador, ou de participar na lavratura do termo concernente às ações nominativas, por que via processual poderia S.P.A.-S.A. postular a satisfação do seu direito?

O Código de Processo Civil, no art. 585, II, arrola, entre os títulos executivos extrajudiciais, "o documento público, ou o particular assinado pelo devedor e subscrito por duas testemunhas, do qual conste a obrigação de pagar quantia determinada, ou de entregar coisa fungível". Partindo-se da premissa de serem fungíveis as ações de sociedade anônima, estaria S.P.A.-S.A. em condições de instaurar desde logo, contra os vendedores, processo de execução por título extrajudicial, dispensado o exercício prévio de ação condenatória, em processo de conhecimento?

A semelhante pergunta não se pode, a rigor, dar resposta *a priori.* Uma vez que o contrato definitivo não chegou a celebrar-se, é impossível saber se o respectivo instrumento satisfaria os requisitos formais impostos pelo art. 575, II. *A fortiori,* impossível é saber se estariam presentes os requisitos de liquidez, certeza e exigibilidade, imprescindíveis a qualquer execução (art. 586, *caput*). Ainda que se admita ser inerente a um contrato de compra e venda a obrigação do vendedor de entregar a coisa vendida, e dado que tal contrato (*rectius*: o respectivo instrumento) se devesse reputar abrangido pela fórmula da lei ("documento... do qual conste a obrigação de... entregar coisa fungível"), pode muito bem conceber-se que a exigibilidade dessa obrigação ficasse dependente, *in concreto,* de alguma contraprestação, ou subordinada a condição ou a termo – o que lhe pré-excluiria a exequibilidade, enquanto não satisfeita aquela, ou advindo este.

11. Ganham tais observações relevo particular à vista do texto do ajuste de 4-9-1974. Com efeito, nele não chegaram as partes a fixar de modo completo e integral a disciplina da operação que tinham em vista realizar.

Basta atentar em dois pontos, deixados em aberto. Concerne o primeiro aos imóveis referidos na cláusula n. 3.4 do instrumento do ajuste. Uma parte deles poderia "permanecer no patrimônio da EMPRESA, para compensar eventual redução da situação patrimonial líquida estimada pelos ACIONISTAS", num máximo de Cr$ 40.000.000,00, "conforme avaliação a ser feita pela Bolsa de Imóveis do Rio de Janeiro", enquanto os demais deveriam "ser entregues aos ACIONISTAS, *mediante forma de direito a ser estudada" (sic)* [grifamos].

Outro ponto respeita à matéria versada na cláusula n. 7 do instrumento de 4-9-1974, que se limitou a estipular:

"7. Do contrato definitivo de compra e venda das ações a ser celebrado se, nos termos dos itens seguintes, vier a ser aperfeiçoada a compra e venda das ações, constarão cláusulas:

7.1. (...)

7.2. que imponham à PRETENDENTE a obrigação de:

7.2. 1. garantir com fiança idônea e capaz todas as obrigações que vier a assumir para com os ACIONISTAS;

7.2.2. substituir, em prazo a ser determinado, todas as garantias pessoais dos ACIONISTAS em favor da EMPRESA bem como de liberar as hipotecas que oneram atualmente imóveis que pertençam ou passem a pertencer ao patrimônio dos ACIONISTAS".

Tudo isso – a "forma de direito" pela qual se entregariam os imóveis aludidos na cláusula 3.4.1., a especificação das garantias a serem prestadas pela pretendente à compra, a determinação do prazo para o cumprimento da obrigação mencionada na cláusula 7.2.2. – teria necessariamente de encontrar regulamentação particularizada no contrato definitivo, importando criação de uma rede bastante complexa de direitos e obrigações recíprocos, de prestações e contraprestações de vária natureza. Revelaria excesso de simplismo afirmar, diante de tal quadro, que o contrato definitivo constituiria, em favor de C.P.A.-S.A., título extrajudicial hábil à instauração de processo de execução, como documento de que constasse, *sic el simpliciter*, "a obrigação de entregar coisa fungível". Estaria a desfigurar-se, além de toda medida razoável, o conteúdo de um negócio que de modo algum se mostra suscetível de redução a este último aspecto.

12. Outro tópico merece atenção no presente contexto. A menos que se queira dar extensão desmedida às *verba legis* ("entregar coisa fungível"), parece claro que de entrega, propriamente dita, apenas se poderia cogitar no que tange a ações ao portador, que se transferem "por simples tradição". A essa, pelo menos em princípio, concebe-se a aplicabilidade das normas do Código de Processo Civil que regem a "execução para a entrega de coisa".

O mesmo não acontece, à evidência, com as ações nominativas, cuja propriedade só se transmite pela forma prevista no art. 27, *a*, do Decreto-Lei n. 2.627, de 26-9-1940. Em relação a elas, far-se-ia necessária a subscrição do termo, pelos alienantes e pelos adquirentes, não bastando, como é intuitivo, a "entrega" dos títulos. Sendo assim, porém – mesmo afastadas, por hipótese, as objeções anteriores –, não há cogitar de eficácia executiva do contrato de compra e venda: se é possível admitir, em tese, que este constituísse título extrajudicial para uma execução destinada à simples *apreensão* de coisa fungível, em nenhuma regra do Código se encontrará base para atribuir-lhe função análoga relativamente a uma execução *de tipo diverso*, tendente a obter do devedor a prestação de um *fato* (subscrição do termo).

13. As considerações desenvolvidas nos itens anteriores já permitem enunciar duas conclusões importantes:

a) quanto às ações *ao portador,* é impossível dizer se o contrato definitivo de compra e venda, caso celebrado, se revestiria dos requisitos indispensáveis para que pudesse servir de título executivo suscitadas. Começaremos por focalizá-lo de outros pontos-de-vista, para tornarmos em favor do comprador;

b) no que concerne às ações *nominativas,* é certo que o contrato definitivo *não* teria, em caso algum, tal eficácia executiva.

Essas proposições assumem relevância para o exame da espécie à luz do art. 639 do Código de Processo Civil, invocado na petição inicial da "ação de adjudicação compulsória" proposta por S.P.A.-S.A., e cujo· teor é o seguinte: "Se aquele que se comprometeu a concluir um contrato não cumprir a obrigação, a outra parte, sendo isso possível e não excluído pelo título, poderá obter uma sentença que produza o mesmo efeito do contrato a ser firmado".

Oportunamente teremos de proceder ao confronto entre a norma transcrita e as características, acima apontadas, da hipótese sobre que versa a consulta. Esse confronto, porém, integrará uma nova etapa das nossas considerações, onde procuraremos esclarecer, a diversos ângulos, o sentido e o alcance do art. 639, buscando extrair do dispositivo os subsídios que ele é capaz de fornecer para o correto deslinde das questões, no momento próprio, ao tópico de que até agora nos vínhamos ocupando.

III

14. O art. 639 e o art. 641 do Código de Processo Civil refletem o amadurecimento de conhecida evolução doutrinária, e legislativa, em tema de obrigações de emitir declaração de vontade. Seria inútil recordar aqui as resistências opostas, e pouco a pouco vencidas, à ideia de que o órgão jurisdicional pode suprir, mediante sentença, a omissão de quem se haja obrigado a prestação de tal natureza. *Legem habemus,* e o que impende é esclarecer em que termos, e dentro de que limites, o direito positivo autoriza o juiz àquele suprimento, bem como determinar em que consiste o efeito da decisão acaso proferida com esse fim.

Em semelhante investigação, cumpre ter em vista que o texto do art. 639 nada mais é que a tradução quase literal do art. 2.932, 1ª alínea, do Código Civil italiano, fonte em que manifestamente se abeberou o legislador brasileiro de 1973: "Se colui che è obbligato a concludere un contralto non adempie l'obbligazione, l'altra parte, qualora sia possibile e non escluso dal titolo, puó ottenere una sentenza che produca gli effetti del contralto non concluso".

Daí a conveniência de recorrer-se, na interpretação do nosso dispositivo, aos subsídios ministrados pela doutrina peninsular, que se tem detido na análise da regra adotada como padrão. É o que faremos, sempre que nos pareça oportuno.

15. Costuma-se aludir, quando se versa a matéria, à "execução" específica (ou *in natura*) da obrigação de emitir declaração de vontade; mas desde logo se impõe deixar bem claro que, em tal contexto, "execução" não aparece com o sentido técnico que ao vocábulo atribui a terminologia jurídico-processual. Trata-se de proporcionar ao credor resultado prático igual ao que lhe adviria do cumprimento espontâneo da obrigação pelo devedor. Recusando-se este a emitir a declaração de vontade prometida, o juiz, se acolher o pedido do credor, coloca-o, com o trânsito em julgado da sentença, em situação jurídica equiparada à que se formaria por força da declaração. Particularizando a nossa exposição para ajustá-la de modo específico ao caso do contrato preliminar, que é o vertente: a sentença, passando em julgado, põe o credor em situação assimilada à que se formaria se a outra parte, emitindo a declaração de vontade a que se obrigara, concorresse com isso para a conclusão do contrato definitivo. A sentença "substitui", por assim dizer, o contrato definitivo não concluído.

Conforme se vê, estamos longe da ideia de "execução", entendida como novo processo, com o escopo de tornar concretamente efetiva, através de atos materiais, a disciplina da situação litigiosa, consagrada na sentença pela qual se encerrou o processo de conhecimento. O que se "executa", aí, é – digamos – a obrigação de concluir o contrato definitivo, e não a sentença. Caso se prefira, poder-se-á dizer que a sentença, ao transitar em julgado, "executa-se" a si mesma, prescindindo de qualquer ulterior atividade do órgão jurisdicional. CALAMANDREI, em famoso ensaio, utilizou-se de construção que encontrou receptividade na ciência processual, aludindo à "sentença como ato de execução forçada" (*"La sentenza come atto* di *esecuzione forzata", in Studi in onore di Alfredo Ascoli,* Messina, 1931, p. 219 e ss.). Respeitável setor doutrinário classifica tal decisão como constitutiva, por fazer nascer situação jurídica nova (assim, v.g., SATTA, *L'Esecuzione Forzata,* 4ª ed., Turim, 1963, p. 285; MICHELI, "Esecuzione forzata", *in Tutela dei Diritti,* L. VI do *Commentario del Codice Civile a cura* di *Antonio Scialoja e Giuseppe Branca,* Bolonha – Roma, 1953, p. 534). Em nosso ordenamento, porém, o art. 641 (de cuja norma constitui a do art. 639 mera *particularização*) fala em devedor *"condenado"*.

Seja como for, o que importa é ressaltar que não se segue processo de execução. A partir do trânsito em julgado da sentença, exaure-se (sem que o devedor precise praticar qualquer ato) a obrigação de declarar a vontade, ou seja, de concluir o contrato definitivo, e nascem, para ambas as partes, os direitos e obrigações que dele resultariam. Quanto à execução de alguma dessas obrigações, é problema distinto: impossível confundi-la com a "execução" *in natura* da obrigação *de contratar.*

16. Não é contudo ilimitada a possibilidade aberta à parte de obter "uma sentença que produza o mesmo efeito do contrato não concluído". O próprio texto legal, *expressis verbis,* condiciona essa possibilidade a dois requisitos, formulados na cláusula "sendo isso possível e não excluído pelo título" (*"qualora sia possibile e non escluso dai titolo"*, no modelo peninsular).

Deixando de lado o segundo requisito, que não interessa aqui, examinaremos o primeiro. Que quer dizer a lei com a expressão "sendo isso possível"? A doutrina italiana tem-se ocupado da questão, e eis o que a respeito escreve MICHELI, ob. cit., p. 534: *"Vi sono, infatti, delle ipotesi in cui nel contratto preliminare mancano troppi elementi che dovrebbero entrare poi nel contralto definitivo: si pensi, ad esempio, nel caso in cui le parti abbiano assunto il reciproco impegno di prestarsi reciprocamente a trattare per raggiungere l'accordo sulle condizioni dei futuro contratto. È evidente che in questa ipotesi, ed in altre consimili, il giudice non può surrogarsi alla parte inadempiente, perfezionando cosí il contratto definitivo. AI giudice stesso, in ogni modo, spetta di accertare nel singolo caso se dei pactum de compromittendo sorga oppur no un obbligo alla conclusione dei negozio definitivo, obbligo che sia completo in tutti i suoi elementi e che quindi, come tale, sia suscettibile di esecuzione forzata in forma specifica"* [sem grifo no original].

Nada mais acertado. Até o simples bom senso permite compreender que a lei não autoriza o órgão jurisdicional a determinar, pela parte, o conteúdo do contrato definitivo. Para que este possa ser "substituído" pela sentença, é indispensável que o juiz encontre já fixada, no pré-contrato, a disciplina negociai, que não lhe é dado modificar nem complementar. A sentença apenas supre a manifestação de vontade omitida quanto à conclusão do contrato definitivo; não pode suprir, todavia, a vontade mesma, ainda não manifestada no contrato preliminar, com relação ao modo pelo qual se devem compor os interesses das partes. Por isso, como diz MICHELI, a obtenção da sentença se torna impossível quando "*nel contralto preliminare mancano troppi elementi che dovrebbero entrare poi nel contralto definitivo*".

17. Ora, consoante já se frisou no item n. 11 deste parecer, não chegaram as partes, no ajuste de 4-9-1974, a prefixar de maneira completa o conteúdo do negócio que pretendiam realizar. Veja-se, por exemplo, a questão dos imóveis que deveriam "ser entregues aos acionistas, mediante forma de direito a ser estudada". Será porventura lícito ao juiz, na sentença, estabelecer essa "forma de direito", que ainda iria "ser estudada", para a entrega dos imóveis? E, se não lhe é lícito fazê-lo, ter-se-á de admitir que o ponto continue em aberto mesmo depois da sentença – cuja função, repita-se, é a de colocar as partes em situação jurídica igual à que se formaria pelo contrato definitivo?

Mais um exemplo: do instrumento do contrato de compra e venda teria de constar, entre outras, cláusula que impusesse a S.P.A.-S.A. garantir "com fiança idônea e capaz" todas as obrigações que viesse a assumir para com os vendedores. Como se precisarão, na sentença, o teor e a extensão de semelhante garantia? Pode acaso o juiz substituir-se aos vendedores para aceitar como "idônea e capaz" esta ou aquela fiança?

E ainda: que dizer da obrigação, que igualmente se atribuiria a S.P.A.-S.A., de "substituir, *em prazo a ser determinado,* todas as garantias pessoais dos acionistas em favor da empresa"? Caberia ao contrato definitivo, naturalmente, *determinar* o *prazo* para o cumprimento dessa obrigação. Na sua falta, contudo, será razoável entender-se que toque ao juiz determiná-la na sentença? E, não sendo isso razoável, deixará de existir aquela obrigação, ou ficará sem prazo, numa solução frontalmente contrária à vontade concorde manifestada pelas partes no ajuste de 4-9-1974?

18. Assentar, pois, que no referido ajuste já se formara o consenso sobre os elementos da compra e venda, e tirar daí a ilação de que nada obsta a que se converta em definitiva a regulamentação negocial provisória ali contida, francamente, seria raciocinar com excesso de simplismo. Dir-se-á que basta o consenso em torno dos elementos essenciais de um contrato de compra e venda: a coisa e o preço. A afirmação é de sedutora mas enganosa singeleza. Poderá valer para um negócio menos complexo, que não suscite as múltiplas e difíceis questões em que se desdobra a operação em foco, tal como a configuraram as próprias partes no ajuste de 4-9-1974.

Há contratos e contratos. Regras apriorísticas, indiscriminadamente aplicadas, conduzem a soluções iníquas ou até absurdas. Nem é outra a razão por que MICHELI, no passo transcrito, atribui ao juiz a missão "di accertare, nel singolo caso", se a obrigação está ou não completa "in tutti i suoi elementi". Na hipótese dos autos, proferir sentença que "substituísse" o contrato definitivo, não concluído, dando-lhe conteúdo idêntico ao do ajuste provisório de 4-9-1974 (e de que outro conteúdo se pode cogitar?) equivaleria a impingir como "definitivo" um contrato a todas as luzes insuficiente para regular, em termos definitivos – sem trocadilho – a operação de que se trata.

Note-se, ademais, que se mostra em si inexata, mesmo "em tese, a suposição de que essenciais, além do consenso, são unicamente a coisa e o preço. Estamos diante de compra e venda mercantil, e o Código Comercial, no art. 191, principio, estatui que tal contrato "é perfeito e acabado logo que o comprador e o vendedor se acordam na coisa, no preço e nas condições". Não se presumindo na lei a existência de palavras supérfluas, conclui-se que não é à coisa nem ao preço que se refere a parte grifada; logo, não basta o consenso quanto à coisa e ao preço, mas é necessário, ainda, que as partes estejam acordes no que respeita às restantes condições do negócio: "nas outras cláusulas", como explica PONTES DE MIRANDA, *Trat. de Dir. Priv.*, cit., v. 39, p. 6. Ora, já se demonstrou à farta que, *in casu,* diversas condições ficaram em aberto no ajuste preliminar, tendo-se reservado as partes para determiná-las no contrato definitivo.

19. Estará satisfeito, à vista do exposto, o requisito expresso na cláusula "sendo isso possível", do art. 639 do Código de Processo Civil? Pensamos que não. A sentença, repita-se, não é dado inovar na substância. A disciplina negocial que dela resulte não pode ser outra senão a que já estivesse fixada no pré-contrato. Se esta era incompleta, só as próprias partes, ao celebrarem o contrato definitivo, teriam a possibilidade de suprir o que faltasse. Quanto ao juiz, autoriza-o a lei, sim, a suprir a declaração de vontade da parte omissa; mas não o autoriza a criar, ele próprio, total ou parcialmente, o objeto dessa declaração de vontade.

Em outras palavras: hão de coincidir o conteúdo do contrato definitivo (de celebração suprível pela sentença) e o do contrato preliminar. Se não é possível fazê-los coincidir, porque este apresentava lacunas que não se concebe subsistam naquele, a única conclusão lógica é a de que o suprimento *ope iudicis* da celebração se revela impraticável.

20. As minutas elaboradas pelos advogados das partes, para o "contrato de compra e venda" e para o "instrumento de novação", corroboram de modo eloquente o que se acaba de dizer. Nelas, com efeito, não apenas se buscou miudear a disciplina negocial, mas também dar solução a várias questões que, no ajuste de 4-9-1974, haviam ficado em aberto.

Basta um rápido lançar de olhos ao teor dessas minutas, após o exame do texto do ajuste preliminar. O confronto é ilustrativo, dispensando comentário. Seria ocioso enumerar os pontos em que houve alteração das condições, e aqueles em que se procedeu à regulamentação de aspectos omitidos no pré-contrato. As próprias condições do pagamento do preço são diferentes, aqui e lá, como sem dificuldade se verifica pela simples comparação entre o que consta da cláusula n. 6 do ajuste de 4-9-1974 e o que se lê na cláusula 17ª da minuta de contrato de compra e venda.

É demasiado óbvio que não se poderiam levar em conta, na sentença, os dados das minutas, uma vez que delas não se passou à celebração do contrato definitivo. Trata-se de simples minutas, que como tais hão de ser consideradas. Não se formou, sobre o que nelas se contém, o consenso das partes. Mas o respectivo teor, e o fato mesmo de terem sido elaboradas, em forma tão diversa e com extensão tão maior que a do ajuste de 4-9-1974, servem de contraprova do que afirmamos, quanto à impossibilidade de converter-se em contrato definitivo algo que, comparado a elas, se reduz às proporções de mero esboço, incompleto e tosco, de um negócio cuja verdadeira fisionomia ainda não se tinha desenhado em seus traços finais.

21. Admita-se entretanto, para argumentar, que inexistisse o óbice apontado, e pudesse o órgão jurisdicional, só com os elementos do ajuste preliminar, proferir sentença capaz de produzir "o mesmo efeito do contrato a ser firmado" – ou seja, da compra e venda das ações de D.C.D.-S.A. Raciocinemos sobre essa premissa (que não se nos afigura correta), para investigar o resultado a que se chegaria se correta fosse ela.

Uma vez proferida a sentença do art. 639, ficariam as partes, desde o trânsito em julgado, na situação jurídica em que se achariam se porventura concluído o contrato definitivo. Talvez ocorra a alguém supor que, se com base neste, invocando o art. 585, II, estaria o comprador habilitado a promover, desde logo, execução para entrega das ações, idêntica seria a consequência caso suprida *ope iudicis* a celebração daquele contrato.

Semelhante inferência não resiste à análise. Em primeiro lugar, como já se demonstrou no momento adequado (itens n. 10 a 13 deste parecer), celebrado que fosse, porventura, o contrato definitivo de compra e venda, ainda assim:

a) no tocante às ações ao portador, é impossível dizer, *a priori,* sem conhecer-lhe o texto e as características formais, se ele constituiria ou não título executivo;

b) quanto às ações nominativas, é certo que não teria ele semelhante eficácia.

Embora tais considerações sejam em si bastantes para afastar a suposição acima figurada, vamos dar outro passo, para demonstrar que o eventual suprimento *ope iudicis* da conclusão do contrato definitivo não produziria, por si só, aquele efeito executivo, ainda que ao contrato pudéssemos atribui-lo.

22. À primeira vista, a tese afigura-se ousada. Pode dar a impressão de que entra em aberto conflito com a norma do art. 639, onde se alude a "uma sentença que produza o mesmo efeito do contrato a ser firmado". É justamente sobre a parte grifada que temos de concentrar agora a atenção, para determinar-lhe o verdadeiro sentido e alcance.

Um contrato produz efeitos de direito material, gerando direitos e obrigações para as partes, ou, ao menos, direitos para uma e obrigação para a outra; e pode produzir efeitos de direito processual, se a lei o considera título executivo. Nesta última hipótese, o credor insatisfeito não precisará recorrer à instauração de processo de conhecimento para obter sentença que condene o devedor ao cumprimento da obrigação:

poderá, desde logo, utilizar-se das vias executivas. Se alguém se obrigara a concluir contrato dotado de semelhante eficácia e depois se recusa à celebração, pode a outra parte, "sendo isso possível e não excluído pelo título", obter sentença que o "substitua". Pergunta-se: tal sentença produzirá "o mesmo efeito" do contrato não firmado, quer no plano do direito material, quer no plano do direito processual? Naquele, sem sombra de dúvida. E neste? Teria de reconhecer-se à sentença eficácia executiva, no sentido de que, com fundamento nela, estaria o vencedor habilitado a instaurar processo de execução para haver do vencido a prestação devida por força do contrato definitivo?

Não nos parece. Para que a sentença pudesse exercer a função de título executivo, com essa finalidade, seria necessário que nela se contivesse a condenação a prestar aquilo que o vencedor poderia exigir do vencido em virtude do contrato definitivo. Tal condenação, porém, *ex hypothesi* é estranha ao conteúdo da sentença, que se limita a suprir a declaração de vontade quanto à conclusão do contrato definitivo. Já se recordou, inclusive, a opinião de autorizados processualistas, que a incluem na classe das sentenças constitutivas (v., *supra*, item n. 15); mas, ainda que se entenda haver nela condenação – o que se afigura mais condizente com o teor do art. 641 –, será apenas condenação a emitir declaração de vontade, e não condenação *à prestação substancial*. Ora, só esta, e não aquela, serviria de fundamento a um processo de execução.

Por outro lado, admitir que o vencedor se valesse da sentença do art. 639 como título hábil para o imediato ingresso na via executiva seria, a rigor, atribuir àquela sentença não "o mesmo efeito" do contrato definitivo não concluído, mas um efeito mais intenso. Realmente: apesar da inovação consagrada pelo estatuto processual de 1973, que unificou o processo de execução, parificando à sentença condenatória os títulos extrajudiciais, subsiste uma diferença importantíssima entre a execução de sentença e a execução de título extrajudicial: nesta, é incomparavelmente mais ampla a possibilidade que se abre ao devedor de impugnar a execução através de embargos, como ressalta com nitidez cristalina do disposto no art. 745, *verbis:*

> *"Art. 745. Quando a execução se fundar em título extrajudicial, o devedor poderá alegar, em embargos, além das matérias previstas no art. 741, qualquer outra que lhe seria lícito deduzir como defesa no processo de conhecimento".*

Eis porque eminente comentador do diploma processual alude a "uma equiparação apenas parcial da eficácia do título extrajudicial à eficácia própria da sentença condenatória" (CELSO NEVES, *Comentários ao Código de Processo Civil,* v. VII, p. 237). Ora, não sendo possível reconhecer à sentença do art. 639 efeito mais intenso do que o que produziria o contrato definitivo por ela "substituído", segue-se que, na interpretação do dispositivo, é mister atender à distinção entre efeitos de direito material e efeitos de direito processual, para limitar àqueles a identidade de eficácia.

23. Objetar-se-á que, afinal, o que interessa ao credor, do ponto de vista prático, é a "prestação substancial" de que fala, no trecho citado em o item n. 1 deste parecer, CAIO MÁRIO DA SILVA PEREIRA. Se ele quer a conclusão do contrato definitivo, ou uma sentença que lhe faça as vezes, é para conseguir a satisfação concreta do seu interesse em obter aquilo que poderia exigir da outra parte, uma vez celebrado o contrato definitivo. Insuficiente, pois, seria a tutela que a lei lhe confere, assegurando-lhe, sob determinadas condições, a "execução" *in natura* do contrato preliminar, caso a isso não se acrescentasse a exigibilidade imediata, por via executiva (sem necessidade de novo processo de conhecimento), dos benefícios patrimoniais que lhe resultariam do cumprimento do próprio contrato definitivo.

A tal objeção é fácil responder. O credor tem à sua disposição o meio idôneo ao atingimento desse fim prático. Basta-lhe formular, na petição inicial, dois pedidos, em cumulação sucessiva: primeiro, que o juiz condene o devedor a emitir a declaração de vontade necessária ao aperfeiçoamento do contrato; segundo, que condene o devedor ao cumprimento já não mais da obrigação de contratar, mas da obrigação resultante do contrato definitivo. Era o que, ainda sob o Código de 1939, com referência ao seu art. 1.006, *caput,* ensinava LOPES DA COSTA:

> "A sentença que condena a uma declaração de vontade não preenche muita vez a finalidade do autor, quando, pela prestação jurídica que lhe foi dada, tem direito a uma prestação material.
>
> Na promessa de venda, por exemplo, o vencedor ainda tem a realizar o seu direito à entrega da coisa.
>
> A sentença em exame não tem execução.
>
> Dela é que nasce a obrigação do réu entregar e que há de ser objeto de outra ação – a de condenação à entrega.

Para evitar, porém, ter de voltar novamente a juízo, para completa satisfação de seu direito, deve o autor cumular os dois pedidos: o da prestação jurídica e o da prestação material" (*Direito Processual* Civil *Brasileiro,* 2ª ed., Rio, 1959, v. IV, p. 272/3).

24. Supondo-se, então, que seja possível o suprimento *ope iudicis* do contrato definitivo não concluído, e que desse contrato surja, para uma das partes, obrigação de dar, as coisas se passarão da seguinte maneira:

a) é lícito ao credor, no processo de conhecimento que instaure, cumular os dois pedidos – o de condenação a prestar a declaração de vontade não emitida (para usarmos a terminologia da lei) e o de condenação do devedor a entregar a coisa;

b) procedentes que se julguem ambos os pedidos, ter-se-á uma decisão objetivamente complexa: duas sentenças num só ato, formalmente uno;

c) a primeira sentença *é a de que trata o art.* 639: ela "executa" *in natura* o contrato preliminar, e com isso põe as partes na mesma situação jurídica que se formaria se porventura celebrado fosse o definitivo;

d) essa sentença, por si, não constitui título executivo, exaurindo-se toda a sua eficácia na "substituição" do contrato definitivo não concluído;

e) o vencedor estará, porém, habilitado a promover, oportunamente, a execução da segunda sentença, que condenou o réu à entrega da coisa, através do procedimento específico previsto na lei para esse tipo de execução.

Observe-se que há uma relação necessária, de antecedente a consequente, entre as duas sentenças. Juridicamente, forma-se uma cadeia em que não pode faltar qualquer dos elos. A segunda sentença (de condenação a entregar a coisa) pressupõe logicamente a primeira (de condenação a emitir a declaração de vontade), e é inconcebível sem esta: com efeito, antes dela não existia ainda a obrigação de dar, que só nasce do contrato definitivo (ou do pronunciamento judicial que o "substitui"), e não do pré-contrato, fonte apenas da obrigação de contratar. O processo de execução, por sua vez, pressupõe a segunda sentença e não poderia realizar-se com fundamento na primeira, que não constitui título hábil.

Qualquer lacuna nessa sequência impede o atingimento do fim prático a que visa o credor (obtenção da prestação substancial). Faltando a segunda sentença (condenação a dar), ficam as partes, sem dúvida, na situação que se criaria com a conclusão do contrato definitivo; mas o cumprimento de qualquer das obrigações dele resultantes terá de ser postulado em novo processo de conhecimento, não podendo ser exigido por via executiva. Faltando a primeira sentença (condenação à celebração do contrato definitivo), excluída fica a possibilidade da segunda: não se concebe que o juiz condene o réu ao cumprimento de uma obrigação que não nasceu, pois não existe contrato definitivo, nem decisão judicial que lhe faça as vezes, produzindo "o mesmo efeito" que exsurgiria de sua celebração.

25. Antes de passarmos à derradeira etapa das nossas considerações, em que examinaremos *in concreto* a postulação de S.P.A.-S.A., tal como formulada na inicial, à luz das conclusões até agora firmadas, vale a pena, por amor à clareza, recapitular, em breve síntese, os passos essenciais do raciocínio acima desenvolvido.

Começou-se pela demonstração de que não há contrato definitivo de compra e venda, nem se converteu em tal, pelo exercício da "opção", o ajuste datado de 4-9-1974 (itens n. 1 a 7). Explicou-se, de passagem, que seria *a fortiori* inteiramente falsa a suposição de já se haver transferido a S.P.A.-S.A. a propriedade das ações (item n. 8), faltando, para tanto, não só a conclusão do contrato definitivo, mas também a entrega das ações ao portador e a lavratura do termo de transferência das nominativas (item n. 9).

Procurou-se em seguida tornar claro que S.P.A.-S.A. não poderia promover execução forçada com base no contrato definitivo, porventura concluído, para haver as ações nominativas, sendo impossível saber, *in abstracto,* se tal contrato viria ou não a constituir, caso celebrado, título executivo com relação às ações ao portador (itens n. 10 a 13).

Passando-se à análise do art. 639 do Código de Processo Civil, sublinhou- se de início:

a) que a sentença a que ele alude, "executando" o pré-contrato, faz nascer as obrigações que do contrato definitivo resultariam, e nisso esgota a sua eficácia (itens n. 14 e 15);

b) que a possibilidade desse suprimento *ope iudicis* do contrato definitivo se condiciona legalmente à satisfação de determinados requisitos, avultando entre eles o de que, no pré-contrato, já se tenha estabelecido de maneira completa a disciplina negociai, certo como é que ao juiz não se faculta estipular cláusulas e condições, mas apenas suprir a declaração de vontade da parte quanto a cláusulas e condições prefixadas (item n. 16).

Buscou-se evidenciar, depois, que no caso sob exame o ajuste preliminar de 4-9-1974 não satisfaz o requisito mencionado, e por isso não é possível a obtenção de sentença que o "substitua" - ou, nos termos da lei, que produza "o mesmo efeito" (itens n. 17 a 20).

Demonstrou-se, enfim, que, mesmo a admitir-se - *ad argumentandum tantum* - a possibilidade da "substituição" do contrato definitivo pela sentença do art. 639, esta, por si, jamais valeria como título idôneo a fundamentar uma execução para entrega de coisa (itens n. 21 a 24). Semelhante execução só se tornaria viável se, além de suprir a falta do contrato definitivo, o órgão judicial viesse a condenar o devedor ao cumprimento da obrigação de dar, através de decisão distinta, embora formalmente unificada à primeira. Toda a indispensável ênfase - porque o ponto é capital - foi posta na observação de que a condenação a entregar necessariamente pressupõe o suprimento da declaração de vontade omitida, e é inconcebível sem ele.

Vejamos, agora, que conclusões, à luz de tudo que ficou dito, se extraem do exame da petição inicial da "ação de adjudicação compulsória" proposta por S.P.A.-S.A.

IV

26. No início da petição inicial, lê-se que a "ação de adjudicação compulsória" é "fundada no art. 1.126 do Código Civil". Reza esse dispositivo que "a compra e venda quando pura considerar-se-á obrigatória e perfeita, desde que as partes acordem no objeto e no preço".

A primeira observação cabível é a de que, em se tratando de compra e venda mercantil, o dispositivo pertinente seria, na melhor hipótese, o art. 191 do Código Comercial; o ponto, contudo, é de escassa relevância *(iura novit curia)*. O que importa é assinalar que a alusão àquele texto legal revela ter partido o autor da premissa de já existir um contrato definitivo de compra e venda; tal impressão, aliás, vê-se corroborada por diversas passagens da inicial, onde se faz menção a "compra e venda contratada" (fls. 4 dos autos), "contrato concluído" (fls. 5), "contrato de compra e venda concluído" (fls. 6). O trecho sublinhado a fls. 10 é até enfático: "Nesta data, firmou-se então, de forma indissolúvel, o contrato de compra e venda de ações entre Autora e os Réus".

Por isso, decerto, é que a fls. 13 dos autos, noutro passo da inicial, se depara referência ao "direito inconteste da Supte. de entrar na posse das ações". O direito de obter as ações surgiria, para S.P.A.-S.A., da celebração do contrato definitivo; nunca do mero pré-contrato de 4-9-1974 (ver item n. 2 deste parecer). Se lhe parece ter "direito inconteste" à obtenção, só pode ser porque considera haver-se concluído o contrato definitivo.

Ora, como longamente demonstrado (itens n. 1 a 7), tal contrato jamais se concluiu. Aliás, se ele existisse, não se compreenderia a invocação, feita pela Autora, dos arts. 639 a 641 do Código de Processo Civil (fls. 2, 14, 18 e 21 dos autos), pois esses dispositivos dizem respeito, precisamente, a hipóteses em que não chegou a ser emitida a declaração de vontade definitiva.

27. Por atribuir – erroneamente, a nosso ver – natureza de contrato definitivo ao ajuste de 4-9-1974, quando menos a partir do exercício da "opção", entendeu a Autora que, ao formular o *petitum,* podia limitar-se a pedir, na letra *a,* "sejam os Réus, solidariamente, condenados a procederem a imediata entrega das ações ou transferência do direito a elas referentes representando 97% (noventa e sete por cento) do capital atual da D.C.D.-S.A." (fls. 21 dos autos). Ora, tal condenação teria de seguir-se ao suprimento da declaração de vontade pelo juiz, mediante decisão que "substituísse" o contrato definitivo não firmado.

Sucede que, apesar de aludir aos arts. 639 e 640 do Código de Processo Civil, a Autora na verdade não incluiu no seu pedido a condenação dos Réus a emitir a declaração de vontade (que seria, em tese, suprível por meio da sentença). Podendo valer-se da cumulação sucessiva (ver item n. 23 deste parecer), não o fez. Formulou o pedido consequente sem formular o antecedente. Ocorre que aquele só seria acolhível se acolhido este, admitindo-se, para argumentar, que no tocante a este se achassem satisfeitos os requisitos da procedência.

A hipótese é análoga à que se configuraria relativamente, por exemplo, à ação de investigação de paternidade e petição de herança. Essas ações podem ser cumuladas no mesmo processo; e, julgada procedente a primeira, seguir-se-ia o acolhimento da segunda. O que, porém, não se concebe é que, sem a prévia certeza sobre a relação de filiação, se entre desde logo a julgar a petição de herança, e menos ainda que se acolha este pedido, sem haver sido formulado o antecedente.

28. Não valeria objetar que, tendo aludido aos arts. 639 e 640 do Código de Processo Civil, a Autora haveria implicitamente incluído no *petitum* a condenação dos Réus a emitir a declaração de vontade tendente à formação do contrato definitivo. A questão seria de mera interpretação do pedido, podendo o órgão judicial considerá-lo como abrangente do outro ponto, não explicitado pela Autora.

A isso se opõe, de modo categórico, o preceito claro do art. 293: "Os pedidos são interpretados restritivamente, compreendendo-se, entretanto, no principal os juros legais". Escreve a respeito CALMON DE PASSOS, *Comentários ao Código de Processo Civil,* v. III, p. 195:

> "Interpretar restritivamente o pedido é tirar dele tudo quanto nele se contém e *só o que nele se contém, sem que se possa ampliá-lo por força de interpretação extensiva ou por consideração outra qualquer de caráter hermenêutico.* Compreendido no pedido *só o que expressamente contiver, não o que possa, virtualmente, ser o seu conteúdo"* [sem grifo no original].

Por sua vez, PONTES DE MIRANDA assim se pronuncia sobre o dispositivo em foco, nos *Comentários ao Código de Processo Civil,* 1974, t. IV, p. 74/5: "Restrito ao pedido, não admite que, em caso de dúvida, *se compreenda nele o ponto de cuja inserção se duvida,* salvo se a dúvida é quanto à qualidade do pedido e não quanto ao pedido mesmo. (...) Quando se diz que os pedidos hão de ser interpretados de modo restrito, põe-se por princípio que *não são alargáveis pelos métodos exegéticos, incluindo- se o que podia ser incluído e não o foi, ou o que apenas aparece, em indícios de declaração que falhou* em *sua expressão"* [grifamos].

Com menor autoridade, em modesta exposição sistemática do procedimento segundo o novo estatuto processual civil, já tivemos ocasião de advertir: "Ao formular o pedido, nele precisa o autor, em regra, incluir *de modo expresso* tudo que pretende. O pedido interpreta-se restritivamente (art. 293, 1ª parte); e, se houver alguma omissão, só em outra ação poderá o autor pedir o que omitiu (art. 294)" (J. C. BARBOSA MOREIRA, . I, 1975, p. 23) [sem grifo no original].

Pedido "implícito" – se é própria tal maneira de dizer – só se concebe nos casos taxativamente contemplados em lei (arts. 293, *fine,* 290, 20, todos do Cód. Proc. Civil). Fora daí, não. Qualquer interpretação que se pretenda dar ao *petitum,* com fundamento em consideração ou argumentações feitas ao longo da inicial, ou na referência a dispositivos legais, em ordem a fazê-lo abranger o que nele não se ache expresso, infringe a norma do art. 293, 1ª parte.

29. Ora, o que não consta do pedido não pode ser objeto de julgamento. E clássica a regra da correlação entre a sentença e o pedido: *sententia debet esse libello conformis,* já diziam os antigos. E o nosso direito sempre se manteve fiel a semelhante princípio, que veda ao órgão judicial sentenciar *extra vel ultra petita partium.*

No Código em vigor, basta ler os arts. 128, 459 e 460, que se conjugam, formando uma unidade sistemática. De acordo com o primeiro, "o juiz decidirá a lide nos limites em que foi proposta, sendo-lhe defeso conhecer de questões, não suscitadas, a cujo respeito a lei exige a iniciativa da parte". Reza o segundo, na parte inicial, que "o juiz proferirá a sentença, acolhendo ou rejeitando, no todo ou em parte, o pedido do autor". E no último lê-se que "é defeso ao juiz proferir sentença, a favor do autor, de natureza diversa da pedida, bem como condenar o réu em quantidade superior ou em objeto diverso do que lhe foi demandado". Tudo tão claro, que qualquer comentário se torna supérfluo.

30. Em conclusão:

a) ainda que a Autora houvesse pedido, na ação que propôs, a condenação dos Réus a emitir a declaração de vontade necessária ao aperfeiçoamento da compra e venda das ações de D.C.D.-S.A., esse pedido, ao nosso ver, não mereceria acolhimento, porque o ajuste preliminar de 4-9-1974, firmado pelas partes, não satisfaz os requisitos indispensáveis à sua conversão *ope iudicis* em contrato definitivo;

b) não tendo a Autora formulado tal pedido, é vedado ao órgão judicial pronunciar-se sobre o ponto, e por conseguinte suprir a declaração de vontade omitida, "substituindo" o contrato definitivo pela sentença;

c) sem esse indispensável pressuposto, contudo, não há como admitir que possa o juiz condenar os Réus à entrega das ações, ou à prática de qualquer ato que já represente o cumprimento de obrigação cuja única fonte possível seria o contrato definitivo (celebrado ou "substituído" pela sentença).

***

Ex positis, respondemos negativamente aos quatro quesitos em que se desdobra a consulta:

1º) não é possível «ter como concluída a compra e venda das ações a que se refere o instrumento de 4-9-1974»;

2º) não se pode afirmar – muito ao contrário – que "naquele instrumento se contenham todos os elementos necessários à conclusão do contrato definitivo";

3º) não "poderia S.P.A.-S.A. obter, com base no art. 639 do Código de Processo Civil, uma sentença que produzisse o mesmo efeito do contrato a ser firmado" – ainda que o tivesse pedido;

4º) não "pode S.P.A.-S.A., sem ter formulado tal pedido, obter diretamente a condenação de A.A., V.P. e F.A.D.A. a entregar as ações de D.C.C.-S.A., ou a transferir à Autora os direitos que tem sobre essas ações".

É o que nos parece, salvo melhor juízo.

Rio de Janeiro, 28 de maio de 1975.

COMENTÁRIOS DO ATUALIZADOR

ADJUDICAÇÃO COMPULSÓRIA DE AÇÕES DE SOCIEDADE ANÔNIMA. PEDIDO E SENTENÇA.

Carlos Roberto Barbosa Moreira

1. De todos os pareceres publicados neste volume de *Temas*, o de que agora me ocupo talvez seja o mais importante e o de mais refinada elaboração. Não admira que o voto condutor do acórdão que, no STF, julgou a causa (RE nº 88.716-RJ), redigido pelo Ministro Moreira Alves, ocupe quase uma centena de páginas; e que, no julgamento daquele último recurso, mais de quatro anos após a emissão do parecer, tenham assomado à tribuna dos advogados, de um lado, um ex-Ministro (Victor Nunes Leal) e, de outro, um futuro Ministro da Corte (Alfredo Buzaid).[1]

1 Para uma análise crítica do acórdão do STF, veja-se Custódio da Piedade Ubaldino Miranda, *Comentários ao Código Civil*, v. 5, pp. 363 e ss.

2. Barbosa Moreira voltaria ao tema das sentenças aptas a produzir "o mesmo efeito do contrato a ser firmado" em pelo menos duas ocasiões: no relatório destinado a colóquio da Associação Internacional de Direito Processual, realizado em 1985 (publicado sob o título "Tendências na execução de sentenças e ordens judiciais: *Temas: Quarta Série*), e no trabalho originalmente publicado, em 1997, na coletânea de *Estudos de Direito Processual em Memória de Luiz Machado Guimarães*,[2] e mais tarde inserido em *Temas: Sexta Série* (também de 1997).

3. O parecer data de maio de 1975, sendo, portanto, anterior à vigente Lei das Sociedades Anônimas (Lei nº 6.404/1976), a qual revogou o Decreto-lei nº 2.627/1940, mencionado pelo parecerista (nos itens nºs 9 e 12). Pelo direito agora em vigor, todas as ações "devem ser nominativas" (art. 20, com a redação da Lei nº 8021/1990, que aboliu as ações ao portador). Continua a ser verdade que a transferência das ações nominativas opera-se mediante termo, no livro próprio da companhia (art. 31, § 1º).

4. Igualmente revogados foram os dispositivos do Código Comercial mencionados no parecer (itens nºs 5, 18 e 26), conforme se extrai do art. 2.045 do Código Civil de 2002. No sistema agora em vigor, contratos *civis* e *empresariais* (na terminologia do art. 421-A do Código Civil) se submetem, em princípio, às mesmas regras,[3] ressalvada a disciplina específica contida na legislação extravagante (*v.g.*, Lei nº 4.886/1965, sobre o contrato de representação comercial; Lei nº 13.996/2019, sobre o contrato de franquia empresarial). A Lei nº 13.874/2019 ("Declaração de Direitos de Liberdade Econômica") não alterou semelhante cenário, muito ao contrário: ela reincorporou ao direito positivo (mediante a inserção do § 1º ao art. 113 do Código Civil) a regra outrora conti-

2 Permito-me recordar ao leitor que Luiz Machado Guimarães foi o grande incentivador do então jovem Barbosa Moreira, como bem se extrai da dedicatória impressa em *O Juízo de Admissibilidade dos Recursos Civis* (de 1968). Veja-se o artigo "Luiz Machado Guimarães – Um processualista" (*in Grandes Juristas* Brasileiros: *Livro* II, pp. 125 e ss.), em que Barbosa Moreira analisou a obra e narrou alguns saborosos episódios da vida de seu "Mestre e Amigo".

3 "O Código civil atual pode dizer-se um código de direito privado porque regula uma extensa matéria de direito comercial" (Custódio da Piedade Ubaldino Miranda, *Comentários ao Código Civil*, v. 5, pp. 371-372).

da no art. 131, nº III, do Código Comercial (mencionada no item nº 5 do parecer),[4] mas não a limitou aos contratos empresariais. E, no art. 421-A do Código Civil, introduzido por aquele diploma, agora se afirma: "Os contratos civis e empresariais presumem-se paritários e simétricos até a presença de elementos concretos que justifiquem o afastamento dessa presunção, ressalvados os regimes jurídicos previstos em leis especiais (...)".

5. O parecer é anterior, igualmente, ao Código Civil de 2002, que se ocupou do contrato preliminar em seus arts. 462 a 466. No que diz respeito aos assuntos versados no parecer, a lei civil dispõe que "[o] contrato preliminar, exceto quanto à forma, deve conter todos os requisitos essenciais ao contrato a ser celebrado" (art. 462); que. "desde que dele não conste cláusula de arrependimento, qualquer das partes terá o direito de exigir a celebração do definitivo, assinando prazo à outra para que o efetive" (art. 463, *caput*); e que, "[e]sgotado o prazo, poderá o juiz, a pedido do interessado, suprir a vontade da parte inadimplente, conferindo caráter definitivo ao contrato preliminar, salvo se a isso se opuser a natureza da obrigação" (art. 464).

6. O CPC de 2015, ao tratar da "ação que tenha por objeto a emissão de declaração de vontade", não foi além de uma paráfrase do art. 466-A do anterior diploma (na versão original dele, art. 641).[5] Descartados foram os arts. 466-B[6] e 466-C[7] (originalmente, arts. 639 e 640). Mas a cláusula restritiva do revogado art. 466-B – pela qual a obtenção

4 "A interpretação do negócio jurídico deve lhe atribuir o sentido que: I – for confirmado pelo comportamento das partes posterior à celebração do negócio". O texto do art. 131, nº III, do Código Comercial afirmava que "[o] fato dos contraentes, posterior ao contrato, (...), será a melhor explicação da vontade que as partes tiveram no ato da celebração do mesmo contrato".

5 "Condenado o devedor a emitir declaração de vontade, a sentença, uma vez transitada em julgado, produzirá todos os efeitos da declaração não emitida".

6 "Se aquele que se comprometeu a conclui um contrato não cumprir a obrigação, a outra parte, sendo isso possível e não excluído pelo título, poderá obter uma sentença que produza o mesmo efeito do contrato a ser firmado".

7 "Tratando-se de contrato que tenha por objeto a transferência da propriedade de coisa determinada, ou de outro direito, a ação não será acolhida se a parte que a intentou não cumprir a sua prestação, nem a oferecer, nos casos e formas legais, salvo se ainda não exigível".

de sentença daquela espécie seria admissível "sendo isso possível e não excluído pelo título" – subsiste, no Código Civil, nas expressões "desde que dele [isto é, do contrato preliminar] não conste cláusula de arrependimento" (art. 463) e "salvo se a isso se opuser a natureza da obrigação" (art. 464).[8]

7. Continua a ser verdadeira, no sistema do CPC de 2015, a concepção, exposta no parecer (item nº 19), segundo a qual "hão de coincidir o conteúdo do contrato definitivo (de celebração suprível pela sentença) e o do contrato preliminar. Se não é possível fazê-los coincidir, porque este apresentava lacunas que não se concebe subsistam naquele, a única conclusão lógica é a de que o suprimento *ope iudicis* da celebração se revela impraticável". Em acórdão proferido ainda na vigência do Código anterior, que aplicou seu art. 466-A (e cujas conclusões, portanto, se mantém perfeitamente atuais), o STJ afirmou que "[a] sentença de que tratam os arts. 466-A e 466-B do CPC não pode constituir objeto de liquidação destinada à delimitação do objeto do contrato definitivo, pois deve conter, no momento de sua prolação, todos os elementos do título definitivo, de maneira a possibilitar o competente registro do imóvel" (REsp nº 1.033.893-RJ, j. 22.06.2010).[9]

---

8 Nas edições de *O Novo Processo Civil Brasileiro* anteriores à vigência da Lei nº 11.232/2005, Barbosa Moreira se detinha sobre aquela cláusula restritiva (presente, originalmente, no art. 639 do Código de 1973), ensinando que "a possibilidade ou a impossibilidade tem de ser apreciada, caso a caso, pelo órgão judicial. Ainda não se encontrou fórmula genérica que englobe todas as hipóteses de impossibilidade; esta pode originar-se de variadas circunstâncias (...)". Pouco adiante, em relação à expressão "não excluído pelo título", o autor aludia à hipótese de "cláusula incompatível com a exigibilidade compulsória do contrato a ser firmado: *v.g.*, se se reservou o direito de arrependimento" (na 24ª ed., de 2006, pp. 211-212). Tais afirmações foram repetidas, mais tarde, no trabalho "Aspectos da 'execução' em matéria de obrigação de emitir declaração de vontade", *in Estudos de Direito Processual em Memória de Luiz Machado Guimarães*, p. 213.

9 O excerto está na ementa do julgado, de cuja motivação se colhe o seguinte passo: "Pelo que se depreende da inicial, a 'ação de cumprimento de obrigação de fazer', ajuizada pela recorrida foi proposta com fundamento nos arts. 641 do CPC (atual art. 466-A). Assim, a primeira questão que deve ser apurada, a partir dessa constatação, diz respeito à possibilidade de um pronunciamento judicial substitutivo da vontade das partes nas hipóteses em que os elementos do contrato definitivo ainda não estão integralmente delimitados, ou seja, é necessário verificar se estão presentes as condições jurídicas para imediata outorga do título definitivo à recorrida. Conforme destaca o recorrente em suas razões de recurso especial, 'não

8. O novo CPC não repetiu a regra do anterior (art. 293) sobre *interpretação do pedido*, objeto de considerações no item nº 28 do parecer. Substituiu-a por outra, bem mais elástica: "A interpretação do pedido considerará o conjunto da postulação e observará o princípio da boa-fé" (art. 322, § 2º). Dela se extrai que o juiz deve levar em conta "tudo o que é alegado na petição inicial e, não necessariamente no local por ela indicado como 'pedido' (...)" (Cassio Scarpinella Bueno, *Manual do Direito Processual Civil*, p. 346). Em outras palavras, "o pedido não deverá ser interpretado como no Código anterior, restritivamente, mas, sim, da forma mais proveitosa possível, homenageando o princípio da instrumentalidade e da utilidade" (Paulo Cezar Pinheiro Carneiro, *O Novo Processo Civil Brasileiro*, p. 16). Mas, quando adotada, essa "interpretação sistemática ampliativa" deve subordinar-se à regra do art. 10 do novo CPC,[10] de forma a assegurar "às partes a possibilidade de se manifestarem sobre a interpretação que o magistrado pretende dar ao pedido, toda vez que ele fugir à literalidade do que foi descrito na petição inicial" (Susana Henriques da Costa, *Comentários ao Novo Código de Processo Civil* (coord. Antonio do Passo Cabral e Ronaldo Cramer), p. 510)

9. O art. 585, nº II, que o parecer aborda em seu item nº 10, é o da versão *original* do CPC de 1973. Sua redação fora alterada, antes do advento do novo CPC, pela Lei nº 8.953/1994, que abrangeu, num único inciso,[11] os títulos executivos extrajudiciais agora enumerados em três diferentes incisos do vigente art. 784. No último deles (nº IV), foram

se pode cogitar, no caso destes autos, de uma condenação a emitir declaração de vontade, referente a um contrato imobiliário cujo objeto só poderá ser conhecido em liquidação. Ou o bem imóvel já está definido no pré-contrato, ou bem não está; e, na segunda hipótese, não incide nem o art. 466-A, nem o art. 466-B, exatamente porque, para haver sentença dessa espécie, há de estar previamente definido o objeto do contrato principal' (e-STJ fl. 1.350 – com destaques no original".

10 "O juiz não pode decidir, em grau algum de jurisdição, com base em fundamento a respeito do qual não se tenha dado às partes oportunidade de se manifestar, ainda que se trate de matéria sobre a qual deva decidir de ofício".

11 "II – a escritura pública ou outro documento público assinado pelo devedor; o documento particular assinado pelo devedor e por duas testemunhas; o instrumento de transação referendado pelo Ministério Público, pela Defensoria Pública ou pelos advogados dos transatores".

incluídas as expressões "pela Advocacia Pública" e "por conciliador ou mediador credenciado por tribunal".

Bibliografia (obras citadas pelo atualizador)

BARBOSA MOREIRA, José Carlos. "Aspectos da 'execução' em matéria de obrigação de emitir declaração de vontade". *In*: BARBOSA MOREIRA, José Carlos (coord.). *Estudos de Direito Processual em Memória de Luiz Machado Guimarães*. 2ª ed. Rio de Janeiro: Forense, 1999.

BARBOSA MOREIRA, José Carlos. "Luiz Machado Guimarães – Um processualista". *In*: RUFINO, Almir Guasquez; Penteado, Jaques de Camargo (orgs.). *Grandes Juristas Brasileiros: Livro II*. 1ª ed. São Paulo: Martins Fontes, 2006.

BARBOSA MOREIRA, José Carlos. *O Novo Processo Civil Brasileiro*. 24ª ed. Rio de Janeiro: Forense, 2006.

BARBOSA MOREIRA, José Carlos. *O Novo Processo Civil Brasileiro*. 29ª ed. Rio de Janeiro: Forense, 2012.

BUENO, Cassio Scarpinella. *Manual de Direito Processual Civil*. 4ª ed. São Paulo: Saraiva, 2018.

CARNEIRO, Paulo Cezar Pinheiro. *O Novo Processo Civil Brasileiro*. 2ª ed. Rio de Janeiro: Forense, 2021.

COSTA, Susana Henriques da. Comentário ao art. 323. *In*: CABRAL, Antonio do Passo; CRAMER, Ronaldo (coord.). *Comentários ao Novo Código de Processo Civil*. 2ª ed. Rio de Janeiro: Forense, 2016.

MIRANDA, Custódio da Piedade Ubaldino. *Comentários ao Código Civil*. São Paulo: Saraiva, 2013, v. 5.

CONDOMÍNIO DE EDIFÍCIO DE APARTAMENTOS: CAPACIDADE PARA SER PARTE E LEGITIMAÇÃO PARA AGIR. CAUÇÃO

1. A posição do condomínio de edifício de apartamentos, no processo civil, tem de ser examinada por dois prismas: o da capacidade e o da legitimação. Na primeira perspectiva, trata-se de saber se o condomínio, *in abstracto,* pode ocupar, em algum processo, a posição de parte; na segunda, se *in concreto,* com relação a determinado litígio específico, deve ser-lhe reconhecida qualidade para demandar (ou, eventualmente, para ser demandado), de tal sorte que o contraditório em juízo se haja de considerar regularmente instaurado com a presença do condomínio como autor (ou como réu).

2. Em regra, só aos entes dotados de capacidade *no plano do direito material* é que se atribui a possibilidade de figurar como parte em qualquer processo. Ora, a despeito de forte tendência doutrinária, no Brasil e alhures, à personificação do condomínio especial (ver, a respeito, CAIO MÁRIO DA SILVA PEREIRA, *Condomínio e Incorporações,* Rio, 1965, p. 71 e ss.), entre nós, *de lege lata,* não está ele incluído no elenco das pessoas jurídicas.

A regra acima enunciada, porém, comporta exceções, abertas pelo ordenamento em atenção a razões de conveniência. Admite-se, em vários casos, que entes *não personificados* ocupem, no processo, posição de parte, como se tivessem personalidade. Em doutrina, tem-se às vezes usado, para designar tais entes, a expressão "pessoas formais".

É precisamente o caso do condomínio de edifício de apartamentos. Mesmo antes da Lei n. 4.591, de 16-12-1974, notória construção jurisprudencial vinha reconhecendo ao condomínio a possibilidade de agir em juízo, através do síndico. O referido diploma consagrou em termos expressos tal orientação, estatuindo no art. 22, § 1º:

> "Compete ao síndico:
>
> *a) representar, ativa e passivamente, o condomínio, em juízo* ou fora dele, e praticar os atos de defesa dos interesses comuns, nos limites das atribuições conferidas por esta lei ou pela Convenção".

A evolução legislativa completou-se com o advento do novo Código de Processo Civil, cujo art. 12 reza:

> "*Serão representados em juízo*, ativa e passivamente:
>
> (...)
>
> IX – o condomínio, pelo administrador ou pelo síndico".

Conforme explica HÉLIO TORNAGHI (*Comentários ao Código de Processo Civil*, São Paulo, 1974, v. I, p. 135), "o condomínio, *rectius* o conjunto dos condôminos, porta-se então *como se fosse* pessoa jurídica. Não se trata, na realidade, de pessoa jurídica (...). Mas a lei de processo concede *personalidade judiciária* ao condomínio, que passa a ter *capacidade de ser parte* e é representado pelo administrador ou pelo síndico *(capacidade processual)*" [grifos do autor].

Os comentadores do estatuto de 1973 inclinam-se a entender que a disposição do art. 12, n. IX, se refere exclusivamente ao condomínio especial, e não ao comum, regido pelo Código Civil (cf. CELSO AGRÍCOLA BARBI, *Comentários ao Código de Processo Civil*, v. I, t. I, p. 152/3; ARRUDA ALVIM, *Código de Processo Civil Comentado)* v. II, p. 82). Não há necessidade, aqui, de nos determos no exame desse ponto, visto que *in casu* se trata, justamente, de um condomínio de edifício de apartamentos.

Com isso já se deu resposta suficiente à primeira indagação. E. hoje indiscutível, no direito brasileiro, a capacidade do condomínio especial para ser parte em processo civil. Estará ele em juízo por meio do síndico.

3. Cumpre agora analisar a questão da legitimidade. A lei não discrimina, em enumeração exaustiva, todas as situações em que se reputa habilitado o condomínio, através do síndico, a litigar. Há disposições esparsas, como as dos arts. 12, § 2º, e 21, da Lei n. 4.591: a primeira alude à cobrança judicial das contribuições devidas pelos condôminos, em consequência do rateio das despesas condominiais; a segunda, à da multa porventura cominada na Convenção ou no regimento interno do edifício para a violação de qualquer dos deveres naquela estipulados.

Não se deve supor, todavia, que semelhantes disposições *esgotem* as hipóteses de *legitimatio ad causam* do condomínio; nem que o síndico só esteja autorizado a agir, como representante deste, contra algum ou alguns dos próprios condôminos. No campo trabalhista, por exemplo, dispõe a Lei n. 2.757, de 23-4-1956, art. 2º, que "são considerados representantes dos empregadores nas reclamações ou dissídios movimentados na Justiça do Trabalho os síndicos eleitos entre os condôminos". Tranquilo, aliás, é o entendimento de que o síndico não tem qualidade apenas para defender o condomínio em ações trabalhistas propostas pelos empregados deste, mas também para instaurar, por sua vez, em sendo o caso, inquérito perante a Justiça do Trabalho, com a finalidade de promover a rescisão do vínculo contratual.

O exemplo invocado mostra-se útil para ilustrar certas proposições relevantes. Uma delas é a de que não há exaustividade nas disposições legais concernentes à matéria. Outra é a de que não cabe duvidar da possibilidade de ir a juízo o condomínio, através do síndico, para pleitear providências jurisdicionais em face de pessoas estranhas à comunhão condominial.

4. O critério fundamental a que se deve atender, no direito brasileiro, para aferir a legitimação *ad causam*, é o da titularidade da pretensão que se quer deduzir. Basicamente, legitima-se à propositura de qualquer ação quem se apresente como titular da relação jurídica material sobre que se controverte. É o que faz certo a norma do art. 6º do Código de Processo Civil: "Ninguém poderá pleitear, em nome próprio, direito alheio, salvo quando autorizado por lei". A ressalva da cláusula final evidencia que a regra não é absoluta: existem, com efeito, diversos e notórios casos em que o ordenamento reconhece qualidade para figurar no processo como parte a quem não é sujeito da lide (legitimação extraordinária ou anômala), convindo sublinhar que a autorização legal reclamada pelo dispositivo em foco não precisa constar, em termos expressos e categóricos, de determinado texto: basta que se possa inferir, com segurança, mediante a aplicação dos recursos da interpretação sistemática.

No condomínio de edifício de apartamentos coexistem, ninguém o ignora, a propriedade exclusiva de cada condômino sobre a respectiva unidade e a copropriedade de todos sobre as partes comuns. Ademais, a vida da comunhão condominial determina o nascimento de relações jurídicas de vária natureza não apenas a ligar entre si os condôminos, senão também entre estes e terceiros, como fica patente no plano do direito do trabalho. Poderá negar-se, por amor à ortodoxia dogmática, que o condomínio, como tal, seja, do ponto de vista substantivo, sujeito de direitos e obrigações: a isso levaria, no rigor da lógica, a exclusão da personalidade jurídica, que não se lhe reconhece. As relações de direito que se formem com terceiros, no âmbito dos interesses comuns, teriam como cotitulares os próprios condôminos. Esse é o modo tradicional de pensar.

Mas a verdade é que o ordenamento, ao menos para fins processuais – e, como adiante se verá, não só para tais fins –, optou por concentrar num ente único (o condomínio, representado pelo síndico) a qualidade paia discutir em juízo aquelas relações. Observe-se que o art. 22, § 1º, *a*, da Lei n. 4.591 habilita o síndico a representar o condomínio em juízo ativa e passivamente. Significa isso que existe a possibilidade – e não se trata de ocorrência muito rara na prática judiciária – de alguém (integrante ou não, pouco importa, da comunhão condominial) propor ação contra o condomínio; e bastará a citação do síndico, dispensando-se a dos condôminos, individualmente considerados. Nem se restringe o fenômeno, longe disso, à esfera trabalhista: como observa CAIO MÁRIO DA SILVA PEREIRA, ob. cit., p. 160, abrange a regra legal qualquer "processo em que se litigue sobre pretensão oponível à comunhão". A título de exemplo, figure-se a hipótese de que terceiro, vítima de acidente no elevador do edifício, queira reclamar em juízo perdas e danos (cf. CELSO AGRÍCOLA BARBI, ob. e v. cit., p. 153). Nada importaria dizer-se que a obrigação de ressarcir não pertence ao condomínio, por não ser este pessoa: o certo é que lhe caberia, no processo, a posição de réu, e a citação do síndico seria suficiente.

5. Na consulta, porém, indaga-se da legitimação ativa. Aí, o que releva é distinguir entre as pretensões individuais dos condôminos, nascidas da propriedade exclusiva que têm sobre as respectivas unidades, e as pretensões da comunhão, referentes ao que, por ser de todos, a todos igualmente interessa. É claro que cada condômino será parte legítima para postular em juízo, autonomamente, direito seu, quer em face de terceiro, quer de outro condômino, quer ainda da própria comunhão – como ocorreria, v.g., na repetição de quantia indevidamente paga a título de contribuição para as despesas comuns, ou na impugnação da validade de deliberação da assembleia condominial, casos em que tocaria ao condomínio (representado pelo síndico) a legitimação passiva, no processo instaurado pelo condômino.

Se, no entanto, se trata de fazer valer em juízo pretensões comuns contra algum condômino, ou contra terceiro, nasce para o condomínio a legitimação ativa; e, segundo os textos, competirá ao síndico representá-

-lo. Aludindo obviamente a tais hipóteses, chega autorizado comentador do vigente Código de Processo Civil a escrever que "o condomínio na realidade é, propriamente, o sujeito do direito, porque assim dispõe a lei do processo" (ARRUDA ALVIM, ob. e loc. cit.). Oportuno repetir que não procederia a objeção formulada por quem, fiel ao dogma da inexistência de personalidade jurídica no condomínio, recuasse diante da ideia de atribuir-se a este a titularidade de direitos e pretensões. Construa-se como se queira no plano substantivo: na pior hipótese, para fins processuais, a solução não pode ser outra senão a que nitidamente consagra o sistema do *ius positum.*

Se recorrermos, ainda uma vez, à monografia de CAIO MÁRIO DA SILVA PEREIRA, nela colheremos a lição de que o síndico "tem qualidade para litigar, com condômino ou estranho, no que se refira à manutenção das regras de boa vizinhança, como também na manutenção ou na reintegração de posse sobre as coisas e áreas comuns" (ob. cit., p. 160). O princípio subjacente é sempre o mesmo; se o conflito de interesses respeita *à comunhão,* e não exclusivamente a este ou àquele condômino, impossível se torna recusar ao condomínio (representado pelo síndico) a *legitimatio ad causam.*

6. Na hipótese de que se cuida, segundo informa o ilustre Advogado consulente, a parte residencial do edifício, para a qual se concedeu "habite-se" em 1970, está sofrendo recalque diferencial superior a 1,50 m. Isso vem impedindo que se termine a construção da parte destinada a garagens, paralisada a obra até esta data. Quer-se tomar as medidas judiciais adequadas em face dos responsáveis pelos prejuízos que daí decorrem.

Ora, é bem de ver que a questão interessa simultaneamente a cada proprietário de unidade autônoma, como tal, e à comunhão dos condôminos. Basta pensar que os riscos e os danos já causados de modo algum se restringem às unidades autônomas; antes afetam primordialmente o edifício considerado como um todo, inclusive, à evidência, as partes comuns. Se, conforme visto, compete ao síndico, na qualidade de representante do condomínio, promover ações concernentes à posse das coisas e áreas comuns, *a fortiori* não se lhe há de negar habilitação para demandar em matéria que diz respeito à própria existência (ou subsistência) de semelhantes coisas e áreas.

Não valeria objetar que inexiste relação jurídica de direito material entre o condomínio e os responsáveis pelos riscos e danos. Tal argumento está viciado por um erro de perspectiva: visualiza-se o problema exclusivamente à luz da concepção clássica, segundo a qual, não tendo o condomínio personalidade jurídica, não pode ser titular de direitos e obrigações. É um raciocínio extremamente formalístico, que ignora o aspecto decisivo da questão. Não há como ocultar o fato de que em numerosas circunstâncias nascem créditos e dívidas imputáveis à comunhão condominial; e irrelevante se mostra, quando menos para efeitos processuais, indagar se dessas situações jurídicas ativas ou passivas é sujeito o condomínio ou são sujeitos os condôminos – irrelevante, porque do sistema de normas vigentes entre nós emerge com toda a clareza a possibilidade de assumir o condomínio, dos processos judiciais concernentes àqueles créditos e dívidas, a posição de autor ou de réu, respectivamente.

Numerosos, aliás, são os feitos onde o condomínio figura ou tem figurado – e legitimamente – como parte, ativa ou passiva, exatamente por tratar-se de conflitos de interesses que não se limitam à esfera individual de cada condômino, mas alcançam a comunhão como um todo. Vale a pena lembrar, a título exemplificativo, o V. Acórdão do Tribunal de Justiça do antigo Estado da Guanabara, de 29-10-1968, na Apelação Cível n. 60.172. Deu causa ao processo a existência de um vazamento d'água, oriundo de área comum e atribuído à má execução da obra de construção do prédio. Acionada a empresa construtora pelo proprietário da unidade atingida e também pelo condomínio, condenou-a o Tribunal a realizar os reparos necessários e a ressarcir os prejuízos ocorrentes (v. *Rev. dos Tribs.*, 418/360 e ss.). É manifesta a analogia entre essa hipótese e a de que se cogita na consulta.

7. Convém ressaltar, aliás, que mesmo no plano material, hoje, à vista do ordenamento positivo brasileiro, o dogma da não personificação do condomínio especial tem de ser acolhido com certo temperamento. Ainda quem se queira aferrar àquela maneira tradicional de ver as coisas terá de render-se à evidência de que o *ius positum,* em mais de um caso, reconhece indubitavelmente o condomínio como sujeito, ele próprio, de relações jurídicas.

Exemplo frisante é o que se tira do disposto no art. 63, § 3º, da Lei n. 4.591, de acordo com o qual, no leilão público de unidades cujos adquirentes houverem ficado em mora, "o condomínio, por decisão unânime da Assembleia Geral, em condições de igualdade com terceiros, terá preferência na aquisição dos bens, caso em que serão adjudicados ao condomínio". A redação é até redundante; no texto aparece duas vezes "o condomínio como o adjudicatário. Essa adjudicação constitui título para a aquisição da propriedade dos aludidos bens pelo condomínio, em cujo nome se deve fazer a transcrição imobiliária, conforme demonstrou, com argumentação irrespondível, CAIO MÁRIO DA SILVA PEREIRA, em artigo recentemente publicado na *Rev. Forense,* v. 245, sob o título "Condomínio especial em edifício coletivo" (ver p. 50/1). Quer isso dizer que o condomínio se investe na posição de proprietário das unidades adjudicadas.

Uma de duas, portanto: ou se abandona o princípio da não personificação, ou pelo menos se admite que, a despeito de não ser pessoa jurídica, o condomínio especial se coloca, sob determinadas circunstâncias, em situação inteiramente igual à que teria se personificado. E a atitude do ilustre civilista supracitado, que nos adverte da necessidade de não nos deixarmos "dominar por ideias preconcebidas para interpretar somente à luz de conceitos vetustos", acrescentando que, "se a Lei n. 4.591 concede ao condomínio a adjudicação de unidade leiloada, não pode o aplicador recusar esta aquisição, sob fundamento de que o condomínio não tem personalidade jurídica". E o que se diz da propriedade, que ele sem dúvida está habilitado a adquirir, dir-se-á, por igualdade de razões, de uma série de outros direitos, dos quais se apresentará como titular o condomínio, muito embora não o haja incluído o texto legal entre os entes dotados de personalidade jurídica. Não se compreenderia, realmente, que, podendo ser proprietário não pudesse ele ser credor, e como tal reclamar em juízo o que lhe seja devido.

8. As premissas até aqui assentadas permitem, ao nosso ver, afirmar a legitimidade do condomínio para propor as ações cabíveis, com fundamento nos fatos descritos na consulta. Essa legitimidade não exclui, é óbvio, a dos condôminos individualmente considerados, que queiram fazer valer os seus direitos, em face dos eventuais responsáveis. A matéria, sem sombra de dúvida, interessa tanto ao que há de comum no edifício como ao que nele há de pertencente com exclusividade aos diversos coproprietários. Daí coexistirem a legitimação do condomínio e a legitimação dos condôminos.

Assim, tanto é lícito ao condomínio exercer em juízo, por si só, as suas pretensões contra os responsáveis, quanto exercê-las em conjunto com algum condômino (ou com alguns condôminos) que porventura também litigue(m), ou venha(m) a litigar, com base nos mesmos fatos. Se se trata de processo a instaurar-se futuramente, é admissível o litisconsórcio entre condomínio e condômino (s). Se se trata de processo já instaurado per qualquer dos condôminos, ou por mais de um, destinando-se a sentença a influir na relação jurídica entre o condomínio e o réu, pode aquele invocar o disposto no art. 54 do Código de Processo Civil, para ingressar no feito como "assistente litisconsorcial". Essa modalidade de assistência, como explica CELSO AGRÍCOLA BARBI, ob. cit., v. I, t. I, p. 290, tem lugar "quando a intervenção do terceiro se justifica, porque o direito em litígio é do assistido, mas também do assistente, o qual teria legitimação para discuti-lo sozinho ou em, litisconsórcio com outros cotitulares dele". É precisamente o que aqui se dá.

Ainda uma vez cabe prevenir a objeção que se pretenda tirar do teor literal do art. 54, *verbis* "relação jurídica". Dir-se-á que não existe relação jurídica entre o condomínio, como tal: e os responsáveis pelos danos e riscos. A resposta já está contida no que acima se disse. Quem encare a matéria com visão despojada de preconceitos, reconhecerá que o condomínio – independentemente de estar ou não incluído entre as pessoas jurídicas – pode ser titular de direitos e obrigações; ou pelo menos, se a tanto não se quiser chegar, que a lei o trata como se fosse titular de direitos e obrigações, de sorte que a disciplina prática a ser observada não é outra senão a que se aplicaria na hipótese de personificação do condomínio, sempre que se cuidar de interesses comuns, conforme à evidência ocorre *in casu.* Seja ou não seu o crédito, o que não se pode é recusar ao condomínio legitimação para reclamá-lo em juízo.

9. Nas hipóteses atinentes às suas atribuições ordinárias, incluídas nos poderes normais de administração, não precisa sequer o síndico de autorização específica dos condôminos para demandar, como representante do condomínio, na defesa dos interesses comuns. Serviria de exemplo a cobrança judicial de quotas devidas por qualquer dos coproprietários, ou de multa em que houvesse incorrido algum por infração de norma convencional. Na espécie versada, ao contrário, a autorização da Assembleia parece-nos necessária, pois o assunto ultrapassa as raias da administração ordinária. Não há, para isso, exigência de *quorum* especial da Lei n. 4.591. Regerá o ponto o que a respeito dispuser a convenção condominial.

10. Resta considerar a última parte da consulta, onde se pergunta se pode o condomínio, ou algum condômino, requerer medida cautelar contra os responsáveis, inclusive a prestação de caução.

Quanto à legitimação para pleitear a providência, nenhuma dúvida é admissível. Quem se legitima à causa principal obviamente se legitima à postulação de medidas destinadas a garantir a eficácia prática do julgamento que naquela se venha a proferir. Todo aquele que está habilitado a pedir a condenação de outrem *ipso facto* habilitado está a pedir que se lhe assegure, tanto quanto possível, a frutuosidade da eventual execução.

No que tange ao cabimento da medida especificamente cogitada – prestação de caução –, importa assinalar que o art. 799 do Código de Processo Civil a menciona *expressis verbis,* ao lado de outras providências, entre as que o juiz se encontra autorizado a decretar, "para evitar o dano", no caso do art. 798, assim redigido:

"Art. 798. Além dos procedimentos cautelares específicos, que este Código regula no Capa II deste Livro, poderá o juiz determinar as medidas provisórias que julgar adequadas, quando houver fundado receio de que uma parte, antes do julgamento da lide, cause ao direito da outra lesão grave e de difícil reparação".

O confronto entre os dois textos revela que, ao aludir no art. 799 à "prestação de caução", não está o vigente diploma processual fazendo referência à "caução" que constitui um dos "procedimentos cautelares específicos" regulados no Cap. II (arts. 826 e ss.). Do contrário, com efeito, não se justificaria a alusão expressa no art. 799: a providência já estaria abrangida pela cláusula inicial do art. 798. Inteira razão assiste a OVÍDIO A. BATISTA DA SILVA, *As Ações Cautelares e o Novo Processo Civil,* Porto Alegre, 1973, p. 77, quando afirma que "o art. 799 incide nas hipóteses em que não se componham os suportes fáticos de incidência das ações cautelares previstas no Cap. II". Justamente nessas hipóteses é que se precisa recorrer à disposição genérica; qualquer outro entendimento importaria torná-la supérflua.

Daí se extrai relevante consequência: a de que, para impor a prestação de caução, nos termos do art. 799, não precisa o órgão judicial estar a tanto autorizado por alguma norma jurídica, de direito substantivo ou de direito processual, onde se consagre a obrigação de caucionar em determinada hipótese específica. Não são apenas as cauções individualizadas na lei civil, ou na lei comercial, ou em regras de direito administrativo, ou noutros dispositivos do próprio estatuto processual, que podem ser exigidas. A título cautelar, é lícito ao juiz "impor a prestação de caução" todas as vezes que concorram os pressupostos comuns das providências dessa natureza, tais como os enuncia o art. 798 do Código de Processo Civil. Bastará, pois, o "fundado receio de que uma parte, antes do julgamento da lide, cause ao direito da outra lesão grave e de difícil reparação".

Sub censura.

Rio de Janeiro, 15 de julho de 1975.

COMENTÁRIOS DO ATUALIZADOR

CONDOMÍNIO DE EDIFÍCIO DE APARTAMENTOS: CAPACIDADE PARA SER PARTE E LEGITMAÇÃO PARA AGIR. CAUÇÃO.

Carlos Roberto Barbosa Moreira

1. Ao estudioso da terceira década do século XXI talvez soe excessivo que, há pouco menos de meio século, se tenha solicitado parecer destinado a afirmar, em primeiro lugar, a capacidade para ser parte de um condomínio ("edilício", na terminologia do Código Civil de 2002) e, em segundo, sua legitimação para instaurar processo em que se pretendia discutir a responsabilidade civil por danos causados ao "edifício considerado como um todo" (nas palavras do parecerista). O reconhecimento tanto da capacidade para ser parte quanto da legitimação *ad causam* (relativamente a "pretensões da comunhão"), se já não o era ao tempo da consulta, constitui hoje ponto absolutamente pacífico, como se extrai, por exemplo, de recente acórdão do STJ (AgInt AREsp nº 789.992-SP, j. 07.12.2020), em cuja ementa se lê: "Segundo a jurisprudência desta Corte, o condomínio, representado pelo síndico, possui legitimidade para promover em juízo a defesa dos interesses comuns".

2. O art. 75, nº XI, do novo CPC repetiu o art. 12, nº IX, do anterior (comentada pelo parecerista), segundo a qual o condomínio é representado, em juízo, "pelo administrador ou síndico".[1] Ao tempo do CPC de 1973, discutia-se se a norma abrigava indistintamente o condomínio de prédios de unidades autônomas e o condomínio a que o Código Civil de 2002 chama "voluntário", prevalecendo o entendimento segundo o qual apenas o primeiro estava ali abrangido.[2] É também a opinião agora dominante (Bruno Vasconcellos Carrilho Lopes, *Comentários* (coord. José Roberto F. Gouvêa e outros), v. II, p. 44; Carlos Alberto de Salles, *Comentários* (coord. Cassio Scarpinella Bueno), v. 1, p. 418).

3. O Código Civil de 2002 disciplinou o condomínio (arts. 1.331 a 1.358), mas não o incluiu entre as pessoas jurídicas de direito privado (art. 44), nem lhe atribuiu expressamente, em qualquer outro dispositivo, personalidade jurídica. Prevalece, por isso, a ideia de se tratar de ente despersonalizado (Anderson Schreiber, *Manual de Direito civil Contemporâneo*, pp. 796-797; Gustavo Tepedino e outros, *Direitos Reais*, pp. 246 e ss.).

4. O parecer que aqui se quer atualizar (em seu item nº 7) afirma, entretanto, que "o dogma da não-personificação do condomínio especial [hoje, edilício] tem de ser acolhido com certo temperamento", diante de um contexto normativo que já então revelava a inegável possibilidade de o condomínio ser titular de relações jurídicas de direito *material* (e não apenas a de ser parte em processo judicial). No eloquente voto que proferiu (em 2016) no julgamento do REsp nº 1.486.478-PR, o Ministro Marco Aurélio Bellizze invocou, na demonstração da personalidade jurídica dos condomínios, exatamente a regra do art. 63, § 3º, da Lei nº 4.591/1965, mencionada no item nº 7 do parecer.[3] O argumento

---

1 Veja-se, ainda, o art. 1.348, nº II, do Código Civil de 2002.

2 Veja-se, na jurisprudência do STJ, REsp nº 20.343-SP, 5ª Turma, j. 01.03.2001, cuja fundamentação se resume à transcrição do volume de *Comentários ao Código de Processo Civil* de Celso Agrícola Barbi. Para um exame crítico do julgado, veja-se Carlos Roberto Barbosa Moreira, *Estudos e Pareceres*, pp. 3 e ss.

3 O acórdão da 3ª Turma, unânime quanto à conclusão, adotou, porém, a premissa (expressa no voto do Relator, Ministro Paulo de Tarso Sanseverino) de que o condomínio edilício é desprovido de personalidade. No mesmo sentido, em data mais recente, AgInt REsp nº 1.837.212-RJ, 3ª Turma, j. 31.08.2020, numa interessante

se viu fortalecido pelo advento da Lei nº 13.777/2018, que, ao disciplinar o "condomínio em multipropriedade", prevê que, "[n]a hipótese de inadimplemento, por parte do multiproprietário, da obrigação de custeio das despesas ordinárias ou extraordinárias, é cabível, na forma da lei processual civil, a adjudicação *ao condomínio edilício* da fração de tempo correspondente" (destacou-se). Daí a concepção segundo a qual se trata de "pessoa jurídica *sui generis*" (Marco Aurélio Bezerra de Melo, *Código Civil Comentado* (de Anderson Schreiber e outros), p. 943) ou de ente provido de "personalidade jurídica anômala" (Mario Luiz Delgado, "O condomínio edilício na jurisprudência do STJ: estado atual da arte", p. 555).[4]

5. O reconhecimento de que, embora desprovido de personalidade, o condomínio, na vida real, "é sujeito de direitos e obrigações como a generalidade das empresas",[5] se insere, a rigor, em cenário mais abrangente, no qual se assiste à "erosão do significado prático vinculado tradicionalmente à aquisição da personalidade jurídica" e se conclui que a noção de sujeito de direito é mais ampla daquela de personalidade jurídica (Alberto Trabucchi, *Istituzioni di diritto civile*, § 26). Se, no passado, "parecia não pertencer às categorias conceituais dos juristas a ideia de uma subjetividade separada da personalidade", torna-se necessário agora admitir uma "subjetividade não personificada", a qual deve ser considerada "a categoria de referência no multiplicar-se de formas associativas (...) dirigidas à tutela de interesses certamente não redutíveis à simples posição de um indivíduo. Nenhuma das posições

hipótese em que se discutia a configuração de dano moral à "honra objetiva" de um condomínio, do qual se afirmara, em publicação em rede social, fornecer aos condôminos água "contaminada por esgoto in natura". No julgamento, entendeu-se que, "caracterizado o condomínio como uma massa patrimonial, não há como reconhecer que seja ele próprio dotado de honra objetiva, senão admitir que qualquer ofensa ao conceito que possui perante a comunidade representa, em verdade, uma ofensa individualmente dirigida a cada um dos condôminos. É dizer, quem goza de reputação são os condôminos e não o condomínio, ainda que o ato lesivo seja a este endereçado" (parte conclusiva do voto da Relatora, Ministra Nancy Andrighi).

4 Veja-se, ainda, Frederico Henrique Viegas de Lima, *Condomínio em Edificações*, *passim*.

5 Do voto do Ministro Marco Aurélio Bellizze no REsp nº 1.486.478-PR.

jurídicas subjetivas referentes à pessoa jurídica pode hoje ser negada ao sujeito não personificado (...)" (Nicolò Lipari, *Le categorie del diritto civile*. pp. 73 e 70, respectivamente, com tradução do atualizador).[6]

6. Vale aqui o registro de que o CPC de 2015, além de haver mantido a referência a outras "pessoas formais" (massa falida, herança jacente ou vacante, espólio, sociedades irregulares) de que cuidava o diploma anterior, acrescentou uma norma de encerramento, no inciso IX do art. 75, pela qual se reconhece capacidade para ser parte a "outros entes organizados sem personalidade jurídica". Dele se extrai que "sujeitos que titularizam situações jurídicas – independentemente de sua personalização – podem participar do processo judicial" (Carolina Uzeda e outras, "Entes organizados despersonalizados e capacidade de ser parte: grupos e associações de fato em juízo (art. 75, IX, do CPC)", p. 172).

7. As considerações desenvolvidas no item nº 8 do parecer (acerca da legitimação concorrente dos condôminos para o tipo de ação de que se cuidava; da possibilidade da formação de litisconsórcio entre eles e o condomínio; e, por fim, da admissibilidade da intervenção do condômino, em processo já instaurado pelo condomínio, na qualidade de assistente litisconsorcial) permanecem atuais. Em relação ao último tópico, o art. 124 do CPC de 2015 repetiu (com ligeiras alterações de redação) a norma do art. 54 do revogado diploma, cuja aplicação ao caso concreto é examinada pelo parecerista.

8. No tocante à possibilidade de obtenção de providência cautelar, "inclusive a prestação de caução" (item nº 10 do parecer), seja-me permitido remeter o leitor à breve exposição contida nos itens nºs 6 e 7 dos comentários de atualização referentes ao segundo parecer deste volume de *Temas* ("Poder cautelar genérico do juiz. Continência e litispendência"). No parecer aqui e agora atualizado, o parecerista extraía

6 No original e na íntegra: "*La fattispecie di una soggettività priva di personalità deve oggi essere considerata la categoria di riferimento nel moltiplicarsi di forme aggregative sempre più articolate e differenziate e volte alla tutela di interessi non certo riconducibili alla semplice posizione di un singolo. Nessuna delle posizioni giuridiche soggettive riferibili alla persona giuridica può oggi essere negata al soggetto non personificato (...)*".

a possibilidade de deferimento de uma caução (destinada a assegurar "a frutuosidade da eventual execução") do art. 798 do CPC então em vigor, que consagrava o poder cautelar geral. No sistema do CPC de 2015, o fundamento legal para a obtenção de medida idêntica está na parte final de seu art. 301 ("e qualquer outra medida idônea para asseguração do direito").

Bibliografia (obras citadas pelo atualizador)

DELGADO, Mario Luiz. "O condomínio edilício na jurisprudência do STJ: estado atual da arte". *In*: SALOMÃO, Luis Felipe; TARTUCE, Flávio. *Direito civil: Diálogos entre a Doutrina e a Jurisprudência*. São Paulo: Atlas, 2018.

LIMA, Frederico Henrique Viegas de. *Condomínio em Edificações*. São Paulo: Saraiva, 2010.

LIPARI, Nicolò. *Le categorie del diritto civile*. Milão: Giuffrè, 2013.

LOPES, Bruno Vasconcelos Carrilho. *Comentários ao Código de Processo Civil*. São Paulo: Saraiva, 2017, v. II.

MELO, Marco Aurélio Bezerra de. Comentário ao art. 1.331. *In*: SCHREIBER, Anderson (e outros). *Código Civil Comentado: Doutrina e Jurisprudência*. Rio de Janeiro: Forense, 2019.

MOREIRA, Carlos Roberto Barbosa. *Estudos e Pareceres: Processo Civil, Direito Civil e Direito do Consumidor*. Rio de Janeiro: Forense, 2013.

SALLES, Carlos Alberto de. Comentário ao art. 75. *In*: BUENO, Cassio Scarpinella (coord). *Comentários ao Código de Processo Civil*. São Paulo, Saraiva, 2017, v. 1.

SCHREIBER, Anderson. *Manual de Direito Civil Contemporâneo*. 2ª ed. São Paulo: Saraiva, 2019.

TEPEDINO, Gustavo; MONTEIRO FIHO, Carlos Edison; RENTERIA, Pablo. *Direitos Reais*. 1ª ed. Rio de Janeiro: Forense, 2020.

TRABUCCHI, Alberto. *Istituzioni di diritto civile*. 43ª ed. Pádua: Cedam, 2007.

UZEDA, Carolina; PANTOJA, Fernanda Medina; FARIA, Marcela Kohlbach de; TEMER, Sofia. "Entes organizados despersonalizados e capacidade de ser parte: grupos e associações de fato em juízo (art. 75, IX, do CPC)". *Civil Procedure Review*, v. 12, nº 1, 2021.

NULIDADE DE CITAÇÃO. PRESCRIÇÃO

– Execução de título extrajudicial. Citação por edital. Nulidade. Prescrição não interrompida. – Ação de enriquecimento sem causa. Inadmissibilidade contra avalista.

I – A espécie

1. H. R. V. era avalista de nota promissória emitida pela E. E. O. P. – S.A., em favor de M. O. – S. A. – C., F., e I., no valor de Cr$ 773.720,00 e com vencimento em 10-3-1971. O título não foi pago. Em 2-9-1972 faleceu H. R V. I.

2. No dia 8-3-1974, o B. M. O. I. – S. A., em liquidação, na qualidade de sucessor de M. O. – S. A. – C., F. e I., instaurou processo de execução, para cobrança da quantia representada pela promissória, "contra E. E. O. P – S.A. e H. R. V., de qualificação ignorada, ou espólio de H. R. V." (fls. 2 dos autos judiciais). A petição inicial foi despachada na mesma data pelo Juízo da 4ª Vara Cível, que ordenou a citação.

3. Em 18-3-1974, alegando que o oficial de justiça incumbido da diligência não conseguira realizá-la, o exequente requereu, e foi-lhe concedida, a prorrogação do prazo para a citação, nos termos do art. 219, § 3º, do Código de Processo Civil. Dez dias depois, contudo, apresentou ao Juízo novo requerimento, desta vez para pedir que a citação se fizesse por meio de edital, visto haver certificado o oficial de justiça que os citandos se encontravam "em lugares incertos e não sabidos" (fls. 16 dos autos). Deferido o requerimento, expediu-se edital, com data de 2-5-1974 e prazo de 30 dias (fls. 18/20 dos autos), tendo o exequente promovido a respectiva publicação.

4. Sucede que em 4-4-1974 – apenas uma semana após o requerimento de expedição de edital citatório, e quase um mês antes de ser ele expedido –, o B. M. O. I. – S. A. ajuizara petição em que dizia haver tido notícia do falecimento de H. R. V., em 2-9-1972, "no estado de casado em comunhão de bens com D. I. R. V., deixando o extinto bens e dois filhos maiores, sendo certo que não deixou testamento" (fls. 2 dos autos judiciais).

Invocando sua qualidade de credor, requereu o Banco a abertura do inventário dos bens de H. R. V., bem como a nomeação da viúva meeira para a inventariança, e a respectiva intimação, "na Rua M. A., 126/208", a fim de prestar o compromisso e fazer as declarações de lei.

II – Parecer

1. De acordo com o disposto no art. 70 da Lei Uniforme (Convenção de Genebra, de 7-6-1930, promulgada pelo Dec. n. 57.663, de 24-1-1966), prescrevem em três anos as ações contra o aceitante, relativas a letras de câmbio; e a disposição é aplicável às notas promissórias, *ex vi* do preceituado no art. 77 da mesma Convenção.

À luz do art. 219, *caput* e §§ 1º a 4º, do Código de Processo Civil, interrompe-se a prescrição pela citação válida, retroagindo esse efeito à data do despacho que a ordena, desde que o autor a promova no decêndio subsequente, admitida a prorrogação até o máximo de noventa dias, contanto que a parte a requeira no quinquídio seguinte ao término do prazo de dez dias. Tais regras valem igualmente para o processo de execução, não só por força da remissão genérica constante do art. 598 ("Aplicam-se subsidiariamente à execução as disposições que regem o processo de conhecimento"), senão em virtude do preceito expresso do art. 617, *verbis:*

> "A propositura da execução, deferida pelo juiz, interrompe a prescrição, mas a citação do devedor deve ser feita com observância do disposto no art. 219".

Sublinhe-se que a produção do efeito interruptivo pressupõe necessariamente a validade da citação, conforme ressalta, com ofuscante nitidez, do teor do art. 219, *caput.* Cumpre verificar, portanto, se foi válida a citação que se fez através do edital datado de 2-5-1974. No caso negativo, não se terá produzido, em 8-3-1974 (data do despacho), a interrupção do prazo prescricional.

2. Nos termos do art. 247 do diploma processual civil, "as citações e as intimações serão nulas, quando feitas sem observância das prescrições legais". A citação por edital tem cabimento nas hipóteses de que cogita o art. 231, *verbis:*

> "Far-se-á a citação por edital:
> I – quando desconhecido ou incerto o réu;
> II – quando ignorado, incerto ou inacessível o lugar em que se encontrar;
> III – nos casos expressos em lei".

Na espécie, consoante se expôs, o requerimento do exequente buscou suporte na regra do inc. II: os citandos achar-se-iam "em lugares incertos e não sabidos". Por tal fundamento é que o Juízo deferiu a expedição do edital. Fê-lo com apoio no art. 232, I, que alude à "afirmação do autor" ou à "certidão do oficial", no que tange às circunstâncias previstas nos incs. I e II do art. 231. Até aí, tudo aparentemente regular.

3. Seria excesso de simplismo, entretanto, supor que, para a validade da citação por edital, baste a afirmação do autor, ou mesmo a certidão do oficial de justiça, que podem, uma e outra, corresponder ou não à verdade. A própria fé pública de que goza o oficial não obsta a que se demonstre ser falso o que ele certificou (cf. PONTES DE MIRANDA) *Comentários ao Código de Processo Civil,* de 1973, t. III, 1974, p. 292, 293; HÉLIO TORNAGHI, *Comentários ao Código de Processo Civil,* v. II, São Paulo, 1975, p. 195).

Quanto à afirmação do autor, disciplina a lei, *expressis verbis,* a hipótese de dolo, cominando multa para a parte que "requerer a citação por edital, alegando dolosamente os requisitos do art. 231, I e II" (art. 233, *caput*). A propósito dessa norma, diz com todo o acerto MONIZ DE ARAGÃO, *Comentários ao Código de Processo Civil,* v. II, 1974, p. 246, que "a multa não é a única sanção (...), o que seria, por sinal, inconcebível, pois o autor da fraude ficaria, no fundo, com o direito de pagar o preço da inverdade e colher-lhe os frutos"; e acrescenta que *"nula será a citação feita"* [sem grifo no original], embora passível de sanar-se a nulidade, conforme os princípios.

Frise-se que a invalidade da citação não resulta do dolo, mas da falsidade – ou, em outras palavras, da inexistência do pressuposto que a lei reclama para a citação por edital. O dolo acarreta um *plus,* a sanção pecuniária; não é indispensável, todavia, para invalidar o ato. Em seu comentário ao art. 233, HÉLIO TORNAGHI dá ao ponto a necessária ênfase: "A inocorrência das hipóteses previstas no art. 231 pode ensejar várias consequências: *nulidade da citação* (art. 247); extinção do processo sem julgamento do mérito (art. 267, IV); e se tiver havido malícia de quem alegou qualquer delas sabendo que não existia, imposição de pena. Dessa última consequência, e somente dela, trata este dispositivo. *Com ele, não pretendeu a lei minar os outros corolários da falta daqueles requisitos.* Não seria acertado afirmar que o único efeito dessa carência é a aplicação da pena de multa" (ob. e v. cit., p. 197) [grifos nossos].

4. Realmente não pode ser outro o entendimento do sistema do Código. A citação é nula quando feita sem observância das prescrições legais (art. 247); ora, uma de tais prescrições, que há de ser observada, sob pena de invalidar o ato, é a do art. 231, consoante a qual se realizará por edital a citação – para nos limitarmos à hipótese que interessa, a do inc. II – "quando ignorado, incerto ou inacessível o lugar em que se encontrar" o citando.

Quer isso dizer, obviamente, que não se fará por edital a citação, desde que sabido, certo e acessível o referido lugar. O argumento *a contrario sensu* tem aqui perfeita aplicação. Logo, a citação feita por edital, em sendo conhecido, certo e acessível o lugar onde se encontre o citando, é citação efetuada com inobservância de prescrição legal – vale dizer, é citação *nula.*

5. *In casu*, O exame das peças dos autos judiciais, que nos foram apresentadas em cópias xerox, revela:

a) que o exequente, uma semana depois de haver requerido ao Juízo da 4ª Vara Cível a citação por edital, pediu ao Juízo da 3ª Vara de órfãos e Sucessões a abertura do inventário de H. R. V., indicando, na petição, a residência da viúva meeira, que deveria ser nomeada inventariante;

b) que, apesar dessa providência, continuou a conduzir-se, no processo de execução instaurado perante a 4ª Vara Cível, como se ignorasse o lugar onde se encontrava o citando; promoveu a expedição do edital (datado de 2 de maio, isto é, de quase um mês mais tarde), recolheu-o e fê-lo publicar; c) que a 10 de maio o exequente requereu ao Juízo da 4ª Vara a vel a juntada do edital publicado, exatamente 36 dias após o requerimento de abertura do inventário dos bens de H. R. V.

6. O curto espaço de tempo decorrido entre a data em que se requereu a expedição do edital e aquela em que se pediu a abertura do inventário de H. R. V. já ministraria, por si, forte indício contra a sinceridade do exequente. Não é facilmente crível que, em 28 de março, ele tudo ignorasse e, volvida apenas uma semana, já estivesse a par de todos os pormenores: não só do falecimento de H. R. V., mas do nome da viúva, do regime de bens do casamento, da existência de bens e dois filhos menores, da inexistência de testamento e – o que mais importa – da residência da viúva, corretamente indicada.

Deixando de lado, porém, quaisquer conjecturas, fiquemos com os tatos comprovados, mais que suficientes. É fora de dúvida que o endereço da viúva meeira já era conhecido do exequente quando se expediu o edital e, *a fortiori,* quando se deu a publicação. Na melhor hipótese – admitindo-se, para argumentar, que ele só houvesse tido ciência do ponto entre a data em que requereu o edital e aquela em que pediu a abertura do inventário –, o certo é que, cientificado, não podia insistir na citação por edital, *que se tornara ilegítima, por já não estar configurado o pressuposto do art. 231, II.* Tinha de comunicar o fato ao Juízo da 4ª Vara Cível e promover a citação por mandado.

7. Não se objete que, havendo prévio deferimento, a citação poderia consumar-se validamente através do edital, abstraindo-se de qualquer fato intercorrente. A lei não admite que a citação se faça por edital sem a presença circunstâncias que, segundo o art. 231, a legitimam. Ora, a citação não se faz – passe o truísmo – com o simples pronunciamento do Juízo que "defere a expedição de edital.

Comentando o mencionado dispositivo, escreve HÉLIO TORNAGHI que "estará satisfeita a exigência (...) se, ao tempo em que a citação foi feita, era ignorado, incerto ou inacessível o lugar em que se encontrava o citando", e acrescenta: "Pouco importa que, após a citação, se venha a saber em _ e lugar ele estava; ou que o local se tenha tornado acessível. Se, quando citação por edital foi efetuada, ocorria qualquer das hipóteses do inc. II do art. 231, e se o oficial de justiça a tomou certa, a citação estará perfeita e acabada, não podendo influir a posterior mudança de situação" (ob. e v. cit., p. 195) [grifamos]. Tudo isso é exato; mas, na espécie, a ignorância do lugar onde se encontrava o citando já não ocorria sequer no momento em que se expediu o edital; tampouco, é evidente, ao ser ele publicado, e menos ainda ao expirar o prazo de trinta dias fixado no edital – em cujo termo *ad quem,* precisamente, se reputaria perfeita a citação.

8. Não é preciso dizer mais para demonstrar a *nulidade* da citação feita por edital. Nula, não produziu ela o efeito de interromper a prescrição. Continuou a fluir o prazo prescricional, que se iniciara no vencimento da promissória (10-3-1971), e que se teria por interrompido na data do despacho *(8-3-1974) se válida a citação* (art. 219, *caput*).

Seriam inteiramente supérfluas quaisquer considerações sobre a circunstância de terem a viúva e os herdeiros de H. R. V. comparecido a Juízo, oferecendo embargos à execução. É indiscutível que o comparecimento espontâneo do citando supre a falta de citação (art. 214, § 1º) e, *a fortiori,* lhe sana a nulidade (cf. HÉLIO TORNAGHI, ob. e v. cit., p. 237; J. C. BARBOSA MOREIRA, *O Novo Processo Civil Brasileiro,* v. I, 1975, p. 47, 59). Tal regra vale para o processo de execução (art. 598), entendendo-se, por analogia, que o oferecimento de embargos acarreta aí, em tese, a mesma consequência que acarretaria a apresentação de contestação. Sanada a nulidade, "a partir desse momento (...) operam-se em princípio os efeitos normalmente produzidos pelo ato citatório. Mas pode acontecer que algum dos efeitos, nesse ínterim, se haja tomado improduzível: assim, não há mais que cogitar de interrupção da prescrição, caso se tenha esgotado o prazo prescricional antes de comparecer o réu, e este apenas compareça após o decêndio do art. 219, § 2º, ou após o termo final da prorrogação decretada na conformidade do art. 219, § 3º " (J. C. BARBOSA MOREIRA, ob. e v. cit., p. 59) [sem grifo no original]. Aplicando-se os princípios ao caso vertente – com as necessárias adaptações, visto cuidar-se de processo de execução –, conclui-se que nenhuma influência pode ter exercido sobre a questão da prescrição, consumada em 10-3-1974, o ingresso da viúva e dos herdeiros nos autos, mediante embargos oferecidos em 6-2-1975 – quase um ano depois do *dies ad quem* e muitos meses após o termo final da prorrogação deferida pelo Juízo da 4ª Vara Cível, com base no art. 219, § 3º.

9. Tampouco se extrairia objeção ponderável do argumento que se fundasse em haver sido válida a citação por edital *no tocante à E. E. O. P. – S.A.* Ainda que, quanto a esta, se tivesse operado o efeito interruptivo, isso em nada modificaria a situação dos outros executados, pois, nos termos do art. 71 da Lei Uniforme, "a interrupção da prescrição só produz efeito em relação à pessoa para quem a interrupção foi feita". Cf., ao propósito, JOÃO EUNÁPIO BORGES, *Títulos de Crédito,* 1971, p. 131; FRAN MARTINS, *Letra de Câmbio e Nota Promissória Segundo a Lei Uniforme,* 1972, p. 246.

Aliás, já sob o direito anterior, sustentava a melhor doutrina que, nas obrigações cambiais, não se estendia aos restantes devedores o efeito do idôneo a interromper a prescrição com referência a algum deles, por serem *distintas e autônomas* as várias relações obrigacionais. Consultar-se-á com proveito, sobre o assunto, o magnífico parecer de MACHADO GUIMARÃES, *in Estudos de Direito Processual Civil*, 1969, p. 227 e ss.

10. Restaria saber se, não interrompida pela citação através de edital, a prescrição acaso o teria sido em virtude da iniciativa tomada pelo Banco junto ao Juízo da 3ª Vara de Órfãos e Sucessões, requerendo a abertura de inventário dos bens de H. R V. e a intimação da viúva meeira para firmar compromisso como inventariante. Mas a resposta negativa salta aos olhos.

Com efeito, ainda que se pretendesse equiparar aquela intimação a uma citação (só da viúva, aliás – note-se de passagem), bastará atentar nas datas. O requerimento foi deferido pelo Juízo em 10-4-1974 (fls. 4 dos autos judiciais, *verbis* "Intime-se a viúva do *de cujus* a firmar o compromisso de inventariante", e a intimação efetuada em 18-4-1974 (fls. 5 dos autos). Ora, o prazo prescricional sendo de três anos, de acordo com a Lei Uniforme, já se vencera em 10-3-1974: é óbvio que as regras do art. 219, §§ 2º e 3º, só poderiam aproveitar ao exequente no processo de execução instaurado perante o Juízo da 4ª Vara Cível, jamais em outro qualquer. Toma-se irrelevante a consideração de que se intimou a viúva meeira para prestar compromisso dentro do prazo da prorrogação concedida, em 19-3-1974, pelo Juízo da 4ª Vara Cível. Semelhante prorrogação dizia respeito unicamente à citação na execução, e fora desta nenhum efeito produziu, nem podia produzir. Não há como misturar atos praticados em cada um dos dois processos, para reconhecer a este ou àquele ato do processo de execução eficácia no processo do inventário, ou vice-versa.

A mesma razão fundamental dispensa-nos de discutir outra questão: se haveria efeito interruptivo decorrente da "apresentação do título de crédito no juízo do inventário" (Cód. Civil, art 172, III). Para examiná-lo de perto, teríamos de assentar, primeiro, se se aplicam às obrigações comerciais todos os dispositivos da lei civil concernentes à interrupção da prescrição; e mais: verificar se realmente se teria configurado, na espécie, a "apresentação do título" a que alude o texto. Pode-se, no entanto, deixar tudo isso de lado, como supérfluo para o estudo do caso em foco: é que o próprio ajuizamento, pelo Banco, do requerimento de abertura de inventário só se deu em 4-4-1974 – isto é, quase um mês após o *dies ad quem* do prazo prescricional. Inútil por isso, qualquer insistência no tópico: a prescrição consumou-se em 10-3-1974, visto não havê-la interrompido a citação por edital, eivada de nulidade, de modo que a nenhum ato posterior será possível reconhecer qualquer efeito em relação a ela.

11. Cabe indagar, entretanto, se porventura a consumação da prescrição feriria apenas a pretensão deduzida pelo Banco na execução instaurada perante a 4ª Vara Cível, deixando-lhe outra via desimpedida para a cobrança do *quantum:* a da ação fundada no enriquecimento sem causa, a ser exercida, naturalmente, em processo diverso. A questão surgiria à vista do disposto no art. 48 da Lei n. 2.044, de 31-12-1908, *verbis:* "Sem embargo da desoneração da responsabilidade cambial, o sacador ou o aceitante fica obrigado a restituir ao portador, com os juros legais, a soma com a qual se locupletou à custa deste" – regra aplicável à nota promissória, *mutatis mutandis,* por força do art. 56 do mesmo diploma.

Segundo o art. 70 da Lei Uniforme, "todas as ações contra o aceitante relativas a letras prescrevem em três anos a contar do seu vencimento". Em face dessa norma – que se aplica também à promissória, nos termos do art. 77 –, não sofre dúvida que a prescrição é oponível a quaisquer pretensões manifestadas contra o devedor. Caso se considere que tal é a regra entre nós vigente, *tollitur quaestio.*

Poder-se-á, todavia, argumentar que o Brasil, aderindo à Convenção de Genebra, se reservou "a liberdade de decidir que, no caso de perda de direitos ou de prescrição, no seu território subsistirá o direito de proceder contra o sacador que não constituir provisão ou contra um sacador ou endossante que tenha feito lucros ilegítimos", e bem assim, "em caso de prescrição, pelo que respeita ao aceitante que recebeu provisão ou tenha realizado lucros ilegítimos" (Anexo 11, art. 15, c/c o art. 20, que manda aplicar às notas promissórias o dispositivo invocado). Em semelhante perspectiva, cumpriria enfrentar o problema à luz da própria Lei n. 2.044, que no particular não teria sido derrogada.

12. Mas nem assim melhorará a situação para o Banco, pois a ação de enriquecimento sem causa esbarra noutro obstáculo. Com efeito: o art. 48 da Lei n. 2.044 alude à obrigação de restituir a soma com a qual o sacador ou o aceitante se haja locupletado à custa do portador. Feitas as necessárias adaptações, em matéria de nota promissória, é intuitivo que só ao emitente, e não ao avalista, seria razoável atribuir tal obrigação.

Basta ver o fato de que esta nasceria: o locupletamento, apenas concebível com referência ao emitente, que recebesse a importância representada pelo título. O avalista, como tal, jamais poderia locupletar-se, pela simples razão de que nada embolsa. Falta-lhe, portanto, legitimação passiva para a ação de enriquecimento sem causa.

Atente-se no ensinamento de PONTES DE MIRANDA, *Tratado de Direito Privado*, t. XXXV, 1961, p. 447: "Não há ação de enriquecimento injustificado cambiário contra o avalista do subscritor, nem, *a fortiori*, contra o avalista do avalista do subscritor. No direito relativo à letra de câmbio, há a ação de enriquecimento injustificado cambiário contra um obrigado indireto, o sacador; no direito relativo à nota promissória, só existe um legitimado passivo de tal ação, que é o subscritor".

No mesmo sentido, a lição de JOÃO EUNÁPIO BORGES, ob. cit., p. 132.

III – Conclusões

À vista de todo o exposto, são as seguintes as nossas conclusões:

1ª) A citação feita por edital, no processo de execução instaurado pelo B. M. O. I. – S.A., é nula por inobservância de prescrição legal (Cód. Proc. Civil, art. 247) – a saber, pela falta do pressuposto que a legitimaria segundo o art. 231, II;

2ª) A nulidade da citação impediu que ela produzisse o efeito de interromper o curso do prazo prescricional (art. 219, *caput, a contrario sensu*), iniciado em 10-3-1971.

3ª) Não se havendo interrompido, a prescrição consumou-se em 10-3-1974, de maneira que nenhum ato posterior a essa data – e em particular o requerimento de abertura do inventário dos bens de H. R. V., ou a intimação da viúva para firmar compromisso de inventariante –, ainda que em tese se revelasse idôneo para tal fim (o que se admite *ad argumentandum tantum*), terá exercido influência alguma ao propósito.

4ª) Quanto à eventual ação de cobrança com base em enriquecimento sem causa, ou sofre igualmente o efeito da prescrição consumada, se se considerar que incide o art. 71 da Lei Uniforme, ou dela será carecedor o Banco em face do avalista (e de seus sucessores), a quem falece legitimação passiva *ad causam*, à luz da própria Lei n. 2.044, de 1908.

Sub censura.

Rio de Janeiro. 30 de dezembro de 1975.

COMENTÁRIOS DO ATUALIZADOR

NULIDADE DE CITAÇÃO. PRESCRIÇÃO.

Carlos Roberto Barbosa Moreira

1. O CPC de 2015 alterou a definição de citação – que deixou de ser "o ato pelo qual se chama a juízo o réu ou o interessado a fim de se defender" (CPC anterior, art. 213) e passou a ser "o ato pelo qual são convocados o réu, o executado ou o interessado para integrar a relação processual" (art. 238 do atual) –, mas manteve inalteradas as hipóteses em que ela deva realizar-se por edital (art. 256, nºs I a III). Manteve, ainda, a cominação de multa à parte que a requerer por esse meio, "alegando dolosamente a ocorrência das circunstâncias autorizadoras para sua realização" (art. 258, correspondente, em substância, ao art. 233 do anterior). Inovou, porém, em relação à citação por edital fundada na ignorância, incerteza ou inacessibilidade do "lugar em que se encontrar o citando", ao acrescentar o § 3º do art. 256, que exige tenham previamente resultado "infrutíferas as tentativas de sua localização, inclusive mediante requisição pelo juízo de informações sobre seu endereço nos cadastros de órgãos públicos ou de concessionárias de serviço público".

2. Naturalmente, foi também reproduzida no CPC de 2015 (art. 280) a regra do art. 247 do anterior, que se relaciona à efetiva atuação do princípio do contraditório (Antonio do Passo Cabral, *Comentários* (coord. Antonio do Passo Cabral e Ronaldo Cramer), p. 442; José Roberto dos Santos Bedaque, *Comentários* (coord. Cassio Scarpinella Bueno), v. 1, p. 882).

3. Pelo Código Civil de 2002 (art. 202, nº I), a prescrição interrompe-se "por despacho do juiz, mesmo incompetente, que ordenar a citação, se o interessado a promover no prazo e na forma da lei". O art. 240, § 1º, do novo CPC complementa a regra do Código Civil, ao dispor que a interrupção "retroagirá à data de propositura da ação"; mas, no § 2º, sujeita o autor ao ônus de "adotar, no prazo de 10 (dez) dias, as providências necessárias para viabilizar a citação, sob pena de não se aplicar o disposto no § 1º". De acordo com o § 3º, a parte, todavia, "não será prejudicada pela demora imputável exclusivamente ao serviço judiciário".[1] Para a execução por título extrajudicial (era a hipótese examinada no parecer), valem regras idênticas (art. 802 e p. único).

4. No item nº 6 do parecer, afirma-se que o autor da ação, ciente de endereço no qual a citação pessoal poderia ser realizada, "não podia insistir na citação por edital, *que se tornara ilegítima, por já não estar configurado o pressuposto do art. 231, II.* Tinha de comunicar o fato ao Juízo da 4ª Vara Cível [onde se processava a execução] e promover a citação por mandado" (com destaque no original). No sistema do CPC de 2015, o dever de comunicação ao órgão jurisdicional de fato conhecido, que desautorizava a citação por edital (antes requerida e deferida), poderia ser extraído do art. 5º: "Aquele que de qualquer forma participa do processo deve comportar-se de acordo com a boa-fé".

5. A referência à citação "por mandado" deve ser entendida no contexto da versão original do CPC de 1973, em que, como regra, o ato se realizava por oficial de justiça, e não pelo correio (a Lei nº 8.710/1993 privilegiou essa última forma, dispondo que a citação por meio de oficial de justiça se faria em hipóteses por ela expressamente ressalvadas ou "quando frustrada a citação pelo correio"). No sistema original daquele Código, a citação postal somente era admissível quando o réu fosse comerciante ou industrial, domiciliado no Brasil (art. 222).[2]

---

1 O CPC anterior, em sua versão original, não continha essa ressalva, que somente foi incluída, mediante alteração de seu art. 219, § 2º, pela Lei nº 8.952/94. Sobre a expressão "demora imputável exclusivamente ao serviço judiciário", veja-se, por todos, Sergio Bermudes, *A Reforma do Código de Processo Civil*, p. 22.

2 Ao comentar a versão primitiva do art. 221, que enumerava as formas de citação, Pontes de Miranda escreveu: "O Código de 1973 pôs em primeiro lugar a citação pelo correio (art. 221, I), que, por sua especialidade, devia estar após as outras. O art. 222 foi explícito em limitar-lhe a aplicação. (...)" (Comentários, t. III, p. 350). Convém acrescentar que a Lei nº 14.195/2021alterou o art. 246 do CPC de 2015, que passou a ter a seguinte redação: "A citação será feita preferencialmente por meio eletrônico, no prazo de até 2 (dois) dias úteis, contado da decisão que a determinar, por meio dos endereços eletrônicos indicados pelo citando no banco de dados do Poder Judiciário, conforme regulamento do Conselho Nacional de Justiça"

6. No tocante ao art. 71 da Lei Uniforme, objeto de considerações desenvolvidas no item nº 9 do parecer, recente acórdão do STJ confirmou a interpretação ali adotada (REsp nº 1.835.278-PR, 3ª Turma, j. 06.10.2020).

7. A regra do art. 172, nº III, do Código Civil de 1916 (mencionada no item nº 10 do parecer) corresponde à do art. 202, nº IV, do Código Civil de 1915. Mas, como destacado no parecer, não se pode cogitar de interrupção de prescrição *já consumada* (a propósito, AgInt REsp nº 1.878.914-MG, 3ª Turma, j. 19.10.2020).

Bibliografia (obras citadas pelo atualizador)

BEDAQUE, José Roberto dos Santos. Comentário ao art. 280. *In*: BUENO, Cassio Scarpinella (coord.). *Comentários ao Código de Processo Civil*. São Paulo: Saraiva, 2017, v. 1.

BERMUDES, Sergio. *A Reforma do Código de Processo Civil*. 2ª ed. São Paulo: Saraiva, 1996.

CABRAL, Antonio do Passo. Comentário ao art. 280. *In*: CABRAL, Antonio do Passo; CRAMER, Ronaldo (coord.). *Comentários ao Novo Código de Processo Civil*. 2ª ed. Rio de Janeiro: Forense, 2016.

PONTES DE MIRANDA, Francisco Cavalcanti. *Comentários ao Código de Processo Civil*. 2ª ed. Rio de Janeiro: Forense, 1979, t. III.

LEGITIMAÇÃO PARA AGIR. INDEFERIMENTO DE PETIÇÃO INICIAL

– Legitimação para agir. Titularidade afirmada de direito a indenização. Distinção entre ela e a efetiva existência do direito reclamado. – Indeferimento da petição inicial. Procedência da apelação interposta contra a sentença.

I – A espécie

1. J. C. A. L. propôs contra o B. C. N. – S.A. ação de procedimento ordinário, com o fim de "reclamar" – como se lê no item IX da petição inicial – "uma indenização correspondente aos prejuízos acarretados pelo réu ao autor, em razão de seu comportamento delituoso". A peça narra uma série de fatos relacionados com o contrato "de compra e venda de ações de controle de sociedade do G. F. I.", por meio do qual a C. B. A. P. S.A., representada pelo autor, que era seu Diretor-Presidente, alienou ao réu o controle acionário de diversas empresas daquele Grupo Financeiro. Esse controle, segundo esclarece, era até então detido pelo próprio autor, na sua qualidade de maior acionista da Companhia. Imputa a inicial ao réu o descumprimento de obrigações contratuais por este assumidas e a prática de vários atos dolosos, e acrescenta que de tal comportamento decorreram para o autor danos patrimoniais de vulto.

Invocando, nas primeiras linhas da petição, os arts. 159 e 1.518 e ss. do Código Civil, o autor, ao formular o *petitum,* assim se expressa: "Isto posto, é a presente para requerer a V. Ex.a que se digne determinar a expedição de mandado para a citação do Réu, na pessoa de seu representante legal, sob pena de confesso, a fim de que venha contestar, querendo e dentro do prazo legal, a presente ação ordinária de indenização, ficando desde logo citado para todos os atos da demanda, até final sentença, que certamente acolherá o pedido inicial e *condenará o réu a compor os prejuízos causados ao auto",* conforme exposto, além de impor-lhe os ônus da sucumbência, com sua condenação também ao pagamento das custas e despesas processuais, e honorários advocatícios" (fls. 19 da inicial) [sem grifo no original].

2. Distribuída a petição ao Juízo da 4ª Vara Cível da Comarca da Capital do Estado de São Paulo, foi ela indeferida pelo MM. Dr. Juiz, que desse modo extinguiu por sentença o processo, no próprio nascedouro. Para fundamentar seu pronunciamento, assim argumentou o magistrado: "Ocorre que a pretendida indenização não pode ser reclamada pelo autor, na qualidade de pessoa física e porque, se prejuízo houve, ele atingiu todos os sócios da sociedade anônima e somente a pessoa jurídica poderia propor a ação pertinente para atingir aquele desiderato (cf. art. 6º do Cód. de Proc. Civil).

Não tem a autor, conforme se reconhece às fls. 224, condições para agir em nome da empresa C. B. A. P. – S.A. em virtude da intervenção decretada pelo Banco Central do Brasil e, pela mesma razão, não pode, em nome próprio, pretender uma indenização que caberia exclusivamente à sociedade anônima, da qual é acionista, mormente considerando o que consta da cláusula décima segunda do contrato de fls. 37".

Dessas premissas tirou o julgador a conclusão de ser "manifesta (...) a ilegitimidade *ad causam* do autor" – buscando suporte a decisão, por conseguinte, no art. 295, II, do estatuto processual civil, embora não mencionado expressamente.

3. Interposta apelação contra a sentença, consulta-nos sobre o assunto o ilustre advogado do autor. Quer saber se, em nosso entendimento, foi correta a decisão terminativa do Juízo da 4ª Vara Cível. Instrui a consulta com cópias da petição inicial, do contrato de compra e venda das ações, da sentença apelada e do recurso para o Egrégio Tribunal de Justiça de São Paulo.

Assim exposta a questão, e à vista dos documentos que nos foram apresentados, passamos a opinar, como se segue.

II – Os princípios

4. É conquista irreversível da moderna ciência do processo a distinção entre o *mérito da causa* e as chamadas "condições da ação" (*rectius:* condições do legítimo exercício do direito de ação). No estádio atual da evolução científica, pode reputar-se descabida qualquer confusão entre o juízo de mérito – no qual se declara fundada ou infundada a pretensão do autor, procedente ou improcedente o pedido –, e o juízo preliminar, em que se apura a concorrência daquelas condições, entre as quais se inclui a *legitimatio ad causam.* Uma coisa é saber se o autor tem ou não tem, na verdade, o direito que postula; outra, bem diversa, é saber se ele está ou não habilitado a postulá-lo, a obter sobre a matéria o pronunciamento do órgão judicial, em sentido favorável ou desfavorável ao que pretende.

Tal diferenciação não é apenas de ordem *doutrinária:* consagra-a – e é o que mais importa – o nosso direito positivo. Basta lançar os olhos ao art. 267, VI, do Código de Processo Civil, segundo o qual o processo se extingue, sem julgamento de mérito, "quando não concorrer qualquer das condições da ação, como a possibilidade jurídica, a legitimidade das partes e o interesse processual".

5. Para que o autor deva ser considerado parte legítima, não tem a menor relevância perquirir-se a efetiva existência do direito que ele alega. Nem será possível, aliás, antepor-se tal investigação ao juízo sobre a presença (ou ausência) do requisito da legitimidade, que é necessariamente, conforme se disse, preliminar. Averbar de ilegítima a parte, por inexistir o alegado direito, é inverter a ordem lógica da atividade cognitiva. A parte pode perfeitamente satisfazer a condição da *legitimatio ad causam* sem que, na realidade, exista o direito, a relação jurídica material. Mais: não há lugar para a verificação dessa inexistência senão depois que se reconheceu a legitimidade da parte; só o pedido de parte legítima é que pode, eventualmente, ser repelido no mérito, isto é, julgado improcedente.

O exame da legitimidade, pois – como o de qualquer das "condições da ação" –, tem de ser feito *com abstração* das possibilidades que, no juízo de mérito, vão deparar-se ao julgador: a de proclamar existente ou a de declarar inexistente a relação jurídica que constitui a *res in iudicium deducta.* Significa isso que o órgão judicial, ao apreciar a legitimidade das partes, considera tal relação jurídica *in statu assertionis,* ou seja, *à vista do que se afirmou.* Tem ele de raciocinar como quem admita, por hipótese, e em caráter provisório, a veracidade da narrativa, deixando para a ocasião própria (o juízo de mérito) a respectiva apuração, ante os elementos de convicção ministrados pela atividade instrutória.

6. Nada disso, aliás, representa novidade. Sob a vigência do Código anterior, e até em data mais recuada, já se sublinhava em sede doutrinária a necessidade de respeitar-se a sistemática acima descrita. Em clássica monografia, publicada pela primeira vez em 1939, prelecionava, com a clareza de sempre, MACHADO GUIMARÃES: "Deve o juiz, aceitando provisoriamente as afirmações feitas pelo autor – *si vera sint exposita* – apreciar preliminarmente as condições da ação, julgando, na ausência de uma delas, o autor carecedor da ação; só em seguida apreciará o mérito principal – isto é, a procedência ou a improcedência da ação" ("A instância e a relação processual", *in Estudos de Direito Processual Civil,* Rio de Janeiro-São Paulo, 1969, p. 73).

A lição foi reiterada pelo inesquecível processualista, em trabalho referente à Carência de Ação, onde recordava ensinamento de LIEBMAN, contido em conferência que o mestre peninsular pronunciou quando de sua estada em nosso País, *verbis:* "(...) todo problema, quer de interesse processual, quer de legitimação *ad causam,* deve ser proposto e resolvido admitindo-se, provisoriamente e em via hipotética, que as afirmações do autor sejam verdadeiras; só nesta base é que se pode discutir e resolver a questão pura da legitimação ou do interesse" (*in Carência de Ação,* publicada conjuntamente com *Limites Objetivos do Recurso de Apelação,* Rio de Janeiro, 1961, p. 19).

No mesmo sentido tivemos oportunidade de manifestar-nos, em pequeno ensaio publicado no volume *Direito Processual Civil,* Rio de Janeiro, 1971, do qual pedimos vênia para transcrever este breve passo: "Denomina-se *legitimação* a coincidência entre a situação jurídica de uma pessoa, *tal como resulta da postulação formulada perante o órgão judicial,* e a situação legitimante prevista na lei para a posição processual que a essa pessoa se atribui, ou que ela mesma pretende assumir. Diz-se que determinado processo se constituiu entre partes legítimas quando as situações jurídicas das partes, sempre consideradas *in statu assertionis* – isto é, independentemente da sua efetiva ocorrência, que só no curso do próprio processo se apurará –, coincidem com as respectivas situações legitimantes" ("Apontamentos para um estudo sistemático da legitimação extraordinária", *in* ob. cit., p. 59); [a oração subordinada, no primeiro período, não está grifada no original].

7. Se quiséssemos recorrer aos subsídios da melhor doutrina estrangeira, verificaríamos sem dificuldade a perfeita coincidência das posições. Atente-se, v.g., neste passo eloquente de UGO ROCCO: "Ya hemos dicho, además, que a titularidad puede ser efectiva *o sólo afirmada, ya que no es absolutamente necesario, para los fines de la legitimación, que la titulari-*

dad exista de un modo efectivo. La existencia efectiva de la titularidad activa y passiva de la relación o del estado jurídico no puede establecerse *a priori,* es no es más que el resultado último de la actividad de declaración de los órganos jurisdiccionales, obtenida mediante el ejercicio de la acción. Esto concuerda perfectamente con el concepto de independencia del derecho de acción del derecho sustancial, por lo que la existencia efectiva del derecho y de la obligación correspondiente no es condición absoluta para la existencia del derecho de acción" ("La legitimación para obrar", *in Derecho Procesal Civil,* trad. de Alberto Vasquez del Mercado, 2ª ed., México, 1944, p. 349) [grifos nossos, exceto na expressão *a priori.*

Confira-se o ensinamento de MANDRIOLI, em obra moderníssima, comentando o art. 81 do diploma processual em vigor na Itália: "In realtà, vietare di far valere in nome proprio un diritto altrui significa richiedere che colui che sta in giudizio col nome (non importa se anche con l'attività) sia lo stesso soggetto che ha la titolarità del diritto fatto valere. E naturalmente basta che quest'ultima titolarità risulti (*affermata,* atteso che la sua effetiva esistenza non potrebbe essere verificata se non insieme col merito del giudizio" (*in Commentario del Codice di Procedura Civile,* publicado sob a direção de Enrico Allorio, Turim, 1973, 1. I, t. II, p. 925) grifado no original].

Sempre no mesmo sentido, vejam-se, entre os autores de primeira plana, BETTI, *Diritto Processuale Civile Italiano,* 2ª ed., Roma, 1936, p. 159; GARBAGNATI, *La Sostituzione Processuale,* Milão, 1942, p. 168/9; FAZZALARI, *Note in Tema di Diritto e Processo,* Milão, 1952, p. 133/4; LORETO, "Contribución al estudio de la excepción de inadmisibilidad por falta de cualidad", *in Ensayos Jurídicos,* Caracas, 1970, p. 27/9 etc.

8. Voltando ao direito brasileiro, e passando ao exame da mais recente literatura, surgida já sob o novo regime processual civil, vê-se que não discrepam os pronunciamentos dos mais autorizados comentadores da lei vigente. Sirva de exemplo este trecho incisivo de HÉLIO TORNAGHI: "A questão da legitimidade não é nunca de mérito! Seria errado supor que só é parte legítima quem tem direito para o qual pede proteção. Ou que, reconhecido ser o autor parte legítima, está decidido que ele tem razão. Parte legítima é aquele a quem, em tese, a lei concede ação, *pressupondo-se a veracidade dos fatos alegados.* Assim, por exemplo, quem se diz proprietário pode reivindicar. É parte legítima para reivindicar; a questão de saber se realmente ele é proprietário, é de mérito e depende da apuração dos fatos (...). O exame das condições da ação pressupõe a veracidade dos fatos; *o juiz aceita-a como hipótese.* Para dizer se as partes são legítimas *deve o juiz assim raciocinar: admitida a veracidade dos fatos alegados pelas partes, é a elas que a lei dá legitimidade, respectivamente, para propor ou contestar a ação?"* (*Comentários ao Código de Processo Civil*, v. I, São Paulo, 1974, p. 91) [grifos nossos, salvo na expressão em tese].

E, com efeito, outra não pode ser a atitude do intérprete diante da nítida opção tomada pelo estatuto de 1973, que consagrou, em termos inequívocos, a chamada concepção *abstrata* da ação. Subordinar, hoje, o reconhecimento da *legitimatio ad causam* ao da real existência da relação jurídica material afirmada pelo autor não é só aferrar-se, anacronicamente, a um pensamento superado no plano científico: é, sobretudo, pôr-se em contraste com o direito positivo.

9. Como é notório, em regra, compete a legitimação ativa à pessoa que se diz titular do direito postulado. Legitima-se à reivindicação quem se diz proprietário, para aproveitarmos o exemplo de HÉLIO TORNAGHI; analogamente, legitima-se à cobrança de dívida quem se diz credor. Não, reitere- se, quem *é* credor: esse faz jus a algo mais, a ver acolhido *de meritis* o seu pedido; para assegurar a legitimidade, basta a afirmação.

Nesses casos, em que a titularidade da ação coincide com a titularidade do alegado direito subjetivo material, costuma falar-se de legitimação ordinária. Uma das características da espécie consiste em que não há necessidade de dispositivo legal que expressamente a reconheça. Inexiste – e nenhuma falta faz no ordenamento – artigo de lei onde se diga, *expressis verbis,* que a ação de cobrança pode ser legitimamente exercitada por aquele que se apresenta como titular do crédito. É o óbvio. Corresponde ao que acontece normalmente, na imensa maioria dos casos, segundo bem se compreende, de maneira intuitiva.

A previsão legal específica unicamente se torna necessária nas hipóteses excepcionais em que, por tal ou qual razão de política jurídica, a lei quer abrir a determinada pessoa a possibilidade de agir em Juízo, *nomine proprio* (isto é, como parte, e não como simples representante da parte), na defesa de suposto direito que, a existir, contudo não lhe pertencerá a ela, mas a outrem. Precisamente porque semelhantes casos constituem exceções à regra, precisa a lei autorizar o terceiro, estranho à relação jurídica material, a discuti-la em Juízo. É indispensável, aí, que haja norma concessiva da legitimação, já agora extraordinária (ou anômala). Não assim, vale repetir, nas restantes (e mais frequentes) hipóteses.

10. Tal a doutrina esposada entre nós, *de lege lata,* por força do disposto no art. 6º do Código de Processo Civil, *verbis:*

> "Art. 6º Ninguém poderá pleitear, em nome próprio, direito alheio, salvo quando autorizado por lei".

O requisito da autorização por lei prevalece apenas, conforme ressalta do texto, nos casos de legitimação extraordinária, que são aqueles em que alguém pleiteia, "em nome próprio, direito alheio" (*rectius:* direito que, se existente, será alheio). Para pleitear direito próprio (ou melhor: afirmado como próprio), ninguém necessita de específica autorização legal: é o que se infere do dispositivo transcrito, *a contrario sensu.* O que pode acontecer é que a lei, também por exceção, negue legitimidade ao suposto titular, nesta ou naquela hipótese, para concedê-la a terceiro, em caráter extraordinário; mas isso não vem ao caso do presente contexto.

Do que se expôs resulta que o órgão judicial, para apreciar a questão da legitimidade, tem de examinar com todo o cuidado, à vista dos termos em que se redigiu a inicial, se o autor está pretendendo a satisfação de direito que a si próprio atribui, ou a satisfação de direito que atribui a outrem. Na primeira hipótese, a mera afirmação do direito postulado é, em si, bastante; na segunda, e só na segunda, caberá ainda esta indagação: a admitir-se que exista o afirmado direito, de que terceiro (e não o autor) seria titular, alguma norma jurídica porventura autoriza a pessoa que o está postulando, em nome próprio, a tomar essa iniciativa?

11. De acordo com o disposto no art. 295, II, do Código de Processo Civil, "a petição inicial será indeferida quando a parte for manifestamente ilegítima". Cumpre verificar como incide esse dispositivo, no que tange à legitimação ativa – a única de que se cogita aqui – em cada um dos grupos de casos a que se fez referência no item anterior: o dos casos normais, de legitimação ordinária, e o dos casos excepcionais, de legitimação extraordinária.

No primeiro, deve o juiz, à luz da narrativa constante da inicial, formular a si mesmo a seguinte pergunta: o direito postulado, nos termos em que o está sendo, se existente, pertencerá ao autor? Afirmativa que seja a resposta, a legitimação ativa é inegável, e a inicial não pode ser indeferida por falta dessa "condição da ação". No segundo, a indagação será esta outra: tem o autor a posição jurídica que, segundo a lei, o habilita a postular nomine proprio o direito, por ele atribuído a outra pessoa? E aqui também, se afirmativa a resposta, não se poderá duvidar da legitimação ativa, ficando excluída a eventualidade de indeferir-se, por falta dela, a inicial.

Mas impende sobretudo ressaltar um ponto, cuja relevância para o desate do problema bem justifica que nele se insista: antes de mais nada, é imprescindível que o juiz forme ideia clara da qualidade em que o autor, segundo os termos da petição, se apresenta para pleitear o suposto direito. Está ele atribuindo a si mesmo a respectiva titularidade, ou a está atribuindo a terceiro? Noutras palavras: pede para si ou para outrem? Qual- quer mal-entendido do órgão judicial a tal respeito terá repercussão funesta na maneira pela qual ele resolverá a questão da legitimidade. Impossível – ninguém o ignora – resolver de modo correto um problema incorretamente equacionado.

III – Aplicação dos princípios à espécie

12. Na inicial da ação proposta contra o B.C.N.-S.A., narra I.C.A.L. uma série de fatos, aos quais atribui efeitos danosos ao seu patrimônio. É a composição desses danos que o autor pleiteia; não a de outros danos, eventualmente causados a qualquer sociedade. Quer dizer: o autor pede em nome próprio a satisfação de direito próprio (= afirmado como próprio).

O teor da inicial não deixa margem, no particular, à menor dúvida. As alusões do autor à sua posição de antigo titular do controle acionário da C.B.A.P.-S.A. (e, indiretamente, de outras empresas por ela controladas) não induzem o leitor atento à suposição errônea de que ele esteja litigando para conseguir o ressarcimento de danos porventura causados a qualquer dessas empresas. Nenhum trecho da inicial pode prestar-se a essa equivocada interpretação.

O que o autor afirma, isso sim, é que os danos por ele mesmo sofridos se relacionam com as vicissitudes daquelas empresas, em decorrência – segundo alega – do comportamento in jurídico do réu. Na origem dos danos, portanto, estaria a sua condição de detentor, outrora, do controle acionário. Mas tal não importa confusão, por parte do autor, entre a sua situação jurídica pessoal e a situação jurídica da C.B.A.P.-S.A. ou de qualquer outra empresa; menos ainda, confusão entre os prejuízos suportados por alguma empresa e os prejuízos suportados por ele mesmo, o autor. A existência de *nexo causal* entre os acontecimentos referentes às empresas e os danos que o autor quer ver reparados não basta, em absoluto, para permitir que se ponha de lado a distinção, nem para imputar-se ao autor o erro de havê-la desprezado.

13. A inicial, reitere-se, é de clareza solar. A fls. 16, depois de haver-se procedido a minuciosa descrição de fatos que se atribuem ao réu, assevera-se que o comportamento deste "provocou, diretamente, inúmeros prejuízos ao autor". O lanço harmoniza-se com outro, do item IX, pouco adiante: aquele, justamente, em que se define a pretensão deduzida, *verbis:* "a presente demanda tem por objetivo precípuo reclamar uma indenização correspondente aos prejuízos acarretados pelo réu ao autor" [sem grifo no original]. Enfim, ao formular o pedido, mais uma vez se refere a petição – consoante já se registrou em o n. 1 deste parecer – aos "prejuízos causados ao autor". É à composição destes (com os acessórios) que se pede seja condenado o réu.

Há, pois, evidente equívoco na sentença, quando invoca o art. 6º do Código de Processo Civil, entendendo que "somente a pessoa jurídica poderia propor a ação pertinente". Seria verdade se o autor estivesse pretendendo o ressarcimento de danos causados *à* sociedade. Aí, realmente, na falta de disposição legal que o habilitasse à postulação, em nome próprio, de direito alheio (da pessoa jurídica), estaria ele despojado de legitimidade e deveria ser julgado carecedor da ação – o que poderia ocorrer, por ausência manifesta do requisito, mediante o indeferimento da inicial (Cód. Proc. Civil, art. 295, II). Mas em nenhuma passagem da petição, vale repisar, pleiteia o autor, na espécie sob exame, a satisfação de crédito outro que não aquele a seu ver resultante, para ele mesmo) dos atos praticados pelo réu.

14. Não há mister, para responder à consulta, de entrar noutra ordem de indagações, que dissessem respeito à efetiva existência do crédito reclamado. Isso, já se explicou, é matéria de mérito, a apreciar-se na oportunidade própria, que não seria, de maneira alguma, a do exame da petição inicial.

Para saber se o autor tem na verdade o crédito que alega, e por conseguinte se se deve (ou não) julgar procedente o seu pedido, precisaria o órgão judicial enfrentar uma série de questões, de fato e talvez também de direito, pressupondo-se, para o desate das primeiras, a apreciação dos elementos de prova que se colhessem nos autos. Poderia acontecer – admita-se *ad argumentandum* – que o convencimento do juiz se fixasse, afinal, no sentido da inexistência dos alegados danos, ou no da exclusão da responsabilidade do réu quanto a eles. Concluiria, então, pela improcedência.

Mas, para aferir a legitimidade, não é necessário, nem cabível, antecipar semelhante conclusão, afirmando aprioristicamente que o autor não tem direito próprio suscetível de ser reclamado por meio da ação proposta. Incorreu a sentença apelada, aí, na inversão lógica a que se fez menção em o item n. 5 deste parecer. Não era lícito ao ilustrado julgador raciocinar como raciocinou, partindo da premissa de inexistir a relação jurídica deduzida para dela dessumir a falta de *legitimatio ad causam* ativa.

15. Dir-se-á que, ao ver do órgão judicial, nem mesmo em tese se poderia conceber que para o autor, como antigo titular do controle acionário da C.B.A.P.-S.A. (e, indiretamente, das outras empresas referidas), algum direito nascesse dos fatos narrados na inicial. Tal entendimento, porém, seria de todo indefensável. Não se tira de qualquer norma do nosso ordenamento positivo que seja impossível o surgimento, para o acionista – e em particular para o detentor do controle acionário –, de danos ressarcíveis em consequência de vicissitudes sofridas pela sociedade. Pode-se decerto discutir, nesta ou naquela hipótese concreta, se terão surgido ou não semelhantes danos; e, no caso afirmativo, se tal ou qual pessoa tem ou não a obrigação de compô-los. Essa discussão, entretanto, volta-se a frisar, já se inscreve no plano do *meritum causae,* e só se toma cabível após o reconhecimento da presença de todas as "condições da ação" inclusive a legitimidade das partes.

Aliás, não parece exata sequer a suposição de que o magistrado se tenha deixado dominar pelo pensamento da aludida impossibilidade em tese. Ao contrário: a sentença, no segundo parágrafo, admite *expressis verbis* que é perfeitamente concebível *in abstracto* a ocorrência de prejuízo para os acionistas: "(...) se prejuízo houve, ele atingiu todos os sócios da sociedade anônima". Logo, "se prejuízo houve" (e saber se houve ou não é questão estranha à da legitimidade), atingiu, como aos outros sócios, e provavelmente mais que aos outros, o autor. Ora, que impede o autor de pleitear em Juízo a reparação de um dano que, se houve, sem dúvida o atingiu? Qual a norma jurídica em vigor que proíbe tal postulação, em nome próprio, de direito próprio? Onde a exceção legal à regra básica da legitimação ordinária?

16. Incide a sentença em patente contradição lógico-jurídica quando, após dizer que, "se prejuízo houve, ele atingiu todos os sócios da sociedade anônima", pula daí para a conclusão de que "somente a pessoa jurídica poderia propor a ação pertinente para atingir aquele desiderato". Insinua esse trecho que a sociedade se legitimaria a reclamar em Juízo a composição dos danos eventualmente sofridos pelos sócios. Não: a manter-se firme a distinção (pressuposta, à evidência, pela sentença) entre a pessoa jurídica e as pessoas dos sócios, a única ilação correta seria a de que, assim como estes não se habilitam a cobrar créditos daquela, tampouco aquela, reciprocamente, estaria qualificada para pleitear o pagamento de indenizações a que estes fizessem jus. Pois, se é exato que, salvo autorização legal específica, nenhum sócio se legitima a postular a satisfação de suposto direito da sociedade, não o é menos que a sociedade, por sua vez, carece de legitimidade para postular a satisfação de direitos dos sócios – ainda que de todos eles.

Caso nos atenhamos rigorosamente à concepção tradicional das relações entre a pessoa jurídica (sociedade) e as pessoas dos sócios, não podemos deixar de ser coerentes em nossas conclusões. Os direitos atribuídos à sociedade, só ela (a não ser por força de regra excepcional, como a do art. 123, *caput,* do Dec.-Lei n. 2.627, de 26-9-1940) é que os poderá legitimamente deduzir em Juízo; os atribuídos aos sócios, só estes é que poderão legitimamente deduzi-los. Seria um contrassenso que a norma do art. 6º do Código de Processo Civil fosse invocada aqui e ignorada ali, ou vice-versa; o critério nela consagrado há de aplicar-se de modo uniforme, e não com dois pesos e duas medidas.

É possível, entretanto, fazer abstração desse ponto. E isso porque a regra do art. 6º nada tem que ver com a espécie sob exame. Aqui não se cuida, em absoluto, de suposto crédito da sociedade – da C.B.A.P.-S.A. ou de qualquer outra – que estivesse a ser cobrado judicialmente, *nomine proprio,* por acionista. Trata-se, isto sim, de crédito que o acionista ainda ter, ele mesmo, contra o réu. Trata-se, portanto, de crédito que o acionista, e só ele, está legitimado a cobrar em juízo: hipótese típica, e aliás corriqueira, de legitimação ordinária.

17. Para resumir, de três maneiras poderia tentar-se compreender a posição adotada pelo prolator da sentença:

a) o indeferimento haver-se-ia baseado na convicção de que é impossível, mesmo em tese, conceber-se que as vicissitudes sofridas pela sociedade causem dano ressarcível ao sócio, ainda que detentor do controle acionário. Esta hipótese deve logo ser excluída: primeiro, porque contra semelhante suposição grita a evidência; segundo, porque na própria sentença se depara, nítido, o reconhecimento da aludida eventualidade ("se prejuízo houve, ele atingiu todos os sócios da sociedade anônima(...)"). Aliás, de qualquer sorte, o caso não seria, tecnicamente, de falta de *legitimatio ad causam;*

b) tratar-se-ia, ao ver do Juiz, de postulação feita pelo sócio, em nome próprio, por direito alheio (da sociedade), sem regra legal autorizativa. Aqui, terá ocorrido lamentável equívoco no entendimento da iniciai, cujos termos não oferecem a mais estreita base a tal interpretação, ficando bem claro, em todas as suas linhas, que o autor pleiteia a satisfação de crédito do qual ele mesmo se apresenta como titular;

c) estar-se-ia negando, não a possibilidade em tese de prejuízo decorrente, para o sócio, dos fatos narrados, mas já a efetiva existência de prejuízo na hipótese. A ser assim, a petição inicial terá sido indeferida por fundamento que, na verdade, não diz respeito à legitimação do autor para a causa, e sim ao mérito desta, confundindo-se duas questões perfeitamente distintas – a da presença (ou ausência) das "condições da ação" e a da procedência (ou improcedência) do pedido – e desrespeitando-se a sistemática legal, que não abre ensejo ao indeferimento por motivo ligado ao *meritum causae,* salvo, excepcionalmente, quando verificada, desde logo, a decadência ou a prescrição (art. 295, IV).

***

À luz de todo o exposto, quer-nos parecer, respondendo à consulta formulada, que não encontra apoio na lei o indeferimento da petição inicial da ação proposta por J.C.A.L. contra o B.C.N.-S.A., merecendo provimento a apelação interposta, para que se reforme a sentença e se dê ao processo regular prosseguimento. O autor é parte legítima.

Sub censura.

Rio de Janeiro, 19 de abril de 1976.

COMENTÁRIOS DO ATUALIZADOR

LEGITIMAÇÃO PARA AGIR. INDEFERIMENTO DE PETIÇÃO INICIAL.

Carlos Roberto Barbosa Moreira

1. Com mínimos ajustes, tudo quanto Barbosa Moreira escreveu, no parecer aqui atualizado, especialmente na parte encimada pelo título "Os princípios", pode ainda hoje ser lido com grande proveito, não apenas pela (costumeira) clareza da exposição, mas também porque as observações por ele formuladas sobre princípios e normas do CPC de 1973 continuam, em grande parte, perfeitamente válidas: a distinção entre "condições da ação" e mérito, assim como ocorria no diploma por ele analisado, também se acha consagrada, *de lege lata*,[1] no CPC

1 A circunstância de o novo CPC não mais se valer da expressão "condições da ação" (presente no anterior) não impede seu emprego doutrinário, com a mesma acepção tradicional: nesse sentido, Arruda Alvim, *Manual de Direito Processual Civil*, pp. 148-149 (com citação de muitos outros autores, não consultados diretamente por este atualizador, em nota de nº 30); Araken de Assis, *Processo Civil Brasileiro*, v. I., pp. 650 e ss.; Cândido Rangel Dinamarco e Bruno Vasconcelos Carrilho Lopes, *Teoria Geral do Novo Processo* Civil, pp. 116 e ss.; Cassio Scarpinella Bueno, *Manual de Direito Processual Civil*, p. 78 ("É correto entender, portanto, que a extinção da categoria das condições da ação é mais nominal do que, é isto que realmente importa, *substancial*"); Daniel Brajal Veiga, *Comentários ao Código de Processo Civil* (coord. Cassio Scarpinella Bueno), v. 2, p. 57; João Francisco N. da Fonseca, *Comentários ao Código de Processo Civil* (coord. José Roberto F. Gouvêa e outros), v. IX, p. 26; José Roberto dos Santos Bedaque, *Comentários ao Código de Processo Civil* (coord. José Roberto F. Gouvêa e ou-

de 2015 (art. 485, nº VI); o exame da legitimidade das partes ainda hoje deve ser realizado "*com abstração* das possibilidades que, no juízo de mérito, vão deparar-se ao julgador" (item nº 5 do parecer, com destaque original)[2] e a tanto corresponde uma "nítida opção", renovada no CPC atual, pela adoção da teoria *abstrata* da ação[3] (item nº 8); por conseguinte, ainda é certo afirmar que, "para aferir a legitimidade, não é necessário *nem cabível*, antecipar semelhante conclusão [a de improcedência do pedido], afirmando aprioristicamente que o autor não tem direito próprio suscetível de ser reclamado por meio da ação proposta" (item nº 14, com destaque original); a legitimação *extraordinária* também agora depende de autorização legal (art. 18); subsiste a possibilidade de indeferimento liminar da petição inicial "quando a parte for manifestamente ilegítima" (art. 330, nº II).

---

tros), v. III, pp. 116-118; Luiz Fux, *Teoria Geral do Processo Civil*, p. 141; Luiz Henrique Volpe Camargo, *Comentários* (coord. Cassio Scarpinella Bueno), v. 2, p. 409; Luiz Rodrigues Wambier e Eduardo Talamini, *Curso Avançado de Processo* Civil, v. 1, pp. 200-201, 219 e 225 e ss.; Marcelo Abelha, *Manual de Direito Processual Civil*, pp. 106 e ss; Paulo Cezar Pinheiro Carneiro, *O Novo Processo Civil Brasileiro*, p. 50; Sergio Bermudes, *CPC de 2015: Inovações*, v. 1, p. 363. Vale registrar aqui o estudo de Afrânio da Silva Jardim, "O novo Código de Processo Civil e as condições para o regular exercício do direito de ação", no qual se examina (criticamente, à luz da teoria geral do processo e do processo penal) a proposta, formulada por outros autores, da eliminação das "condições da ação", como categoria doutrinária.

2 Barbosa Moreira voltaria ao tema em parecer posterior, publicado em *Temas – Segunda Série* ("Ação reivindicatória. Preliminares de coisa julgada e de carência de ação", especificamente em seu item III); e também em outro (de 1997), publicado em *Direito Aplicado II (Pareceres)*, pp. 367 e ss. ("Legitimação passiva: critério de aferição. Mérito").

3 Cf. Cândido Rangel Dinamarco e Bruno Vasconcelos Carrilho Lopes, *Teoria Geral do Novo Processo* Civil, pp. 115-116; Luiz Fux, *Teoria Geral do Processo Civil*, pp. 140-141; Luiz Rodrigues Wambier e Eduardo Talamini, *Curso Avançado de Processo* Civil, v. 1, pp. 200-201 ("O Código [de 2015] não se afasta da concepção de Liebman – o que a ausência de referência expressa a 'condição da ação' poderia fazer supor. Ao contrário, *dela mais se aproxima*: ao passar a prever apenas duas hipóteses de condição da ação, em vez de três, ajusta-se à versão final da teoria [do] doutrinador italiano" – destacou-se). Embora um trabalho de mera *atualização* não constitua o local adequado para aprofundar o tema (nem seja o atualizador a pessoa mais indicada para fazê-lo), cabe o registro da manifestação diversa de Luiz Guilherme Marinoni, Sergio Cruz Arenhardt e Daniel Mitidiero, para os quais "a teoria de Liebman foi absolutamente repelida pelo novo Código de Processo Civil" (*O Novo Processo Civil*, p. 123).

2. Em relação ao direito *processual*, a atualização pode ater-se a apenas dois pontos:

(a) o primeiro deles reside na eliminação, no sistema agora em vigor, da "possibilidade jurídica do pedido", antes inserida entre as "condições da ação" e mencionada no art. 267, nº VI, do revogado diploma. O CPC de 2015 acolheu, no particular, orientação diversa do anterior: "a inviabilidade em tese da demanda passou a integrar *de lege lata* o mérito da causa, acarretando a rejeição do pedido (CPC, art. 487, nº I)" (João Francisco N. da Fonseca, *Comentários* (coord. José Roberto F. Gouvêa e outros), v. IX, p. 25; em igual sentido, Alexandre Freire e Newton Pereira Ramos Neto, *Comentários* (org. Lenio Luiz Streck e outros), p. 678; Fredie Didier Jr., *Comentários* (coord. Antonio do Passo Cabral e Ronaldo Cramer), p. 57). Mas há quem sustente a absorção, no sistema do novo CPC, da "possibilidade jurídica do pedido" pelo interesse processual, com as consequências daí decorrentes (Arruda Alvim, *Manual de Direito Processual Civil*, pp. 150-151);

(b) no vigente CPC, foram ampliadas as hipóteses de indeferimento da petição inicial por motivo de *mérito*, as quais não mais se limitam àquelas no item nº 17, letra *c*, do parecer (reconhecimento da prescrição ou da decadência).[4] O art. 332 enumera os novos casos de improcedência liminar do pedido, a ser decretada, "nas causas que dispensem a fase instrutória" (*caput*), quando o pedido contrariar "enunciado de súmula do Supremo Tribunal Federal ou do Superior Tribunal de Justiça" (nº I), "acórdão proferido pelo Supremo Tribunal Federal ou pelo Superior Tribunal de Justiça em julgamento de recursos repetitivos" (nº II), "entendimento firmado em incidente de resolução de demandas repetitivas ou de assunção de competência" (nº III) ou, por fim, "enunciado de súmula de tribunal de justiça sobre direito local" (nº IV). O julgamento liminar de improcedência, nas hipóteses de prescrição ou de decadência, está agora previsto no § 1º do mesmo art. 332.

4 Antes do advento do CPC de 2015, a Lei nº 11.277/2006 acrescentara ao diploma de 1973 o art. 285-A: "Quando a matéria controvertida for unicamente de direito e no juízo já houver sido proferida sentença de total improcedência em outros casos idênticos, poderá ser dispensada a citação e proferida sentença, reproduzindo-se o teor da anteriormente prolatada". Era, evidentemente, hipótese de julgamento liminar de mérito, não repetida, porém, no Código agora em vigor.

3. Datado de abril de 1976, o parecer é anterior à Lei nº 6.404, de 15 de dezembro daquele ano (vigente apenas a partir de fevereiro de 1977: cf. seu art. 295), a qual revogou o Decreto-lei nº 2.627/1940. A legitimidade (extraordinária) do acionista para propor ação de responsabilidade dos administradores da companhia por prejuízos causados ao patrimônio social (mencionada no item nº 16 do parecer) hoje se acha prevista no art. 159, § 3º, da Lei nº 6.404/1976.

Bibliografia (obras citadas pelo atualizador)

ABELHA, Marcelo. *Manual de Direito Processual Civil*. 6ª ed. Rio de Janeiro: Forense, 2016.

ARRUDA ALVIM, José Manoel. *Manual de Direito Processual Civil*. 19ª ed. São Paulo: RT, 2020.

ASSIS, Araken de. *Processo Civil Brasileiro*. 2ª ed. São Paulo: RT, 2016, v. I.

BARBOSA MOREIRA, José Carlos. "Legitimação passiva: critério de aferição. Mérito" (parecer). *In*: *Direito Aplicado II (Pareceres)*. 2ª ed. Rio de Janeiro: Forense, 2005.

BEDAQUE, José Roberto dos Santos. *Comentários ao Código de Processo Civil*. São Paulo: Saraiva, 2019, v. III.

BERMUDES, Sergio. *CPC de 2015: Inovações*. 1ª ed. Rio de Janeiro: GZ, 2016, v. 1.

BUENO, Cassio Scarpinella. *Manual de Direito Processual Civil*. 4ª ed. São Paulo: Saraiva, 2018.

CAMARGO, Luiz Henrique Volpe. Comentário ao art. 485. *In*: BUENO, Cassio Scarpinella (coord.). *Comentários ao Código de Processo Civil*. São Paulo: Saraiva, 2017, v. 2.

CARNEIRO, Paulo Cezar Pinheiro. *O Novo Processo Civil Brasileiro*. 2ª ed. Rio de Janeiro: Forense, 2021.

DINAMARCO, Cândido; LOPES, Bruno Vasconcellos Carrilho. *Teoria Geral do Novo Processo Civil*. São Paulo: Malheiros, 2016.

FONSECA, João Francisco N. da. *Comentários ao Código de Processo Civil*. 1ª ed. (2ª tiragem). São Paulo: Saraiva, 2017, v. IX.

FREIRE, Alexandre; RAMOS NETO, Newton Pereira. Comentário ao art. 485. *In*: STRECK, Lenio Luiz; NUNES, Dierle; CUNHA, Leonardo

Carneiro da (org.). *Comentários ao Código de Processo Civil*. 1ª ed. São Paulo: Saraiva, 2016.

FUX, Luiz. *Teoria Geral do Processo Civil*. 3ª ed. Rio de Janeiro: Forense, 2019.

JARDIM, Afrânio da Silva. "O novo Código de Processo Civil e as condições para o regular exercício do direito de ação". *In*: MENDES, Aluísio de Castro; BEDAQUE, José Roberto dos Santos; Carneiro, Paulo Cezar Pinheiro; ALVIM, Teresa Arruda. *O Novo Processo Civil Brasileiro: Temas Relevantes – Estudos em Homenagem ao Professor, Jurista e Ministro Luiz Fux*. Rio de Janeiro: GZ, 2018, v. 1.

MARINONI, Luiz Guilherme; ARENHART, Sérgio Cruz; MITIDIERO, Daniel. *O Novo Processo Civil*. 3ª ed. São Paulo: RT, 2017.

VEIGA, Daniel Brajal. Comentário ao art. 330. *In*: BUENO, Cassio Scarpinella (coord.). *Comentários ao Código de Processo Civil*. São Paulo: Saraiva, 2017, v. 2.

WAMBIER, Luiz Rodrigues; TALAMINI, Eduardo. *Curso Avançado de Processo Civil*. 16ª ed. São Paulo: RT, v. 1.

PETIÇÃO INICIAL DISTRIBUÍDA A UM JUÍZO E DESPACHADA POR OUTRO. INEFICÁCIA DO DESPACHO PARA PREVENIR A COMPETÊNCIA[1*]

1. A consulta formulada pelos eminentes advogados Drs. Dario de Almeida Magalhães e Martinho Garcez Neto versa substancialmente questão relacionada com a eficácia de despacho aposto à petição inicial, no que concerne à prevenção da competência. De acordo com a exposição dos fatos e a documentação que a acompanha – cópias das peças judiciais relevantes –, há dois processos em curso, um perante a 2ª Vara Cível e outro perante a 19ª Vara Cível desta comarca, instaurado o primeiro pelo B.E.-S.A. e o segundo pela S.C.P.-SA., os quais se devem reunir em razão da conexidade entre as ações. Distribuíram-se na mesma data (27 de agosto) as iniciais: a do B.E.-S.A., à 2ª Vara Cível; da S.C.P.-S.A. à 19ª Vara Cível. Sempre no mesmo dia, foi a petição do B.E.-S.A. às mãos do MM. Dr. Juiz da 2ª Vara Cível, que determinou fosse ela autuada e conclusos os autos, não tendo ordenado desde logo a citação dos réus; a petição da S.C.P.-S.A. foi levada ao MM. Dr. Juiz da 3ª Vara Cível, com requerimento do advogado, em que se alegava a ausência do MM. Dr. Juiz da 19ª Vara Cível e a urgência da citação para "evitar o perecimento" do direito da autora. Acolhendo o requerimento, o MM. Dr. Juiz da 3ª Vara Cível exarou, ainda em 27 de agosto, o despacho: "A. Cite-se"; enquanto isso, apenas em 30 de agosto sobreveio o despacho do MM. Dr. Juiz da 2ª Vara Cível, pelo qual se deferiu, na ação intentada pelo B.E.-S.A., a citação dos réus.

Indagam os ilustres consulentes:

> "1) Na ausência ocasional do Juiz da 19ª Vara Cível, podia o Juiz da 3ª Vara Cível ordenar a citação inicial na ação executiva distribuída àquele Juízo, com base em alegação de urgência e receio de perecimento de direito?
>
> 2) O despacho do Juiz da 3ª Vara Cível, ordenando a citação inicial na ação distribuída ao Juízo da 19ª Vara Cível, pode produzir o efeito de prevenir a competência, nos termos do art. 106 do Código de Processo Civil?

---

1 Parecer cuja tese foi acolhida pela 3ª Câmara Cível do Tribunal de Justiça do Estado do Rio de Janeiro, no V. Acórdão de 23-12-1976, que julgou o Conflito de Competência n. 126.

3) O despacho do Juiz da 2ª Vara Cível que ordenou a citação na ação cautelar, preveniu a competência desse Juízo para a ação executiva distribuída à 19ª Vara Cível?"

2. Em se tratando de ações conexas que corram perante órgãos diversos, o problema consistente em determinar qual desses órgãos tem preventa a sua competência – e, portanto, em qual deles hão de reunir-se os processos – recebe, *de lege lata,* solução variável, conforme os órgãos processantes tenham ou não a mesma competência territorial, isto é, pertençam ou não a uma única circunscrição judiciária. No caso de órgãos de competência territorial não coincidente, o dado decisivo é a ordem de realização das citações: fica preventa a competência do órgão que houver ordenado a citação feita em primeiro lugar. No outro caso, o critério repousa sobre a prioridade do despacho: opera-se a prevenção em favor do órgão que primeiro houver despachado a inicial.

Tal o entendimento que manifestamos, logo após o advento do vigente diploma processual, em trabalho acerca da prevenção da competência, publicado no volume de *Estudos sobre o Novo Código de Processo Civil,* Rio de Janeiro, 1974, p. 92 e ss., e reafirmamos no v. I de *O Novo Processo Civil Brasileiro* (ver p. 46 e 56 da 2ª edição, Rio de Janeiro, 1976). As razões desse modo de pensar acham-se expostas, com algum desenvolvimento, no ensaio acima citado, e podem sintetizar- se na consideração de que, das duas regras constantes do Código – a do art. 219, *caput,* e a do art. 106 –, à primeira vista antinômicas, aquela se há de considerar como geral e esta como especial, relativa unicamente à hipótese de que cogita o texto do dispositivo, *verbis* "(...) perante juízes que têm a mesma competência territorial". É a maneira correta, ao que pensamos, de conciliar as normas em aparente conflito.

3. A aplicação aos casos concretos da solução alvitrada, cuja legitimidade continua a parecer-nos fora de dúvida, postula, entretanto, um requisito que, talvez por demasiado óbvio, não tivemos a preocupação de explicitar em nossas anteriores manifestações sobre a matéria. O requisito é o de que o despacho a que alude o art. 106 seja proferido por um dos Juízes cuja competência possa ficar preventa. Com efeito: só entre órgãos em tese concorrentemente competentes é que se põe o problema da prevenção, já que esta constitui, precisamente, o meio de fixar em definitivo a competência de um deles, com exclusão do outro. Ora, não se concebe que o ato idôneo a produzir tal consequência seja praticado senão por um deles, ou por ordem de um deles, conforme o caso. Ato praticado por outro órgão (ou por determinação de outro órgão) não pode ter efeito algum no tocante à prevenção, pelo simples e evidente motivo de que a nenhum Juízo é dado prevenir a competência... de Juízo diverso!

Na espécie sob exame, a questão da prevenção está posta entre os Juízos da 2ª e da 19ª Vara Cível desta comarca. Sendo conexas as ações, um desses dois Juízos – que seriam, em tese, concorrentemente competentes – há de ter ficado com a sua competência preventa. O problema cabe, segundo o nosso entendimento, na área de incidência do art. 106, por terem ambos os Juízos igual competência territorial. Depende a solução, portanto, da ordem cronológica dos despachos – mas dos despachos proferidos pelo Juízo da 2ª Vara e pelo Juízo da 19ª Vara Cível; tem-se de abstrair do despacho por outro Juízo, como o da 3ª Vara Cível, em relação ao qual não há cogitar, *in casu,* de competência que concorra com a de qualquer dos outros dois.

4. *A priori,* sem dúvida, o Juízo da 3ª Vara Cível poderia ser competente para processar a ação intentada pela S.C.P.-S.A. Competentes poderiam ser, *a priori,* quaisquer Juízos das Varas Cíveis da comarca. Essa possibilidade, contudo, cessou desde o momento que a inicial da S.C.P.-S.A. foi distribuída à 19ª Vara Cível. A partir desse instante, a possível competência para processar a ação (feita abstração do vínculo de conexidade entre ela e a proposta perante o juízo da 2ª Vara Cível) concentrou-se no Juízo da 19ª Vara Cível, excluída ficando a dos outros Juízos, inclusive a do juízo da 3ª Vara Cível.

A distribuição – passe o truísmo – tem a função e o escopo de fixar a competência para processar determinada causa, nas circunscrições judiciárias (como a de nossa cidade) em que existe uma pluralidade de órgãos legalmente autorizados, *in abstracto,* ao exercício de atividade jurisdicional na matéria de que se cuide. Em leis brasileiras encontra-se a distribuição mencionada entre os critérios de determinação da competência: assim, v.g., no Código de Processo Penal, art. 69, IV. O Código de Processo Civil considera obrigatória a distribuição "onde houver mais de um juiz" (art. 251) e dá-lhe tamanha importância que, em termos expressos, permite à parte (ou ao procurador) fiscalizá-la (art. 256). A razão é óbvia: da distribuição vai depender a fixação, *in concreto,* da competência do Juízo, e o legislador quis imprimir-lhe, por isso mesmo, feição de garantia, submetendo-a ao controle dos interessados.

Resulta daí que, uma vez distribuída a inicial, só o juízo ao qual se distribuiu pode legitimamente processar a causa. Os outros tornaram-se incompetentes e devem abster-se de praticar atos que a ela digam respeito, com ressalva das hipóteses em que a tanto se vejam autorizados por alguma regra legal expressa. Quer isso dizer que a inicial da ação intentada pela S.C.P.-S.A. não podia ser despachada por outro Juízo que não o da 19ª Vara Cível, a que fora distribuída.

5. Aos princípios acima expostos dá o justo realce MONIZ DE ARAGÃO, quando escreve: "A distribuição se destina a fixar a competência do juízo, assunto inteiramente subtraído ao poder dispositivo das partes. Mesmo quando a lei lhes reconhece o direito à eleição de um foro contratual (art. 111), trata-se de indicar a comarca, nunca o juízo, se mais de um houver, com igual competência" (*Comentários ao Código de Processo Civil,* v. II, Rio – São Paulo, 1974, p. 331/2).

Linhas acima, já frisara o ilustre comentador, aludindo especificamente ao despacho da inicial: "Nenhum juiz deverá despachar petição inicial que não lhe haja sido distribuída. O sistema do Código não faculta à parte escolher o juiz que deseja para a sua causa" (ob. e v. cit., p. 331).

Bem se legitima a ênfase particular com que está aí focalizado o ponto. E que, no sistema do Código vigente, cresceu de importância o pronunciamento do Juízo sobre a petição inicial. O vigente estatuto confere *expressis verbis* ao órgão judicial, na matéria, cognição bastante ampla, atribuindo-lhe não apenas o poder, mas até o dever, de examinar, já nesse primeiro contato com a postulação do autor, uma série de aspectos, que chegam a atingir, em parte, o plano do mérito: assim, "a petição inicial será indeferida", entre outros casos, "quando o juiz verificar, desde logo, a decadência ou a prescrição" (art. 295, IV) – esta última, escusado ressalvar, se declarável de ofício (art. 219, § 5º).

6. O que se acaba de expor corrobora de maneira irretorquível a afirmação de que só um juiz tem competência para despachar – usemos a terminologia legal (cf. o art. 285), sem prejuízo de observação que oportunamente se fará – a petição inicial: aquele a quem ela houver sido distribuída. Com efeito: se admitirmos que outro qualquer juiz possa legitimamente exarar despacho, em que defira a citação do réu, deveremos admitir também que esse juiz pudesse indeferir a inicial, em ocorrendo alguma das hipóteses previstas na lei. Seria a conclusão imposta pelo simples e elementar bom senso: salvo disposição excepcional em contrário, que não existe aqui, o órgão competente para acolher determinada postulação também o é para repeli-la. Noutras palavras: a competência para dizer sim implica logicamente a competência para dizer não.

Pensar diversamente significa, no caso, entender que, se se apresenta petição inicial ao juiz a quem se distribuiu, ele tanto pode deferi-la como indeferi-la, à luz dos resultados do exame a que tem de proceder; se, porém, se apresenta a mesma petição a juiz diferente daquele a quem foi distribuída, esse, embora possa deferi-la, ficará impedido de indeferi-la... O deferimento seria, então, obrigatório! Salta aos olhos o absurdo, entretanto inevitável a aceitar-se a premissa. O autor estaria em condições de ter sempre deferida, ao arrepio da lei, a sua inicial: bastar-lhe-ia apresentá-la, para despacho, a juiz diferente do indicado mediante a distribuição.

Consideremos a outra ponta do dilema, e verificaremos que não é menor o despautério. Se se reconhecer que, apresentada a petição a juiz diverso daquele a quem se distribuiu, tem ele o poder assim de deferi-la como de indeferi-la, o que se estará fazendo é atribuir-lhe, sem base alguma, competência para proferir sentença sem causa submetida à cognição de outro órgão. O indeferimento da inicial, com efeito, entra, sem sombra de dúvida, na classe das sentenças, produzindo, como produz, a extinção do processo: atente-se no conceito de sentença ministrado pelo art. 162, § 1º, e na redação do art. 296, *caput* ("Se o autor apelar da sentença de indeferimento da petição inicial..."). E poderá até acontecer que se trate de sentença de mérito, se o indeferimento se fundar no art. 295, IV (cf. o art. 269, IV): ter-se-á, destarte, a causa julgada, *de meritis*, por órgão ao qual nenhuma competência, a respeito dela, outorga a lei!

7. Fica assim demonstrado que o MM. Dr. Juiz da 3ª Vara Cível era incompetente para proferir o despacho que ordenou a citação do B.E.-S.A. na ação intentada pela S.C.P.-S.A. Resta saber que consequências se produzem com relação ao ato praticado. A nosso ver, a incompetência não acarreta, aí, a nulidade do despacho, mas torna-o parcialmente ineficaz; e tal ineficácia atinge, precisamente, a aptidão que teria o ato, à luz do art. 106 do Código de Processo Civil, para acarretar (se emanado do Juízo competente) a prevenção. Passamos a justificar as duas afirmações.

O despacho não é nulo. Na sistemática do nosso direito processual civil, mesmo a incompetência absoluta faz nulos apenas os atos decisórios (art. 113, § 2º). Embora o despacho pelo qual se ordena a citação do réu, deferindo a inicial, tenha certo conteúdo decisório, mais se aproximando de uma decisão interlocutória que de um despacho de mero expediente (cf. J. C. BARBOSA MOREIRA, *O Novo Proc. Civ. Bras.*, cit., v. I, p. 41), não se deve entender que esteja abrangido pela expressão atos decisórios no texto do art. 113, § 2º. Trata-se, normalmente, do primeiro ato que o órgão judicial pratica no processo, de modo que, se o dispositivo o compreendesse, mal se explicaria o uso da palavra somente: que outros atos sobrariam? (cf. ainda o nosso trabalho supracitado, v. I, p. 58). O somente aponta no sentido de interpretação restritiva; tem-se até sustentado que os atos decisórios referidos no art. 113, § 2º, são apenas as sentenças (CÂNDIDO DINAMARCO, *Direito Processual Civil,* São Paulo, 1975, p. 139).

O despacho é, no entanto, parcialmente ineficaz. Não há confundir – e a observação, pelo que tem de óbvio, seria quase escusada – ineficácia com nulidade, nem eficácia com validade: um ato jurídico pode perfeitamente produzir efeitos apesar de inválido (ex.: Cód. Civil, art. 221), como pode deixar de produzi-los, no todo ou em parte, a despeito de válido. É o que sucede aqui, e a tal conclusão é possível chegar por mais de um caminho.

Em primeiro lugar, se a prevenção de competência resulta, em regra, da citação, e excepcionalmente, do despacho (ver o item n, 2 deste parecer), é claro que a aplicação da norma especial deve subordinar-se às mesmas restrições a que se subordina a geral. Ora, quanto à citação ordenada por juiz incompetente, a lei é expressa em atribuir-lhe unicamente os efeitos de constituir o devedor em mora e interromper a prescrição, excluído ficando, entre outros, o de prevenir o Juízo (art. 219, *caput*). Logo, o vício da incompetência exclui também esse efeito nos casos em que a prevenção decorreria, em tese, do despacho, em vez de decorrer, como geralmente ocorre, da citação. Aliás, seria esdrúxulo (para dizer o menos) que se admitisse como preventa a competência... de um órgão incompetente!

Se não bastassem as considerações de ordem sistemática, a própria redação do art. 106 afastaria qualquer dúvida: "Correndo em separado ações conexas perante juízes que têm a mesma competência territorial, considera-se prevento aquele que despachou em primeiro lugar". Nesse texto, "aquele" está, à evidência, por "aquele, dentre os juízes perante os quais correm as ações conexas". Não se refere a lei a qualquer juiz, mas apenas a um dos juízes processantes de tais ações. Esse, e não outro, é que, despachando em primeiro lugar, se considera prevento. A apuração da anterioridade levará em conta, pois, exclusivamente, os despachos proferidos pelos juízes das ações conexas. Despacho acaso proferido por qualquer outro juiz não tem relevância alguma no contexto. Se se entendesse diversamente, ter-se-ia de aquiescer numa inferência absurda: a de que, despachando em primeiro lugar outro juiz, inteiramente estranho às ações conexas, ficaria preventa a competência... desse outro juiz! É o que defluiria da parte final do art. 106, a aceitar-se a premissa de que o efeito da prevenção se produz ainda quando proferido o despacho por juiz incompetente. A premissa deve, pois, ser rejeitada como errônea.

8. Até aqui, examinamos o problema à luz das disposições do Código de Processo Civil. *Ex abundantia,* convém acrescentar que as afirmações feitas subsistem integralmente, e até se veem reforçadas, se lançarmos os olhos aos preceitos contidos no Código de Organização e Divisão Judiciárias do Estado do Rio de Janeiro (Res. n. 1, de 21-3-1975, do Egrégio Tribunal de Justiça).

Dispõe o art. 72 desse diploma:

> "Art. 72. Aos juízes de direito da comarca da Capital; vinculados aos respectivos Juízos, compete, em geral, como seu titular:
>
> (...)
>
> VII – processar e julgar os feitos da competência de seu Juízo e, bem assim, os processos que lhes forem preparatórios, preventivos ou acessórios, e os respectivos incidentes, respeitadas as atribuições conferidas a juiz auxiliar".
>
> Reza, por outro lado, o art. 95:
>
> "Art. 95. Aos juízes de direito das varas cíveis compete, por distribuição:
>
> I – exercer as atribuições definidas no art. 84;
>
> II – (...) ".

As atribuições definidas no art. 84, naquilo que interessa à matéria em foco, são as de "processar e julgar os feitos de jurisdição contenciosa ou voluntária de natureza civil e comercial e os correlatos processos cautelares e de execução" (art. 84, I, *a*).

Vê-se, pois, que os juízes de direito das varas cíveis são "vinculados aos respectivos Juízos", competindo-lhes, "por distribuição" – isto é, com relação aos feitos que lhes hajam sido distribuídos – exercer as atribuições de "processar e julgar") expressão que obviamente abrange o ato de despachar as petições iniciais. Com a única ressalva atinente aos juízes auxiliares (art. 72, VII, fine), essa competência é privativa: exclui a de qualquer outro juiz. Os juízes não são *fungíveis*. Nenhuma regra jurídica em vigor autoriza juiz de determinada vara a processar causa distribuída a outra vara, a praticar – com as exceções expressas – ato relativo a tal causa, nomeadamente a despachar (seja para deferir, seja para indeferir) petição inicial. A incompetência para tanto é estreme de dúvida.

9. Aplicando os princípios à espécie, temos como certo que o MM. Dr. Juiz da 3ª Vara Cível era incompetente para despachar a petição inicial da ação da S.C.P.-S.A., distribuída ao Juízo da 19ª Vara Cível. O despacho proferido por S. Exa., conquanto não deva, ao nosso ver, considerar- se nulo, foi, todavia, ineficaz para prevenir a competência do Juízo da 19ª Vara Cível: a prevenção apenas teria ocorrido se despachada a inicial pelo próprio juiz desta última vara. Ato de um Juízo não previne a competência de outro. A prevenção só pode decorrer de ato praticado (ou ordenado, quando incida o art. 219, *caput,* do Cód. Proc. Civil, a regra geral) por um dos Juízos em tese competentes. Mas competentes, em tese, nas hipóteses regidas pelo art. 106, são apenas os Juízos perante os quais correm as ações conexas. Não é o caso do juízo da 3ª Vara Cível, perante o qual não corria nenhuma das duas ações de que se trata.

Daí resulta que para resolver-se, na espécie, a questão da prevenção, é forçoso abstrair-se do despacho proferido pelo MM. Dr. Juiz da 3ª Vara Cível, sem eficácia nesse plano. Tal despacho é irrelevante para determinar qual dos dois Juízos – o da 19ª e o da 2ª Vara Cível – tem preventa a sua competência. A solução do problema há de atender, unicamente, à ordem cronológica dos despachos proferidos pelos juízes dessas duas varas. Considerar-se-á prevento, nos precisos termos do art. 106, aquele – dentre os dois sobre cuja competência se disputa, isto é, dentre os dois perante os quais correm as ações conexas – o que primeiro houver despachado.

Ora, ainda sem levar em conta o despacho proferido pelo MM. Dr. Juiz da 2ª Vara Cível no próprio dia 27 de agosto – porque não determinou incontinenti a citação, limitando-se a ordenar que a inicial fosse autuada e conclusa –, é certo que, em 30 daquele mês, sobreveio despacho do referido Juízo, no qual se deferiu a inicial, ordenando-se a citação das rés, e se concedeu a liminar. Sucede que, em tal data – 30 de agosto –, nenhum despacho fora ainda proferido nos autos do outro processo pelo MM. Dr. Juiz da 19ª Vara Cível. Por conseguinte, dentre os Juízos em tese competentes – noutras palavras, dentre os Juízos perante os quais correm as ações conexas –, o primeiro que despachou foi o da 2ª Vara Cível. Esse é que teve, assim, preventa a sua competência, na conformidade do que dispõe o art. 106 do estatuto processual civil, aplicável – segundo nosso entendimento – à hipótese vertente.

* * *

Ex positis, passamos a responder às três indagações em que se desdobra a consulta:

1ª) Não. O MM. Dr. Juiz da 3ª Vara Cível era incompetente para despachar a inicial da ação distribuída à 19ª Vara Cível. As alegações de ausência do MM. Dr. Juiz da 19ª Vara, e de urgência, fundadas em temor de perecimento de direito – sobre cuja procedência nada cabe dizer aqui – de modo algum influem na conclusão. Inexiste regra jurídica que, mesmo em semelhante hipótese, autorize juiz de uma vara a despachar petições iniciais distribuídas a outra.

2ª) Exarado por juiz incompetente, o despacho que deferiu a inicial da S.C.P.-S.A., embora não seja nulo, não produziu o efeito de prevenir competência. Tal efeito só se produz, nos casos regidos pelo art. 106 do Código de Processo Civil, quando proferido o despacho por algum dos Juízos perante os quais se achem em curso as ações conexas. Despacho de qualquer outro Juízo é irrelevante para esse fim.

3ª) Dentre os juízes processantes das ações conexas, o primeiro que despachou foi o da 2ª Vara Cível. O despacho proferido por S. Exa., portanto, sempre nos termos do art. 106, preveniu a competência do Juízo, devendo reunir-se nele os processos de ambas as ações,

Sub censura.

Rio de Janeiro, 7 de setembro de 1976.

COMENTÁRIOS DO ATUALIZADOR

PETIÇÃO INICIAL DISTRIBUÍDA A UM JUÍZO E DESPACHADA POR OUTRO. INEFICÁCIA DO DESPACHO PARA PREVENIR A COMPETÊNCIA.

Carlos Roberto Barbosa Moreira

1. Não subsistiu, no CPC de 2015, a dualidade de regimes (abordada na primeira parte do parecer aqui atualizado: cf. seu item nº 2) de que tratavam os arts. 106 e 219 do diploma revogado:[2] no sistema agora em vigor, a prevenção do juízo decorrerá do *registro* ou, onde houver mais de um juízo em tese competente para a causa, da *distribuição* (art. 59 c/c. art. 284). Portanto, o fenômeno da prevenção não mais se relaciona à atividade *do juiz* (prolação de despacho) ou àquela realizada *por determinação dele* (citação), mas à prática de *atos anteriores* (Arruda Alvim, *Manual de Direito Processual Civil*, p. 322).

2. Subsistiu, porém, no vigente regime, a obrigatoriedade da distribuição "onde houver mais de um juiz" (art. 284), assim como a possibilidade de sua fiscalização "pela parte, por seu procurador, pelo Ministério Público e pela Defensoria" (art. 289). A distribuição a um dos juízes em tese competentes se relaciona à garantia do juiz natural, "de modo a evitar que a parte os escolha de modo fraudulento" (Heitor Vitor Mendonça Sica, *Comentários* (coord. José Roberto F. Gouvêa e outros), v. V, p. 316; no sistema anterior, veja-se Sergio Bermudes, *Direito Processual Civil: Estudos e Pareceres, 2ª Série*, pp. 190-192).

3. Assim como no sistema do CPC anterior, continua perfeitamente válida a observação, formulada no item nº 4 do parecer aqui atualizado, no sentido de que, "uma vez distribuída a inicial, só o Juízo ao qual se distribuiu pode legitimamente processar a causa. Os outros tornaram-se *incompetentes* e devem abster-se de praticar atos que a ela digam res-

2 A adoção de um critério único, pelo CPC atual, tem sido elogiada pela doutrina: Flávio Galdino, *Comentários ao Novo Código de Processo Civil* (coord. Antônio do Passo Cabral e Ronaldo Cramer, p. 107).

peito, com ressalva das hipóteses em que a tanto se vejam autorizados por alguma regra legal expressa" (destacado no original).[3]

4. Tal como no regime anterior, descrito no parecer (em seu item nº 6), também no CPC de 2015 o indeferimento da petição inicial tem a natureza de *sentença* (art. 354, *caput,* c/c. art. 485, nº I), impugnável por apelação (art. 331, *caput,* c/c. art. 1.009) ou, na hipótese de indeferimento *parcial,* por agravo de instrumento (art. 354, parágrafo único). A ocorrência de decadência ou de prescrição reaparece, no sistema em vigor, sob o rótulo "improcedência liminar do pedido" (art. 332, § 1º), ao lado de outras hipóteses (art. 332, *caput,* nºs I a IV).

5. O art. 72 da Resolução nº 1, de 21 de março de 1975, expedida pelo Tribunal de Justiça do Estado do Rio de Janeiro (mencionada no item nº 8 do parecer), foi revogado (como a maior parte da Resolução) pela Lei Estadual nº 6.956, de 13 de janeiro de 2015 (cf. seu art. 68).

Bibliografia (obras citadas pelo atualizador)

ARRUDA ALVIM, José Manoel. *Manual de Direito Processual Civil.* 19ª ed. São Paulo: RT, 2020.

BERMUDES, Sergio. *Direito Processual Civil: Estudos e Pareceres, 2ª Série.* São Paulo, Saraiva, 1994.

GALDINO, Flávio. Comentário ao art. 59. *In*: CABRAL, Antonio do Passo; CRAMER, Ronaldo (coord.). *Comentários ao Novo Código de Processo Civil.* 2ª ed. Rio de Janeiro: Forense, 2016.

SICA, Heitor Vitor Mendonça. *Comentários ao Código de Processo Civil.* São Paulo: Saraiva, 2019, v. V.

3 "Com efeito, realizada a distribuição livre, ocorre o fenômeno da concentração de competência, que passa a ser ostentada apenas pelo órgão judiciário a quem se fez a distribuição, excluindo-se todos os demais que antes eram concorrentemente competentes" (Heitor Vitor Mendonça Sica, *Comentários,* ob. cit., v. cit., p. 316, com citação – em nota de rodapé (nº 996) – da "clássica e ainda atual lição de Barbosa Moreira" exposta no trabalho "Prevenção de competência", publicado na *Revista de Processo,* nº 7-8).

ALIENAÇÃO FIDUCIÁRIA EM GARANTIA. AÇÃO DE BUSCA E APREENSÃO. FALÊNCIA SUPERVENIENTE DA DEVEDORA. COMPETÊNCIA[1*]

I – A espécie

1. Versa a consulta sobre conflito de competência suscitado pelo Juízo da 17ª Vara Cível da comarca desta Capital, que, em 14-11-1974, decretou a falência da C.M.C. Achava-se em curso nessa ocasião, perante o Juízo da 1ª Vara Cível da mesma comarca, ação de busca e apreensão, ajuizada contra aquela Companhia pelo B.M.I.-S.A., em 21-5-1974, com referência a bens que a primeira alienara fiduciariamente em garantia ao segundo. Ao decretar-se a falência, já se realizara, por determinação do Juízo da 1ª Vara Cível, a apreensão desses bens, de acordo com o disposto no art. 3º do Decreto-Lei n. 911, de 1º-10-1969, e a causa, após regular tramitação, estava em condições de ser julgada, o que porém não ocorreu.

O síndico da massa falida ofereceu exceção perante o Juízo da 1ª Vara Cível, por entender que, com a decretação da falência, se tomara incompetente aquele Juízo, do qual declinava para o da 17ª Vara Cível. Rejeitada a exceção, o Juízo da 17ª Vara Cível suscitou, perante o Tribunal de Justiça do Estado, conflito positivo de competência, julgado em 14-10-1975 pela 2ª Câmara Cível, que, em decisão unânime, declarou competente para continuar a processar a ação de busca e apreensão o Juízo da 1ª Vara Cível. No voto do eminente Relator, Desembargador Amaro Martins de Almeida, o argumento central é o de que a espécie não se subordina à regra geral do art. 7º da Lei de Falências (Dec.-Lei n. 7.661, de 21-6-1945), por tratar-se de causa ajuizada antes da falência e enquadrável na norma excepcional do art. 24, § 2º, daquele diploma: a ação de busca e apreensão de bens fiduciariamente alienados em garantia é ação de credor por título não sujeito a rateio (art. 24, § 2º, I) e tem por objeto coisa certa (art. 24, § 2º, II), de modo que o seu curso não se suspende em consequência da quebra; descabido, por outro lado, co-

1 Parecer que instruiu as razões do recorrido no Recurso Extraordinário n. 85.438, ao qual negou provimento o Supremo Tribunal Federal, no V. Acórdão unânime de 16-11-1976, publicado no Diário da Justiça de 31-12-1976, p. 11.242.

gitar da aplicação do art. 7º do Decreto-Lei n. 911, urna vez que o pedido de restituição ali mencionado tem como pressuposto o fato de haver sido a coisa arrecadada no Juízo falencial – o que, *in casu,* não sucedera, encontrando-se os bens, desde a apreensão por ordem do Juízo da 1ª Vara Cível, em poder do B.M.I.-S.A.

2. A propósito dos fatos sumariamente descritos, dos quais tivemos notícia pela exposição dos ilustres advogados do B.M.I.-S.A., instruída com cópias das peças judiciais pertinentes, agitam-se várias questões jurídicas, a cujo respeito se pede a nossa opinião. Cuida-se de saber, antes de mais nada, se a decretação da falência deveria acarretar a suspensão do processo instaurado, perante o Juízo da 1ª Vara Cível, pelo B.M.I.-S.A., ao qual tocaria formular, em vez disso, pedido de restituição dos bens alienados em garantia, ante o Juízo da falência, nos termos dos arts. 76 e ss. do Decreto-Lei n. 7.661, e por força do disposto no art. 7º do Decreto- Lei n. 911. No caso negativo, indaga-se também se a ação de busca e apreensão há de seguir seu curso no Juízo onde foi proposta, ou se a competência para processá-la e julgá-la se deslocou para o Juízo falencial. À luz desses elementos, trata-se de assentar se foi correta e legal a decisão proferida no conflito de competência pela 2ª Câmara Cível do Tribunal de Justiça do Estado do Rio de Janeiro.

Para o desate dessas questões, temos primeiramente de examinar os vários dispositivos relevantes, não apenas os já mencionados acima, senão também o art. 87 do Código de Processo Civil, igualmente trazido à balha no contraditório, a fim de determinar o entendimento que, ao nosso ver, se lhes deve dar, fixando as premissas do nosso raciocínio. Em seguida, cuidaremos de aplicar à espécie os princípios assentados.

II – Os princípios

3. Como ninguém ignora, a regra geral, no direito brasileiro, com relação às ações em curso contra o devedor, por ocasião da falência, é a de ficarem suspensos os respectivos processos, desde que seja declarada aquela até o seu encerramento (Dec.-Lei n. 7.661, art. 24, *caput*). Suspendem-se os processos, à evidência, para que os autores façam valer as suas pretensões perante o Juízo falencial, na forma prescrita no mesmo diploma, de acordo com a expressa disposição do seu art. 7º, § 2º, *fine.*

Tal norma, porém, comporta exceções, que estão discriminadas no art. 24, § 2º, do próprio Decreto-Lei n. 7.661, *verbis:*

> "§ 2º Não se compreendem nas disposições deste artigo, e terão prosseguimento com o síndico, as ações e execuções que, antes da falência, hajam iniciado:
> I – os credores por título não sujeito a rateio;
> II – os que demandarem quantia ilíquida, coisa certa, prestação ou abstenção de fato".

Conforme esclarecia TRAJANO DE MIRANDA VALVERDE, *Comentários à Lei de Falências,* Rio de Janeiro, 1948, v. I, p. 169, a respeito do inc. I, "O termo 'título' não está no texto no sentido de documento ou instrumento, mas na acepção de direito que, *ex vi legis,* especialmente protegido, foge à *par condido creditorum.* Os títulos legais de preferência são os direitos reais e os privilégios". Explicava a seguir o autorizado comentador que "na primeira classe entram os créditos garantidos por hipoteca, penhor ou caução, e anticrese".

Não mencionava o crédito do proprietário fiduciário, na alienação em garantia, pela única e óbvia razão de que, na época em que escrevia, o direito positivo brasileiro ainda não contemplava essa figura. Basta considerar, todavia, que ela foi consagrada por entender-se insuficiente, em certos casos, a segurança que proporcionavam ao credor as garantias reais clássicas. No instituto regulado pelo Decreto-Lei n. 911, é mais intensa a garantia dada ao credor, que não se toma mero titular de direito real na coisa alheia, mas adquire, ele mesmo, a propriedade – embora resolúvel e limitada – do bem (Lei n. 4.728, de 14-7-1965, art. 66, com a redação do art. 1º do Dec.-Lei n. 911). É o que justamente realça ORLANDO GOMES, *Alienação Fiduciária em Garantia,* 4ª ed., São Paulo, 1975, p. 21: "Para logo se percebe a singularidade da garantia oferecida com a alienação fiduciária. Enquanto o *penhor,* a *caução,* a *anticrese,* a *hipoteca* são direitos reais de garantia constituídos na coisa alheia, eis que o devedor pignoratício, anticrético ou hipotecário continua dono do bem dado em segurança, na alienação fiduciária transfere a sua propriedade ao credor" [grifos do original].

Perfeitamente aplicável, portanto, *a fortiori,* à alienação fiduciária em garantia é a tese proclamada, em ação executiva hipotecária, pelo Plenário do Colendo Supremo Tribunal Federal, no julgamento dos Embargos no Recurso Extraordinário n. 54.727, de 21-6-1965: "A citação do representante legal da pessoa jurídica, operada antes da decretação da falência desta, autoriza o prosseguimento da ação ou execução por credor cujo título não esteja sujeito a rateio. Embargos recebidos" (*in Rev. Trim. de Jur., 35/183*; no texto publicado, por lapso manifesto, omitiu-se na ementa a palavra "não").

Além disso, o autor da ação de busca e apreensão de bem fiduciariamente alienado em garantia visa, sem dúvida, à recuperação de coisa certa, de sorte que pode invocar em seu prol, além do inc. I, também o inc. II do art. 24, § 2º, do Decreto-Lei n. 7.661.

4. Dispõe o art. 7º do Decreto-Lei n. 911:

> "Art. 7º Na falência do devedor alienante, fica assegurado ao credor ou proprietário fiduciário o direito de pedir, na forma prevista na lei, a restituição do bem alienado fiduciariamente.
> Parágrafo único. Efetivada a restituição, o proprietário fiduciário agirá na forma prevista neste Decreto-Lei".

Não se deve supor que esse dispositivo tenha derrogado tacitamente o art. 24, § 2º, do Decreto-Lei n. 7.661. As duas normas conciliam-se à perfeição, desde que se entenda, como cumpre, que o art. 7º do Decreto-Lei n. 911 se aplica unicamente aos casos em que se decrete a falência do devedor antes da busca e apreensão dos bens por ele alienados em garantia, e se arrecadem essas bens no processo falencial. Em tais hipóteses, consoante reza o texto, fica assegurado ao credor o direito à restituição, através do pedido de que cuidam os arts. 76 e ss. do Decreto-Lei n. 7.661. Ao editar o art. 7º do Decreto-Lei n. 7.661, quis o legislador, tão somente, tomar explícito o reconhecimento desse direito ao credor. A norma foi traçada em favor deste e dela não será legítimo tirar qualquer inferência em sentido contrário ao seu interesse. Sendo a falência posterior à busca e apreensão, não incide o art. 7º do Decreto-Lei n. 911.

Importa atentar em que o pedido de restituição tem como pressuposto inafastável a arrecadação do bem. É o que deflui do teor mesmo do art. 76, *caput,* do Decreto-Lei n. 7.661, *verbis:* "Pode ser pedida a restituição de coisa arrecadada em poder do falido...". Bem que não tenha sido objeto de arrecadação não pode, evidentemente, ser objeto de pedido de restituição. É inconcebível que a massa falida tenha de restituir... o que com ela não está.

Para considerar-se própria a via do pedido de restituição, ter-se-ia de admitir que o bem anteriormente apreendido e entregue ao proprietário fiduciário houvesse de ser por este devolvido, ou melhor, arrecadado em suas mãos pelo síndico, para depois pedir o credor a sua restituição, na forma do art. 76 da Lei de Falências. Mas há aí duplo absurdo. Absurdo jurídico, porque ao síndico incumbe arrecadar os "livros, documentos e bens do falido" (art. 70, *caput*), ao passo que o bem alienado em garantia não pertence ao devedor enquanto não cumprida a obrigação deste, sendo certo que só com o cumprimento se verifica a *condicio iuris* a que se subordina a resolução do domínio do credor (cf. JOSÉ CARLOS MOREIRA ALVES, *Da alienação fiduciária em garantia*, São Paulo, 1973, p. 175). Absurdo prático, porque se estaria impondo a realização de uma série de atos inúteis, tendentes a conduzir, por via oblíqua, a um resultado que já se atingira sem eles, com patente afronta ao princípio da economia processual, que se opõe categoricamente a esse incrível desperdício de tempo, energias e dinheiro, sem vantagem para quem quer que seja.

5. É mister grande cautela no exame dos subsídios doutrinários e jurisprudenciais acerca da matéria. As afirmações contidas em livros e julgados devem ser objeto de exame atento, para que se evite o risco de extrair delas conclusões que não pretenderam inculcar. Quando algum escritor ou tribunal se refere ao pedido de restituição como via adequada à obtenção, pelo proprietário fiduciário, do bem alienado em garantia, pode estar simplesmente expondo o que se contém no art. 7º do Decreto-Lei n. 911, sem precisar de maneira explícita os limites da respectiva área de incidência. Na medida em que a doutrina e a jurisprudência aludem a casos de falência anterior à busca e apreensão do bem alienado em garantia, embora não ressaltem *expressis verbis* semelhante circunstância, de modo algum desmentem o que ficou dito acima: é pacífico que, se o devedor tem decretada a sua quebra, e o bem se vê arrecadado antes de promovida a busca e apreensão pelo credor, o remédio colocado à disposição deste é naturalmente o pedido de restituição, na forma do art. 76 da Lei de Falências.

Veja-se, por exemplo, este passo de ORLANDO GOMES, ob. cit., p. 144/5: "Produzindo a falência o vencimento antecipado do contrato de financiamento, cumpre à financeira pedir a restituição do bem em cuja posse se achava o falido, individuando-o e comprovando seu direito". É claro que o trecho transcrito diz respeito à hipótese de virem sendo cumpridas as obrigações contratuais; não se cogita aí da ocorrência de mora ou inadimplemento do devedor fiduciante, pois em tal caso esse fato, por si só, já fora bastante para produzir o vencimento antecipado de todas aquelas obrigações (Dec.-Lei n. 911, art. 2º, § 3º). Está fora, pois, das cogitações do eminente autor a eventualidade de já ter o proprietário fiduciário agido em Juízo contra o devedor; e, *a fortiori*, a de já ter sido apreendido, na ação própria, o bem alienado em garantia. A alusão que se faz ao pedido de restituição *pressupõe*, sem dúvida, arrecadação realizada no processo da falência. Confirma-o este outro passo da mesma obra, que se lê na p. 144, pouco acima do transcrito: "(...) em caso de falência, o proprietário-fiduciário tem o direito de pedir a restituição do bem. *Arrecadado que seja*, não integrará a massa falida, eis que o falido o alienara, tendo, sobre ele, tão-somente, posse *nomine alieno*. É óbvio, consequentemente, o direito do proprietário-fiduciário de reclamá-lo" [grifamos].

É arbitrário, por conseguinte, invocar a autoridade de ORLANDO GOMES para sustentar a tese de que, mesmo já em curso a ação de busca e apreensão, e efetuada a diligência, o credor – com o bem em seu poder! – teria de comparecer ao Juízo da quebra para pedir a restituição. Também quanto ao Acórdão da 1ª Câmara Civil do Tribunal de Justiça de São Paulo, de 2-3-1971, publicado na *Rev. dos Tribs.*, 427/136-7, que confirmou decisão de primeiro grau, pela qual se julgara inadmissível a ação de busca e apreensão, apontando-se à credora o caminho do pedido de restituição no processo da falência da devedora, é de presumir-se a anterioridade da quebra, à vista deste trecho: "Como a requerida estivesse em regime falimentar, o magistrado a absolveu da instância(...)", e ainda deste outro: "(...) sendo pleiteada busca e apreensão dos bens alienados fiduciariamente da agravante falida(...)" (p. 137). Se assim é, incensurável mostra-se o Acórdão, mas de modo algum ampara a suposição de que, mesmo na hipótese inversa – ou seja, na de falência superveniente à busca e apreensão –, houvesse de ser igual a solução do problema.

6. Merece exame em separado o pensamento de PAULO RESTIFFE NETO, que, além de enfrentar com algum desenvolvimento, em sua obra *Garantia Fiduciária*, 2ª ed., São Paulo, 1976, p. 222 e ss., os problemas concernentes aos efeitos da falência do devedor fiduciante, inclusive no que tange às relações entre ela e a ação de busca e apreensão, subscreveu adernais, como juiz, a sentença publicada na *Rev. dos Tribs.*, 449/175-6, e confirmada pela 4ª Câmara do 1º Tribunal de Alçada Civil de São Paulo, em 29-11-1972 (*ibid.*, p. 174/5). Lê-se na sentença: "A falência prejudica o andamento da ação de busca e apreensão e isso exatamente para resguardo do superprivilégio inerente aos créditos garantidos por alienação fiduciária de bens, assegurando a lei ao credor ou proprietário fiduciário, na falência do devedor, o direito de pedir restituição dos bens de sua propriedade fiduciária, na forma da Lei de Falências, com preferência a todos os créditos, por mais privilegiados que sejam".

Esse trecho aparentemente exclui, em termos radicais, a possibilidade de prosseguir a ação de busca e apreensão ajuizada pelo proprietário fiduciário, desde que se decrete a falência do devedor, cabendo àquele, em qualquer hipótese, recorrer à via do pedido de restituição. A mesma impressão, à primeira vista, assalta o leitor da monografia acima citada, diante deste passo que se contém na p. 231: "Na falência do devedor, o único e insubstituível meio processual de que pode valer-se o credor para excutir a garantia é, na forma do art. 7º do Decreto-Lei n. 911, o pedido de restituição".

Mas, para bem compreender a posição do jurista, é indispensável focalizar os lanços transcritos à luz dos respectivos contextos. A leitura do teor integral da sentença por ele proferida esclarece que, na espécie julgada, a falência do devedor *antecedera* a apreensão do bem fiduciariamente alienado: "(...) a diligência ocorreu *quando já existente o novo estado jurídico de quebra da devedora*(...)"; "diante da superveniência da quebra da ré *entre o ajuizamento da busca e apreensão e a diligência de constrição judicial*(...)" (*Rev. dos Tribs.*, 449/176) [grifamos]. O esclarecimento completa-se com a nota de rodapé inserta na p. 248 do livro *Garantia Fiduciária, verbis:* "Se a apreensão se efetivar antes da decretação da quebra, a ação prosseguirá com o síndico até final (art. 24, II, da Lei de Falências), caso em que não há trancamento para ajuizamento de pedido restitutório para se atingir idêntica finalidade".

Verifica-se, pois, que para PAULO RESTIFFE NETO o dado decisivo é a data da efetivação da medida constritiva na ação de busca e apreensão: se o bem já houver sido apreendido quando da decretação da falência, prossegue a ação; no caso contrário, ainda que ajuizada esta anteriormente, não prossegue, cabendo ao proprietário fiduciário pedir a restituição do bem no processo falencial. Semelhante distinção não nos parece encontrar base no texto legal: o art. 24, § 2º, do Decreto-Lei n. 7.661, refere-se, de maneira genérica e ampla, a ações e execuções que, antes da quebra, se "hajam iniciado". Todavia, o que mais importa é ressaltar que mesmo um autor visivelmente hostil, em princípio, à ideia do prosseguimento da ação de busca e apreensão, após a quebra do devedor, não hesita em render-se – o que lhe faz honra ao senso jurídico e ao senso prático – a esta evidência: seria absurdo apontar o caminho do pedido de restituição, no processo falencial, ao proprietário fiduciário que já está na posse direta do bem, por força de diligência regularmente efetuada no processo da ação de busca e apreensão. Como é sobre caso assim que nos devemos pronunciar, torna-se irrelevante aqui a divergência parcial entre o entendimento manifestado por PAULO RESTIFFE NETO e aquele que se nos afigura mais fiel ao *ius positum*.

7. O aspecto a que acima se fez menção foi convenientemente posto em relevo no Acórdão da 2ª Câmara do 2º Tribunal de Alçada Civil de São Paulo, de 20-2-1974, citado pelo próprio PAULO RESTIFFE NETO, na aludida nota de rodapé, e publicado na *Rev. dos Tribs.*, 466/177. Eis como soa a ementa: "Desde que a execução intentada pelo fiduciário o tenha sido anteriormente à quebra do comprador, deve ela prosseguir, nos termos do art. 24, n. II, da Lei de Falências, com o respectivo síndico, uma vez que a demanda objetiva coisa certa" (na publicação, por lapso, figura "art. 25, n. II", em vez de "art. 24, n. II").

O texto da decisão mostra o peso que se atribuiu, no julgamento, à circunstância de que, estando já em poder do proprietário fiduciário o bem alienado em garantia, mercê da apreensão e consequente entrega, é inconcebível o uso do remédio consistente em pedido de restituição:

> "É de ver (...) que a execução intentada pelo proprietário fiduciário se exerce sobre a própria coisa e, assim, ajuizada a ação de busca e apreensão, de conformidade com o Decreto-Lei n. 911, de 1969, antes da decretação da quebra, vindo esta, tem aplicação o disposto no art. 24, n. II, da Lei de Falências. – Decreto-Lei n. 7.661, de 21-6-1945, que determina o prosseguimento das execuções que demandarem coisa certa, com o síndico) como ocorreu no caso em tela.
>
> *E nem teria sentido que, obtida a apreensão e entrega da coisa, a autora fosse obrigada a trancar o presente feito para ingressar no Juízo da falência com o pedido de restituição daquilo que já obteve, e que, afinal, executar-se-ia da mesma forma"* [grifamos].

Mas é oportuno registrar que, a despeito de utilizar – e bem – esse argumento, o Acórdão consideraria suficiente, para o prosseguimento da ação de busca e apreensão, o fato de ter sido ela ajuizada antes da quebra, ajustando-se melhor com isso, ao nosso ver, à sistemática da lei. O único ponto merecedor de reparo é o emprego da palavra execução: no rigor da técnica, a respeito de comportar, *in limine litis*, a medida constritiva, o processo da ação de busca e apreensão é, basicamente, processo de conhecimento: tem deste a característica essencial, que é a de tender à emissão de uma sentença onde se julgue a lide (ver Dec.-Lei n. 911, art. 3º, §§ 4º e 5º).

8. Não vale como precedente contrário à tese sustentada neste parecer o Acórdão do Colendo Supremo Tribunal Federal, de 12-11-1974, no Recurso Extraordinário n. 79.384, relatado pelo eminente Min. LEITÃO DE ABREU e publicado na *Rev. Trim. de Jur.*, 72/274 e ss. Tratava-se de ação de depósito, intentada pelo proprietário fiduciário antes da falência do devedor. O Acordão recorrido decidira que a decretação da quebra suspendia o processo da ação de depósito, incumbindo ao credor pedir a restituição dos bens ou de seu equivalente em dinheiro no juízo falencial. A Corte Suprema não conheceu do recurso extraordinário, entendendo inexistir vulneração do art. 24, § 2º, do Decreto-Lei n. 7.661, e considerando "razoável (...) a exegese emprestada pela decisão recorrida ao art. 7º do Decreto-Lei n. 911, de 1-10-1969", conforme se lê no voto do Relator (p. 277).

Em nosso entendimento, já exposto acima, o art. 7º do Decreto-Lei n. 911 deve ser interpretado como atinente apenas às hipóteses de anterioridade da falência. O Egrégio Supremo Tribunal Federal não fulminou essa interpretação, limitando-se a declarar "razoável" a do Acórdão recorrido, segundo a qual, na espécie, a via própria seria a do pedido de restituição, não obstante já proposta pelo credor a ação de depósito, quando decretada a quebra. Aliás, o fato de cuidar-se de ação de depósito, e não de busca e apreensão, constitui diferença relevante em confronto com o problema de que nos ocupamos. O que mais importa sublinhar, porém, é que, como ressumbra do teor do Acórdão recorrido (p. 274/5), a decisão de primeiro grau, reformada pelo Tribunal de Justiça de São Paulo, decretara a prisão dos representantes legais da sociedade falida, obviamente por não terem entregue os bens – o que, por sinal, lhes era impossível fazer, visto já haverem eles sido arrecadados na falência e estarem "sob a tutela e administração do síndico" (p. 275). O julgamento do recurso extraordinário, por conseguinte, não enfrentou, porque não vinha ao caso, o aspecto realçado no item 4 deste parecer e relacionado com a absoluta impropriedade do pedido de restituição nos casos em que o bem, longe de haver sido objeto de arrecadação, se encontra nas mãos do credor, por força de diligência legitimamente executada. Conforme bem se vê, não há similitude que justifique a invocação, como precedente, do mencionado Acordão do Colendo Supremo Tribunal Federal.

9. Cumpre agora verificar se o processo da ação de busca e apreensão, que não se suspende, deve prosseguir no órgão em que foi instaurado ou no juízo falencial, remetendo-se a este os autos. Em outras palavras: se a quebra do devedor acarreta o deslocamento da competência para julgar a ação (já pendente) de busca e apreensão. Examinaremos o problema, de início, à luz do Código do Processo Civil – e particularmente do seu art. 87 –, e depois em face dos dispositivos constantes do Decreto-Lei n. 7.661.

O art. 87 do estatuto processual civil em vigor, após consagrar o princípio de que a competência se determina no momento da propositura da ação, sendo irrelevantes "as modificações do estado de fato ou de direito ocorridas posteriormente", estabelece na parte final esta ressalva: "salvo quando suprimirem o órgão judiciário ou alterarem a competência em razão da matéria ou da hierarquia". Por "modificações do estado de direito" entendem-se aí as mudanças legislativas, isto é, as alterações das regras sobre competência, porventura ocorridas na pendência do processo (cf. CELSO AGRÍCOLA BARBI, *Comentários ao Código de Processo Civil*, Rio-São Paulo, 1975, v. I, t. II, p. 391). No regime anterior, o art. 151 do estatuto de 1939 não cogitava desse problema, limitando-se a tratar de modificações do estado de jato. O acréscimo feito pelo legislador de 1973 inspirou-se claramente na lição de CHIOVENDA, que, ao versar o tema da *perpetuatio iurisdictionis,* estudou a questão da possível incidência da lei nova sobre os feitos em curso, propondo justamente a solução consagrada no atual diploma pátrio. De acordo com o Mestre, a lei nova seria aplicável – privando o órgão processante de sua competência – se e quando o pusesse na impossibilidade material ou lógica de exercê-la. A primeira hipótese ocorreria nos casos de supressão do órgão; quanto à segunda, caberia distinguir em função do título da competência, ou seja, do seu elemento determinante, negando CHIOVENDA que o efeito se produzisse (isto é, que o órgão se tornasse incompetente) só por ter-se modificado a regra atributiva de competência em razão do território ou do valor (v. *Instituições de Direito Processual Civil,* trad. de J. Guimarães Menegale, 2ª ed., São Paulo, 1965, v. II, p. 336/8; e, já anteriormente, "Sulla perpetuatio iurisdictionis", *in Saggi di Diritto Processuale Civil e, Roma,* 1950, v. I, p. 302/4). É, sem tirar nem pôr, a doutrina esposada pelo nosso vigente Código, que se refere à supressão do órgão e à alteração da competência em razão da matéria e da hierarquia como hipóteses únicas de relevância da modificação. Já fora ela, aliás, consagrada, desde 1939, em redação mais clara, pelo legislador português (art. 63 do Cód. Proc. Civil luso, provável fonte imediata do dispositivo pátrio).

10. O que ficou exposto bem esclarece o sentido e o alcance da exceção aberta na parte final do art. 87. Ela se relaciona apenas com as modificações do estado de direito, e não com as modificações do estado de jato. O problema é de *direito intertemporal,* nada tendo que ver com a mudança dos elementos fáticos determinantes da competência. Nesse sentido, com toda a correção, o ensinamento de CELSO AGRÍCOLA BARBI, ob. e loc. cit.: "Ressalva o artigo as modificações *legais* que suprimirem o órgão judiciário ou alterarem a competência em razão da matéria ou da hierarquia, casos em que a nova lei prevalece" [sem grifo no original].

Aliás, basta refletir um pouco para concluir que as hipóteses arroladas no texto mal se compadeceriam com a ideia de uma simples modificação dos jatos: como poderia esta, por exemplo, suprimir um órgão judiciário? E, no tocante ao ponto que mais interessa aqui, já o próprio CHIOVENDA observava: "E difícil conceber-se mudança na circunstância determinante da competência por matéria" (*Instit.,* v. II, p. 335). Diríamos que tal mudança unicamente se torna concebível no caso de modificação do pedido de que não cabe cogitar no presente contexto: fora dele, é claro que a matéria submetida pelo autor à cognição judicial permanece a mesma do princípio ao fim do processo.

Em resumo, o que se contém no art. 87 pode ser desdobrado em duas regras: a primeira, relativa às modificações do estado de fato, que são sempre irrelevantes - ressalvada, é óbvio, a existência de outra norma especial - na perspectiva da competência, deixando prevalecer na sua pureza o princípio da *perpetuatio iurisdictionis;* a segunda, atinente às modificações do estado de direito, que serão relevantes, deslocando a competência, quando suprimirem o órgão processante ou alterarem os critérios de distribuição relacionados com a hierarquia ou a matéria. Ora, representando a falência do devedor, nessa óptica, modificação de fato, e não de direito, e sendo absolutamente estranha à questão objeto da consulta qualquer consideração em tomo de lei nova, que não sobreveio, de tudo se infere que o art. 87 só ministra subsídios favoráveis ao entendimento de que a quebra do devedor não influi na competência para processar e julgar a ação de busca e apreensão, em curso no momento da decretação da falência.

11. Não havendo que cogitar de aplicação analógica do art. 762, § 1º, do Código de Processo Civil, pois nele só se alude a "execuções", enquanto o processo da ação de busca e apreensão é processo de conhecimento (v. o item 6 deste parecer), o equacionamento do problema tem de ser feito à luz das disposições do próprio Decreto-Lei n. 7.661, em que se corporificam as regras especiais aplicáveis à matéria.

Voltando, assim, ao exame do texto da Lei de Falências, cabe analisar, ainda uma vez, a sistemática adotada no art. 24. De ordinário, as ações ou execuções individuais dos credores ficam suspensas com a quebra; excetuam- se as arroladas no § 2º, I e II, entre as quais, consoante já se mostrou, deve incluir-se a ação de busca e apreensão de bem fiduciariamente alienado. Ao abrir as exceções, diz a lei que essas ações e execuções "terão prosseguimento com o síndico". Não acrescenta – ao contrário, observe-se, do que faz o Código de Processo Civil com referência às execuções – que os respectivos processos hão de ser remetidos ao Juízo falencial. Teria sido facílimo ao legislador, se o quisesse, consignar no texto semelhante determinação. Não a consignou, limitando-se a dispor sobre a sucessão processual do devedor pela massa falida.

Dir-se-á que a cláusula era aí desnecessária, à vista de outros dispositivos do mesmo diploma. Afaste-se desde logo o art. 23, que não é pertinente: diz respeito apenas às pretensões que, ainda não ajuizadas na data da decretação da falência, porventura o hajam de ser já em face da massa (cf. PONTES DE MIRANDA, *Tratado de Direito Privado,* t. 28, 2ª ed., Rio de Janeiro, 1960, p. 205). Resta o art. 7º, § 2º, assim redigido:

> "§ 2º O Juízo da falência é indivisível e competente para todas as ações e reclamações sobre bens, interesses e negócios da massa falida, as quais serão processadas na forma determinada nesta lei".

Ou se tira daí, ou não se tirará de lugar algum a suposta cessação da competência do órgão perante o qual corre a ação de busca e apreensão proposta antes da quebra, pela chamada *vis attractiva* do Juízo falencial, inerente à sua universalidade. Importa, assim, verificar se a norma, tal como existe e vem sendo compreendida e aplicada no direito brasileiro, basta para amparar a conclusão.

12. O art. 7º, § 2º, do Decreto-Lei n. 7.661 reproduz, com irrelevante alteração de redação, disposição que constava dos anteriores diplomas legais concernentes à matéria: a Lei n. 2.024, de 17-12-1908, e a Lei n. 5.746, de 9-12-1929, em ambas as quais rezava o parágrafo único do art. 7º:

> "Parágrafo único. O Juízo da falência é indivisível e competente para todas as ações e reclamações sobre bens, interesses e negócios relativos à massa falida. Essas ações e reclamações serão processadas na forma por Que se determina nesta lei".

Ora, sob a vigência desses textos, já se entendia, na doutrina e na jurisprudência, que a última parte do dispositivo estabelecia uma restrição à regra da universalidade do juízo falencial, excluindo do seu alcance o exercício judicial das pretensões para as quais o diploma específico não disciplinasse o *modus procedendi.* Em Acórdão plenário do Egrégio Supremo Tribunal Federal, de 16-9-1940, no Conflito de Jurisdição n. 1.309, após transcrever o parágrafo único do supracitado art. 7º, dizia o Ministro Relator CARLOS MAXIMILIANO: "Do exposto já deflui a assertiva de que só se processam no Juízo da falência as ações e reclamações *que comportam a forma estabelecida naquele diploma"* (*in Direito,* v. V, p. 223) [sem grifo no original].

No mesmo sentido pronunciou-se, mais recentemente, o Tribunal Federal de Recursos: "O princípio da universalidade do Juízo da falência não é absoluto e sim relativo às ações e reclamações cuja forma é determinada na lei de falências. As ações não previstas na mesma lei, as que não seguem a forma por ela estabelecida, não foram positivamente incluídas na competência do Juízo da falência" (Acórdão de 24-11-1947, apud ROBERTO BARCELLOS DE MAGALHÃES, *A Lei de Falências Interpretada pelos Tribunais,* Rio – São Paulo, 1955, p. 41, n. 125).

Daí, por exemplo, haver-se concluído que a ação de despejo referente a imóvel da massa pode correr perante outro órgão, sem ver-se atraída para a competência do juízo falencial: "É proponível fora do Juízo da falência a ação de despejo contra a massa falida", decidiu em 6-12-1950 o Tribunal de Justiça do antigo Distrito Federal (*Rev. For.*, 135/146), lendo-se no texto do Acórdão, relatado pelo então Desembargador NÉLSON HUNGRIA, que mais tarde ilustrou a Corte Suprema: "A universalidade do juízo da falência, na conformidade do art. 7º, § 2º, do Decreto-Lei n. 7.661, de 21-6-1945, somente abrange as ações processadas na forma determinada na própria Lei de Falências".

E à mesma conclusão já chegara, no direito anterior, o Tribunal de Apelação de São Paulo: "A indivisibilidade do Juízo da falência só alcança as ações e reclamações cujo processo é estatuído na própria lei de quebras. Procede, assim, ação de despejo intentada perante outra vara, contra a massa, por falta de pagamento de aluguéis" (Acórdão de 26-7-1944, *apud* JOSÉ L. V. DE A. FRANCESCHINI, *Repertório de Jurisprudência da Lei de Falências,* São Paulo, 1954, t. I, p. 80, n. 212).

Trata-se, como fica evidente, de *ius receptum,* existindo perfeita continuidade entre a posição assumida na vigência das antigas leis falenciais e a que hoje se adota. Nem colheria a objeção de que o Decreto-Lei n. 7.661 contempla forma adequada ao exercício da pretensão do credor que queira recuperar o bem fiduciariamente alienado em garantia: o pedido de restituição, nos termos do atual art. 76 e ss. Essa via, como se demonstrou (ver o item 4 deste parecer), revela-se absolutamente imprópria ao menos nas hipóteses de bem que, por já ter sido objeto de apreensão e entrega ao proprietário fiduciário, não for nem poderia ser, arrecadado no processo da falência.

13. Por outro lado, convém observar que, mesmo a abstrair-se do dado textual do art. 7º, § 2º, *fine* (anteriormente, art. 7º, parágrafo único, 2ª parte), ainda assim se chega, por outro raciocínio, à conclusão de que as ações – como a de busca e apreensão de bem alienado em garantia – cujo processo não se suspende pela quebra, escapam a *vis attractiva* do Juízo falencial. É que tal *vis attractiva* constitui, precisamente, a razão de ser da suspensão: suspendem-se os processos para que os credores venham fazer valer suas pretensões no quadro da falência. Ora, onde a lei exclua semelhante efeito, só se pode supor que, aos seus olhos, *não exista a causa.* Leia-se o que a tal respeito ensinava CARVALHO DE MENDONÇA: "É em virtude da competência absorvente desse Juízo" (o falencial) "sobre causas afetas à autoridade judiciária, que cessam as ações e execuções pendentes ao tempo da abertura da falência, ainda que corram na justiça federal, *salvo as que a lei, em virtude de justificadas razões, manda prosseguir,* e eis porque os bens penhorados nessas execuções entram para a massa" (*Tratado de Direito Comercial Brasileiro,* 3ª ed., Rio de Janeiro, 1939, v. VII, p. 262) [grifamos].

Na explicação da regra geral (suspensão), ministrada com a clareza habitual pelo exímio jurista, contém-se virtualmente, *a contrario sensu,* a ilação concernente aos casos que se submetem à disciplina excepcional (não suspensão). Com efeito: as ações e execuções que se suspendem, é "em virtude da competência absorvente" do Juízo falencial que sofrem a suspensão; logo, as ações que não se suspendem, *ipso facto* devem considerar-se imunes à força atrativa dessa "competência absorvente". E o único resultado a que pode conduzir a interpretação sistemática.

14. A conclusão enunciada tem o conforto da melhor e mais recente doutrina. Referindo-se às ações cuja marcha não se suspende, nos termos do art. 24, § 2º, do Decreto-Lei n. 7.661, assim se expressa WALDEMAR FERREIRA: "Continuarão essas ações no seu curso normal, substituído, na posição de réu, ou seja, de executado, o síndico da massa falida, e continuarão *nos Juízos em que se iniciaram,* naturalmente, como se a falência não tivesse sido declarada" (*Tratado de Direito Comercial,* São Paulo, v. 14, p. 436) [sem grifo no original].

Pelo mesmo diapasão afina-se o ensinamento de WALTER T. ÁLVARES: "Estes grupos de exceções indicados acima constituem uma limitação ao princípio da universalidade do Juízo falimentar, pois se se inicia uma ação das previstas no art. 24, § 2º, da lei, que foram as supraexaminadas, e se o procedimento tiver precedido à decretação da falência, a superveniência desta nem suspende a ação *nem desloca a competência do Juízo"* (*Direito Falimentar,* 2ª ed., Belo Horizonte, 1968, v. I, p. 273) [grifamos].

Adverte, enfim, PONTES DE MIRANDA: "Sempre se há de entender que o princípio da atração não apanha as ações propostas antes da falência se os créditos não estão sujeitos a rateio" (ob. e t. cit., p. 55).

III – Aplicação dos princípios à espécie

15. A ação de busca e apreensão foi proposta pelo B. M. I. – S. A. perante a 1ª Vara Cível meses antes da decretação da falência da C. M. C. pelo Juízo da 17ª Vara Cível. Ao ocorrer a quebra, os bens fiduciariamente alienados em garantia por esta àquele já haviam sido apreendidos e entregues ao proprietário fiduciário. Não se achavam em poder da falida, nem foram arrecadados pelo síndico.

Seria totalmente fora de propósito, nessas condições, deixar o credor de continuar a exercitar sua pretensão no processo da busca e apreensão, para formular no Juízo falencial pedido de restituição. Faltaria a este um pressuposto essencial, que é justamente o de ter sido o bem arrecadado e estar inserto na massa falida. Ofende o bom senso e os princípios jurídicos – em primeiro lugar, o da economia processual – supor que devesse o credor entregar ao síndico os bens, para em seguida pedi-los de volta. Não incide o art. 7º do Decreto-Lei n. 911.

A quebra da devedora não suspende o curso do processo de busca e apreensão, porque o crédito do B.M.I.–S.A. não se sujeita a rateio, e a ação visa a coisa certa (art. 24, § 2º, I e TI, do Dec.-Lei n. 7.661). Subsiste, para processar e julgar a ação, a competência do Juízo da 1ª Vara Cível, imune a *vis attractiva* do Juízo falencial.

16. A vista do exposto, afigura-se incensurável a decisão proferida pela 2ª Câmara Cível do Tribunal de Justiça do Estado do Rio de Janeiro. O voto do Relator, Desembargador Amaro Martins de Almeida, acompanhado à unanimidade pelos outros julgadores, tomou como premissa correta a consideração de que o princípio da universalidade do Juízo falencial, enunciado no art. 7º, § 2º, do Decreto-Lei n. 7.661, assim como o da suspensão das ações e execuções individuais dos credores, consagrado no *caput* do art. 24, não prevalecem nos casos excepcionais previstos no § 2º deste último dispositivo. Para confirmar o raciocínio, invocou, de modo pertinente, a norma do art. 70, § 4º, da própria Lei de Falências, que exclui a entrada na massa de bens apreendidos em ação ou execução não sujeita a ficar suspensa em virtude da quebra.

A nosso ver, não é apenas razoável, mas exata, a interpretação dada no Acórdão ao art. 7º do Decreto-Lei n. 911, quando afirma que o pedido de restituição a que nele se alude "visa a obter a retirada de bens porventura arrecadados, ou seja, de bens incorporados à massa pelo síndico". Não se vislumbra aí "negação de vigência" a essa regra legal, senão unicamente delimitação, aliás precisa, do seu âmbito de incidência.

O Acórdão não versou a questão da competência à luz do art. 87 do Código de Processo Civil. Por esse aspecto, vale assinalar, o julgado escapa à censura do Egrégio Supremo Tribunal Federal, de acordo com a tese por este fixada, que exige, para a admissibilidade do recurso extraordinário, tenha sido ventilada a questão federal na decisão recorrida (*Súmula da Jurisprudência Predominante*, n. 282). Contudo, de qualquer modo é fora de dúvida que tampouco ao art. 87 do Código de Processo Civil se "negou vigência", sequer implicitamente: a solução dada pelo Acórdão ao problema da competência está em perfeita consonância com a doutrina acolhida naquele dispositivo.

Em resumo: nem diante das supracitadas normas do Decreto-Lei n. 7.661, nem do art. 7º do Decreto-Lei n. 911, nem do art. 87 do Código de Processo Civil, há no Acórdão da 2ª Câmara Cível qualquer *error iuris in iudicando.* A decisão foi perfeitamente legal e correta, quando deu como competente para a ação de busca e apreensão, apesar da falência da devedora, o Juízo da 1ª Vara Cível.

Sub censura.

Rio de Janeiro, 21 de setembro de 1976.

COMENTÁRIOS DO ATUALIZADOR

ALIENAÇÃO FIDUCIÁRIA EM GARANTIA. AÇÃO DE BUSCA E APREENSÃO. FALÊNCIA SUPERVENIENTE DA DEVEDORA. COMPETÊNCIA.

Carlos Roberto Barbosa Moreira

1. Como informado na segunda edição deste volume de *Temas* (de 1988), o parecer aqui atualizado foi apresentado ao STF como parte das razões do recorrido no RE nº 85.483-RJ, ao qual a Corte *negou* provimento, em sessão realizada em 16.11.1976, adotando as mesmas conclusões do parecerista e do acórdão do qual aquele recurso fora interposto. Na parte que aqui interessa, o voto do Relator, Ministro Moreira Alves, seguido pela unanimidade da 2ª Turma, afirma o seguinte:

> "Não há dúvida de que o credor garantido pela propriedade fiduciária (que é a garantia real cujo título é o contrato de alienação fiduciária em garantia) pode, ocorrida a falência do devedor alienante, pedir a restituição do bem

alienado fiduciariamente nos termos da lei falimentar. Esse direito lhe assiste quando o bem, de que ele é proprietário fiduciário e possuidor indireto, se encontra na posse direta da massa falida, em razão de arrecadação do bem que se encontrava com o falido, seu possuidor direto. Nesse caso – e isso ocorre mesmo quando já tenha sido ajuizada a busca e apreensão, mas não haja sido ainda executada a liminar quando a falência é decretada – o meio processual próprio para que o credor obtenha a posse exclusiva da coisa para sua posterior venda é o pedido de restituição feito perante o juízo da falência. O mesmo, porém, não sucede quando, antes da decretação da falência, a busca e apreensão já foi executada liminarmente, deixando o devedor de ter a posse direta do bem, que, portanto, não será arrecadado pela massa. Nessa hipótese, o disposto no § 2º do artigo 7º da Lei de Falências é afastado pelo preceituado no § 2º do artigo 24, combinado com o estabelecido no § 4º do art. 70, ambos da mesma lei. A ação de busca e apreensão – que, em se tratando de propriedade fiduciária, é autônoma – não se suspende, mas prossegue com o síndico, perante o juízo em que foi proposta".

2. O parecer, datado de setembro de 1976, trata de disposições contidas na lei falimentar então em vigor (Decreto-lei nº 7.661/1945). Hoje, de acordo com a vigente Lei nº 11.101/2005, entre os efeitos da decretação da falência se incluem: (a) "suspensão das execuções ajuizadas contra o devedor, inclusive aquelas dos credores particulares do sócio solidário, relativas a créditos ou obrigações sujeitos à recuperação judicial ou à falência" (art. 6º, nº II, na redação da Lei nº 14.112/2020); e (b) " proibição de qualquer forma de retenção, arresto, penhora, sequestro, busca e apreensão e constrição judicial ou extrajudicial sobre os bens do devedor, oriunda de demandas judiciais ou extrajudiciais cujos créditos ou obrigações sujeitem-se à recuperação judicial ou à falência" (art. 6º, nº III, na redação da Lei nº 14.112/2020). O § 1º do art. 6º repete, em parte, a norma do art. 24, § 2º, nº II, da anterior lei falimentar, mencionada no parecer: "Terá prosseguimento no juízo no qual estiver se processando a ação que demandar quantia ilíquida". As demais ações *de conhecimento* não se suspendem, até a definição do valor devido (cf. Marlon Tomazete, *Comentários à Reforma da Lei de Recuperação de Empresas e Falência*, p. 11).

3. Pelo art. 76 da Lei nº 11.101/2005, o juízo da falência "é indivisível e competente para conhecer todas as ações sobre bens, interesses e negócios do falido, ressalvadas as causas trabalhistas, fiscais e aquelas não reguladas nesta Lei em que o falido figurar como autor ou litisconsorte ativo".

4. Em se tratando de *recuperação judicial*, o art. 49, § 3º, da Lei nº 11.101/2005 isenta de seus efeitos o crédito do proprietário fiduciário, fazendo prevalecer "os direitos de propriedade sobre a coisa e as condições contratuais, observada a legislação respectiva"; mas não permite, nos 180 dias seguintes ao do deferimento da recuperação ou no período de sua excepcional prorrogação ("por uma única vez": art. 6º, § 4º), "a venda ou a retirada do estabelecimento do devedor dos bens de capital essenciais a sua atividade empresarial" (art. 49, § 3º). O exame dessa essencialidade compete ao juízo da própria recuperação, segundo pacífica jurisprudência do STJ (*v.g.*, AgInt AREsp nº 1.475.536-RS, j. 24.08.2020).

5. A *propriedade fiduciária* de coisa *móvel* foi ampliada pelo advento do Código Civil de 2002, a partir do qual passaram a coexistir, no direito positivo brasileiro, duas espécies, para fins de garantia: "uma de aplicação geral como garantia de dívida, sem restrição quanto à pessoa do credor, regulamentada pelos arts. 1.361 a 1.368-B do Código Civil, e outra exclusivamente para garantia de créditos constituídos no âmbito do mercado financeiro e de capitais, bem como do fisco e da previdência social, caracterizada pelas disposições especiais definidas pelo art. 66-B e seus parágrafos da Lei nº 4.727/1965" (Melhim Namem Chalub, *Alienação Fiduciária: Negócio Fiduciário*, p. 176). O atual art. 66-B desse último diploma, a seu turno, foi introduzido pela Lei nº 10.931/2004, substituindo o antigo art. 66.

6. A seu turno, a alienação fiduciária de *imóveis* e a propriedade fiduciária sobre eles constituída se acham hoje disciplinadas pela Lei nº 9.514/1997 (arts. 22 e seguintes).

7. No que diz respeito à regra da perpetuação da competência, ela se encontra agora contida no art. 43 do CPC de 2015, em termos análogos àqueles com os quais o art. 87 do CPC revogado a enunciava. A regra se relaciona ao princípio do *juiz natural*, "ao qual seria negada aplicação quando pudesse o legislador retirar a seu bel-prazer ou causar a retirada de uma demanda ao juízo competente perante o qual houvesse sido proposta" (Cândido Rangel Dinamarco, *Comentários* (coord. José Roberto F. Gouvêa e outros), pp. 270-271); e também ao princípio da *segurança jurídica* (Araken de Assis, *Processo Civil Brasileiro*, v. I, p. 1.203; Cândido Rangel Dinamarco, *Comentários*, cit., p. 271).

Bibliografia (obras citadas pelo atualizador)

ASSIS, Araken de. *Processo Civil Brasileiro*. 2ª ed. São Paulo: RT, 2016, v. I.

CHALUB, Melhim Namem. *Alienação Fiduciária: Negócio Fiduciáio*. 5ª ed. Rio de Janeiro: Forense, 2017.

DINAMARCO, Cândido Rangel. *Comentários ao Código de Processo Civil*. São Paulo: Saraiva, 2018, v. I.

TOMAZETE, Marlon. *Comentários à Reforma da Lei de Recuperação de Empresas e Falência*. Indaiatuba, SP: Foco, 2021.

EMBARGOS DE DECLARAÇÃO: SUSPENSÃO DO PRAZO PARA INTERPOSIÇÃO DE OUTRO RECURSO. EMBARGOS INFRINGENTES: JULGAMENTO *ULTRA PETITUM* NO ACÓRDÃO EMBARGADO

I – Tempestividade dos embargos infringentes

1. O V. Acórdão da Egrégia 6ª Câmara Cível, que julgou a Apelação Cível n. 1.621, foi publicado em 9-6-1976. No dia 14 do mesmo mês, ofereceu a D.C.D.- S.A. embargos de declaração, rejeitados por V. Acórdão cuja publicação ocorreu em 30 de junho. Em 26 de julho, segunda-feira, foram interpostos embargos infringentes: a) por A.A.; b) por V.P. e F.A.D.A. – representados, os dois últimos, por procuradores diversos dos que subscrevem o recurso do primeiro.

Sustentam os embargantes que o oferecimento dos embargos declaratórios por D. C. D. – S. A. suspendeu, para todas as partes, o prazo de interposição de outros recursos *(in casu*, dos embargos infringentes). Sendo diferentes os procuradores de A.A., de um lado, e de V.P. e F.A.D.A., de outro, incide o art. 191 do Código de Processo Civil, contando-se pois em dobro o prazo para recorrer. Assim, reiniciada a fluência a partir da publicação do V. Acórdão que rejeitou os embargos declaratórios, prolongava- se o prazo de interposição dos embargos infringentes até a segunda- feira, dia 26 de julho.

A isso objeta a embargada S.P.A.–S.A. que os embargos de declaração manifestados por D.C.D.–S.A. só tiveram o efeito de suspender os prazos de outros recursos em proveito do próprio litigante que os ofereceu. Os restantes não se poderiam beneficiar da suspensão, e por isso são intempestivos os seus embargos infringentes.

2. A base textual em que busca arrimo a argumentação da embargada é a diversidade de redação que se observa entre o art. 465, parágrafo único, e o art. 538, *caput*, do Código de Processo Civil, relativos, respectivamente, aos embargos de declaração contra decisão de primeiro grau e de grau superior. Ambos os dispositivos atribuem ao oferecimento dos embargos declaratórios o efeito de suspender o prazo para a interposição de qualquer outro recurso eventualmente cabível contra a decisão averbada de obscura, "duvidosa", contraditória ou omissa. Enquanto, porém, o art. 465, parágrafo único, é expresso em dizer que a suspensão atinge recurso interponível "por qualquer das partes", a cláusula aspeada não figura no teor do art. 538, *caput*.

Tal fundamentação, de um literalismo *à outrance*, é ao nosso ver fragílima. O tratamento dos embargos de declaração, no Código de Processo Civil, é particularmente infeliz do ponto de vista da técnica legislativa. Além da injustificável divisão das normas pertinentes em dois grupos separados, como se se tratasse de figuras distintas – o que, na verdade, não ocorre –, ressentem-se os textos de óbvios defeitos de redação, que todavia não legitimam conclusões apressadas, apenas explicáveis à luz de uma leitura superficial. Cabe ao intérprete atentar na sistemática da lei, para evitar as contradições e incoerências a que não se forrará quem só lhe veja a letra.

3. É preciso, antes de mais nada, afastar qualquer suposição de que, no sistema do Código, haja diferença de natureza entre embargos declaratórios cabíveis no primeiro grau e embargos declaratórios cabíveis em grau superior de jurisdição. Seja qual for a posição que se adote *de lege ferenda*, em plano puramente teórico, parece claro que, *de lege lata*, num caso e noutro se trata de recurso. E isso por mais de uma razão:

1ª) ao enumerar no art. 496 os recursos em tese cabíveis, alude o Código aos "embargos de declaração" (inc. IV), sem especificação alguma (cf. JOSÉ FREDERICO MARQUES, *Manual de Direito Processual Civil*, v. III, São Paulo, 1975, p. 87);

2ª) as hipóteses de cabimento, a finalidade, os efeitos do julgamento desses embargos não variam conforme O grau de jurisdição (cf. os arts. 464 e 535), de sorte que, se em grau superior constituem eles, indiscutivelmente, um recurso, nenhum motivo existe para que se deixem de considerar assim no grau inferior;

3º) o art. 465, parágrafo único, ao dispor sobre o efeito do oferecimento dos embargos declaratórios, confirma-lhes a natureza recursal quando se refere à "interposição de outro recurso" – cláusula onde a palavra "outro" postula necessariamente que já se esteja diante de um recurso, a saber, os próprios embargos (cf. AMARAL SANTOS, *Comentários ao Código de Processo Civil*, Rio-São Paulo, v. IV, 1976, p. 453).

Quer isso dizer que, inexistindo óbice ponderável, os dispositivos concernentes aos embargos declaratórios hão de ser interpretados e aplicados de tal maneira que se uniformize, tanto quanto possível, a disciplina no primeiro grau e em grau superior de jurisdição. Ressalvem-se unicamente os casos em que alguma regra especial, ou princípio superior, se oponha a tal solução: é o que se dá com a norma do art. 538, parágrafo único, em nosso entender inaplicável aos embargos de declaração contra decisão de primeiro grau, por força do cânon hermenêutica segundo o qual as disposições que cominem penalidades *(lato sensu)* não se podem estender a hipóteses não expressamente contempladas (v. em sentido contrário, todavia, a opinião de AMARAL SANTOS, ob. e v. cit., p. 452).

4. É de ordem lógica, porém, a razão mais profunda e decisiva por que se devem entender beneficiadas todas as partes pela suspensão decorrente do oferecimento de embargos declaratórios. Visando estes, com efeito, a dissipar obscuridade ou "dúvida", a resolver contradição ou a suprir omissão da decisão embargada, bem se compreende que só à luz da solução que se lhes der será possível apurar a existência, mesmo para os outros litigantes (e até, eventualmente, para terceiros), do interesse em recorrer. O teor do pronunciamento emitido no julgamento dos embargos de declaração é que permitirá saber, com exatidão, se e em que medida se toma útil e necessária a interposição de outro recurso. Pense-se, v.g., na hipótese de haver silenciado o Juiz ou o Tribunal sobre algum item do pedido, ou sobre tópico que lhe cumpria enfrentar *ex officio* (como o concernente à verba honorária): é evidente que, enquanto não julgados os embargos declaratórios de um litigante, não dispõem os outros de base para a opção entre recorrer e não recorrer. Eis aí a *ratio* do art. 465, parágrafo único, *fine,* que subsiste *in totum* em se tratando de acórdão.

Acrescente-se, ainda, que, manifestados em grau superior os embargos de declaração, os autos não permanecem à disposição dos possíveis interessados em recorrer contra o acórdão embargado. São conclusos ao relator, que os deve pôr em mesa para julgamento, na sessão seguinte do órgão judiciário (art. 537). Mesmo, pois, que algum dos outros litigantes pudesse e quisesse, desde logo, interpor outro recurso, ficaria, a partir do oferecimento dos embargos declaratórios – que talvez ocorra imediatamente após a publicação do acórdão – privado da condição essencial para formular a sua impugnação, a saber, a possibilidade de acesso aos autos, onde serão colhidos os elementos necessários à fundamentação. E semelhante obstáculo, ao menos em tese, pode perdurar pelo prazo inteiro de interposição do novo recurso, caso demore a realizar-se, por qualquer motivo, a sessão subsequente, em que se hão de julgar os embargos de declaração.

5. Por todas essas razões é que nos pronunciamos, em mais de um trabalho publicado sobre o vigente estatuto processual civil, no sentido de que a suspensão de prazo, em virtude do oferecimento dos embargos de declaração, alcança não só os outros eventuais recursos do próprio embargante, mas também os das outras partes e até (em atenção à identidade de *ratio*) os de terceiros prejudicados ou do Ministério Público em função de *custos legis*; ver nossos *Comentários ao Código de Processo Civil,* v. V, 2ª ed., Rio de Janeiro, 1976, p. 525/6 e *O Novo Processo Civil Brasileiro,* v. I, 2ª ed., Rio de Janeiro, 1976, p. 244.

Tal é, aliás, a doutrina largamente predominante: à mesma conclusão por nós sustentada chegam PONTES DE MIRANDA, *Comentários ao Código de Processo Civil,* Rio de Janeiro, t. VII, 1975, p. 408 e 425/6; SÉRGIO BERMUDES, *Comentários ao Código de Processo Civil,* v. VII, São Paulo, 1975, p. 221; ROGÉRIO LAURIA TUCCI, *Curso de Direito Processual – Processo Civil de Conhecimento,* São Paulo, 1976, p. 337/8; HUMBERTO TEODORO JÚNIOR, *Lições de Direito Processual Civil,* Uberaba, 1975, p. 163. Que nos conste, desse entendimento discrepa unicamente WELLINGTON MOREIRA PIMENTEL, *Comentários ao Código de Processo Civil,* v. III, São Paulo, 1975, p. 543-4; mas, sem embargo da autoridade do escritor, sua argumentação é pouco persuasiva.

Com efeito, de um lado, recorre ela a particularidades dos trabalhos preparatórios, reportando-se à tramitação do Projeto do Código no Senado Federal; ora, trata-se de elemento cuja escassa (ou nenhuma) relevância em sede de interpretação tem sido enfaticamente frisada *urbi et orbe.* Apega- se, de outro, ao puro dado literal, afirmando que a opinião preponderante redunda em considerar inúteis as palavras finais do art. 465, parágrafo único ("por qualquer das partes"); mas, bem ao contrário, se aquela opinião (que compartimos) se vale das referidas palavras para complanar por analogia, com fundamento na igualdade de *ratio,* a lacuna existente no art. 538, *caput,* maior não poderia ser a utilidade que *ipso facto* lhes reconhece. Quanto ao restante argumento, relacionado com a multa do art. 538, parágrafo único, assim se enuncia: "Já nos embargos de declaração opostos ao acórdão, a suspensão não aproveitará à outra parte, pois não seria curial que aquela, valendo-se da suspensão do prazo, ainda se fizesse beneficiária da multa imposta ao embargante, no caso de serem os embargos considerados apenas protelatórios" (ob. cit., p. 543).

Em primeiro lugar, porém, observe-se que essa suposta "cumulação de benefícios", com a qual se acena *ad ferrarem,* ocorrerá rarissimamente na prática: a serem os embargos não apenas rejeitados, mas até declarados "manifestamente protelatórios", tende sem dúvida alguma para 100% a probabilidade de que a decisão contra a qual se ofereceram tenha sido plenamente favorável ao embargado, a quem faltará, portanto, interesse em recorrer. O embargante é que, se lançou mão de expediente procrastinador, não deve, com certeza, haver ficado satisfeito com ela. Quer isso dizer que só do próprio embargante cabe, normalmente, esperar a interposição de outro recurso. A hipótese, por conseguinte, é meramente acadêmica. De outro lado, não parece tão absurdo que a lei tenha eventualmente querido conceder duas vantagens ao adversário de um litigante tão pouco escrupuloso, que não trepida em oferecer embargos de declaração "manifestamente protelatórios". Tanto menos quanto a suspensão do prazo, aí, é invocável pelo próprio embargante, a despeito de sua conduta processualmente incorreta; logo, o suposto "benefício" a bem pouco se reduz na verdade: cuida-se apenas de não recusar aos outros litigantes uma possibilidade que se concede até a quem procedeu de modo temerário! Seria, *data venia,* gritante injustiça tratar-se com maior rigor, no ponto, quem nenhuma incorreção praticou.

Bem consideradas as coisas, o único benefício real para o embargado, na hipótese do art. 538, parágrafo único, é o recebimento da multa que representa uma compensação pelo prejuízo do retardamento do processo. Quanto à suspensão do prazo para a interposição de outro recurso, longe de constituir "vantagem", apenas iguala o tratamento das partes, afeiçoando o desate da questão ao princípio geral insculpido no art. 125, I, do Código de Processo Civil, que, a não ser assim, sofreria frontal violação.

6. O Código de Processo Civil de 1939 não continha, em qualquer de seus dispositivos, a cláusula expressa hoje, constante do art. 465, parágrafo único, *fine,* segundo a qual a suspensão do prazo de interposição de outros recursos se produz para "qualquer das partes". Cingia-se o art. 862, § 5º, daquele diploma a estatuir: "Os embargos declaratórios suspendem os prazos para outros recursos, salvo se manifestamente protelatórios e assim declarados na decisão que os rejeitar" (redação dada pelo Dec.-Lei n. 8.570, de 8-1-1946). Daí haver determinado setor da jurisprudência pendido para o entendimento de que só o embargante podia invocar a seu prol a suspensão. Cita S.P.A.-S.A., nesse sentido, dois acórdãos do Colendo Supremo Tribunal Federal, proferidos sob a vigência do antigo estatuto: o primeiro, de 1969 (que se reporta a outro, mais remoto), relatado pelo Min. BARROS MONTEIRO, e o segundo, de 1973, relatado pelo Min. ELOY DA ROCHA. Invoca, ainda, julgado mais recente, de 1975, no Recurso Extraordinário n. 79.740, do qual foi relator O Min. CUNHA PEIXOTO.

As decisões anteriores à entrada em vigor do novo Código nada significam hoje como precedentes. É claro que já naquela época militavam razões poderosas, de ordem lógica e sistemática, contra a tese da limitação do efeito suspensivo aos recursos do próprio embargante. Compreende-se, porém, que, à falta de base textual, os tribunais se tenham deixado tolher pela timidez na interpretação do Código então vigente.

Havia, aliás, a favorecer o entendimento restritivo, argumento de certo peso: é que, à luz do sistema então adotado pela lei – negação *a posteriori* do efeito suspensivo, quando o órgão declarasse manifestamente protelatórios os embargos –, a outra parte corria o risco de vir a ser injustamente prejudicada se, confiando na suspensão, deixasse para interpor depois do pronunciamento sobre os embargos o seu eventual recurso contra a decisão embargada. Com efeito: a declaração da manifesta protelatoriedade fazia cair, retroativamente, a suspensão, de modo que o recurso se tornaria intempestivo.

Tal circunstância influiu decisivamente, por exemplo, na posição de PONTES DE MIRANDA, *Comentários ao Código de Processo Civil* (de 1939), 2ª ed., Rio de Janeiro, 1955-62, t. XII, p. 136, muito embora fosse relativamente fácil contornar a dificuldade, desde que se entendesse, como era razoável, que nenhuma das partes ficava obrigada a aguardar a decisão nos embargos declaratórios de outra para interpor o seu recurso, cabendo-lhe fazê-lo desde logo, se achasse provável virem eles a ser declarados manifestamente protelatórios.

7. É importante assinalar que, apesar do exposto, não havia uniformidade na antiga jurisprudência a respeito da questão. O Tribunal de Justiça do extinto Estado da Guanabara, v.g., ao julgar os Embargos de nulidade na Apelação Cível n. 64.469, pelo Egrégio 2º Grupo de Câmaras Cíveis, em Acórdão de 13-5-1970, sendo relator o Des. EBERT CHAMOUN, assim se pronunciou: "O prazo para os outros recursos, *e para ambas as partes,* começa a fluir da data da publicação da decisão que conheceu os embargos declaratórios" (*Rev. de Jurispr. do TJEG,* 27/202) [grifamos].

A fundamentação valia-se, com toda a propriedade, do argumento invocado *supra,* no item n. 4 deste parecer: "O § 5º do art. 862 do Código de Processo Civil deve ser entendido no sentido de que o prazo para outros recursos, de ambas as partes, começa a fluir a partir da publicação da decisão que conheceu os embargos, uma vez que apenas então é que elas têm ciência do teor exato da sentença ou acórdão embargado e termos seguros e definitivos elementos para recorrer. Por isso que os embargos declaratórios podem clarear ou acrescer a decisão embargada, não há, antes da sua solução, base para outro recurso, não podendo, portanto, correr o prazo respectivo. E tais razões militam obviamente em favor de ambas as partes, embargante e embargado" (*ibid.,* p. 203).

No próprio Supremo Tribunal Federal, estava longe de ser pacífica a tese restritiva, esposada pelos Acórdãos que S. P. A. – S. A. traz à colação. Assim, em 29-11-1968, no julgamento do Recurso Extraordinário n. 61.580, relatado pelo Min. HERMES LIMA, a 3ª Turma do Excelso Pretória rejeitou preliminar de intempestividade da impugnação, formulada com base em que o oferecimento de embargos declaratórios apenas beneficiara o embargante, e não o embargado, recorrente no extraordinário (*Rev. Trim. de Jurispr.,* 53/ 161-3). Um dos votantes foi o ilustre processualista Min. AMARAL SANTOS, que argumentou com o fato – igualmente lembrado no item n. 4 deste parecer – de que, uma vez oferecidos os embargos de declaração, "o Relator, independentemente de qualquer formalidade, apresenta os embargos à Mesa para julgamento na sessão seguinte, isto é" os autos saem de cartório e não estão mais à disposição da outra parte para poder recorrer" *(ibid.,* p. 162). Participou também do julgamento o Min. ELOY DA ROCHA – relator de um dos Acórdãos citados por S.P.A.–S.A. –, o qual, em seu voto, averbou de "relevante" O argumento acima e sublinhou a vacilação da jurisprudência do Tribunal, apontando precedentes contrastantes, entre eles Acórdão de 1952, relatado pelo Min. OROZIMBO NONATO, no sentido da extensão do efeito suspensivo a recursos outros que não os do próprio embargante (*ibid.,* p. 163).

8. À vista do que ficou dito, parece legítimo, *data venia,* acolher com grande reserva, do ponto de vista da significação que possa ter como dada jurisprudencial, o recente Acórdão da Colenda 2ª Turma, no Recurso Extraordinário n. 79.740, relatado pelo Min. CUNHA PEIXOTO. Não havendo sido ainda publicado o inteiro teor da decisão, é impossível avaliar-lhe os fundamentos, que se desconhecem. Na verdade, a ementa, dada à luz no *Diário da Justiça* de 20-8-1976, limita-se, muito singelamente, a dizer: "É jurisprudência pacífica do STF que a interposição de embargos de declaração somente suspende o prazo para recurso em favor da parte que os ofereceu".

Sem quebra do respeito devido à Corte e ao eminente Relator, ousamos ponderar que o enunciado transcrito é inexato e irrelevante. Inexato, porque, conforme demonstrado (*supra,* item n. 7), a jurisprudência do Excelso Pretória oscilou constantemente, ao longo dos anos, entre a tese e a antítese. Irrelevante, porque os precedentes a que se quer aludir – e os quais, repita-se, podem ser tudo menos unívocos surgiram sob a vigência do Código de 1939; ora, o texto em vigor trouxe inovações relevantíssimas, como a inserção da cláusula "por qualquer das partes", no parágrafo único do art. 465, e a mudança da sistemática no tocante aos embargos declarados manifestamente protelatórios. Por mais "pacífica" que fosse a jurisprudência anterior, não estão os Tribunais autorizados a ignorar a evolução do *ius positum,* em nome de algo que se resolve, afinal, na pura força da inércia.

Veja-se que, na doutrina, escritor da autoridade de PONTES DE MIRANDA reconsiderou sua posição, para atender aos novos dados legislativos. Eis como se expressa a propósito: "No direito anterior, não havia o texto do art. 465, parágrafo único, do Código de 1973. A suspensão somente para o embargante seria prejudicial e exprobramo-lo ao Código de 1939. Temos, hoje, de entender que o art. 465, parágrafo único, que somente consta do procedimento no primeiro grau (juízes singulares), também se há de invocar no tocante aos embargos de declaração nos Juízos coletivos, sejam de primeiro grau, sejam de grau superior" (*Coment. ao C.P.C.* de 1973, cit., t. VII, p. 425).

O importante, enfim, não é saber como se entendia e como se julgava sob o Código revogado; é saber como se deve entender e julgar sob o Código vigente. E, a esse respeito, parece-nos fora de dúvida que a única atitude correta é a de reconhecer que o oferecimento dos embargos declaratórios suspende o prazo para a interposição de quaisquer outros eventuais recursos, por quaisquer outros possíveis recorrentes: partes – sejam elas quais forem –, terceiros prejudicados e Ministério Público em função de *custos legis.* Em relação a todos eles, o prazo recomeça a fluir, pelo tempo que reste, a partir da publicação da decisão nos embargos.

Mais não é preciso dizer para concluir pela tempestividade dos recursos de embargos infringentes interpostos, quer por A.A., quer por V.P. e F.A.D.A.

II – Julgamento ultra petitum no acórdão embargado

1. Na petição inicial da ação intentada por S.P.A.–S.A., eis como se formulou o pedido em relação aos ora embargantes:

> "A autora – S.P.A.–S.A. requer a citação dos réus A.A., V.P. e F.A.D.A. para todos os termos da presente Ação de Adjudicação Compulsória, para no final serem condenados:
>
> a) nos termos dos arts. 639 e 640 do Código de Processo Civil sejam os réus, solidariamente, condenados a procederem à imediata entrega das ações ou transferência do direito a elas referente representando 97% (noventa e sete por cento) do capital atual da D. C. D. – S. A.;
>
> (...)
>
> c) nos termos do art. 644 do Código de Processo Civil sejam os réus, solidariamente, condenados a pagar à autora a importância diária de Cr$ 500.000,00 (quinhentos mil cruzeiros), desde que não cumpram no dia certo a condenação desse Juízo" (item XII da inicial).

A isso se acrescentou, no item XIII, o pedido de condenação dos réus ao pagamento de "custas, emolumentos e despesas, bem como nos honorários de advogado", a serem fixados nos termos do art. 20 do diploma processual. Nenhum outro pedido foi formulado em face dos ora embargantes.

2. Conforme tivemos ocasião de ressaltar no parecer anteriormente emitido sobre a presente causa, àquele que pretenda obter, com base em contrato preliminar, a chamada "prestação substancial" a que faria jus *por força do contrato definitivo* não concluído, oferece o ordenamento a possibilidade de exercitar no mesmo processo, em *cumulação sucessiva,* as duas ações: uma, tendente à obtenção de sentença "que produza o mesmo efeito do contrato a ser firmado" (Cód. Proc. Civil, art. 639); outra, que condene o devedor ao cumprimento da obrigação dele resultante. O contrato a que alude o dispositivo legal é, à evidência, o definitivo: a decisão que porventura acolha a primeira das ações cumuladas, por assim dizer, "supre-lhe" a falta, "substitui-o", colocando as partes em situação jurídica igual à que decorreria da sua efetiva celebração; daí a viabilidade da condenação subsequente (do ponto de vista lógico, é claro, pouco importando a circunstância de virem ambos os pronunciamentos contidos em ato *formalmente uno*) à "prestação substancial" - que, *in casu,* consistiria na entrega ou transferência das ações de D.C.D.–S. A.

Dispensamo-nos de insistir no assunto, sobre o qual discorremos extensamente nos itens n. 23, 24, 26 e seguintes do parecer anterior[1*]. Permitimo- nos apenas transcrever um trecho do item n. 24, onde ferimos, ao que nos parece, o ponto essencial:

> "Observe-se que há uma relação necessária, de antecedente a consequente, entre as duas sentenças. Juridicamente, forma-se uma cadeia em que não pode faltar qualquer dos elos. A segunda sentença (de condenação a entregar a coisa) pressupõe logicamente a primeira (de condenação a emitir a declaração de vontade), e é inconcebível sem esta: com efeito, antes dela não existia ainda a obrigação de dar, que só nasce do contrato definitivo (ou do pronunciamento judicial que o 'substituiu'), e não do pré-contrato, fonte apenas da obrigação de contratar. O processo de execução, por sua vez, pressupõe a segunda sentença e não poderia realizar-se com fundamento na primeira, que não constitui título hábil.
> Qualquer lacuna nessa sequência impede o atingimento do fim prático a que visa o credor (obtenção da prestação substancial). Faltando a segunda sentença' (condenação a dar), ficam as partes, sem dúvida, na situação que se criaria com a conclusão do contrato definitivo; mas o cumprimento de qualquer das obrigações dele resultantes terão de ser postulado em novo processo de conhecimento, não podendo ser exigido por via executiva. Faltando a primeira sentença (condenação à celebração do contrato definitivo), excluída fica a possibilidade da segunda: não se concebe que o juiz condene o réu ao cumprimento de uma obrigação que não nasceu, pois não existe contrato definitivo, nem decisão que lhe faça as vezes, produzindo 'o mesmo efeito' que exsurgiria de sua celebração".

3. Em obra publicada após a elaboração do parecer anterior, expondo o mecanismo da execução das obrigações de emitir declaração de vontade, segundo o vigente Código, e referindo-nos à sentença que produz "o mesmo efeito" do contrato (definitivo) não concluído – à primeira,

1 Ver p. 215 e ss. deste livro.

portanto, das decisões individualizadas no item n. 2, *supra* –, assim nos manifestamos:

> "Devendo irradiar-se do contrato" (definitivo), "para o vencido, novas obrigações, de dar ou de fazer, essas obrigações nascerão para ele com O trânsito em julgado da sentença. Mas esta, por si só, não serve de título para que o credor possa desde logo reclamar, por via executiva, as prestações correspondentes, pois não contém condenação do devedor a cumprir as aludidas obrigações, que em absoluto não se confundem com a obrigação de celebrar o contrato. É lícito ao autor, no entanto, desde que satisfeitos os pressupostos legais (art. 292 e seus parágrafos; cf. v. I, § 1º, V, 2), formular em cumulação sucessiva, no processo de conhecimento, ambos os pedidos: o de suprimento da declaração de vontade não emitida pelo réu e o de condenação deste ao cumprimento de alguma(s) das obrigações que porventura houvesse de fazer surgir o contrato não firmado. Em semelhante caso, uma vez acolhidos os dois pedidos, servirá a sentença, na parte em que tiver julgado procedente o segundo, de título para a eventual execução. Fora daí, repita-se, inexistirá processo executivo que precise (ou melhor: que *possa*) seguir-se ao trânsito em julgado da sentença, exceto, é claro, no que respeita às condenações acessórias (custas, honorários de advogado)" (*O Novo Processo Civil Brasileiro,* v. II, 1976, p. 46/7) [grifos do original].

Aplicando à espécie esses princípios, compreende-se que S.P.A.-S.A. poderia ter cumulado, em sua inicial, os dois pedidos: 1º) de condenação dos ora embargantes a celebrar o contrato de compra e venda das ações de D.C.D.-S.A.; 2º) de condenação dos mesmos embargantes a entregar as ações, ou a praticar os atos necessários à respectiva transferência. É óbvio que estamos fazendo abstração, aqui, da questão de saber se a autora tinha ou não, efetivamente, o direito de obter sentença que "substituísse" o contrato não celebrado – e, consequentemente, à "prestação substancial" a que, por força dele (ou do pronunciamento judicial "substitutivo"), ficariam obrigados os réus. No momento, apenas nos preocupa a equação processual, independentemente do juízo que sobre a matéria se haveria de fazer *de meritis.*

4. Ora, basta lançar os olhos à parte conclusiva da petição inicial para verificar que S.P.A.-S.A. – abstraindo-se, por irrelevantes, dos tópicos pertinentes à multa e às condenações acessórias (custas, honorários advocatícios) – se limitou a pedir a condenação dos ora embargantes *à entrega ou à transferência das ações,* isto é, à "prestação substancial".

Conforme se frisou no parecer anterior [2*] (item n. 27), "podendo valer-se da cumulação sucessiva, não o fez. Formulou o pedido consequente sem formular o antecedente".

Prevenindo objeção facilmente previsível, tivemos a cautela de frisar que não seria lícito entender implicitamente incluída no petitum a condenação dos réus à lavratura do contrato definitivo, pelo simples fato de haver aludido a inicial aos arts. 639 e 640 do Código de Processo Civil, atinentes a essa condenação. E isso porque, em virtude de regra legal expressa e categórica, "os pedidos são interpretados restritivamente" (art. 293, principio), só se concebendo pedido "implícito" - se é própria a expressão - nos casos taxativamente contemplados em lei.

Com o aval de autorizadíssima doutrina (CALMON DE PASSOS, Comentários ao Código de Processo Civil, v. III, p. 195; PONTES DE MIRANDA, Comentários ao Código de Processo Civil (de 1973), t. IV, p. 74/5), a que ousamos ajuntar os nossos próprios adminículos (O Novo Processo Civil Brasileiro, cit., v. I, 1975, p. 23), cremos ter demonstrado a impossibilidade de ampliar-se o pedido por via interpretativa, cumprindo até, na dúvida - que in casu não ocorre -, optar pelo entendimento menos abrangente. E assim encerramos nosso pronunciamento acerca do tópico: "Qualquer interpretação que se pretenda dar ao petitum, com fundamento em considerações ou argumentações feitas ao longo da inicial, ou na referência a dispositivos legais, em ordem a fazê-lo abranger o que nele não se ache expresso, infringe a norma do art. 293, 1ª parte".

5. Não obstante haver provido a apelação interposta por S.P.A.-S.A., contra a sentença de primeiro grau, que lhe julgara improcedente o pedido, a Egrégia 6ª Câmara Cível reconheceu, ao menos implicitamente, a correção do raciocínio que desenvolvemos no parecer anterior[3**] e buscamos reproduzir acima em termos sintéticos. A primeira vista, a afirmação soa paradoxal; mas é suficiente atentar no teor do V. Acórdão embargado para verificar-lhe a exatidão. Com efeito, na parte do decisum que aqui interessa, a Egrégia Câmara condenou os ora embargantes "a, em trinta (30) dias, contados do trânsito em julgado deste acórdão, assinar o contrato definitivo de compra e venda das ações objeto do contrato preliminar e a fazer, dentro do mesmo prazo comum de trinta (30) dias, a

2 Ver p. 219 deste livro.

3 Ver p. 198 e ss. deste livro.

transferência à apelante das mesmas ações, sob pena de a esta pagarem a multa de cinquenta mil cruzeiros (Cr$ 50.000,00), por dia de atraso, condenados os vencidos ainda ao pagamento das custas dos processos e de honorários de advogado, de dez por cento (10%) sobre o valor de cada uma das ações" (fls. 628/9 dos autos).

Feita abstração do que concerne à multa e às verbas acessórias (custas e honorários), é manifesta a existência, no V. Acórdão, de duas condenações distintas: 1ª) condenação a "assinar o contrato definitivo de compra e venda das ações" no prazo de trinta dias; 2ª) condenação a transferir as ações a S.P.A.-S.A., dentro do mesmo prazo. Nenhum sofisma pode escamotear a gritante dualidade de condenações. Sempre deixando de lado os outros pronunciamentos, irrelevantes nesta perspectiva, há no V. Acordão duas decisões; uma que impõe aos ora embargantes a celebração do contrato definitivo, outra que determina o cumprimento da obrigação que de tal contrato lhes nasceria (transferência das ações).

Os eminentes Julgadores qu e compuseram a maioria, a todas as luzes, compreenderam perfeitamente a impossibilidade em que se achava a Câmara de acolher o pedido formulado na inicial – referente apenas à obrigação de transferir as ações – sem que estivesse satisfeito o pressuposto necessário da celebração do contrato definitivo, ou do respectivo "suprimento" por sentença judicial. Desprezaram às claras (e aí, com toda a razão) as argumentações que partiam da errônea premissa de já haver compra e venda perfeita e acabada, ou – o que vem a dar no mesmo – de já estar a autora em condições de pleitear, sem qualquer outra providência intermediária, a "prestação substancial". É o que explica (e somente isso explica) o fato de se ter feito preceder da condenação à lavratura do contrato definitivo a condenação à transferência das ações, inconcebível esta sem aquela, porque ainda inexistente a fonte da obrigação de transferir.

6. Acontece, porém, que a autora não formulara, como se mostrou (item n. 1, supra), O pedido antecedente (de condenação a celebrar o contrato definitivo), mas só o pedido consequente (de condenação a entregar ou a transferir as ações). Nem há – pede-se vênia para reiterar – "interpretação" capaz de fazer compreender no segundo o primeiro pedido. Aliás, a postulação da autora revelava-se coerente com a premissa, por ela avançada, de que já se perfizera a compra e venda das ações.

Tal premissa, errônea e repelida pela Egrégia 6ª Câmara Cível, ressalta nítida em vários trechos da inicial – não isenta, força é reconhecer, de contradições nesse e noutros pontos: assim, logo de início, diz-se a ação "fundada no art. 1.126 do Código Civil" ("A compra e venda quando pura considerar-se-á obrigaria e perfeita, desde que as partes acordem no objeto e no preço"), fazendo-se depois menção a "compra e venda contratada" (fls. 4 dos autos judiciais), a "contrato concluído" (fls. 5), a "contrato de compra e venda concluído" (fls. 6), para chegar-se a asseverar, com ênfase até gráfica (fls. 10): "Nesta data, firmou-se, então, de forma indissolúvel, o Contrato de Compra e Venda de Ações entre autora e os réus". Tudo leva a crer, por conseguinte, que a omissão da inicial em formular o pedido antecedente não resultou – o que seria, aliás, irrelevante – de simples lapso, mas refletiu, ao contrário, a convicção firme de S.P.A.–S.A., no sentido da desnecessidade de formulá-lo.

Provavelmente por sentir a fraqueza de sua posição inicial, a autora, nas razões de apelação, deslizou habilmente para colocação diversa. Já representada, a essa altura, por outros (e ilustres) advogados, propôs a tese de que o próprio contrato preliminar era, em si, bastante para gerar a obrigação de entregar (ou transferir) as ações. Tampouco essa argumentação foi acolhida pela Egrégia 6ª Câmara Cível, e realmente, de lege lata, a nosso ver não haveria como acolhê-la. Mas o que importa frisar é que, ao situar-se nessa perspectiva, S.P.A.-S.A. se mantinha fiel- buscando embora outra forma de justificá-la – à convicção originária da desnecessidade do pedido de condenação à assinatura do contrato definitivo.

Tudo isso reforça o que acima ficou dito sobre a absoluta impossibilidade de chegar-se, por via interpretativa, à conclusão de estar contido na inicial – implicitamente que fosse – o pedido antecedente. Semelhante interpretação seria, de direito, incompatível com a regra do art. 293, 1ª parte, do Código de Processo Civil; e seria, de fato, clamorosamente falsa. Brigaria, a todas as luzes, com as linhas de argumentação adotadas pela autora, quer na petição inicial, quer na apelação, uma e outra calcadas no pressuposto – em nosso entender, inexato – de que lhe bastava pleitear, diretamente, a "prestação substancial" apesar de ainda não celebrado o negócio que faria surgir o seu direito a ela.

7. Há um trecho do V. Acórdão embargado que sugere, data maxima venia, especial reparo. É aquele que reza: "Perfeita a formulação da inicial, que comporta pedidos alternativos, como se deduz do relatório desta apelação, merecendo acolhida sua pretensão de compelir-se os 2º e 3º apelados, quando invoca o art. 644 do Código de Processo Civil, dentro do prazo que for marcado e sob as penas pecuniárias, a assinar o contrato definitivo de compra e venda, com a consequente entrega da causa vendida" (fls. 636, fine, dos autos judiciais).

Ora, o pedido da autora está transcrito no item n. 1, supra, naquilo que interessa ao desate da questão em pauta; e é suficiente lê-lo com atenção para verificar que não coincide com a versão do V. Acórdão. A autora sem dúvida se referiu ao art. 644 do diploma processual, pleiteando, na letra c do item XII, fossem os réus solidariamente condenados a pagar multa diária, "desde que não cumpram no dia certo (não "dentro do prazo que for marcado"!) "a condenação deste Juízo". Mas esta última condenação, a que alude a letra c, não pode ser outra senão a pedida na letra a do mesmo item XII, verbis: "(...) sejam os réus, solidariamente, condenados a procederem à imediata entrega das ações ou transferência do direito a elas referente (...)".

Não se depara aí – vale repisar – a mais ligeira, a mais tênue, a mais remota, a mais esconsa alusão, explícita ou implícita, à celebração do contrato definitivo. Não foi a isso que a autora manifestou a pretensão de compelir os ora embargantes! Nem de leve há de ter-lhe perpassado na mente, ao redigir o lanço, a ideia de manifestá-la, convencida que estava, ao que tudo clarissimamente indica, da desnecessidade daquela celebração.

No particular – seja dito sempre com o maior respeito –, é patente o equívoco do V. Acórdão embargado, que, em vez de relacionar o pedido de imposição de astreinte (letra c) com o único a que ele poderia reportar-se – a saber, o de "imediata entrega das ações ou transferência do direito a elas referente" (letra a) –, preferiu relacioná-lo, sem base alguma, com um inexistente pedido de condenação à assinatura do contrato de compra e venda. Inseriu-se na cadeia um elo que não fora posto pela inicial.

8. Outra observação que nos permitimos fazer concerne à ementa do V. Acórdão, na parte em que diz: "Contrato preliminar ou pré-contrato. Por uma só ação pode ser pleiteada a condenação a firmar o contrato definitivo e sua execução".

A enunciação da tese estaria perfeita se dissesse: "No mesmo processo, em cumulação sucessiva de ações, podem ser pleiteadas a condenação a firmar o contrato definitivo e a condenação a cumprir a obrigação dele resultante". Afigura-se menos próprio, com a devida vênia, falar de "uma só ação": se se cogita de dois pedidos, a cada um deles corresponderia, aí, uma ação, de modo que as ações seriam também duas, embora cumuladas, isto é, exercitadas num só processo.

Este ponto é de capital relevância, e não nos furtamos ao risco de tomar cansativa a exposição, insistindo nele ainda uma vez. Não há, no sistema do Código, o "salto" ou a "queima de etapas" que a fantasia de alguns expressa em metáforas sempre perigosas no trato de questões eminentemente técnicas. A sequência lógica não comporta hiatos: condena-se a assinar o contrato definitivo (ressalvada a possibilidade de suprir-lhe a falta o trânsito em julgado da própria sentença), e como corolário, condena-se à "prestação substancial" objeto desse contrato definitivo. Tudo, decerto, em ato formalmente uno, mas onde se contêm duas decisões (sentença objetivamente complexa). E à primeira dessas decisões que se refere o art. 639 do estatuto processual, atribuindo-lhe "o mesmo efeito do contrato a ser firmado", quer dizer, o efeito de fazer surgir, para as partes, os direitos e obrigações que resultariam da celebração do negócio definitivo ("suprimento" ou "substituição" deste pela sentença).

Ora, tal efeito é que, precisamente, autoriza o credor a exigir do devedor a "prestação substancial", através do expediente de cumular ao pedido antecedente, no processo de conhecimento, o pedido consequente. Não se concebe, porém, efeito sem causa; logo, a "prestação substancial" jamais se toma exigível sem que as partes se tenham previamente (do ponto de vista lógico) colocado na situação jurídica que exsurgiria da lavratura do contrato definitivo, ou, à mingua deste, da sentença capaz de produzir "o mesmo efeito".

Sucede que – não podendo haver (salvo expressa exceção legal) sentença que não corresponda a um petitum – todo esse mecanismo depende, para desencadear-se, de que o autor peça a condenação do réu a firmar o contrato definitivo; ou (o que na prática vem a dar no mesmo) peça a emissão de sentença que o "substitua". Por conseguinte, ainda com a retificação que acima sugerimos, a tese da ementa, conquanto exata como tese, não seria aplicável à hipótese dos autos, pois S. P. A. – S. A. pediu a condenação dos ora embargados à entrega (ou transferência) das ações, mas nunca pediu que fossem eles condenados a assinar o contrato de compra e venda, nem que o juiz proferisse sentença "substitutiva" desse contrato.

Da possibilidade – inegável, e por nós jamais negada – de pedirem-se no mesmo processo ambas as providências (a antecedente e a consequente) não se infere, é claro, que seja igualmente possível concederem-se ambas sem que ambas se peçam! O paralogismo seria berrante.

9. Não se revestem de qualquer interesse, aqui, digressões de ordem puramente teórica sobre a *natureza* da sentença referida no art. 639 do diploma processual. Pouco importa, para o fim que se tem em vista, saber se ela é verdadeiramente condenatória, ou – como preferem muitos – constitutiva, ou ainda – como querem alguns – executiva (*não* no sentido de servir de título a processo de execução, mas, ao contrário, no de *dispensá-lo*, por proporcionar ela mesma, em si, ao vencedor a tutela integral do seu direito). O V. Acórdão embargado, à evidência, concebeu-a e proferiu-a *como condenatória*: "(...) *condenando* o segundo e os terceiros apelados a, em trinta (30) dias, contados do trânsito em julgado deste acórdão, assinar o contrato definitivo de compra e venda das ações objeto do contrato preliminar(...)" (fls. 628/9 dos autos) [sem grifo no original].

A essa ajuntou o V. Acórdão outras condenações: fundamentalmente, à entrega (ou transferência) das ações; acessoriamente, ao pagamento de multa pelo eventual atraso, de custas processuais e de honorários advocatícios. Impende notar que todas essas restantes condenações nada mais são do que *consequências* da primeira: com efeito, a condenação à "prestação substancial" (entrega ou transferência das ações) tinha e tem como pressuposto necessário – e bem o sentiu a douta maioria da Egrégia 6ª Câmara Cível – a celebração do contrato definitivo, ou, eventualmente, a respectiva "substituição" pela sentença do art. 639; quanto às restantes, é demasiado óbvia a relação de dependência para que se precise sublinhá-la.

O fato de haver condenado os ora embargantes à lavratura do contrato definitivo só pode significar que a Egrégia Câmara não considerou suficiente o pedido feito na inicial. Não há como entender que o V. Acórdão haja acolhido qualquer das linhas de argumentação da autora, seja no sentido de que já havia compra e venda, seja no de que o contrato preliminar, por si só, bastava para autorizar S.P.A.–S.A. exigir a entrega (ou transferência) das ações. Se assim fosse, ter-se-ia limitado, é claro, a condenar os ora embargantes a entregá-las (ou transferi-las) – abstraindo-se aqui, por irrelevantes, das demais condenações (ao pagamento de multa, das custas e dos honorários). Ter-se-ia limitado, em outras palavras, a julgar procedente o pedido de condenação à entrega (ou transferência) – o *único*, segundo exaustivamente se procurou demonstrar nos itens anteriores, que constava da inicial (feita sempre abstração dos acessórios).

10. Objetar-se-á talvez que o V. Acórdão, a certa altura, qualificou de "perfeita" a formulação da inicial, para daí concluir pelo acolhimento da "pretensão de compelir-se os 2º e 3ºs apelados (...) a assinar o contrato definitivo de compra e venda" (fls. 636 dos autos). Nesse trecho, porém, como oportunamente se assinalou (item n. 7, supra), incidiu em equívoco, data venia, a respeitável decisão embargada: a pretensão à lavratura do contrato definitivo, repita-se ad nauseam, é estranha ao petitum, tal como posto no item XII da inicial; aliás, entraria em conflito aberto, se nele se pretendesse vê-la incluída, com tudo que sustentou a autora, em primeiro grau de jurisdição e nas razões de recurso.

O V. Acórdão tem de ser apreciado ao ângulo do confronto objetivo entre a sua conclusão e o pedido feito na inicial: nessa óptica, é incontestável a presença, ali, de um *plus*, consistente na condenação à lavratura do contrato definitivo – não pleiteada pela autora, porque tida por ela como *desnecessária.* E é o próprio V. Acórdão que, noutro passo, confirma quanto aqui se expõe, ao indicar o objeto da ação de adjudicação compulsória intentada por S.P.A.-S.A.: "A apelante, com a ação em que é autora, *objetiva a condenação dos réus a fazer-lhe a entrega das ações objeto do contrato preliminar ou a transferência dos direitos a elas referentes* (...)" (fls. 635/6 dos autos) [grifamos).

Exatamente! Nesse lanço, com absoluta fidelidade, está descrito e delimitado o *petitum* – e, por conseguinte, o *thema decidendum.* Não se faz aí referência alguma a qualquer outra pretensão (como a de obter a assinatura do contrato definitivo); e não se faz, obviamente, porque não se encontrou formulada na inicial semelhante pretensão! Deve ser posta à conta de mero lapso, por conseguinte, a afirmação que escapou ao ilustre Desembargador Relator, quando, ao redigir o V. Acórdão embargado, averbou de "perfeita" a formulação da inicial e nela supôs enxergar o pedido de condenação a celebrar o negócio definitivo.

11. À luz de todo o exposto, fica patente a inconsistência de qualquer raciocínio tendente a demonstrar que a Egrégia 6ª Câmara Cível teria repelido – implicitamente embora – as objeções formuladas com base na exígua dimensão do petitum. A não coincidência entre a área deste e a do *decisum*, que lhe ultrapassou as balizas, é a melhor prova em contrário. Se o pedido bastasse, não haveria a Egrégia Câmara, a todas as luzes, sentido a necessidade de incluir na sua decisão algo mais do que nele figurava.

Não vale redarguir que a questão da "inadequação do pedido" se inscreve no plano das chamadas "condições da ação" e, portanto, teria de ser resolvida preliminarmente à apreciação do mérito; ora, havendo o V. Acórdão julgado o meritum causae, daí se inferiria que, de modo implícito, deu por satisfeitas todas aquelas "condições", ficando "preclusa" a suscitação da matéria em grau de embargos. Frise-se, desde logo, o alcance puramente lógico-formal do argumento: ele parte de determinado esquema técnico de julgamento, sem dúvida correto in abstracto, e quer pular daí para a conclusão de que todos os julgamentos, in concreto, devem ser vistos como rigorosamente obedientes a tal esquema; bastaria, então, o eventual erro de qualificação porventura cometido pelo órgão julgador – considerando de mérito, por exemplo, esta ou aquela questão na verdade inscrita noutro plano cognitivo (no das "condições da ação" ou nos dos pressupostos de existência e validade do processo) – para gerar "preclusões" e impedir o controle por via recursal.

De qualquer sorte, O problema estaria, em nosso entendimento, muito mal equacionado. Realmente: não se trata de saber se o pedido feito (o de condenação à entrega ou transferência das ações) era ou não "adequado". Os reparos que nos estamos permitindo fazer ao V. Acórdão embargado não dizem respeito, diretamente, ao capítulo da decisão relativo a esse pedido; visam, de maneira fundamental, o capítulo em que se condenaram os ora embargantes a uma prestação que não fora pedida. A questão da "adequação" só se pode pôr em termos inteligíveis com referência a pedido que exista! Ela pode ser posta, sem dúvida, quanto ao pedido de condenação à entrega ou transferência das ações, mas em correspondência com a parte do V. Acórdão que dele trata. Ora, o V. Acórdão – no que interessa aqui – tem duas partes distintas (ou dois "capítulos" distintos, se se preferir): uma, a da condenação a entregar (ou a transferir) as ações; outra, logicamente antecedente, a da condenação a assinar o contrato definitivo.

A primeira parte (segunda, do ponto de vista lógico) corresponde na verdade a um petitum (item XII, a, da inicial). Reiterando o que já se observou acerca da fórmula imprópria usada na ementa, diríamos que corresponde a uma ação, em que se pleiteava a "prestação substancial".

Quanto à parte restante (condenação a celebrar o negócio definitivo), essa não corresponde a petitum algum: a autora não cumulou as duas ações: que poderia exercitar, não propôs a ação tendente a obter o contrato definitivo, ou sentença que o "substituísse".

Ora, só tem sentido raciocinar em termos de distinção entre mérito e condições da ação no tocante a cada uma das ações, separadamente consideradas. Por isso, afigura-se irrelevante e impertinente, a esta altura, discutir se a Egrégia Câmara reputou "adequado" o pedido de entrega (ou transferência) das ações de D.C.D.-S.A., e assim superou o plano das "condições da ação" para ingressar no do mérito. Dado que ela o tenha feito, em nada fica prejudicada a nossa conclusão. A aceitação do pedido de entrega (ou transferência) como "adequado" espelhar-se-á no fato de ter sido esse pedido apreciado de meritis (e acolhido). Mas isso apenas tem que ver com o correspondente capítulo da decisão, isto é, com a condenação à entrega (ou transferência): deixa de pé a demonstração, que julgamos haver feito acima, de que o outro capítulo excedeu os limites do petitum. O que não se pode conceber é que a supostamente reconhecida "adequação;' de um pedido fosse suficiente para dar ensejo a duas condenações perfeitamente distintas. Ou, em outras palavras: que o suposto reconhecimento de estarem satisfeitas as "condições" de uma ação bastasse para habilitar a Egrégia Câmara ao julgamento, no mérito, não só da ação efetivamente proposta, senão também de outra, que em absoluto não se propôs!

12. Temos aspeado sempre os vocábulos "adequação" e "adequado", ou cognatos, porque não é nesses termos, segundo pensamos, que se deve pôr a questão. Eles ocultam (ou antes, revelam) um sofisma, na medida em que dão como pressuposta uma correspondência entre pedido e decisão, quando é semelhante correspondência que, in casu, falta, no que tange à celebração do contrato definitivo. Falta, porque houve condenação a celebrá-lo sem que a tivesse pedido a autora, sem que se intentasse ação destinada a obtê-la, ou a obter sentença que "substituísse" o contrato definitivo.

Por isso, a indagação que se há de formular – em tese, abstraindo-se de ter ou não razão a autora – é esta: bastava o pedido de entrega (ou transferência) das ações para permitir que se proferissem tanto a condenação a entregá-las (ou transferi-las) quanto a condenação a realizar o negócio definitivo? Em palavras mais simples: bastava um só pedido para abrir caminho a duas condenações distintas?

É óbvio que não. Dizer que a Egrégia Câmara considerou o pedido de entrega (ou transferência) das ações – o único existente – como adequado à obtenção de providência consistente em condenar os ora embargantes à lavratura do contrato definitivo é misturar alhos com bugalhos: é relacionar problema atinente às "condições" de uma ação com o julgamento de mérito noutra ação. Mas é também – o que mais importa acentuar – fugir de Cila para despencar em Caribe: porque, então, se teria de imaginar que o capítulo do V. Acórdão referente à celebração da compra e venda atendeu ao pedido constante do item XII, a, da inicial; ora, a qual pedido, nesse caso, terá atendido o capítulo atinente *à* entrega (ou transferência) das ações de D.C.D-S.A.? Um dos dois capítulos fica necessariamente solto no espaço, sem petitum a que possa corresponder. Impossível fugir ao dilema; a situação é tal que não permite cumprir a famosa recomendação feita, a propósito de questão bem mais transcendente – a da conciliação entre o livre arbítrio e a Providência Divina –, por BOSSUET, quando aconselhava o leitor a "*tenir les deux bouts de la chaîne*".

Para cada pedido, uma decisão, e vice-versa. Se houve duas condenações – cada uma das quais é, substancialmente, uma decisão per se (*tot capita qual sententiae*) –, dois deveriam ter sido, por força, os pedidos. Mas não foram. A autora Pediu *b*, sem ter pedido *a* – que era o antecedente necessário de *b* –; o V. Acórdão concedeu-lhe *a* e *b*. Extravasou dos lindes do pedido; julgou, segundo a fórmula consagrada, *ultra petitum*.

13. Seja-nos permitido transcrever, neste ponto, trecho do parecer anterior[4*] (item n. 29):

> "(...) o que não consta do pedido não pode ser objeto de julgamento. É clássica a regra da correlação entre a sentença e o pedido: sententia debet esse libello conformis, já diziam os antigos. E o nosso direito sempre se manteve fiel a semelhante princípio, que veda ao órgão judicial sentenciar extra vel ultra petita partium.
>
> No Código em vigor, basta ler os arts. 128, 459 e 460, que se conjugam, formando uma unidade sistemática. De acordo com o primeiro, 'o juiz decidirá a lide nos limites em que foi proposta, sendo-lhe defeso conhecer de questões não suscitadas, a cujo respeito a lei exige a iniciativa da parte'. Reza o segundo, na parte inicial, que 'o juiz proferirá a sentença, acolhendo ou rejeitando, no todo ou em parte, o pedido do autor'. E no último lê-se que 'é defeso ao juiz proferir sentença, a favor do autor, de natureza diversa da

4 Ver p. 220 deste livro.

> pedida, bem como condenar o réu em quantidade superior ou em objeto diverso do que lhe foi demandado'. Tudo tão claro, que qualquer comentário se toma supérfluo."

Em resumo:

a) ou o V. Acórdão embargado interpretou o pedido constante do item XII, a, da inicial como abrangente da condenação à assinatura do contrato definitivo – e nesse caso violou o art. 293, princípio, do Código de Processo Civil;

b) ou então houve por bem proferir aquela condenação apesar de não ter sido pedida – e em tal hipótese transgrediu os arts. 128, 459 e 460, aos quais se pode acrescentar o art. 2º, sempre do mesmo diploma ("Nenhum juiz prestará a tutela jurisdicional senão quando a parte o requerer, nos casos e formas legais").

14. Não se suponha que o conhecimento dessa matéria esteja vedado ao órgão julgador dos embargos, pela circunstância de a ela não ter feito referência o voto vencido. Desde logo fica evidentíssimo que o voto vencido nunca poderia ter versado a questão, já que dava pela improcedência do pedido da autora; se o entendimento nele manifestado houvesse prevalecido, decerto nem chegaria a pôr-se o problema do julgamento *ultra petitum*.

Afastemos, por impertinentes, quaisquer argumentos que busquem apoio em considerações alusivas ao nomen iuris do recurso. O Código de 1939 usava a denominação "embargos de nulidade e infringentes do julgado", ao passo que O vigente a reduziu para "embargos infringentes"; mas semelhante circunstância é de todo irrelevante aqui e nada tem que ver com a questão em pauta. A abreviação do nome não alterou a substância do instituto: os atuais "embargos infringentes", nos requisitos de admissibilidade, nos efeitos e noutras características, não diferem dos antigos "embargos de nulidade e infringentes do julgado", para cujo cabimento já era indispensável, como hoje, a divergência entre votos, no julgamento embargado. Não bastava, nem basta – o ponto é incontroverso – a ocorrência de vício processual, acaso gerador de nulidade.

Importa, contudo, bem precisar o alcance dessa afirmação. A via dos embargos não se, abre se não tiver havido voto discrepante da maioria; e, se a discrepância porventura se adstringiu a uma parte do julgamento, só em relação a essa parte se abre a via dos embargos. A tal respeito, não há a menor dúvida.

Mas, em primeiro lugar, não quer isso dizer que o órgão julgador dos embargos permaneça jungido às *razões* invocadas para justificar o voto divergente. Não é exato que somente se possam considerar, no julgamento dos embargos, as *questões* naquele suscitadas. Pedimos vênia para reportar-nos ao que escrevemos, acerca do tema, em nossos *Comentários ao Código de Processo Civil*, v. V, 2ª ed., Rio de Janeiro, 1976, p. 500, analisando o art. 530 do diploma em vigor: "Por outro lado, não fica o órgão *ad quem adstrito* aos motivos invocados no voto vencido: embora não lhe seja lícito ultrapassar as raias deste, pode dar provimento aos embargos, acolhendo outros argumentos que não os utilizados para lastrear, no julgamento da apelação ou da ação rescisória, o pronunciamento minoritário. Quando o dispositivo sob exame limita a embargabilidade 'à matéria objeto da divergência', refere-se à extensão possível da impugnação; não às razões que hajam levado algum membro (ou alguns membros) do corpo julgador a dissentir da maioria. Até porque inexiste no Código norma que obrigue o(s) dissidente(s) a justificar por escrito o(s) seu(s) voto(s) – ou, *a fortiori*, a indicar expressamente todos os motivos pelos quais se tenha(m) manifestado neste ou naquele sentido" [grifado no original].

Aliás, in casu, O desacordo foi total: enquanto a douta maioria acolheu na integra (e até diríamos, sem quebra do devido respeito: mais do que na íntegra, pois julgou ultra petitum) a postulação da autora, o voto vencido concluiu pela respectiva improcedência, sem qualquer ressalva. É claro, claríssimo, que não ocorreu unanimidade quanto à condenação a celebrar o contrato definitivo! Significa isso que, mesmo na extensão, não há qualquer barreira ao efeito devolutivo dos embargos, uma vez que os embargantes não impuseram ao recurso limitação voluntária. *A fortiori*, quanto à profundidade da devolução, que de modo nenhum se cinge – vale repetir – às questões discutidas no voto discrepante.

15. Insistir-se-á, porventura, em que a divergência ocorreu no que tange ao mérito, para tirar daí que qualquer aspecto a ele estranho – inclusive o vício de julgamento ultra petitum – se forra à cognição do órgão ad quem? A conclusão seria a de que este fica obrigado a fechar os olhos ainda aos mais graves defeitos processuais, mesmo aos que causem nulidade absoluta, insanável, desde que não tenha sido a respeito deles que dissentiram os votantes, ao julgar-se a apelação ou a ação rescisória. Mas, em termos de tão exacerbada generalidade, a tese conduz a resultados absurdos.

Imagine-se, por exemplo, que, ao conhecer dos embargos, verifique o órgão julgador não ter sido intimado o Ministério Público a acompanhar o feito, apesar de indispensável, pela natureza da causa, a sua intervenção. Deverá porventura abster-se de decretar a nulidade, de acordo com o disposto no art. 246, parágrafo único, do *Código de Processo Civil*, só porque no julgamento do órgão a quo não ocorreu dissídio acerca desse ponto? Seria, além do mais, adotar comportamento, por assim dizer, suicida: a decisão que se proferisse, em grau de embargos – ou antes, em qualquer grau –, sem correção do defeito, estaria sujeita a cair em ação rescisória (arts. 485, V, e 487, III, a). Ora, pelo menos desde KOHLER (v. Gesammelte Beiträge zum Zivilprozess, Berlim, 1894, reimpressão em Aalen, 1969, p. 257), está assente na ciência processual o princípio de que toda possível causa de futura rescisão da sentença deve ser levada em conta – até por amor à economia processual – no próprio feito em que se manifeste, porque mais vale impedir que se forme a coisa julgada do que dar margem à instauração de outro processo, tendente a desconstituí-la (cf., na mais recente literatura, LENT-JAUERNIG, Zivilprozessrecht, 17ª ed., Munique, 1974, p. 94; ZEISS, Zivilprozessrecht, 2ª ed., Tübingen, 1976, p. 93).

O vício do julgamento ultra petitum, consistindo em violação de "literal disposição de lei" (v. supra, item n. 13), bastará sem dúvida para tomar cabível ação rescisória (art. 485, V). É óbvio, por conseguinte, que o órgão julgador do recurso não apenas pode, mas deve, tomar conhecimento dele.

16. É certo que a divergência na votação constitui requisito de admissibilidade dos embargos infringentes, e que o efeito devolutivo destes só opera na medida em que couberem contra o julgamento anterior, coincidindo tal medida, quando for o caso, com aquela que a discrepância efetivamente abranger. Quer isso dizer que *não* basta a existência do vício para fazer embargável a decisão: é necessário que a votação não tenha sido unânime (art. 530). Não quer dizer, porém, que, uma vez cabíveis os embargos (por força do dissídio entre os votantes), fique excluída da cognição do órgão ad quem, no âmbito da devolução, a matéria concernente a vícios processuais, cuja apreciação não esteja, por outra razão, preclusa. Ao órgão ad quem só é lícito conhecer dos embargos se (e na medida em que) houver ocorrido divergência; em conhecendo deles, todavia, porque satisfeito o pressuposto, não se lhe furta ao exame tal matéria. É o que ensina, com toda a clareza, PONTES DE MIRANDA, *Comentários ao Código de Processo Civil* (de 1973), Rio-São Paulo, t. XII, 1975, p. 381:

> "Decidido quanto à preliminar sobre o recurso, e admitido esse, é que se pode apreciar qualquer nulidade do processo, porque só então é que está entregue o feito à cognição do Tribunal. Se a nulidade é decretável de ofício, poderá anteceder o exame dela às próprias preliminares sobre a legitimidade da parte, quer no processo, quer na ação" [sem grifo no original].

E a lição vem transcrita, sem qualquer ressalva, por MONIZ DE ARAGÃO, Embargos Infringentes, 2ª ed., São Paulo, 1974, p. 136, o qual, evidentissimamente, a encampa. Outros passos desse autor, à primeira vista capazes de sugerir entendimento diverso, devem compreender-se no sentido de que negam – e com todo o acerto – a possibilidade de embargar-se acórdão exclusivamente com base em VÍCIO processual, mesmo gerador de nulidade, sem a presença indispensável do requisito da falta de unanimidade na votação.

Na espécie – ocioso insistir – está presente o requisito, de modo que os embargos são cabíveis, e o são na extensão integral do V. Acórdão da Egrégia 6ª Câmara Cível, já que o respeitável voto vencido dissentiu in totum da solução dada à causa pela douta maioria. Por outro lado, não há cogitar de preclusão – a admitir-se, ad argumentandum, que fosse ela concebível –: o vício manifestou-se no julgamento da apelação, e foi arguido na petição de embargos, isto é, na primeira oportunidade que os interessados tiveram de falar nos autos (cf. art. 245, caput, do *Código de Processo Civil*).

***

A vista de todo o exposto, e tendo presente a documentação oferecida pelos consulentes, assim respondemos às indagações da consulta:

1) Os embargos infringentes de A.A., V.P. e F.A.D.A. são tempestivos.

2) Houve julgamento ultra petitum na decisão embargada, da Egrégia 6ª Câmara Cível.

3) O vício indicado submete-se à cognição do órgão julgador dos embargos.

Salvo melhor juízo.

Rio de Janeiro, 3 de dezembro de 1976.

COMENTÁRIOS DO ATUALIZADOR

EMBARGOS DE DECLARAÇÃO: SUSPENSÃO DO PRAZO PARA INTERPOSIÇÃO DE OUTRO RECURSO. EMBARGOS INFRNGENTES: JULGAMENTO "ULTRA PETITUM" NO ACÓRDÃO EMBARGADO.

Carlos Roberto Barbosa Moreira

1. O parecer que se pretende aqui atualizar data de setembro de 1976 e analisa dispositivos da versão *original* do CPC de 1973. Ainda na sua vigência, o tratamento dado tanto aos embargos de declaração quanto aos embargos infringentes foi objeto de posteriores alterações.

2. Em relação aos embargos de declaração, convém lembrar que, inicialmente, o CPC de 1973 continha dupla disciplina para o recurso, conforme fosse ele interposto de *sentenças* (art. 465) ou de *acórdãos* (art. 535).[5] Até os *prazos* eram distintos: quarenta e oito horas na primeira hipótese (art. 465, *caput*); cinco dias na segunda (art. 536). Em seus *Comentários*, Barbosa Moreira sempre criticou semelhante bifurcação.[6] A Lei nº 8.950/1994 revogou o art. 465 e imprimiu nova redação aos arts. 535 e seguintes, unificando o tratamento da matéria e passando a atribuir aos embargos, no art. 538, o efeito de *interromper* (e não simplesmente *suspender*, como na versão primitiva daquele Código) o prazo para a interposição de outro recurso, "por qualquer das partes" (dicção ausente da versão anterior do art. 538, embora presente no parágrafo único do art. 465).

---

5 Ainda na vigência do CPC de 1973, o STJ reconheceu o cabimento de embargos de declaração contra *qualquer* decisão judicial (REsp nº 37.252-SP, 4ª Turma, j. 13.12.1993; REsp nº 48.727-SP, 3ª Turma, j. 23.08.1994), inclusive monocráticas (REsp nº 173.021-MG, 4ª Turma, j. 06.08.1998). Mas a matéria se manteve controvertida por algum tempo (*v.g.*, EDcl Ag nº 77.291-SP, 1ª Turma, j. 08.11.1995; EDcl Ag nº 144.201-AC, 1ª Turma, j. 14.08.1997). Em 07.10.1998, a Corte Especial, por maioria, pacificou o entendimento do STJ, vencendo antigas resistências e afirmando o cabimento dos embargos (EREsp nº 159.317-DF).

6 Veja-se, por exemplo, a 6ª edição da obra (de 1993), nº 303, pp. 497-499. As críticas foram repetidas no item nº 2 do parecer aqui atualizado.

3. A primeira parte do parecer se dedica à demonstração de que, mesmo no sistema original do CPC de 1973, a interposição de embargos de declaração contra *acórdãos* se sujeitava à regra da suspensão, *em favor de quaisquer partes,*[7] do prazo de interposição de outros recursos, não se limitando a beneficiar o próprio embargante.

4. Para o CPC de 2015, a despeito da ausência da expressão "por qualquer das partes", introduzida no diploma anterior pela Lei nº 8.950/1994 (*supra*, nº 2), é pacífico o entendimento de que os embargos, interpostos de "qualquer decisão judicial" (art. 1.022, *caput*), "interrompem o prazo para a interposição de recurso" *não apenas em benefício do embargante*: Alexandre Freitas Câmara, *O Novo Processo Civil Brasileiro*, p. 540; Arlete Inês Aurelli, *Comentários* (coord. Cassio Scarpinella Bueno), v. 4, p. 483-484; Cassio Scarpinella Bueno, *Manual de Direito Processual Civil*, p. 822; Fredie Didier Jr. e Leonardo Carneiro da Cunha, *Curso de Direito Processual Civil*, v. 3, p. 327; Luís Guilherme Aidar Bondioli, *Comentários* (coord. José Roberto F. Gouvêa e outros), v. XX, p. 188; Luiz Rodrigues Wambier e Eduardo Talamini, *Curso Avançado de Processo Civil*, v. 2, p. 611; Sergio Bermudes, *CPC de 2015: Inovações*, v. 1, p. 438.

5. A segunda parte do parecer diz respeito a uma nulidade ocorrida no julgamento de causa que constituíra objeto de anterior parecer, também publicado neste volume de *Temas*, sob o título "Adjudicação compulsória de ações de sociedade anônima. Pedido e sentença". Na atualização daquele parecer realizada para esta edição, destacou-se que o novo CPC não repetiu a regra do anterior (art. 293) sobre *interpretação do pedido*, tendo-a substituído por outra, bem mais elástica: "A interpretação do pedido considerará o conjunto da postulação e observará o princípio da boa-fé" (art. 322, § 2º). Repetida hoje a situação litigiosa descrita no parecer, já não mais seria possível atribuir o mesmo peso que o parecerista quis extrair dos *limites* do pedido, insuscetíveis, segundo a regra então vigente, de qualquer ampliação por via

---

7 E também em favor "de terceiros prejudicados ou do Ministério Público em função de *custos legis*", como anotado pelo parecerista, no item nº 4 do parecer. No sistema agora em vigor, a mesma solução vale para o *amicus curiae* (Luís Guilherme Aidar Bondioli, *Comentários* (coord. José Roberto F. Gouvêa e outros), v. XX, p. 188).

interpretativa. Mas certamente continua válido o raciocínio, formulado no item nº 8 do parecer, de que "a 'prestação substancial' [no caso, a entrega das ações representativas de 97% do capital social da sociedade D.C.D.-S.A.] jamais se torna exigível sem que as partes se tenham previamente (do ponto-de-vista *lógico*) colocado na situação jurídica que exsurgiria da lavratura do contrato definitivo, ou, à míngua deste, da sentença capaz de produzir 'o mesmo efeito'" (sentença de que hoje trata o art. 501 do novo CPC).

6. Os embargos infringentes, recurso previsto no art. 530 do CPC de 1973, desapareceram no atual. Diversamente do que se passava na versão original daquele diploma,[8] em que a divergência ocorrida no julgamento de apelação ou de ação rescisória ensejava a interposição de um verdadeiro *recurso*, embora limitado à matéria sobre a qual tivesse havido dissenso, no sistema atual a ocorrência de voto divergente no julgamento de apelação, de ação rescisória ("quando o resultado for a rescisão da sentença") ou[9] de agravo de instrumento ("quando houver reforma da decisão que julgar parcialmente o mérito") impõe o prosseguimento do ato, mediante a ampliação do corpo de julgadores, "em número suficiente para garantir a possibilidade de inversão de julgamento" (CPC em vigor, art. 942, *caput*). Essa técnica de julgamento[10] *não* tem natureza recursal: Cassio Scarpinella Bueno, *Manual de Direito Processual Civil*, p. 716; Fredie Didier Jr. e Leonardo Carneiro da Cunha, *Curso de Direito Processual Civil*, v. 3, pp. 95-96; Luiz Fux, *Processo Civil* Contemporâneo, p. 261; Luiz Guilherme Marinoni, Sérgio Cruz Arenhardt e Daniel Mitidiero, *O Novo Processo Civil*, p. 601. Assim também entendeu o STJ (REsp nº 1.868.072-RS, 2ª Turma, j. 04.05.2021; AREsp nº 1.520.297-RJ, 2ª Turma, j. 23.03.2021).

8 Um exame da evolução dos embargos infringentes, durante a vigência do Código de 1973, pode ser encontrado no artigo intitulado "Novas vicissitudes dos embargos infringentes", inserido em *Temas (Oitava Série)*.

9 O STJ também admite a aplicação do art. 942 no julgamento de embargos de declaração "toda vez que o voto divergente possua aptidão para alterar o resultado unânime do acórdão de apelação" (REsp nº 1.910.317-PE, 4ª Turma, j. 02.03.2021).

10 De "técnica de julgamento" fala o § 3º do art. 942, mas Sergio Bermudes (*CPC de 2015 :* Inovações, v. 2, p. 325) prefere aludir a "procedimento complementar da apelação ou dos julgados que apontam os dois incisos" do mesmo parágrafo.

7. O STJ fixou sua jurisprudência no sentido de que incide o *caput* do art. 942 do atual CPC "mesmo que não tenha havido reforma da sentença de mérito, bastando a verificação de julgamento não unânime do recurso de apelação" (Ag Int REsp nº 1.841.151-RJ, 2ª Turma, j. 25.02.2021).

Bibliografia (obras citadas pelo atualizador)

AURELLI, Arlete Inês. Comentário ao art. 1.026. *In*: BUENO, Cassio Scarpinella (coord.). *Comentários ao Código de Processo Civil*. São Paulo: Saraiva, 2017, v. 4.

BARBOSA MOREIRA, José Carlos. *Comentários ao Código de Processo Civil*. 6ª ed. Rio de Janeiro: Forense, 1993, v. V.

BERMUDES, Sergio. *CPC de 2015: Inovações*. 1ª ed. Rio de Janeiro: GZ, 2016, v. 1.

BERMUDES, Sergio. *CPC de 2015: Inovações*. 1ª ed. Rio de Janeiro: GZ, 2018, v. 2.

BONDIOLI, Luís Guilherme Aidar. *Comentários ao Código de Processo Civil*. São Paulo: Saraiva, 2016, v. XX.

BUENO, Cassio Scarpinella. *Manual de Direito Processual Civil*. 4ª ed. São Paulo: Saraiva, 2018.

CÂMARA, Alexandre Freitas. *O Novo Processo Civil Brasileiro*. 5ª ed. São Paulo: Atlas, 2019.

DIDIER JR., Fredie; CUNHA, Leonardo Carneiro da. *Curso de Direirto Processual Civil*. 16ª ed. Salvador: Juspodivm, 2019, v. 3.

FUX, Luiz. *Processo Civil Contemporâneo*. Rio de Janeiro: Forense, 2019.

MARINONI, Luiz Guilherme; ARENHART, Sérgio Cruz; MITIDIERO, Daniel. *O Novo Processo Civil*. 3ª ed. São Paulo: RT, 2017.

WAMBIER, Luiz Rodrigues; TALAMINI, Eduardo. *Curso Avançado de Processo Civil*. 19ª ed. São Paulo: RT, 2020, v. 2.

ÍNDICE DOS AUTORES CITADOS

ÍNDICE ALFABÉTICO-REMISSIVO